Isla Bartolomé (S. 295)

Catedral de la Inmaculada Concepcíon, Cuenca (S. 259)

Brüllaffe (S. 151)

Praktisches

Storybook

PAWEL CZUCZWARA/SHUTTERSTOCK ©

Los Túneles, Isla Isabela, Galapagosinseln (S. 306)

ECUADOR & DIE GALAPAGOSINSELN

WILLKOMMEN IN ECUADOR & AUF DEN GALÁPAGOSINSELN

Ich wuchs als nerdiges Kind im Fernsehzeitalter auf und Sendungen wie *Im Reich der wilden Tiere* lieferten mir erste Einblicke in unseren großen wundersamen Planeten. Die ferne Fauna faszinierte mich, z. B. das Zweigseidenäffchen, der kleinste Primat der Welt. Jahrzehnte später, bei meiner ersten Reise nach Ecuador, zeigte ein Guide vom Río Napo auf ein Pärchen „Taschenaffen" auf einem Baum im Amazonas und ich bejubelte innerlich diesen denkwürdigen Moment.

Ecuador ist auf so viele Arten einzigartig. Durch das Aufeinandertreffen des Äquators und der Anden ist der Volcán Chimborazo der weltweit nächste Punkt zur Sonne. Diese atemberaubenden Höhen führen hinunter zu den Hotspots der Artenvielfalt im Amazonas-Dschungel und den jungen vulkanischen Galapagosinseln, der Wiege der Evolutionstheorie. Direkte Begegnungen mit magischen Wildtieren erinnert an unsere kollektive Pflicht, diese Biodiversität am Leben zu erhalten.

Wendy Yanagihara

@wendyyanagihara

Autorin und Künstlerin aus einer kleinen Küstenstadt in Kalifornien.

Mein Lieblingserlebnis: Ich ließ mich in **Los Túneles** (S. 306) von einer *panga* ins Wasser gleiten und sah zwei riesige Schildkröten direkt unter mir.

LIEBLINGSPLÄTZE

Hier schlägt für unsere Autor:innen und Expert:innen das Herz Ecuadors & der Galapagosinseln.

TOMAS DRAHOS/SHUTTERSTOCK ©

Es zählt zu den schönsten Naturerlebnissen Südamerikas, die schwarzen Flüsse und Lagunen der **Reserva de Produccíon de Fauna Cuyabeno** (S. 169) zu erkunden. Die Sichtung von zahlreichen Affen und Vögeln ist quasi garantiert, abgesehen davon weiß man nie, welche kuriosen Begegnungen noch warten. Ob Amazonasdelfine oder riesige Flussotter – spektakulär wird's auf jeden Fall.

Alex Egerton

@alexetravel

Journalist; lebt in den Bergen Zentralkolumbiens; schreibt übers Reisen, über Kultur und Geschichte in Lateinamerika und in der Karibik.

KSENIA RAGOZINA/SHUTTERSTOCK ©

Mompiche (S. 146) ist einer der Orte, an denen man nur eine Nacht plant und eine ganze Woche bleibt. Dank der Gemeinschaft fühlt man sich sofort willkommen und die wilden Strände, flankiert von auftauchenden Walen auf der einen und kreischenden Brüllaffen auf der anderen Seite, sind einfach großartig. Mompiche ist als Surfmekka bekannt, die kleine Stadt hat jedoch so viel mehr zu bieten, z.B. eine erstaunlich Artenvielfalt. Suchtgefahr!

Mark Eveleigh

@markeveleigh

Reisejournalist; verliebte sich in Lateinamerika, als er 1992 vier Monate in Ecuador verbrachte.

FABRICIO BURBANO/SHUTTERSTOCK ©

Quito (S. 52) gehört zu den außergewöhnlichsten Hauptstädten, die ich je besucht habe. Die prachtvolle Altstadt, die zu den UNESCO-Welterbestätten gehört, und die dramatische Kulisse in den Ausläufern der Anden sind dabei nur die Spitze des Eisbergs. Kolibris, Präinkastätten, Ecuadors Küche, die Genialität von Oswaldo Guayasamín, spezielle Cafés mit lokalen Bohnen, Mikrobrauereien – Quito ist zweifellos meine Stadt!

Trent Holden

@hombreholden

Schreibt seit 2008 für Lonely Planet über unterschiedliche Ziele wie Brasilien, Ruanda, Indien und Japan.

FOTOGRIN/SHUTTERSTOCK ©

Die paradiesische **Südküste** (S. 225) steht für Surfen, Salz und Sonne. Verschlafene Städte und niedrige Besucherzahlen. Hinzu kommen tolle Wellen, leckeres Essen, freundliche Einheimische, kurze Wege und Orte, an denen man problemlos bei offener Tür schlafen kann. Man fühlt sich ein bisschen wie auf einer Zeitreise, die einen hoffen lässt, dass die Welt doch noch nicht verloren ist.

Marisa Megan Paska

@_marisamegan

Reisejournalistin mit einer Leidenschaft für Kulturerhalt, Fernreisen und Karneval.

FIIPHOTO/SHUTTERSTOCK ©

Mit seinen Kopfsteinpflasterstraßen, opulenten Kirchen und Meisterwerken indigener Kunst steht **Quitos historisches Zentrum** (S. 58) für die Widerstandsfähigkeit, Kreativität und Stärke der Einheimischen. Es war Schauplatz einiger Schlüsselmomente in Ecuadors Geschichte und verkörpert das Aufeinandertreffen von Kulturen, das die Identität der Menschen formt.

Mayra Peralta

@lesjoursdemay

Journalistin und Redakteurin; liebt Kultur und lebt in Ecuador. Sie schrieb für verschiedene Publikationen weltweit.

BOYD HENDRIKSE/SHUTTERSTOCK ©

Das schönste Galapagos-Erlebnis ist, frühmorgens auf einer Bootsfahrt neben der **Isla Seymour Norte** (S. 296) aufzuwachen. Um 5.40 Uhr wartet eventuell ein magisches Naturspektakel: Der Vollmond geht im Westen unter, während im Osten zeitgleich die Sonne aufgeht. Wie zwei Feuerbälle, die unseren Planeten umgeben.

Dario Vicente Chimarro

@dariochimarro

Schreibt übers Reisen und über Kultur, ist Naturguide und hat ein kleines Unternehmen auf den Galapagosinseln.

Galapagosinseln (siehe Detailkarte, 800 km)

PAZIFISCHER OZEAN

Volcán Cotopaxi

Staune über den ikonischen Vulkanausblick (S. 196)

Der Quilotoa-Loop

Wandere an Dörfern und einem wunderschönen Kratersee vorbei (S. 201)

Parque Nacional Machalilla

Genieße den traumhaftesten weißen Sandstrand auf dem Festland (S. 249)

Saraguro

Übernachte in Kichwa-Dörfern, in denen die Traditionen der Anden bewahrt werden (S. 272)

Galapagosinseln

Bewundere beim Schwimmen die spektakuläre, charismatische Artenvielfalt (S. 285)

Esmeraldas
Atacames
Mompiche
Pedernales
Río Blanco
Santo Domingo de los Colorados
Canoa
Manta
San Lorenzo
Montecristi
Portoviejo
Quevedo
Isla de la Plata
Jipijapa
Río Daule
Parque Nacional Machalilla
Puerto López
Vinces
Río Vinces
Babahoyo
Montañita
Santa Elena
Salinas
Guayaquil
Milagro
Río Can
Playas
Posorja
Naranjal
Golfo de Guayaquil
Isla Puná
Parque Nacional Cajas
Machala
Río Jubones
Saraguro
Zaruma
Río Poyango
Loj
Catamayo
Vilcabamba
Macará
PAZIFISCHER OZEAN
PERU
Zumb
0 100 km

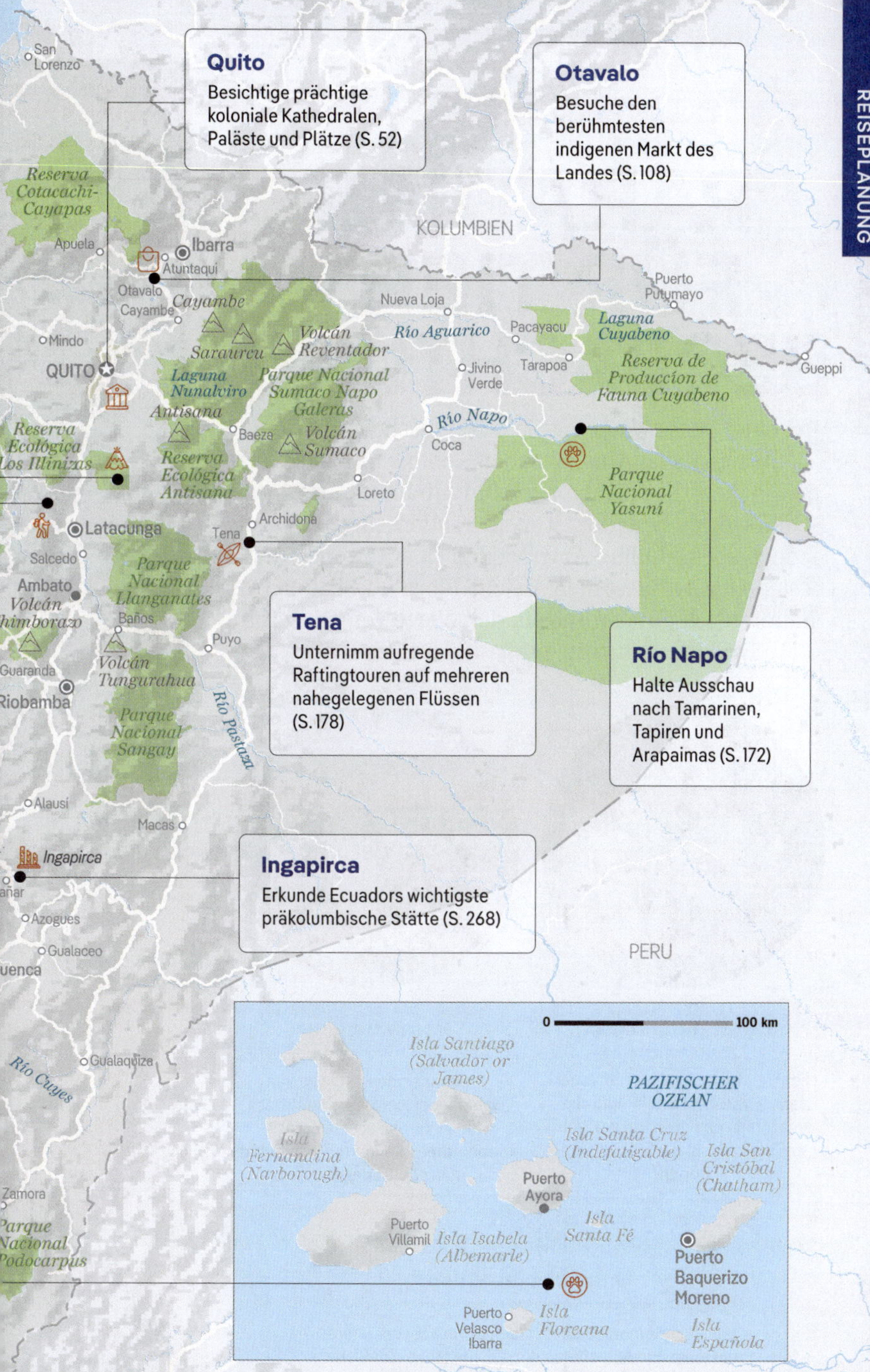

Quito
Besichtige prächtige koloniale Kathedralen, Paläste und Plätze (S. 52)
Otavalo
Besuche den berühmtesten indigenen Markt des Landes (S. 108)
Tena
Unternimm aufregende Raftingtouren auf mehreren nahegelegenen Flüssen (S. 178)
Río Napo
Halte Ausschau nach Tamarinen, Tapiren und Arapaimas (S. 172)
Ingapirca
Erkunde Ecuadors wichtigste präkolumbische Stätte (S. 268)
San Lorenzo
Reserva Cotacachi-Cayapas
Apuela
Ibarra
Atuntaqui
Otavalo
Cayambe
Cayambe
Mindo
QUITO
KOLUMBIEN
Nueva Loja
Puerto Putumayo
Laguna Cuyabeno
Reserva de Produccion de Fauna Cuyabeno
Gueppi
Saraurcu
Volcán Reventador
Río Aguarico
Pacayacu
Tarapoa
Jivino Verde
Laguna Nunalviro
Parque Nacional Sumaco Napo Galeras
Antisana
Baeza
Volcán Sumaco
Río Napo
Coca
Reserva Ecológica Los Illinizas
Reserva Ecológica Antisana
Loreto
Parque Nacional Yasuní
Latacunga
Archidona
Tena
Salcedo
Parque Nacional Llanganates
Ambato
Volcán Chimborazo
Baños
Puyo
Guaranda
Volcán Tungurahua
Riobamba
Parque Nacional Sangay
Río Pastaza
Alausí
Macas
Ingapirca
Azogues
Gualaceo
Cuenca
PERU
Gualaquiza
Río Cuyes
Zamora
Parque Nacional Podocarpus
0
100 km
Isla Santiago (Salvador or James)
PAZIFISCHER OZEAN
Isla Fernandina (Narborough)
Isla Santa Cruz (Indefatigable)
Isla San Cristóbal (Chatham)
Puerto Ayora
Isla Santa Fé
Puerto Villamil
Isla Isabela (Albemarle)
Puerto Baquerizo Moreno
Puerto Velasco Ibarra
Isla Floreana
Isla Española

PARADIES FÜR TIER-BEOBACHTUNG

Bei einer Reise warten viele unvergessliche Wildtiersichtungen, von Amazonasdelfinen bis hin zu seltenen Brillenbären, Galapagos-Pinguinen und riesigen Schildkröten. Ecuador ist nicht sonderlich groß, birgt jedoch spektakuläre Artenvielfalt in entlegenen und besiedelten Landesteilen. Reiche Flora und Fauna behauptet sich auf den Inseln, der Wiege von Darwins Evolutionstheorie, und auf dem Festland.

Guter Durchblick

Nicht nur für ausgewiesene Vogelfans verbessert ein Fernglas im Amazonas oder in Mindo die Sicht auf Wildtiere in der Luft und am Boden.

Vorabplanung

Wer auf eigene Faust zu den Galapagosinseln reist, sollte sich weit im Voraus um die Zutrittsformalitäten kümmern; Tipps liefert unser Leitfaden (S. 40).

Unterwasser-Video

Viele Schnorchel-Guides haben Unterwasserkameras und teilen die Aufnahmen danach meistens. Zur Sicherheit eine eigene Kamera mitbringen.

Blaufußtölpel, Galapagosinseln (S. 285)

WILDTIER-HIGHLIGHTS

Auf den mythischen ❶ **Galapagosinseln** (S. 285) Seelöwen, Riesenschildkröten und Blaufußtölpel beobachten.

Am unteren ❷ **Río Napo** und Amazonas Goldmanteltamarine, prähistorisch anmutende Hoatzine und Amazonasdelfine entdecken (S. 172).

In ❸ **Mindo** bei über 600 Vogelarten einige von der Liste streichen, darunter den Andenfelshahn, den Quetzal und den seltenen Orangebrust-Ameisenpitta (S. 105).

Bei einer Wanderung in der ❹ **Reserva Maquipucuna** mit etwas Glück seltene Brillenbären entdecken, die sich vor allem von August bis November zeigen (S. 106).

An Bord eines Whalewatching-Boots in ❺ **Puerto López** während der Buckelwalwanderung die majestätischen Riesen erleben (S. 247).

WANDERN IN DEN ANDEN

Über 20 % der Landfläche Ecuadors bestehen aus Naturreservaten oder -parks und zehn der Gipfel sind über 5000 m hoch. Auf erfahrene BergsteigerInnen warten viele Herausforderungen, während versierte Wanderfans zwischen Tagesausflügen und längeren Touren in Lavafeldern auf Meereshöhe, in Nebelwäldern oder im *páramo* (hochalpines Grasland) wählen können. Bei der Entdeckung der verschiedenen Ökosysteme erschließt sich die facettenreiche Schönheit des Landes.

Akklimatisieren

Vor einer mehrtägigen Tour sollte man sich ein bis zwei Tage an die Höhe gewöhnen, vor allem bei anspruchsvollen Kletterexpeditionen.

Der Weg als Ziel

Wer nicht gerade auf Gipfeljagd ist, findet spektakuläre Wanderwege in den Hängen und Ausläufern von Ecuadors Vulkanen.

Wechselnde Bedingungen

Bei Ankunft die Bedingungen checken – der Volcań Cotopaxi ist seit 2022 wieder aktiver und eventuell gesperrt.

Volcán Chimborazo (S. 217)

WANDER-HIGHLIGHTS

Dem ❶ **Quilotoa-Rundweg** durch indigene Dörfer und Künstlergemeinden folgen, vorbei an der Laguna Quilotoa, die Einheimische als endlos tief beschreiben (S. 201).

Auf dem ❷ **Volcán Chimborazo** – Erfahrung vorausgesetzt – den nächsten Punkt zur Sonne erklimmen (S. 12 rechtes Bild, S. 217).

Bei einer geführten Tour zum ❸ **Volcán Cayambe** den höchsten den Äquator passierenden Punkt der Welt erleben (S. 126).

Durch die empfindlichen Andenmoore im ❹ **Parque Nacional Cajas** entlang glitzernder Seen und durch nebelverhangene Elfenwälder wandern (S. 12 linkes Bild, S. 266).

Die ❺ **Laguna Cuicocha** umrunden und Traumblicke auf den Kratersee und die Inseln genießen (S. 112).

JON CHICA/SHUTTERSTOCK ©

Catedral de la Inmaculada Concepcíon, Cuenca (S. 259)

KOLONIALE ARCHITEKTUR

Die kunstvollen Kathedralen und Kirchen in Ecuadors Städten stammen von der spanischen Kolonialmacht und gehen bis auf das 16. Jh. zurück. Viele beliebte Plätze und Parks führen zu Straßen mit Kolonialfassaden und Kopfsteinpflastergassen, in denen u. a. Regional- oder Kunstmuseen liegen.

Heilige Stätten

Viele Kirchen Quitos wurden auf heiligen indigenen Stätten erbaut, auch Ecuadors älteste Kirche namens Iglesia y Convento de San Francisco (S. 64).

Quito von oben

Der Aufstieg zur Turmspitze der Basílica del Voto Nacional (S. 62) wird mit einem schwindelerregenden 360-Grad-Blick auf Quito belohnt.

ARCHITEKTUR-HIGHLIGHTS

Plätze, Kathedralen und Klöster in ❶ **Quitos Centro Histórico mit UNESCO-Status** entdecken, deren Bau teils Jahrhunderte dauerte (S. 58).

❷ **Cuencas** wunderschönes historisches Zentrum mit geselliger Atmosphäre, schönen Kirchen und Plätzen erleben (S. 258).

Die Kopfsteinpflaster, Kolonialkirchen und Plätze von ❸ **Latacunga** vor der dramatischen Kulisse des Volcán Cotopaxi erkunden (S. 206).

❹ **Riobambas** großartige Parks und Kirchen, darunter die neoklassische Basilika, Ecuadors einzige runde Kirche, bestaunen (S. 220).

Durch ❺ **Loja**, die größte Stadt im äußersten Süden, spazieren, deren farbenfrohen Kolonialkern enge Straßen mit kunstvoll restaurierten alten Villen prägen (S. 275).

KÜSTEN-SPASS

Strände gelten nicht als Ecuadors Topattraktion, dabei gibt's tolle Küstenabschnitte. Der schönste Festlandstrand hat mit weichem Sand und türkisfarbenem Wasser alle Zutaten für ein Idyll vor Dschungelkulisse, während auf den Galapagosinseln kleine Buchten zum Sonnen und Baden neben lokaler Fauna einladen.

LINKS: ESTEBAN VILLACRESES/SHUTTERSTOCK ©; RECHTS: NORADOA/SHUTTERSTOCK ©

Ruhigere Wochentage

Ecuadorianische Familien und Ausflugsgruppen verbringen ihr freies Wochenende gerne am Strand. Werktags ist es deutlich ruhiger.

Viel trinken

Oft führen lange Wege unter der heißen Sonne zu den schönsten Stränden, deswegen ist viel Wasser wichtig.

Attraktive Regenzeit

Die Regenzeit von Dezember bis Mai ist mit klarem Himmel zwischen den Niederschlägen sowie weniger Wolken und Feuchtigkeit die beste Zeit für einen Strandbesuch.

1

Galapagosinseln

4 2 5 3

STRAND-HIGHLIGHTS

Durch den tropischen Wald des Parque Nacional Machalilla zum langen weißen Strand **1 Los Frailes** (r.) wandern, der als der schönste auf Ecuadors Festland gilt (S. 249).

Per Wassertaxi zur idyllischen **2 Playa El Garrapatero** auf der Isla Santa Cruz zu Picknick aufbrechen, um Vögel zu beobachten (S. 295).

Im wenig besuchten **3 Puerto Chino** (l.) auf der Isla San Cristóbal (S. 302) mit paradiesischer, von einer Lava-Landzunge geschützten Bucht mit weißem Sand baden gehen.

Durch hügelige Landschaft mit Palo-Santo-Bäumen und Opuntien zur wilden weiten **4 Playa Bahía de la Tortuga** auf der Isla Santa Cruz wandern (S. 293).

Dem Weg aus Lavagestein am Meer zur wunderbar abgeschiedenen halbmondförmigen **5 Playa Baquerizo** auf der Isla San Cristóbal (S. 298) mitten im Grünen folgen.

PRÄ-KOLUMBISCHE GESCHICHTE

Auch wenn ein paar Inkaruinen geblieben sind, wird präkolumbische Geschichte heute vor allem durch Artefakte und archäologisches Wissen vermittelt. In alten Stätten ist das Erbe der Cañari, Puruhá, Quitus und Omagua, die sich hier zuerst niederließen, noch spürbar.

Küstenbevölkerung

Heute lebt die indigene Bevölkerung vorwiegend im Hochland und im Oriente, vor den Inka war hingegen Ecuadors Küste am dichtesten besiedelt.

Schicksalhafte Begegnung

Manco Capac (Bild), der letzte Inkaherrscher, zettelte eine der größten Revolten gegen die Spanier an. Er wurde von einem Spanier getötet, dessen Leben er gerettet hatte.

Riesiges Inkareich

Zur Blütezeit herrschten die Inka über mehr als 12 Mio. Menschen auf einem rund 1 Mio. km² großen Gebiet.

Sonnentempel, Ingapirca (S. 268)

PRÄKOLUMBISCHE HIGHLIGHTS

Die Rätsel von ❶ **Ingapirca**, Ecuadors bedeutendsten präkolumbischen Ruinen entschlüsseln, erbaut von den Cañari und später von den Inka erweitert, (S. 268).

Im ❷ **Museo del Banco Central Pumapungo** vor der Kulisse von Inkaruinen die Geschichte von Ecuadors indigenen Kulturen erleben (S. 260).

Im ❸ **Museo Arqueológico Centro Cultural Orellana** (S. 172) Überreste der Omagua vom Río Napo entdecken.

Die thematisch sortierte Sammlung präkolumbischer Artefakte der privat betriebenen ❹ **Casa del Alabado** in Quito erkunden (S. 65).

In ❺ **Valdivia** die Geschichte der Valdivia-Kultur kennenlernen, die als erste Ecuador besiedelte und in Südamerika Keramik herstellte (S. 244).

Volcán Cotopaxi (S. 196)

Galapagosinseln

TOLLE LANDSCHAFTEN

Schwelende, von Gletschern bekrönte Vulkane prägen Ecuadors Landschaft. Von schwindelerregenden Höhen gehen die Hänge in den windgepeitschten *páramo* über, während weiter unten tropischer Nebelwald ein fragiles System der Artenvielfalt nährt.

Vulkanausbrüche

In Ecuador brachen in den letzten 20 Jahren acht Vulkane aus – davon allein 2023 der Cotopaxi, Reventador und Sangay.

Flusswelten im Amazonas

Dschungel und Himmel, die sich in den Gewässern des Amazonas spiegeln, sind fast eine Spezies für sich. In unterschiedlichem Licht zeigen sie weitere Facetten.

LANDSCHAFTS-HIGHLIGHTS

Den Blick auf die malerischen schneebedeckten Anden und den unberechenbaren ❶ **Volcán Cotopaxi** genießen (S. 196).

Das Wunder der satten Farben vor eindrucksvoller Bergkulisse und dem wohl schönsten Kratersee Ecuadors, der ❷ **Laguna Quilotoa**, bestaunen (S. 201).

Zusehen, wie der Nebel durch die dichten andinen Wälder des ❸ **Valle del Intag** zieht, Hotspot für Orchideen- und Froscharten (S. 100).

Bei einer Wanderung oder einem Ausritt in die zerklüfteten, bewaldeten Teile der Anden rund um ❹ **Vilcabamba**, eine der schönsten Berglandschaften entdecken (S. 280).

Die steilen Kieshänge von Ecuadors aktivstem Vulkan, dem ❺ **Volcán Reventador**, erklimmen und faszinierende Explosionen aus erster Reihe verfolgen (S. 168).

KUNST-HANDWERK & MARKTTAGE

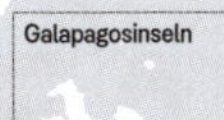

Ecuador steht für gelebte Kunsthandwerkstraditionen, davon zeugen die vollen Stände auf dem Samstagsmarkt in Otavalo und Werkstätten im ganzen Land. In Cuenca werden klassische Montecristi-(alias Panama-)Hüte gefertigt, während in Gualaceo im Hochland die Kichwa feine Textilien von Hand weben und die Shuar im Oriente Perlen auffädeln.

Markttage mitnehmen

Den Quilotoa-Rundweg (S. 201) wandert man am besten, wenn die wöchentlichen Kunsthandwerksmärkte in den Dörfern auf der Route (siehe Bild) stattfinden.

Montecristi-Hüte

Bis heute gibt's im Küstenort Montecristi, wo sie erfunden wurden, handgemachte *sombreros de paja toquilla* (bloß nicht Panamahut nennen!).

Schönes Gift

Die hübschen kleinen rot-schwarzen *huayruro*-Samen, aus denen im Oriente indigener Schmuck gefertigt wird, sind giftig, wenn sie verdaut werden. Von Kindern und Haustieren fernhalten!

KUNSTHANDWERK-HIGHLIGHTS

Die lebendigen Farben und Geräusche des Markts samstags in ❶ **Otavalo** erleben, wo indigene Kunsthandwerker:innen auf touristisches Klientel treffen (S. 108).

Auf den vielen Ständen von Quitos ❷ **Mercado Artesanal La Mariscal** zwischen den Massenprodukten nach handgemachten Souvenirs stöbern (S. 70).

Auf Cuencas vielen lebendigen ❸ **Marktplätzen** einzigartige handgemachte Andenken entdecken, darunter *cuy*-(Meerschweinchen-)Röster oder praktischere Keramik- und Korbarbeiten (S. 261).

❹ **Cuencas** Hutmacher:innen dabei zusehen, wie sie *sombreros de paja toquilla* flechten. Ecuadors berühmter Kopfschmuck ist anderswo als Panamahut bekannt (S. 261).

Die winzigen Orte ❺ **Gualaceo, Chordeleg und Sigsig** erkunden, die Kunsthandwerk nach Techniken aus prähispanischen Zeiten fertigen (S. 269).

ACTION & ABENTEUER

Meereswellen, Stromschnellen, Berge und Dschungel bieten zahlreiche Outdoor-Abenteuer. In einer Woche kann man an der Küste surfen, auf einem der Flüsse bei Tena raften, den Volcán Chimborazo oder den Volcán Cotopaxi mit dem Mountainbike hinabdüsen und in den Dschungeln im tiefen Südosten auf Canyoning-Tour gehen. Ist das zu viel, lassen sich auch nur ein, zwei epische Exkursionen in die Reise integrieren.

VON LINKS: VICTOR CAICEDO TOBAR/SHUTTERSTOCK ©, BARNA TANKO/SHUTTERSTOCK ©, AMMIT JACK/SHUTTERSTOCK ©

Mindo Outdoor

Mindo (s. Bild S. 106) macht Baños in Sachen Outdoor-Abenteuer Konkurrenz, dafür sorgen Tubing, Quad-Fahrten, Mountainbiking und eine Seilbahn über dem Blätterdach.

Ausritte mit Camping

Ein gemächlicheres, großartiges Abenteuer sind Reitausflüge mit Camping in den zerklüfteten Bergen vor Vilcabamba (Bild, S. 282).

Entspannung pur

Für einen ruhigeren Herzschlag und entspannte Muskeln sorgt ein Bad in den Thermalquellen von Papallacta (S. 164).

Ziplining, Baños (S. 215)

ADRENALIN-HIGHLIGHTS

Auf der Ruta del Surf an der Südküste, beginnend in ❶ **Montañita**, die perfekte Welle suchen (S. 239).

Beim Rafting auf den Flüssen rund um ❷ **Tena** aufregende, wilde Stromschnellen und gemächliche Abschnitte in idyllischer Landschaft erleben (S. 180).

Beim Ziplining im Blätterdach, Bungee-Jumping und Rafting rund um ❸ **Baños**, der Hauptstadt von Ecuadors Outdoor-Szene, Adrenalinkicks erleben (S. 215).

Auf dem Mountainbike mit klopfendem Herzen einen Hang des aktiven ❹ **Volcán Cotopaxi** hinabdüsen (S. 199).

In ❺ **Gualaquiza** (S. 189) kaum besuchte Wasserfälle, tiefe Höhlen und schmale, von smaragdgrünen Flüssen geformte Schluchten erleben.

EINBLICKE IN DIE INDIGENE KULTUR

Indigene Kultur ist ein lebendiger Teil der ecuadorianischen Gesellschaft. Die Kichwa machen einen Großteil der indigenen Bevölkerung aus, wobei die wunderbare Vielfalt winziger Gruppen zwischen Küste, Anden und Amazonas zeigt, wie wichtig es ist, diese zu unterstützen. Mit gemeindebasierten Tourismusprojekten kann man dies auf Augenhöhe tun und erhält dabei Einblicke in alte Traditionen und die starke Verbindung zu ihrer Heimat.

Ecuadors Einwohner

In Ecuador leben vierzehn indigene Gruppen: die Achuar, Andoa, Awa, Chachi, Cofán, Epera, Kichwa, Secoya, Shiwiar, Shuar, Siona, Tsáchila, Waorani und Zápara.

Indigene Touren

Die Fluss-Lodges im Amazonas stehen für gemeindebasierten Tourismus, Touren mit indigener Führung gibt's jedoch auch an der Küste und im Hochland.

Erlaubnis für Fotos

Bevor man Fotos schießt, sollte man immer um Erlaubnis fragen und ein eventuelles Nein respektieren.

Río Napo (S. 172)

INDIGENE KULTUR-HIGHLIGHTS

In einer Privatunterkunft in ❶ **La Calera** Einblicke in die Traditionen der Otavalo-Kichwas aus der weiblichen Perspektive erlangen (S. 113).

Traditionelle Kleidung sowie die Kunst des Spinnens und Webens in dem von der Kichwa-Kultur geprägten Ort ❷ **Salasaca** bewundern (S. 209).

Rund um Saraguro in abgeschiedenen ❸ **Kichwa-Dörfern** übernachten, wo autarke Berggemeinden jahrhundertealte andine Lebensart pflegen (S. 272).

Bei einer Reise den ❹ **Río Napo** hinab in einem indigenen Dorf am Fluss tief im Regenwald zeitlose Traditionen kennenlernen (S. 175).

Eine spirituelle Reinigung bei einem *curandero* (Heiler) in der ❺ **Parroquia Puerto Limón** wagen (S. 156).

ECUADORS LEBEN IM WASSER

Die Galapagosinseln sind mit ihren neugierigen Seelöwen und gelassenen Meeresschildkröten ein Sehnsuchtsziel für viele Tauch- und Schnorchelfans. In dem reichen äquatorialen Meeresökosystem 1000 km vor der Küste sorgen kalte Auftriebe des Humboldt- und Cromwell-Stroms saisonal für noch mehr Artenvielfalt. Wer keinen Besuch der Inseln plant, findet in den „Little Galápagos" vor der Südküste auf dem Festland tolle Schnorchelspots.

Beste Reisezeit

Das Wasser um die Galapagosinseln ist von Januar bis Juni am wärmsten und ruhigsten, wobei der kalte nährstoffreiche Humboldtstrom von Juli bis Dezember mehr Wildtiere anzieht.

Neopren-Wetter

In der heißeren Jahreszeit ist das Wasser durchschnittlich 24 °C warm (Badekleidung genügt). In der kälteren Saison gibt's Schnorcheltouren mit Neoprenanzügen.

Tauchkreuzfahrten & Schnorchelausflüge

Lohnenswert sind spezielle Kreuzfahrten sowie eintägige Schnorchelausflüge von Land mit Einblicken in die Tierwelt.

VON LINKS: PHOTOS BRIANSCANTLEBURY/SHUTTERSTOCK ©, TONI AULES/SHUTTERSTOCK ©, VALERIJS NOVICKIS/SHUTTERSTOCK ©

Mantarochen (S. 314), Galapagosinseln

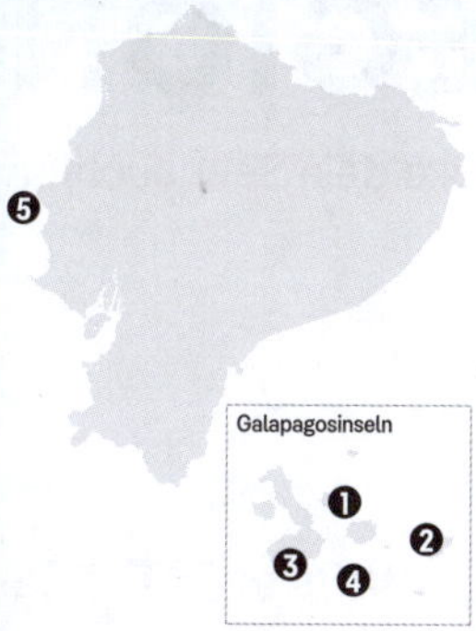

❺

TAUCH- & SCHNORCHEL-HIGHLIGHTS

Mit Glück am ❶ **Pinnacle Rock** neben Weißspitzen-Hochseehaien und Meeresschildkröten auch Galapagos-Pinguine entdecken (S. 296).

Beim Wandtauchen am ❶ **Kicker Rock** nach Hammerhaien, Meeresschildkröten sowie Weiß- und Schwarzspitzenhaien Ausschau halten (S. 24/ l., S. 301).

In den versunkenen Lavahöhlen von ❶ **Los Túneles** Meeresschildkröten, schlafenden Riffhaien und perfekt getarnten Seepferdchen Gesellschaft leisten (S. 306).

Sich von der Strömung rund um die ❶ **Corona del Diablo** in tiefere Gewässer voll farbenfroher Rifffische und Haie treiben lassen (S. 314).

Vor der ❶ **Isla de la Plata** mit riesigen Mantarochen tauchen, idealerweise zur Buckelwalwanderung von Juli bis Oktober (S. 242).

STÄDTE & REGIONEN

Entdecke dein Sehnsuchtsziel.

Nördliches Hochland
S. 95

Nordküste & Tiefland
S. 132

Quito
S. 52

Zentrales Hochland
S. 192

Nordküste & Tiefland

EINE UNBERÜHRTE KÜSTE UND AUFREGENDE TROPISCHE STÄDTE

Dank seines Windes ist Manta die Kitesurfing-Hauptstadt Ecuadors, jedoch rollen von Norden bis Süden große Wellen an die Küste, vor dem Hintergrund kleiner Dörfern oder dichten Dschungels. Am lebhaften *malecón* (Uferpromenade) von Manta und in den Backpacker-Dörfern Mompiche und Canoa vergeht die Partystimmung nie, während das neblige Flachland eine einzigartige Tropenszene bietet.
S. 132

Zentrales Hochland

VULKANE, ABENTEUER UND INDIGENE KULTUR

Gletscher und Vulkane dominieren damals wie heute die Form dieser bergigen Landschaft voller bildhübscher Nationalparks und den Abenteuern, die sich darin finden: Mountainbike-Touren am Hang des Volcán Chimborazo, die mehrtägige Quilotoa-Loop-Wanderung oder ein Aufstieg auf den Volcán Cotopaxi. Authentische lokale Kultur, Kolonialdörfer und grüne Hänge am Rande des Amazonasbeckens runden die Szene ab.
S. 192

Nördliches Hochland

EINE BASTION TRADITIONELLER HOCHLANDKULTUR

Das nördliche Hochland ist berühmt für Otavalo und dessen traditionelle Märkte, die nur so vor kunterbunten Textilien und handgemachten Lederwaren strotzen: Die Stadt hat das Zeug zum Aushängeschild Ecuadors. Von dem eisbedeckten Volcán Cayambe bis zur Kraterlagune von Cuicocha definieren die Anden die Landschaft. Weiter unten kommt man in den Genuss des Nebelwaldes rund um Mindo und die traditionsreiche Kultur im Intag-Tal.

S. 95

Quito

ECUADORS KULTURREICHE HAUPTSTADT

Auf 2850 m über dem Meeresspiegel erstreckt sich Quito entlang der Hänge am Volcán Pichincha und der umliegenden Hügellandschaft. Großstadtparks, Museen und die koloniale Architektur der Altstadt (ein Weltkulturerbe) machen die Erkundungstour fast perfekt – es fehlen nur noch die vielfältige internationale Küche, das wilde Nachtleben und die traditionellen ecuadorianischen Märkte.

S. 52

Oriente
S. 159

Oriente

DSCHUNGELABENTEUER UND INIDIGENE KULTUR

Die endlos erscheinende Nebellandschaft des tropischen Oriente bedeckt mehr als ein Drittel des Landes, von den Hügeln der östlichen Anden bis hin zum Amazonasbecken. Auf schwindelerregenden Höhenmetern schwappen die Thermalbecken von Papallacta und das Wildwasser von Tena hinunter in riesige Gebiete mit spektakulärer Artenvielfalt, zugänglich durch Flusslodges in Cuyabeno und im Parque Nacional Yasuní.

S. 159

Galapagosinseln (siehe Detailkarte; 1000 km)

Galapagosinseln

DER GEBURTSORT VON DARWINS EVOLUTIONSTHEORIE

Begib dich auf eine Exkursion zu diesem natürlichen Labor der Evolutionstheorie, in dem Galapagos-Pinguine, schwimmende Leguane und riesige hundertjährige Schildkröten leben. Die mythischen Inseln sind einfach zugänglich und verkörpern die Balance zwischen menschlicher Besiedelung und dem Schutz der Umwelt. Steige auf einen Vulkan, schnorchle durch das türkisblaue Wasser und bewundere die Seelöwen!

S. 285

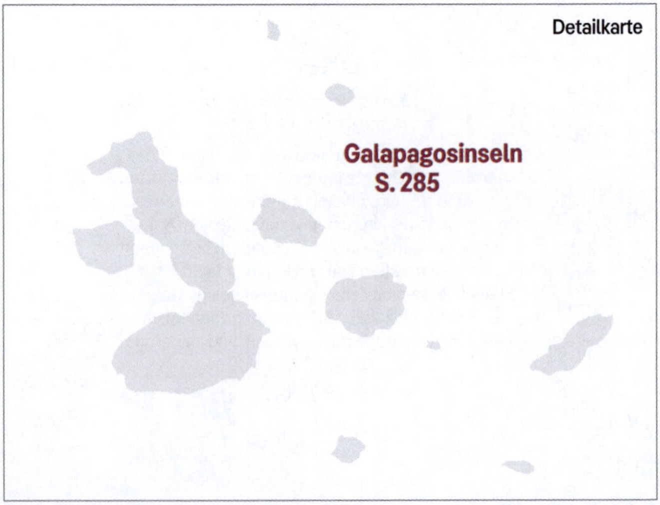

Detailkarte

Galapagosinseln
S. 285

Südküste

GUT GESCHÜTZTE NATIONALPARKS, PRÄHISPANISCHE GESCHICHTE UND EINE ATEMBERAUBENDE KÜSTE

Rund um Guayaquil, Ecuadors größter Stadt, liegt der Bananengürtel des Landes: An der Südküste findet man eine Fülle von Stränden, Meerestieren und nicht zuletzt Gelegenheit für eine Menge Spaß im Freien. Du kannst einen Paraglide-Sprung von einer Klippe wagen, in Montañita surfen und feiern und abschließend zur Entspannung ein paar Vögel beobachten sowie durch die Dörfer im Inland schlendern.

S. 225

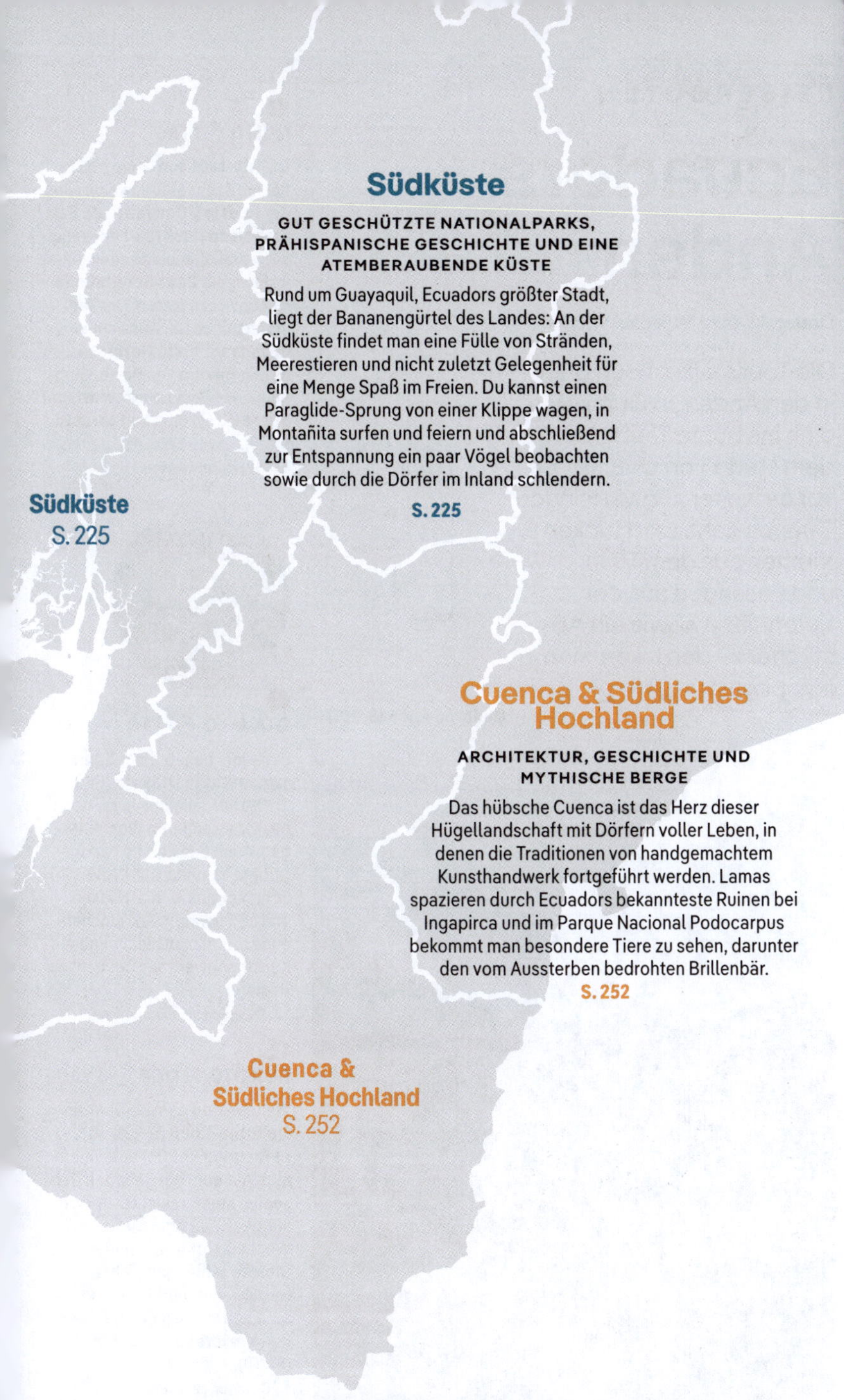

Cuenca & Südliches Hochland

ARCHITEKTUR, GESCHICHTE UND MYTHISCHE BERGE

Das hübsche Cuenca ist das Herz dieser Hügellandschaft mit Dörfern voller Leben, in denen die Traditionen von handgemachtem Kunsthandwerk fortgeführt werden. Lamas spazieren durch Ecuadors bekannteste Ruinen bei Ingapirca und im Parque Nacional Podocarpus bekommt man besondere Tiere zu sehen, darunter den vom Aussterben bedrohten Brillenbär.

S. 252

REISEROUTEN

Ecuadors Anden

Dauer: 10 Tage **Strecke**: 950 km

Die Tour startet hoch oben in den Anden, in Quito. Wirf dich ins bunte Treiben auf dem Markt von Otavalo, bevor es weiter südwärts nach Cuenca geht. Dort locken Kirchen aus dem 17. Jh. und Fassaden aus der Kolonialzeit sowie ein Abstecher zu den Inkaruinen in Ingapirca.

Quilotoa-Loop (S. 201)

SL-PHOTOGRAPHY/SHUTTERSTOCK ©

1

QUITO ⏱ 1 TAG

Die **Altstadt** von Quito (S. 58) hat mit Architekturjuwelen wie der **Iglesia y Convento de San Francisco** (S. 64) und der exquisiten präkolumbianischen Kunst im Museum **Casa del Alabado** (S. 65) viel zu bieten. Der Tag endet mit bester Aussicht im Restaurant **Vista Hermosa** (S. 65), gefolgt von Salsa, Clubbing oder Cocktails im **Mariscal Sucre** (S. 73) oder **La Floresta** (S. 75).

2½ Std. mit dem Bus

2

OTAVALO ⏱ 1 TAG

Ecuadors beliebtester **Samstagsmarkt in Otavalo** (Bild, S. 108) ist vielleicht sogar noch besser an anderen Wochentagen. Auch dann gibt's handgefertigte Textilien aus Wolle, Schmuck aus Tagua-Nüssen und Lederwaren. Am Wochenende findet man hier indigenes Kunsthandwerk aus der ganzen Region.

3½ Std. mit dem Bus

3

QUILOTOA-LOOP ⏱ 3 TAGE

Wandern auf dem berühmten **Quilotoa-Loop** (S. 201) ab **Latacunga** (S. 206) entschleunigt. Auf dem gut getimten Reiseplan stehen Hochlanddörfer, indigene Kunstgalerien und Wochenmärkte. Die hügelige Strecke schlängelt sich durch Nebelwälder und Täler und bietet einen imposanten Blick auf den **Kratersee** von Quilotoa (S. 201).

3 Std. mit dem Bus

JON CHICA/SHUTTERSTOCK ©

4

RIOBAMBA ⏱ 2 TAGE

Die Tour führt weiter Richtung Süden nach **Riobamba** (S. 220), eine reizvolle Andenstadt, geprägt von indigener Kultur und Kolonialarchitektur. Sie ist einen mehrtägigen Aufenthalt wert und idealer Ausgangspunkt für Expeditionen zum **Volcán Chimborazo** (S. 217). Der höchste Berg des Landes kann zu Fuß oder mit dem Mountainbike erkundet werden.

5 Std. mit dem Bus

CUENCA ⏱ 2 TAGE

Das ausgesprochen hübsche **Cuenca** (Bild, S. 258) lädt mit kolonialer Architektur, herrlichen Plätzen und Kathedralen und dem Flair am Flussufer zu einem Spaziergang ein. Besuche das **Museo de las Culturas Aborígenes** (S. 261) und genieße ein Craft-Bier oder ein Eis auf dem **Mercado de Artesanías Rotary** (S. 263), einem entspannten Markt im Freien.

2½ Std. mit dem Bus

6

INGAPIRCA ⏱ 1 TAG

Ingapirca (S. 268), Ecuadors besterhaltene Inkaruine, liegt zwei Stunden nordöstlich von Cuenca. Die archäologische Stätte wurde einst vom Volk der Kañari erbaut. Heute besteht sie aus Überresten der Steinmauern und des Sonnentempels und Lamas grasen gemütlich auf den Grünflächen. Von Cuenta gehen Flieger zurück nach Quito.

IRENEUKE/SHUTTERSTOCK ©

REISEROUTEN

Abenteuer Amazonas

Dauer: 9 Tage **Strecke:** 490 km

Mit dem Flieger geht's ins tropische Amazonastiefland von Coca und von dort mit dem Kanu durch den Dschungel des Parque Nacional Yasuní, wo die Urbevölkerung und eine außergewöhnlich artenreiche Tierwelt beheimatet sind. Danach folgt ein Roadtrip zu Wildwasserrafting und heißen Quellen hinauf ins Hochland von Quito.

1

COCA ½ TAG

Von Quito aus fliegt man nach Coca, dem Tor zum Amazonasbecken. Hier endet die Straße und der geheimnisvolle, bewachte Zugang zu den Ölfeldern des Regenwaldes beginnt. Auf dem Weg zur Lodge unbedingt am *malecón* (Uferpromenade, Bild) entlangschlendern und das ausgezeichnete **Museo Arqueológico Centro Cultural Orellana** (S. 172) besuchen.

2½ Std. mit dem Boot

2

PARQUE NACIONAL YASUNÍ 4 TAGE

In diesem Zentrum der Artenvielfalt (S. 173) tief im Dschungel kann man Papageien beim Lehmlecken beobachten (Bild), Affen in Baumkronen erspähen oder scheue Tapire aufspüren. Bei einer Kanutour entdeckt man halb untergetauchte Kaimane, vorbeischwimmende Arapaima oder vielleicht sogar einen riesigen Fischotter. In den Kichwa-Döfern trifft man auf die Urbevölkerung.

1 Std. mit dem Boot

3

LAGUNA PAÑACOCHA ½ TAG

Entlang des Río Napo lohnt ein Abstecher zur seichten **Laguna Pañacocha** (Bild, S. 177), wo man mit etwas Glück einige besonders faszinierende Arten entdecken kann: Hoatzins, Piranhas, rosa Amazonasdelfine. Die von üppigem Dschungelgrün umgebene Lagune wirkt wie eine unberührte Oase im Amazonasgebiet.

5 Std. mit dem Bus

4

TENA 2 TAGE

Von Coca fahren Busse nach **Tena** (Bild, S. 178), wo man abends das Ambiente am Flussufer genießen und in einem Hostel übernachten kann. Tena ist mit den vielen Flüssen in der Umgebung ein idealer Ausgangspunkt für Rafting-Touren. Erfahrene Unternehmen bieten sanfte Dschungeltouren und abenteuerliche Wildwasserfahrten an.

3 Std. mit dem Bus

5

BAEZA 1 TAG

Mit dem Bus geht's von Tena nach **Baeza** (S. 167), Knotenpunkt mehrerer Bergpässe und malerische Basis für Rafting in einer weniger urbanen Umgebung als Tena. Naturbegeisterte kommen hier auf ihre Kosten: Sie können wandern, Vögel beobachten, die kühle Bergluft in Baeza Antigue genießen und die Wildwasser (III+) des Río Quijos befahren.

1 Std. mit dem Bus

6

PAPALLACTA 1 TAG

Vor der Rückreise nach Quito sollte man sich noch ein Bad in den heißen Thermalquellen von **Papallacta** (Bild, S. 164) gönnen. Sie sind etwa eine Autostunde vom Flughafen von Quito entfernt und ideal, um sich vor einem langen Flug zu entspannen. Tageskarten gibt's in Termas de Papallacta, dem größten Resort. Man kann dort oder in einem der vielen Hostels in der Umgebung übernachten.

IRENEUKE/SHUTTERSTOCK ©

La Chocolatera (S. 235)

REISEROUTEN

Strände & Inseln

Dauer: 8 Tage **Strecke:** 1500 km

An Ecuadors Stränden lässt es sich hervorragend wandern, surfen und relaxen – Dschungel und Strandpartys inklusive. Im Westen locken die Galapagosinseln, wo man mindestens vier Tage verbringen, jedoch mehr Zeit einplanen sollte, wenn man so viele Arten wie möglich beobachten möchte.

1

SALINAS & PLAYAS 1 TAG

Von Guayaquil reist man zum südlichen Ende von Santa Elena, um an der leeren **Playa el Pelado** (S. 236) zu entspannen. Mehr Miami-Beach-Vibes gibt's am westlichsten Zipfel des südamerikanischen Festlands, bei **La Chocolatera** (S. 235), wo der Ozean an Land brandet. **Salinas** (Bild, S. 234) lädt anschließend zum Verweilen und Übernachten ein.

2 Std. mit dem Bus

2

MONTAÑITA & OLÓN 1 TAG

Ungezwungen geht's zu in **Montañita** (Bild, S. 238) – Ecuadors Partyhochburg an der Küste lockt mit Surfing, Yoga, Cocktails und Tanz. Wer es etwas ruhiger angehen und einfach nur surfen oder am Strand liegen will, fährt ins gemütlichere **Olón** (S. 238).

1 Std. mit dem Bus

3

PARQUE NACIONAL MACHALILLA 1 TAG

Richtung Norden ist das Fischerdorf **Puerto López** (S. 246) Ausgangspunkt für einen Besuch des **Parque Nacional Machalilla** (S. 249), in dem man zum wunderschönen Strand **Los Frailes** (Bild, S. 249) wandern kann. Alternativ besucht man die **Isla de la Plata** (Silberinsel, S. 250).

4 Std. mit dem Bus

VON LINKS: KSENIA RAGOZINA/SHUTTERSTOCK ©, JON CHICA/SHUTTERSTOCK ©, JAVIER LOCKE/SHUTTERSTOCK ©

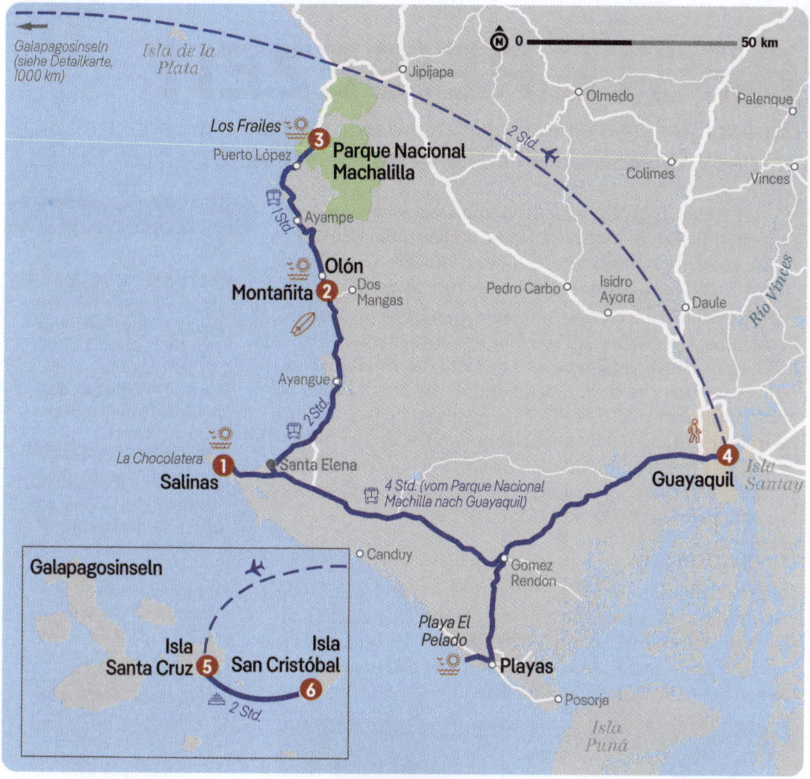

4

GUAYAQUIL ⏱ 1 TAG

Zurück in **Guayaquil** (S. 230) geht's zur Malecón 2000 (Bild, S. 231), um das urbane Küstenleben und die Energie der *guayaquileños* in den Parks am Meer, auf den Spielplätzen und in den Gärten aufzusaugen. Im Mercado del Río locken Essensstände. Morgen schon fliegt man zu den Galapagosinseln – also noch schnell das Nötigste besorgen!

2 Std. mit dem Flugzeug

5

ISLA SANTA CRUZ ⏱ 2 TAGE

Die **Isla Santa Cruz** (S. 290) ist das Eingangstor in ein Naturparadies. Riesenschildkröten grasen auf Wiesen und Seelöwen dösen in der Sonne am *malecón*. Bei einem Tagesausflug auf die Inseln **Bartolomé** (S. 295) oder **Seymour Norte** (S. 296) kann man über Lavafelder spazieren und mit Haien und Meeresschildkröten schnorcheln.

2 Std. mit der Fähre

6

ISLA SAN CRISTÓBAL ⏱ 2 TAGE

Mit Fähre oder Flugzeug gelangt man zur **Isla San Cristóbal** (S. 297). Strandspaziergänge sorgen für Erholung und die atemberaubende Bucht von **Las Tijeretas** (S. 298) lädt zum Schnorcheln mit Meeresschildkröten, Seelöwen und Korallenfischen ein. In **Kicker Rock** (S. 301) gibt's Hammerhaie (Bild) und in **Punta Pitt** (S. 300) Blaufußtölpel.

BESTE REISEZEIT

Ecuador hat grob eine trockene und eine regnerische Jahreszeit, wobei das Wetter zwischen Küste, Anden und Oriente merklich variiert.

An der Küste geht die Regenzeit von Dezember bis April mit regelmäßigen Niederschlägen einher. Die Jahreszeit ist ideal zum Surfen, ehe die Locals um die Osterferien sowie im Juli und August in Scharen zum Strand strömen.

Im Hochland wird es ab Mai trockener und von Juni bis September am wärmsten. Von Oktober bis Mai häufen sich kühlere wolkenverhangene und regnerische Nachmittage.

Im Amazonas sind die Jahreszeiten, vor allem Mai und Juni, sehr regenreich. Am trockensten und heißesten (mit zwischenzeitlichen Schauern) ist es von Dezember bis Februar. Zur Regenzeit sind die Wasserpegel höher, die Tiere aktiver und der Pflanzenwuchs ist üppiger. Die stärksten Niederschläge fallen im Mai und Juni.

Übernachten

In ganz Ecuador sind die Zimmerpreise rund um Weihnachten und Neujahr, zur Semana Santa (Karwoche) sowie im Juli und August am höchsten. Auch zu lokalen Festivitäten schnellen die Preise in die Höhe. Manche Hotels an der Küste verlangen an Wochenenden mehr.

LOCAL TIPP

NISTENDE QUETZALS

Julia Patiño ist seit ihrer Kindheit passionierte Vogelkundlerin und die erste Frau Mindos, die geführte Beobachtungen anbot @julia_patino_mindo

Ich liebe es, Vögel zu beobachten. Als Mädchen sah ich einmal das leuchtende Rot und Grün eines Quetzals und wie er dem nistenden Weibchen und den Küken in einer Baumhöhle einen Frosch brachte. Dann flog das Weibchen los und kam mit Früchten zurück. Umso mehr freute es mich, diesen Oktober wieder mitansehen zu dürfen, wie Quetzals mögliche neue Nistplätze besuchten.

Nevado Antisana (S. 166)

TROPISCHE GLETSCHER

Obwohl ihnen der Klimawandel zu schaffen macht, krönen Ecuadors tropische Gletscher acht der Gipfel des Landes, darunter Cotopaxi, El Altar und Sangay. Der Antisana-Gletscher (auf einer Höhe von über 5700 m) stellt einen maßgeblichen Anteil an Quitos Wasserversorgung.

Reisewetter

JANUAR
ø-Temp. Max: **21 °C**
Regentage: 10

FEBRUAR
ø-Temp. Max: **21 °C**
Regentage: 11

MÄRZ
ø-Temp. Max: **20 °C**
Regentage: 15

APRIL
ø-Temp. Max: **21 °C**
Regentage: 15

MAI
ø-Temp. Max: **21 °C**
Regentage: 13

JUNI
ø-Temp. Max: **21 °C**
Regentage: 7

AM ZUSAMMENFLUSS DER STRÖME

Fünf große Meeresströme treffen rings um die Galapagosinseln aufeinander, was sich auf das Wetter und die Tierwelt auswirkt. Der kalte, nährstoffreiche Humboldtstrom fließt die Küste Südamerikas hinauf, der Panamastrom Richtung Süden und spült warmes Wasser aus Zentralamerika heran. Die übrigen Ströme fließen von Ost nach West.

Die wichtigsten Feste

Eine der Top-Adressen, um **Karneval** in Ecuador zu erleben, ist Ambato (S. 209), wo die katholische Tradition auf die Fiesta de Frutas y Flores (Fest der Früchte und Blumen) trifft und eine Vielzahl an Farben und Sprühschaum auf die Straßen bringt.
Februar/März

Prunk und Prozessionen in leuchtenden Farben sieht man in den Straßen während der **Semana Santa** (Heilige Woche/Karwoche). Die Traditionen sind von Region zu Region unterschiedlich.
März/April

Das Kichwa-Sonnenfest **Inti Raymi** (S. 268) findet zur Sommersonnenwende allerorts in den Anden statt, mit Reinigungsritualen, Festessen, Musik und rituellen kostümierten Tänzen.
Juni

Latacungas (S. 206) **Festival de la Mama Negra** vereint präkolumbianische *criollo* und katholische Traditionen. Die Virgen de las Mercedes werden beschworen und Schaman:innen spucken *aguardiente* (Alkohol) zur *limpiezas* (Reinigung) auf die Zaungäste.
September/November

Örtliche Feste

In Píllaro nahe Baños (S. 212) läutet die einwöchige **Diablada de Píllaro** das neue Jahr ein, mit Tanz und Verkleidungen von Teufeln, Tieren und archetypischen Volkscharakteren.
Januar

Guayaquil (S. 230) erklärte am 9. Oktober 1820 seine Unabhängigkeit von Spanien. Am **Unabhängigkeitstag** feiert man das mit gratis Musikveranstaltungen, Streetfood, Umzügen und Feuerwerken.
Oktober

Cuencas (S. 258) **Unabhängigkeitstag** beginnt mit den Feierlichkeiten zum Tag der Toten und gipfelt schließlich in Umzügen mit Tanz, Musik und Essen in der Hauptparade am 3. November.
November

Die einwöchigen **Fiestas de Quito** zelebrieren die Stadtgründung 1534. Ausgehend von der Altstadt (S. 58) erstreckt sich das Fest über alle Bezirke und Plätze der Stadt.
Dezember

LOCAL TIPP

WHALEWATCHING

Andrés Morales ist Naturforscher und leitet Touren durchs Amazonasbecken, auf denen Besucher:innen die Tierwelt und die Urbevölkerung kennenlernen @amoralitusphoto

Von Juni bis September bringen die kalten Ströme aus dem Süden jede Menge Tiere mit sich, wie Buckelwale, die zur Brut hierherkommen. Im Juli und August starten von Puerto López großartige Whalewatching-Touren. Man sieht Kälber und springende Wale, da dies auch ihre Paarungszeit ist.

Buckelwal

GALAPAGOS-WETTER

Von Dezember bis Mai trifft eine ruhige See auf eine warme, feuchte Witterung. Die Wassertemperatur erreicht 24 °C im Durchschnitt. Obwohl das Meer von Juni bis Dezember rauer und die Temperaturen kühler sind, bekommt man mehr Tiere zu Gesicht. In der Nebensaison von August bis Oktober gibt es wenige Tourist:innen.

JULI	AUGUST	SEPTEMBER	OKTOBER	NOVEMBER	DEZEMBER
ø-Temp. Max:	ø-Temp. Max:	ø-Temp. Max:	ø-Temp. Max:	ø-Temp. Max:	ø-Temp. Max:
22 °C	**22 °C**	**22 °C**	**22 °C**	**21 °C**	**21 °C**
Regentage:	Regentage:	Regentage:	Regentage:	Regentage:	Regentage:
5	5	11	14	11	11

LINKS: FOTOS593/SHUTTERSTOCK ©; FAR RECHTS: PHOTO 12 / ALAMY STOCK PHOTO ©

Montecristi (S. 157)

BESTENS VORBEREITET AUF ECUADOR

Nützliches zum Vorbereiten und Einstimmen.

Kleidung

Regenjacke Regen ist sehr wahrscheinlich, selbst in der trockeneren Jahreszeit. Meist kommt man mit einer leichten, wasserabweisenden Schicht gut durch, doch im Regenwald (wie der Name sagt) ist eine solide Regenjacke mit Kapuze nötig, die den Güssen im Amazonasgebiet trotzt.

Zwiebellook Da das Klima in Ecuador zu jeder Jahreszeit vom Tiefland zum Hochland stark variieren kann, kleidest du dich am besten nach dem Zwiebelprinzip. In Quito und im übrigen Hochland kann es selbst tagsüber kühl werden. Am besten hat man einen Sweater oder Fleece dabei, und eine Jacke, die über dickere Schichten passt. Alpinist:innen nehmen ihre wetterfeste Ausrüstung mit.

Kopfbedeckung Hier am Äquator bist du näher an der Sonne, besonders in höheren Lagen. Eine Kopfbedeckung schützt.

Etikette

Jede Interaktion beginnt mit einer höflichen Begrüßung. Bevor man sich nach dem Weg oder nach einem Preis erkundigt, sagt man mal *„Buenos/as días (tardes/noches)!"*

Taktvoll auf lokalen Märkten handeln. Wer einen Preis als zu hoch empfindet, geht einfach weiter. Aber nicht vergessen: Die Verkäufer:innen müssen auch von etwas leben.

Trinkgeld *(propina)* wird in Restaurants nicht erwartet, die eine Servicegebühr erheben. **Guides und Fahrern gibt man** für guten Service **ein Trinkgeld**.

LESEN

The Villagers (Jorge Icaza; 1934) Bahnbrechender ecuadorianischer Roman, wie ein Grundbesitzer Indigene ausbeutet.

Die Frau des Kartographen (Robert Whitaker; 2004) Wahre Geschichte einer Frau, konfrontiert mit der Not im Amazonas des 18. Jh.

Cockfight (María Fernanda Ampuero; 2018) Kurzgeschichten vor dem Hintergrund zeitgenössischer ecuadorianischer Politik, Religion und Klassenstrukturen.

Savages (Joe Kane; 1996) Schilderung des Überlebenskampfes der Waorani gegenüber Missionaren, Siedler:innen und Ölinteressen.

Sprechen

Hola (o-la) Hallo.

Buenos días (bue-nos *di*-as) „Guten Morgen" oder „Guten Tag" (vormittags).

Buenas tardes/noches (bue-nas *tar*-des/*no*-tsches) „Guten Tag" (nachmittags) und „Guten Abend" oder „Gute Nacht".

Hasta luego (as-ta *lue*-go) Wörtlich „Bis später"; informelle Formel zur Verabschiedung, vor allem wenn man die Person wiedersehen wird.

Adiós (a-*djos*) Formelleres „Auf Wiedersehen". In manchen Regionen grüßen sich die Leute mit „adiós" auf der Straße.

¿Qué tal? (ke tal) Wie geht's?

Bien, gracias (bjen, *gra*-sjas) Gut, danke.

Gracias *(gra*-sjas) Danke.

De nada (de *na*-da) Keine Ursache.

Sí (si) Ja.

No (no) Nein.

Disculpe (dis-*kul*-pe) Höflichkeitsformel, um auf sich aufmerksam zu machen oder bevor man eine Frage stellt, à la „Entschuldigung".

Perdón (per-*don*) Informelleres „Entschuldigung", oder wenn man unabsichtlich an jemanden stößt.

Lo siento (lo *sjen*-to) Tut mir leid.

Por favor (por fa-*wor)* Bitte.

La cuenta, por favor (la *kuen*-ta, por fa-*wor)* „Die Rechnung, bitte", im Restaurant oder Café. Oder dem Servicepersonal mit Schreiben in der Luft anzeigen, dass man zahlen will.

ANSCHAUEN

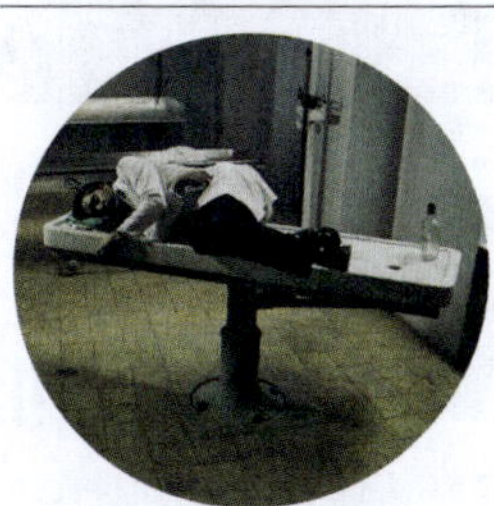

Mejor no hablar (de ciertas cosas) (Javier Andrade; 2012) Über die Privilegien der Mittelklasse, Drogen und Familiendynamiken.

Qué tan lejos (Tania Hermida; 2006) Auf einem Roadtrip durch Ecuador entdecken zwei junge Frauen ihre wechselnden Perspektiven.

Kleine Ratten (Sebastián Cordero; 1999) Actiondrama über einen unbedeutenden Punk, der auf die schiefe Bahn gerät.

Cuando me toque a mi (Victor Arregui; 2006) Einsamer Pathologe findet durch einen Mordfall zu einer emotionalen Verbindung mit den Lebenden (s. Bild).

REINHÖREN

Exitos de Julio Jaramillo (JJ; 2010) Der legendäre JJ *(„jota jota")* aus Guayaquil machte Pop, *pasillo* und andere traditionelle Folkmusik.

Ishkay Llakta (Los Nin; 2023) Neuestes Album der indigenen Hip-Hop-Band (*„nin"* im Bandnamen bedeutet „etwas sagen" auf Kichwa).

La Corriente (Mirella Cesa; 2017) Die „Mutter des Andipops", Mirella Cesa, baut in ihren lateinamerikanischen Ohrwürmern andine Elemente ein.

Blanca (La Máquina Camaleón; 2023) Verträumter, psychedelischer ecuadorianischer Pop einer Band, deren experimentelle Klänge sich weiterentwickeln.

MICHAELA BOCKOVA/SHUTTERSTOCK ©

Kajakfahren, Galapagosinseln (S. 285)

SO reist man auf die Galapagosinseln

Die Galapagosinseln zu besuchen ist einfacher als gedacht und keine teure Kreuzfahrt nötig. Individualreisende können Landgänge planen, die zu Zeit und Budget passen. Dafür müssen sie ein paar Hürden überwinden, aber es lohnt sich.

Anreise

Die 1000 km vor dem ecuadorianischen Festland gelegenen Galapagosinseln erreicht man mit dem Flugzeug von Quito oder Guayaquil. Abflug dorthin ist meist morgens, sodass die meisten Flüge auf die Insel erst am Tag nach der Ankunft in Ecuador möglich sind. Angesteuert werden sowohl Santa Cruz (Flughafen Baltra; GPS) als auch San Cristóbal (SCY). Wer mehrere Tage auf dem Archipel verbringt, kann problemlos auf eine der Inseln fliegen und von der anderen wieder zurück auf das Festland.

Gebühren

Vor der Anreise zum Galapagos-Nationalpark ist eine Transitkontrollkarte (TCT; 20 US$) online unter gobiernogalapagos.gob.ec/step-by-step-tct-online oder am Flughafen zu erwerben. Außerdem *muss* ein Flugticket für die Weiterreise vorhanden sein. Die Eintrittsgebühr (100 US$) ist bei Ankunft in bar zu entrichten.

Basislager

Einen umfassenden Überblick über die hiesige Artenvielfalt erhält man bei Tagesausflügen auf die kleineren Inseln. Auch bei einem kurzen Aufenthalt auf einer der Hauptinseln lassen sich individuelle Reiseerlebnisse planen, z. B. ein Schildkrötenschutzzentrum besuchen, eine Schnorchelausrüstung mieten und am Strand schwimmen oder Tagestouren zu den Inseln und dem angrenzenden Ozean buchen.

Tagestouren

In der Hochsaison sollten beliebte Tagestouren schon im Voraus gebucht werden. Hotels schlagen Ausflüge vor und übernehmen die Buchung. Alleinreisende können oft noch ein Last-Minute-Angebot ergattern. Pro Tour dürfen maximal 16 Personen mitkommen und die täglichen Besuchszahlen vom Nationalpark werden begrenzt, um die Umweltbelastung zu minimieren.

KREUZFAHRT

Galapagos-Kreuzfahrten sind romantisch und dank der fertigen Reiseplanung bequem. Zudem erreicht man mit dem Schiff Küsten, die für einen Tagesausflug zu weit entfernt sind, und entdeckt Tierarten, die es nur dort zu sehen gibt. Oft gibt's besondere Programme für Vogelbeobachtungen oder Tauchgänge mit fachkundiger Reiseleitung und gleichgesinnten Mitreisenden. Kreuzfahrten sind ideal, um so viele Punkte wie möglich auf der Reiseliste abzuhaken.

MHGSTAN/SHUTTERSTOCK ©

Galapagosinseln (S. 285)

ECUADORPOSTALES/SHUTTERSTOCK ©

Llapingachos

ESSEN WIE DIE LOCALS

Von der Pazifikküste über die Anden bis zum Amazonas: Die Vielfalt der ecuadorianischen Küche prägt die nationale Identität.

Ecuador ist eine kulinarische Entdeckungsreise wert. Von den Fanggebieten an der Küste über die Anden bis zum Amazonasgebiet, schöpft die hiesige traditionelle Küche aus allem, was die Landschaft zu bieten hat. In viele klassische Gerichte fließen außerdem spanische und indigene Einflüsse mit ein, ähnlich wie in den benachbarten Andenländern.

Kulinarische Entdeckungen gibt's zuhauf in einem Land, in dem Mais und Maniok, Ziege und Meerschweinchen und sogar die proteinreichen Käferlarven der Palmenrüssler kreativ und schmackhaft zubereitet werden. An der Küste stehen Meeresfrüchte im Mittelpunkt, begleitet von der Kochbanane in den unterschiedlichsten Zubereitungen. Kulinarische Abwechslung bietet Ceviche in unzähligen Variationen, etwa mit Kokosmilch oder Erdnusssoße. Fisch und Meeresfrüchte werden auch in anderen Speisen verwendet. Gleichnamige Gerichte können von Region zu Region variieren – Probieren lohnt sich also!

Traditionen aus den Anden

Die Anden prägen die ecuadorianische Küche maßgeblich. Kartoffeln, Mais und Quinoa sind Hauptbestandteile vieler traditioneller Gerichte. Die Vielfalt der Kartoffelsorten spielt dabei eine entscheidende Rolle, sei es in Spezialitäten wie *llapingachos* und *locro de papas* (cremige Kartoffelsuppe mit Avocado und Käse) oder *yaguarlocro* (Suppe aus Kartoffeln und Blutwurst). Mais ist unverzichtbarer Bestandteil vieler Gerichte, von

Beste Gerichte

CEVICHE
Fisch/ Meeresfrüchte, roh oder gedämpft, mit Limette, Zwiebeln und Chili.

ENCEBOLLADO
Thunfischsuppe mit eingelegten Zwiebeln und Maniok zum Frühstück.

LLAPINGACHOS
Knusprig gebratene, mit Käse gefüllte Kartoffelpuffer.

BOLÓN DE VERDE
Frühstücksknödel aus zerdrückten Kochbananen mit Käse- oder Fleischfüllung.

herzhaften Straßensnacks bis hin zu würzigen Hochland-Desserts. Große Maiskörner (choclo) finden sich oft in Suppen oder werden zu Speisen wie *fritada* oder zu *menus del día* gereicht. Frisch gemahlener Mais wird in Maisblättern mit Käse gedämpft, um *humitas* – ähnlich den Tamales – oder süße *quimbolitos* herzustellen.

Küstengenüsse

Obwohl man Ceviche in vielen Teilen Ecuadors findet, schmeckt das Gericht nahe der Küste am besten, idealerweise begleitet von der Meeresbrise, Möwengeschrei und Wellenrauschen. Die gängigste Version wird mit Garnelen zubereitet, roh oder gedämpft, mariniert mit Limetten- oder Zitronensaft, geschnittenen Zwiebeln, Paprika und eventuell Tomaten und Koriander. Die regionalen Varianten bieten eine Fülle an Geschmackserlebnissen, genau wie *cazuelas de mariscos* (Eintöpfe mit Meeresfrüchten) und *encocado de pescado* (Fisch in Kokosnusssoße). Fisch gibt's auch zum Frühstück, besonders zum Katerfrühstück, mit *encabollado*, einer Thunfischsuppe mit eingelegten Zwiebeln und Maniok.

Encocado de pescado (Fisch in Koskossoße)

Indigene Amazonas-Speisen

Yucca ist eine wichtige Ergänzung zu den Reichtümern des Amazonasbeckens, wo Fische und Larven Proteine liefern und zarte Palmherzen pflanzliche Nährstoffe beisteuern. Die Nutzpflanze verarbeitet man im Oriente zu Fladenbrot. Dazu wird die Maniokwurzel gemahlen, getrocknet und in einer Pfanne wie Tortillas oder Crêpes gebacken. *Maito*, ein traditionelles Fischgericht der Region, wird in *bijao*-Blätter gewickelt und über dem Feuer gegart. *Chontacuros*, Käferlarven der Palmenrüssler, werden über offenem Feuer gegrillt oder roh verzehrt.

FIESTA DEL YAMOR

Bei der farbenfrohen Fiesta del Yamor (o.) in Otavalo (S. 108) wird eine Woche lang das traditionelle Getränk der Kichwa gefeiert: *yamor*, ein Maisbier, das aus sieben verschiedenen Maissorten gebraut wird. Jedes Jahr Anfang September zieht das Fest mit Tanz, Livemusik, Paraden, Spielen und der Wahl einer Reina del Yamor (Maisbier-Königin) Gäste aus ganz Ecuador an. Dazu gibt's reichlich Gelegenheit, *yamor* und andere Köstlichkeiten zu probieren. Die Fiesta geht auf präkolumbianische Erntedankbräuche zu Ehren Pachamamas, der Erdmutter der Inka, zurück. Im Laufe der Zeit wurde auch der katholische Glaube in die Feierlichkeiten integriert und neben Pachamama auch Otavalos Schutzheilige, die Jungfrau von Montserrat, geehrt.

TIGRILLO
Frühstücksgericht aus gebratenen Kochbananen, Rührei und Käse.

HUMITAS
Küchlein aus frisch gemahlenem Mais und Käse, in Maisblättern gedämpft.

FRITADA
Schwein, geschmort oder gebraten, serviert mit Maniok, Kartoffeln oder Mais.

CAZUELA
Deftiger Meeresfrüchte-Eintopf, traditionell im Tontopf gekocht.

Unbedingt probieren!

Straßensnacks

Empanadas de viento Frittierte Empanadas mit Käsefüllung.

Empanadas de verde Empanadas aus Kochbananen, gefüllt mit Käse.

Chifles Knusprige Chips aus Kochbananen.

Tostado Gerösteter Mais aus den Anden.

Chochos Geröstete Lupinen, manchmal gemischt mit Tostado oder zu veganem Ceviche verarbeitet.

Süßes

Helado de paila Sorbet aus Fruchtsaft, das in einer Schale über Eisstücken frisch zubereitet wird. Ursprünglich aus Ibarra.

Bizcochos Spezialität aus Cayambe. Die knusprigen Kekse werden traditionell mit *queso de hoja* (Fadenkäse) und *dulce de leche* (Karamell) gegessen.

Quimbolitos In Taro- oder Bananenblättern gedämpfte Maiskuchen, oft mit Anis gewürzt und mit Rosinen verziert.

Espumilla Fluffige, fruchtige Eiweißcreme in der Waffel, erhältlich an mobilen Verkaufsständen.

Getränke

Guayusa Teeartiger Energydrink aus einer Pflanze des Amazonasgebiets.

Canelazo Süßer, heißer Zimttee mit einem guten Schuss *aguardiente*.

Aguardiente Beliebteste Spirituose des Landes, aus fermentiertem Zuckerrohr.

Mishki/Miski Agavensaft, der warm zum Frühstück oder fermentiert und destilliert als Schnaps getrunken wird.

Für Mutige

Cuy Meerschweinchen gibt's in manchen Restaurants im Hochland oder häufig gegrillt an Straßenständen oder auf Märkten.

Chontacuros Die Larven des Palmenrüsslers sind die Eiweißlieferanten des Amazonas. Sie werden oft am Spieß gegrillt. Wer mutig ist, kann sie auch roh und zappelnd probieren.

Chicha Dieses nahrhafte Getränk wird im Amazonasgebiet fermentiert, indem Yucca- oder Pfirsichpalmblätter von Frauen zerkaut werden.

GESCHMACKSERLEBNISSE

Somos (S. 88) Eines der beliebtesten Restaurants in Quito serviert moderne Interpretationen traditioneller ecuadorianischer Gerichte wie *cuy* (Meerschweinchen), begleitet von Cocktails und einer eigenen Playlist.

Nuema (S. 80) Eines der 100 besten Restaurants der Welt, mit wunderschön präsentierten und kreativ umgesetzten mehrgängigen Menüs aus regionalen und saisonalen Produkten.

ShamuiCo (S. 273) Moderne Interpretationen traditioneller Andengerichte mitten in den Bergen.

MUYU Galápagos (S. 299) Kreative Galapagos-Küche mit Lebensmitteln direkt vom Erzeuger sowie Cocktails.

SAISONALE KÜCHE

FRÜHLING

In der Regenzeit gibt's an der Küste Krebsgerichte (Bild). Während der Osterwoche serviert man traditionelle Speisen wie *fanesca*, Fischsuppe aus Gemüse, Getreide und zwölf Sorten Bohnen, die für die 12 Apostel stehen.

SOMMER

Früchte satt, vom erfrischenden *guanábana*-Saft (Stachelannone) bis zum *guayaba*-Eis (Guave, Bild) und zur *guaba* (Eisbohne), einer Hülsenfrucht mit köstlichem Fruchtfleisch.

HERBST

Die alkoholfreie, dunkelviolette *colada morada* (Bild) wird zum Tag der Toten (2. November) zubereitet. Sie besteht aus Brombeeren und anderen Früchten, Gewürzen und violettem Maismehl.

WINTER

Der Winter hält Schätze bereit wie *rompope*, Ecuadors Pendant zu Eierlikör, hergestellt mit *aguardiente* und Zimt. Eine alkoholfreie Alternative ist *morocho* (Bild), Maispudding zum Trinken mit Zimt und Rosinen.

ALEJO MIRANDA/SHUTTERSTOCK ©

Chontacuros (gegrillte Käferlarven des Palmenrüsslers)

Volcán Fuya Fuya (S. 127)

OUTDOOR-ERLEBNISSE

Dschungelflüsse, andine Gebirge und von Palmen beschattete Strände garantieren Abenteuer, die ihresgleichen suchen.

Ecuadorianer:innen sind stolz darauf, in einem Land zu leben, wo man im Dschungel aufwachen, unter schneebedeckten Vulkanen zu Mittag essen, surfen und auf einer Insel am Äquator von wilden Tieren umzingelt schlafen gehen kann. Üppige Regenwälder, imposante Vulkane (viele aktiv), enorme Schutzgebiete und ein Küstenstreifen von über 2200 km verheißen weltweit einzigartige Outdoor-Möglichkeiten.

Vulkanbesteigungen

Der Volcán Cotopaxi (5897 m) galt einst als Heiliger Gral unter Vulkanbesteiger:innen. Da es seit Ende 2022 laufend zu Ausbrüchen kommt, ist der Zutritt inzwischen verboten. Viele haben sich nun anderen Giganten zugewandt, wie Carihuairazo, Imbabura und Cayambe – dem höchsten Punkt am Äquator – und dem Vater aller Vulkane, dem Chimborazo, der höchste Gipfel des Landes auf 6268 m.

Bei den anspruchsvollsten Aufstiegen muss sich der Körper erst an die großen Höhen gewöhnen, doch die Erklimmung von Vulkanen in Ecuador ist nicht ein Kraftakt in dünner Luft: Cubilche und Fuya Fuya (im nördlichen Hochland), Tungurahua (im zentralen Hochland), Volcán Alcedo und Sierra Negra (auf den Galapagosinseln) bieten ebenso einzigartige Erlebnisse. Der Volcán Pichincha (in der Nähe von Quito) hat den Vorteil der TeleféricQo-Seilbahn, die bis auf 4 km an den 4784 m hohen Gipfel heranfährt.

Die besten Aktivitäten

AFFEN-SAFARI
Beim Wandern durch den „Brülldschungel“ in der Reserva Bosque Seco Lalo Loor (S. 151) kannst du Brüllaffen sehen und hören (S. 151).

SURFEN
Für Anfänger ist der Küstenbrecher bei Canoa (S. 152) super. In der berüchtigten Brandung in Montañita (S. 239) wird's wild.

REITEN
Einen Ausritt (oder einer dreitägigen Expedition) ab Vilcabamba rings um den Parque Nacional Podocarpus (S. 282) unternehmen.

FAMILIEN-ABENTEUER

Wie wär's mit einem Streifzug durch den Parque Nacional Cajas (S. 266) und die Lagunas de Mojanda (S. 127)? Beide umfassen relativ einfache Optionen über *páramo* (alpines Grünland) für den Nachwuchs und die Möglichkeit, in Bergseen abzutauchen.

Oder du versuchst Tubing am Río Bombuscaro (S. 279) oder familienfreundliches Rafting am Río Anzu (S. 180).

Beim Schnorcheln auf den Galapagosinseln erblickst du in Atacames, Mompiche und Puerto López vielleicht Wale zur Paarungszeit (Juni bis Oktober).

Ausschau halten nach dem famosen Brillenbär der Anden. Das Maquipucuna-Schutzgebiet ist sein natürliches Habitat, hier schwirren auch ganze Geschwader der zauberhaften Kolibris umher.

Wandern

Der 40 km lange Qhapac Ñan (südliches Hochland) ist Ecuadors reizvollste Wanderstrecke. Die meisten passieren den sogenannten Camino del Inca bis zu den Ruinen von Ingapirca in drei Tagen. Abenteuerlustige können sich in den Gebirgspfaden, im Nebelwald oder im tiefliegenden Dschungel austoben. Der Trail rund um die Laguna Cuicocha (nördliches Hochland) ist einer von vielen malerischen Tagesausflügen und die symbolträchtige Quilotoa-Runde (zentrales Hochland) birgt herrliche Touren und verbindet ländliche Communitys.

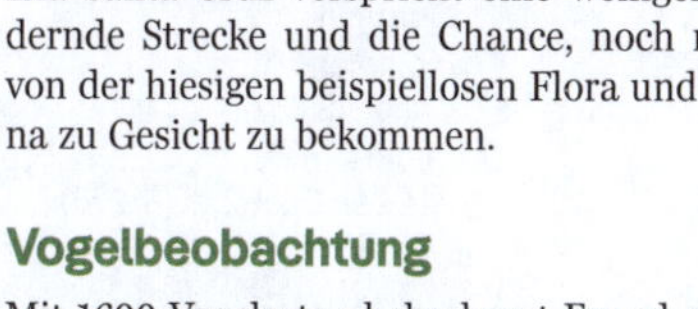
BEST OF
Die besten Plätze und Routen für Outdoor-Erlebnisse auf S. 48.

Andenkondor (S. 109)

Auf der Isla Isabela (Galapagosinseln) wartet eine tolle Zweitageswanderung zur Caldera des Volcán Alcedo, den Hunderte Schildkröten bewohnen. Der Cerro Crocker auf der Isla Santa Cruz verspricht eine weniger fordernde Strecke und die Chance, noch mehr von der hiesigen beispiellosen Flora und Fauna zu Gesicht zu bekommen.

Vogelbeobachtung

Mit 1600 Vogelarten beherbergt Ecuador beinah doppelt so viele wie ganz Europa. Bei den verschiedenen Lebensräumen Dschungel, Nebelwälder, *páramo*, Mangroven und pazifische Wälder, hat man die Qual der Wahl. Das Städtchen Mindo, in einem tropischen Wechselgebiet auf ca. 1500 m, ist das Epizentrum der Vogelbeobachtung, doch das Maquipucuna-Naturschutzgebiet (eine Stunde von Mindo entfernt) und das Intag-Tal verzeichnen eine ebenso unglaubliche Vielzahl an Tieren. Der Río Napo weiter unten im Amazonasbecken hat sich als Vogelparadies einen Namen gemacht und die Isla Santa Cruz gewährt einigen der 28 auf den Galapagosinseln heimischen Arten Unterschlupf. Den seltenen Andenkondor, Ecuadors Nationalvogel, erblickt man hin und wieder noch fliegend in der hochinformativen Stiftung Parque Cóndor (S. 109).

STRÄNDE
Eingekesselt von dramatischen Landzungen zieht der traumhafte Strand Los Frailes (S. 249) einen Bogen aus makellos weißem Sand.

TAUCHEN & SCHNORCHELN
In Los Túneles auf der Isla Isabela schnorchelst du umgeben von Seepferdchen, Schildkröten, Weißspitzenhaien, Rochen und Seelöwen (S. 306).

RADFAHREN
Von Tablachupa geht's in rasantem Tempo (Adrenalinkick garantiert) hinab in den Nebelwald des Intag-Tals (S. 103).

EXTREMSPORT
Ein Netz an Ziplines, Seilbahnen, Hängebrücken, Bungee-Jumping-Plattformen und Canyoning-Touren lockt Adrenalinjunkies nach Baños (S. 215).

OUTDOOR-ERLEBNISSE

Die besten Outdoor-Erlebnisse in Ecuador.

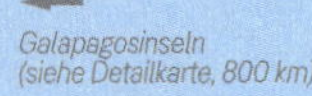

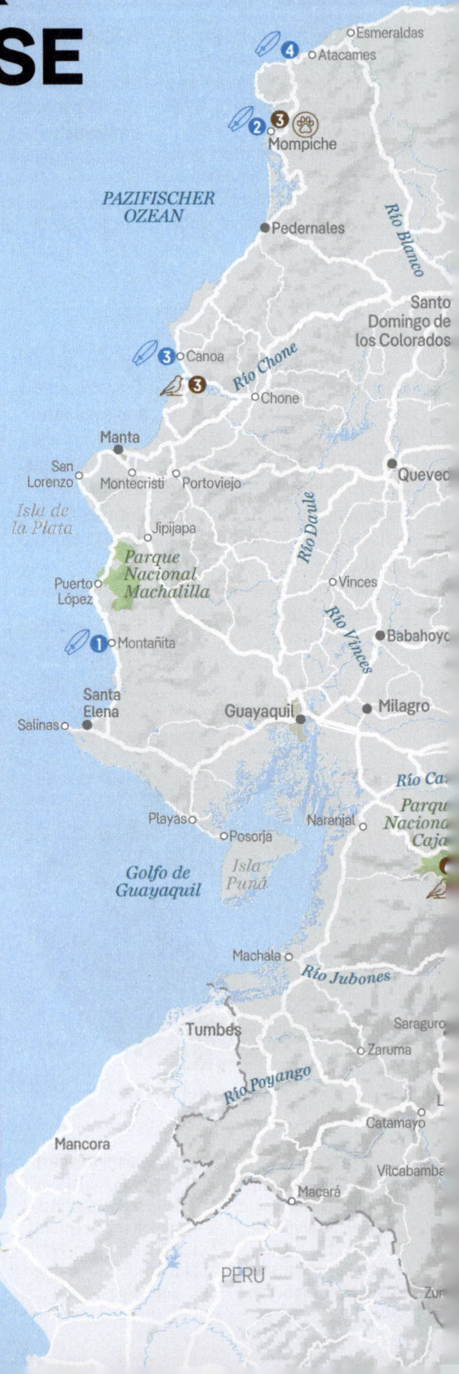

Surfen

1. Montañita (S. 239)
2. Mompiche (S. 146)
3. Canoa (S. 152)
4. Same (S. 139)
5. Isla San Cristóbal (S. 299)

Wandern

1. Qhapac Ñan, Ingapirca (S. 269)
2. Quilotoa-Loop (S. 201)
3. Laguna Cuicocha (S. 112)
4. Lagunas de Mojanda (S. 127)
5. Parque Nacional Podocarpus (S. 278)

Vogelbeobachtung

1. Mindo (S. 105)
2. Intag-Tal (S. 103)
3. Isla Corazón (S. 155)
4. Parque Cóndor (S. 109)
5. Isla Isabela (S. 303)
6. Parque Nacional Cajas (S. 266)

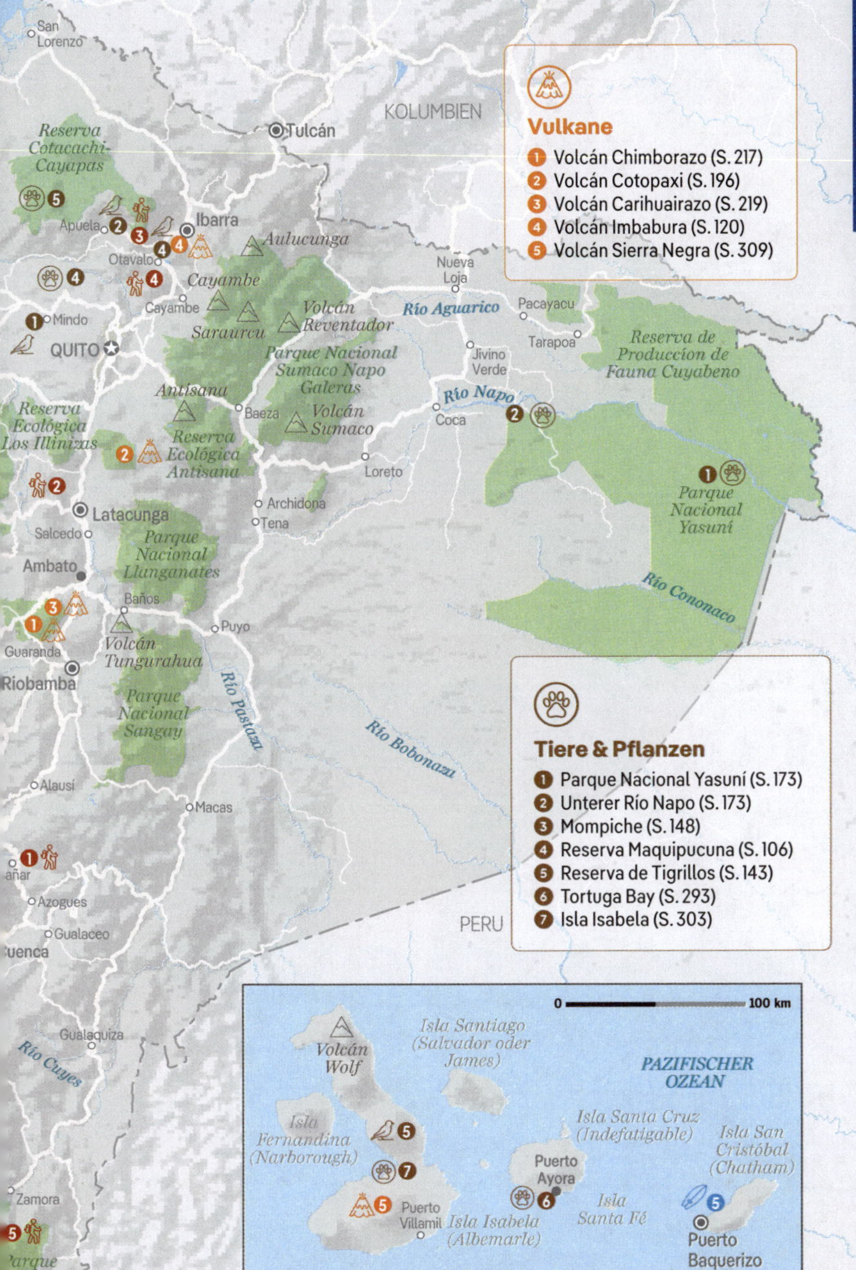
Vulkane
1 Volcán Chimborazo (S. 217)
2 Volcán Cotopaxi (S. 196)
3 Volcán Carihuairazo (S. 219)
4 Volcán Imbabura (S. 120)
5 Volcán Sierra Negra (S. 309)
Tiere & Pflanzen
1 Parque Nacional Yasuní (S. 173)
2 Unterer Río Napo (S. 173)
3 Mompiche (S. 148)
4 Reserva Maquipucuna (S. 106)
5 Reserva de Tigrillos (S. 143)
6 Tortuga Bay (S. 293)
7 Isla Isabela (S. 303)
San Lorenzo
KOLUMBIEN
Tulcán
Reserva Cotacachi-Cayapas
Apuela
Ibarra
Aulucunga
Otavalo
Cayambe
Nueva Loja
Río Aguarico
Pacayacu
Tarapoa
Reserva de Produccion de Fauna Cuyabeno
Mindo
QUITO
Volcán Reventador
Saraurcu
Parque Nacional Sumaco Napo Galeras
Jivino Verde
Río Napo
Coca
Antisana
Baeza
Volcán Sumaco
Reserva Ecológica Los Illinizas
Reserva Ecológica Antisana
Loreto
Parque Nacional Yasuní
Archidona
Tena
Latacunga
Salcedo
Parque Nacional Llanganates
Ambato
Río Cononaco
Baños
Puyo
Guaranda
Volcán Tungurahua
Riobamba
Parque Nacional Sangay
Río Pastaza
Río Bobonaza
Alausí
Macas
Azogues
Gualaceo
PERU
Gualaquiza
Río Cuyes
Zamora
Parque Nacional Podocarpus
0 100 km
Volcán Wolf
Isla Santiago (Salvador oder James)
PAZIFISCHER OZEAN
Isla Fernandina (Narborough)
Isla Santa Cruz (Indefatigable)
Isla San Cristóbal (Chatham)
Puerto Ayora
Isla Santa Fé
Puerto Villamil
Isla Isabela (Albemarle)
Puerto Baquerizo Moreno
Puerto Velasco Ibarra
Isla Floreana
Isla Española

ECUADOR

REISEZIELE

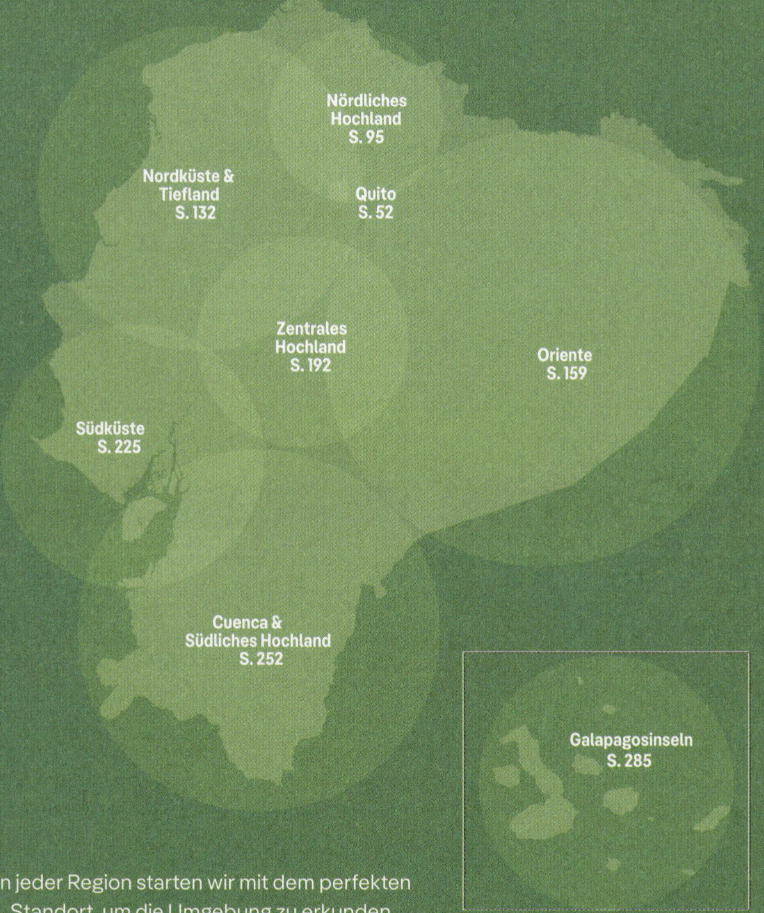

Nördliches Hochland S. 95

Nordküste & Tiefland S. 132

Quito S. 52

Zentrales Hochland S. 192

Oriente S. 159

Südküste S. 225

Cuenca & Südliches Hochland S. 252

Galapagosinseln S. 285

In jeder Region starten wir mit dem perfekten Standort, um die Umgebung zu erkunden. Entdecke einzigartige Erlebnisse, Tipps unserer Autor:innen und Expert:innen, Hintergründe und Empfehlungen.

Indigene Masken, Markt in Otavalo (S. 108)

Quito

ECUADORS (KULTUR-)HAUPTSTADT IN LUFTIGER HÖHE

Die Weltkulturerbe-Stadt im Vorgebirge der Anden verzaubert mit Architektur aus dem 17. Jh., indigener Kunst und einer kosmopolitischen Gastronomieszene.

Ob es nun an der Höhe liegt oder nicht – Quito ist eine der atemberaubendsten Hauptstädte der Welt. Nicht nur weil die Metropole auf 2850 m über dem Meer wortwörtlich den Atem nimmt (sie ist die zweithöchstgelegene Hauptstadt nach La Paz) und mit ihrer dramatischen Lage in einem Tal im Andenvorgebirge beeindruckt, sondern auch wegen ihrer bezaubernden Altstadt aus dem 17. Jh. Sie ist so perfekt erhalten, dass ihr als erste Stadt der Welt der UNESCO-Welterbe-Status verliehen wurde.

Dennoch erhält Quito (2,5 Mio. Ew.) nicht die gebührende Anerkennung und ist oft nur ein Zwischenstopp auf dem Weg zu den Galapagos, Anden oder zum Amazonas. In Anbetracht dieser weltberühmten Ziele ist das verständlich, doch auch Quito ist eine Reise wert.

Sein Kronjuwel ist ohne Zweifel die prächtige Altstadt, ein historisches Viertel mit eleganten gepflasterten Plätzen und kunstvollen barocken und neoklassizistischen Bauten sowie einigen der extravagantesten Kathedralen, die du je sehen wirst.

Zahlreiche Museen erzählen die Geschichte der Stadt, die jedoch nicht der Vergangenheit nachhängt, sondern energiegeladen und dynamisch daherkommt. Auf den Märkten tobt das Leben, die Cafés sind bevölkert und auf den Plätzen trifft man sich zum Tratsch.

Vor der spanischen Kolonisierung lebten in der Region die indigenen Quitu, nach denen Quito benannt ist. Im 15. Jh. herrschten hier die Inka und zerstörten die Tempel der Stadt, damit diese nicht in spanische Hände fielen. Quito arbeitet seine koloniale Vergangenheit immer mehr auf und war in jüngster Zeit das Epizentrum bedeutender Proteste verschiedener ethnischer Gruppen, die sich für Themen wie Lebenshaltungskosten, soziale Gerechtigkeit und Kulturerhalt einsetzen.

Quito ist jedoch viel mehr als seine Altstadt. Im Norden der Metropole entdeckst du die unkonventionellen *barrios* La Floresta und Mariscal Sucre, beide temperamentvolle, künstlerisch angehauchte Viertel mit maroden Anwesen neben Parks und Galerien und einer coolen Bar- und Gastro-Szene.

Weiter nördlich geben Hochhausviertel einen Einblick ins moderne Quito und weisen den Weg zum Äquator, eine gefeierte geografische Markierung seit dem Altertum.

DIE WICHTIGSTEN STADTVIERTEL

ALTSTADT (CENTRO HISTÓRICO)
Quitos prächtiges, gut erhaltenes historisches Zentrum. S. 58

NEUSTADT
Museen, Kunsthandwerksmärkte und trendiges Nachtleben. S. 68

LA FLORESTA & UMGEBUNG
Kreativzentrum, Restaurantmeile und coole Bars. S. 75

NORD-QUITO
Gärten und modernes Stadtleben. S. 85

RUND UM QUITO
Der Äquator, Museen und Ökotourismus. S. 90

Gegenüber: Plaza de San Francisco (S. 64); oben: Quito & Volcán Cotopaxi von El Panecillo (S. 59)

Erste Orientierung

Dank der neuen U-Bahn und günstigen Mitfahrgelegenheiten in der Stadt, findet man sich problemlos in Quito zurecht. Es gibt drei Busanbieter: Trolebús, Ecovia und Metrobús, die günstig, aber überfüllt und bei Taschendieben beliebt sind. Ein einziges Viertel kann man einfach zu Fuß erkunden, aber zum nächsten braucht es ein Transportmittel.

VOM FLUGHAFEN AUS

Der internationale Flughafen von Quito liegt 37 km nordöstlich der Stadt. Die Fahrt mit einem Uber oder Taxi ist die praktischste Variante und kostet zwischen 22 und 30 US$. Wer zwei Stunden Zeit hat und günstig reisen möchte, kann einen öffentlichen Bus zum Busbahnhof Río Coca nördlich des Mariscal nehmen, von wo aus es mit dem Taxi oder Bus in die Altstadt geht. Aeroservicios bietet Busse zum Parque Bicentenario an, von wo aus man mit dem Bus oder Taxi in die Stadt kommt.

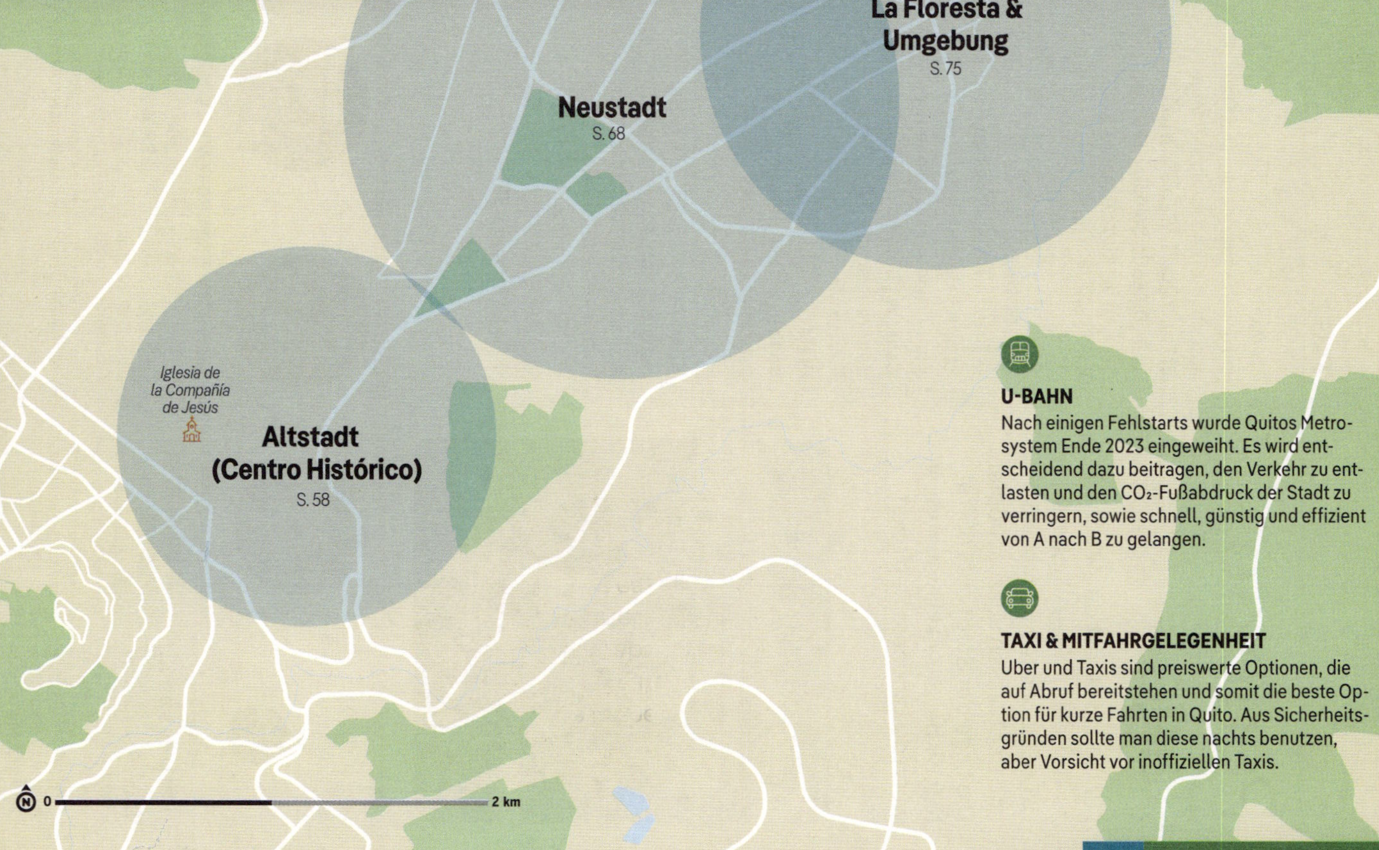

U-BAHN

Nach einigen Fehlstarts wurde Quitos Metrosystem Ende 2023 eingeweiht. Es wird entscheidend dazu beitragen, den Verkehr zu entlasten und den CO_2-Fußabdruck der Stadt zu verringern, sowie schnell, günstig und effizient von A nach B zu gelangen.

TAXI & MITFAHRGELEGENHEIT

Uber und Taxis sind preiswerte Optionen, die auf Abruf bereitstehen und somit die beste Option für kurze Fahrten in Quito. Aus Sicherheitsgründen sollte man diese nachts benutzen, aber Vorsicht vor inoffiziellen Taxis.

Perfekte Tage

Für Quito solltest du zwischen zwei und fünf Tage einplanen, um die große Vielfalt an Attraktionen und Erlebnissen auszuschöpfen. Die Lage der Stadt auf 2850 m hilft dir bei der Akklimatisierung, wenn du in höhere Regionen reist.

ECUADORPOSTALES/SHUTTERSTOCK ©

La Virgen de Quito (S. 59)

TAG 1

Morgens

- Für die besten Vulkan- und Stadtaussichten erklimmst du am Morgen **El Panecillo** (S. 59), danach gibt's in der **Dulceria Colonial** (S. 66) mit Blick auf die **Plaza Grande** (S. 63) Kaffee und Frühstück.

Nachmittags

- Zuerst meldest du dich zu einer **Stadtführung** (S. 71) durch die Altstadt an und isst in **La Bodega de Cantuña** (S. 65) auf der **Plaza de San Francisco** (S. 64) zu Mittag, danach wartet die herrliche **Kathedrale** (S. 64). Die nahe **Casa del Alabado** (S. 65) mit präkolumbischen Artefakten ist ein Muss.

Abends

- Lass dir beim Panorama auf die Altstadt ein Abendessen im Dachrestaurant **Vista Hermosa** (S. 65) schmecken. Tanzen und feiern kannst du am Wochenende in der **Calle La Ronda** (S. 59).

Nicht verpassen ...

Quitos Reiz geht über die großen Sehenswürdigkeiten hinaus. Alltägliche Momente werden zu unvergesslichen Erinnerungen.

DIE AUSSICHTEN GENIESSEN

Höher gelegene Aussichtspunkte bieten den besten Blick auf Quito und seine grandiose Lage im Tal.

CRAFT-BIER TRINKEN

Die *quiteños* lieben *cerveza artesanal* (Craft-Bier) und in der ganzen Stadt gibt's Mikrobrauereien und Brauereikneipen (S. 82).

IN BOUTIQUEN SHOPPEN

Vor allem im Viertel La Floresta gibt's immer mehr individuell angefertigtes Kunsthandwerk (S. 84).

GARY GRANJA/SHUTTERSTOCK ©, FOTOS593/SHUTTERSTOCK ©, SERGIO CANOVAS/SHUTTERSTOCK ©

TAG 2

Morgens

- Beginne den Tag mit einer **TelefériQo**-Fahrt (S. 70), erkunde dann die Altstadt und Museen wie das **Museo de la Ciudad** (S. 65) oder das **Museo del Carmen Alto** (S. 67). Schlendere über die Pflasterstraßen und bewundere die **Iglesia de la Compañía** (S. 59) und die **Catedral Metropolitana** (S. 64), dann gibt's Mittagessen im **Palacio Arzobispal** (S. 64).

Nachmittags

- Schau in der **Basílica del Voto Nacional** (S. 62) vorbei, lass dich im **Centro de Arte Contemporáneo** (S. 66) von zeitgenössischer Kunst begeistern und begib dich anschließend in die Neustadt, wo die **Capilla del Hombre** (S. 87) und die **Casa Museo Guayasamín** (S. 87) erstaunliche Kunstwerke zeigen.

Abends

- Genieße moderne ecuadorianische Küche im **Somos** (S. 88), bevor du die Bars in und um **La Floresta** (S. 75) unsicher machst.

TAG 3

Morgens

- Zuerst machst du einen Ausflug zum Breitengrad Null, dem Äquator bei **La Mitad del Mundo** (S. 91), dann auf den **Volcán Pululahua** (S. 92) wegen der Aussicht und in die **Santana Brewing Company** (S. 92) für Mittagessen und Drink.

Nachmittags

- Zurück in Quito spazierst du durch den Parque La Carolina und seinen **Jardín Botánico** (S. 88) mit Kolibris, bevor du in La Floresta eine Führung durchs Viertel und zur hiesigen **Street-Art** (S. 78) mitmachst. Last-Minute-Souvenirs gibt's auf dem **Mercado Artesanal La Mariscal** (S. 70).

Abends

- Gönn dir ein Abendessen im **Nuema** (S. 80), einem der hundert besten Restaurants der Welt, oder eine Pizza im **Ananké** (S. 84) in Guápulo mit Blick aufs Tal. Anschließend feierst du deinen letzten Abend im berühmt-berüchtigten Partyviertel **Mariscal Sucre** (S. 73).

DIE INDIGENE KULTUR FEIERN
Unbedingt sehenswert sind die prähispanischen und indigenen Exponate in den vielen Museen.

DAS TANZBEIN SCHWINGEN
Salsa ist in Quito sehr beliebt. Bevor man aufs Parkett stürmt, können ein paar Tanzstunden nicht schaden (S. 73).

KAFFEE & KAKAO SCHLÜRFEN
Kaffee (S. 79) und Schokolade (S. 73) aus Ecuador sind außergewöhnlich, weshalb hier Fans voll auf ihre Kosten kommen.

STREETFOOD PROBIEREN
Authentisches lokales Streetfood gibt's zum Beispiel auf dem Mercado Central (S. 62) und im Parque de las Tripas (S. 80).

Altstadt (Centro Histórico)

QUITOS GUT ERHALTENES HISTORISCHES ZENTRUM

TOP TIPP

Wenn dir ein paar Treppenstufen den Atem rauben oder dir etwas schwindlig ist, leidest du wahrscheinlich an milder Höhenkrankheit, die nach ein oder zwei Tagen wieder verschwindet. Reichlich Wasser zu trinken hilft, viele schwören auch aufs Kauen von Coca-Blättern oder *té de coca* (Coca-Tee).

Bei einem Spaziergang durch die gepflasterten Straßen des Centro Histórico mit prächtigen Basiliken, herrlichen Plätzen, eleganten Palästen, Museen und Klöstern überrascht es nicht, dass Quito als erster Stadt der Welt UNESCO-Welterbe-Status verliehen wurde.

Doch die Altstadt ist kein Open-Air-Museum mit kitschigen Souvenirläden – ganz im Gegenteil ist sie ein dynamischer wirtschaftlicher Dreh- und Angelpunkt ohne eine Spur von Touristenfalle. Trotz der üppigen historischen Kulisse dreht sich hier alles um die Gegenwart und gesprächige Einheimische füllen Plazas, Cafés und Restaurants im politischen und kulturellen Herzen der Hauptstadt.

SL-PHOTOGRAPHY/SHUTTERSTOCK ©

Iglesia de la Compañía de Jesús

Calle La Ronda

Salsa und gute Stimmung

Die Altstadt mag nicht für ihr Nachtleben bekannt sein, doch die romantisch beleuchtete Pflastergasse **La Ronda** aus dem 17. Jh. ist eine Ausnahme. Mit ihren Kolonialbauten war sie einst der Kunst-, Literatur- und politische Aktivistenbezirk. Nach einer Zeit des Verfalls wurde sie als Ausgehmeile wiederbelebt und ihre Salsa-Bars (und Bachata-, Merengue- und Raggaeton-Clubs) brummen Donnerstag- bis Samstagnacht. Menschen füllen die Straßen und wärmen sich mit *canelazo* (*aguardiente* mit heißem Cidre und Zimt). Am besten nimmt man ein Uber, denn der Rest des Centro Histórico ist nachts recht zwielichtig.

Calle La Ronda

Iglesia de la Compañía de Jesús

Quitos schönste Kirchen

Wenn dich die kunstvoll verzierte Vulkansteinfassade dieser **Jesuitenkirche** beeindruckt, warte nur auf das Innere des barocken Meisterwerks: Es glänzt mit ganzen sieben Tonnen 23-Karat-Blattgold und verzaubert mit der dekorativen Pracht spanischer, maurischer und inkaischer Architekturstile. Der Bau begann 1605 und dauerte rund 160 Jahre. Führungen beleuchten die vielen Details einer der schönsten Kirchen Lateinamerikas, darunter indigener Symbolismus, eine imposante Trompe-l'œil-Treppe, das grandiose Kirchenschiff und meisterhafte Gemälde und Skulpturen von Kunstschaffenden der Quito-Schule.

Iglesia de la Compañía de Jesús

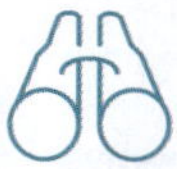

La Virgen de Quito

Quitos Schutzengel

Hoch auf dem Hügel **El Panecillo** wacht die emblematische, 41 m hohe **Virgen de Quito** (Jungfrau von Quito) über die Altstadt. Sie mag nicht so bekannt sein wie Ríos Cristo Redentor, ist aber eine beliebte Ikone, die von fast der ganzen Stadt aus zu sehen ist. Sie wurde 1892 in Auftrag gegeben, erst 1976 fertiggestellt und weist eine Sternenkrone, Engelsflügel und einen Drachen in Ketten aus Aluminiumblech auf. Im Inneren befinden sich ein Architekturmuseum und ein toller 360-Grad-Ausblick; für Vulkanaussichten kommt man morgens. Die Treppe hinauf zur *virgen* ist verlockend, doch Überfälle sind an der Tagesordnung und Taxis eine sicherere Alternative.

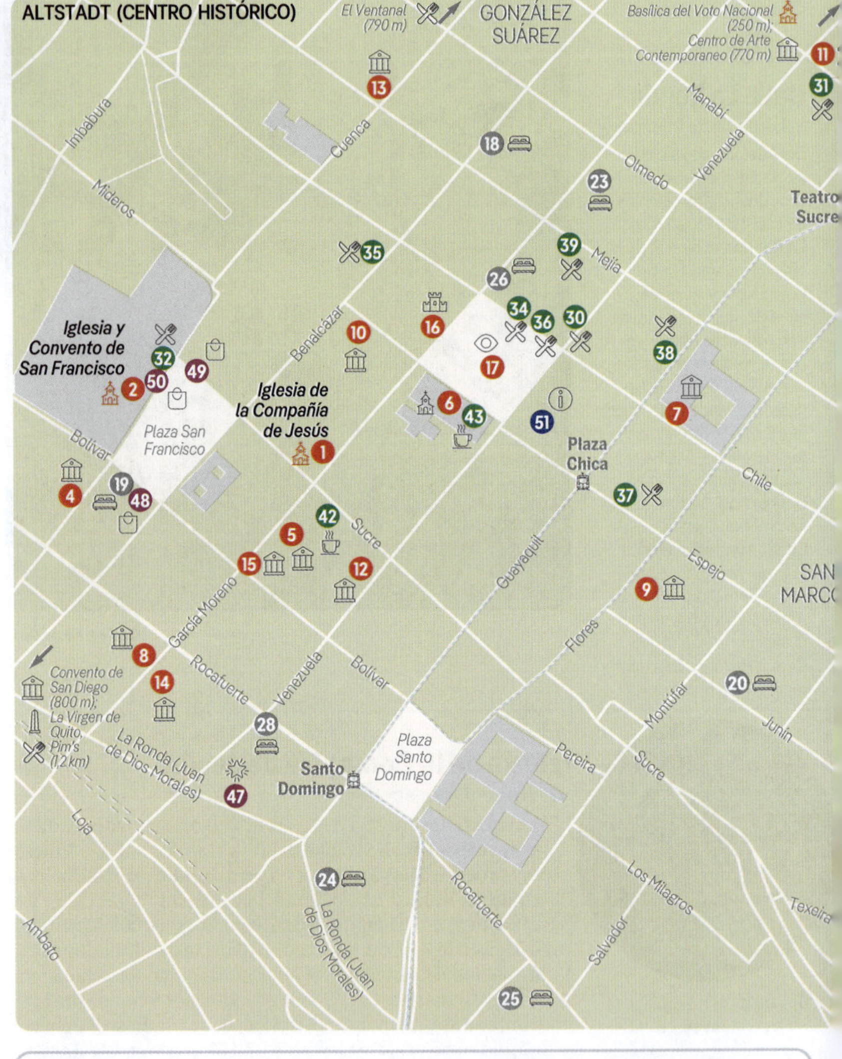

HIGHLIGHTS
1 Iglesia de la Compañía de Jesús
2 Iglesia y Convento de San Francisco
3 Mercado Central

SEHENSWERTES
4 Casa del Alabado
5 Casa Museo María Augusta Urrutia
6 Catedral Metropolitana
7 Convento San Agustín
8 Monasterio Museo del Carmen Alto
9 Monasterio Museo Santa Catalina de Siena
10 Museo Alberto Mena Caamaño
11 Museo Camilo Egas
12 Museo Casa de Sucre
13 Museo de Arte Colonial
14 Museo de la Ciudad
15 Museo del Pasillo
16 Palacio de Gobierno
17 Plaza Grande

SCHLAFEN
18 Carlota
19 Casa Gangotena
20 Casa San Marcos
21 Colonial House
22 Community Hostel
23 Hotel Patio Andaluz
24 La Casona de la Ronda
25 La Posada Colonial

26 Plaza Grande
27 Secret Garden
28 Viajero

ESSEN
29 Café Mosaico
30 El Ladrillo que Faltaba
31 Govindas Gopal
32 La Bodega de Catuña
33 La Exquisita
34 La Vid
35 Las Cuevas de Luís Candela
36 Palacio Arzobispal
37 Pizza SA
38 San Agustín
39 Vista Hermosa
40 Vista Hermosa (Itchimbia)

AUSGEHEN
41 Bandidos Del Paramo
siehe 19 Café Quiteño
42 Cafetería Modelo
43 Dulceria Colonial
44 La Oficina Brewery
45 Palenque Casa
46 Sereno Moreno

UNTERHALTUNG
47 Calle La Ronda

SHOPPEN
48 ARIU
49 Casa Montecristi
50 Ecuador Shops

PRAKTISCHES
51 Touristeninformation

Basílica del Voto Nacional

Quitos größte Kirche

Quito mangelt es nicht an prächtigen Kirchen, doch keine ist größer oder imposanter als die **Basílica del Voto Nacional**. Die riesige Ehrfurcht gebietende katholische Kirche auf einem Hügel nördlich der Altstadt ist die größte neugotische Basilika Amerikas. Ihr Bau begann 1892 und dauert bis heute an. Das macht sie zu einer Art ecuadorianischer Sagrada Família, einem ewig unvollendeten Projekt, dessen Fertigstellung der Legende zufolge das Ende der Welt bedeutet. Statt gotischer Wasserspeier ragen hier ecuadorianische Versionen wie Leguane, Schildkröten, Kaimane, Jaguare, Delfine und Gürteltiere aus der Fassade und die fantastischen Buntglasfenster sind mit heimischen Orchideen verziert. Das Highlight der Kathedrale sind jedoch die Türme, von denen man über steile Treppen und Leitern aufs Hauptdach klettern kann. Wer Vulkane auf dem Programm hat, kann hier schon mal üben. Der Aufstieg zu den Glocken ist lang und atemraubend, belohnt aber mit einigen der besten Aussichten Quitos.

Mercado Central

Authentische ecuadorianische Küche zu kleinen Preisen

Wenige Orte geben einen authentischeren Einblick ins einheimische Leben als Märkte und Quitos **Mercado Central** ist keine Ausnahme. Das Highlight sind die Essensstände, weshalb du am besten hungrig vorbeischaust und dich durch traditionelle Gerichte probierst. Wer ihn noch nicht kennt, wählt den *encebollado* (Fischeintopf), doch es gibt auch *corvina* (Wolfsbarsch), *fritada* (frittiertes Schweinefleisch mit Maisbrei) und *locro de papas* (Kartoffelsuppe mit Avocado und Käse). Die Auswahl an exotischen Früchten ist hier riesig, während im Erdgeschoss heimische Kräuter verkauft werden, darunter Coca-Blätter. Wer in Richtung Gebirge unterwegs ist oder an der Höhenkrankheit leidet, kann sich hier eindecken.

Basílica del Voto Nacional

Plaza Grande

LEUTE BEOBACHTEN AUF DER PLAZA GRANDE

Die Plaza Grande ist Quitos bester Platz, um das lokale Leben zu beobachten, und ein toller Ort zum Ausruhen. Von angeregten Diskussionen an der Statue und in einem altmodischen Männerbarbier unter dem Präsidentenpalast bis zu den Schuhputzerständen am Palacio Arzobispal und *espumillas*-(Baisertüten-)Verkauf – hier tummeln sich Menschen aller Gesellschaftsschichten. Vor der Kirche laden einige Terrassencafés zum Verweilen ein, darunter die **Dulceria Colonial** (S. 66) im Steingewölbe der Kirche. Gegenüber, im Restaurantbereich des Palacio Arzobispal, bietet das gehobene **La Vid** Aussichten auf die Plaza und im **El Ladrillo Que Faltaba** in einem Lichthof des Palastes gibt's Burger und lokale Craft-Biere vom Fass.

NOCH MEHR HIGHLIGHTS IN QUITO

Die Attraktionen der Plaza Grande

Quitos kulturelles und politisches Herz

Im Herzen Quitos ist die faszinierende **Plaza Grande** der Hauptplatz der Altstadt, wo Geschichte, Kultur, Politik und Alltagsleben aufeinandertreffen und einen spannenden Einblick in das soziale Gefüge des ganzen Landes bieten.

Er ist auch als Plaza de la Independencia bekannt – in seiner Mitte feiert ein patriotisches Denkmal die Helden der Unabhängigkeit vom 10. August 1809 –, beheimatet einige der wichtigsten Gebäude der Stadt wie den Präsidentenpalast, das Rathaus und die Catedral Metropolitana und ist schon lange ein zentraler Treffpunkt der *quiteños*, um sich zu versammeln, zu entspannen, zu tratschen, zu politisieren und zu demonstrieren.

Die Residenz des ecuadorianischen Präsidenten, der **Palacio de Gobierno** (Carondelet-Palast), dominiert die Nordwestseite der Plaza. Wer dienstagmittags vorbeischaut, sieht die 30-minütige Wachablösung, der oft der Präsident beiwohnt. Zur Zeit der Recherche finden aufgrund politischer Unruhen

UNTERKÜNFTE FÜR KLEINES BUDGET

Viajero
Geschmackvolles Hostel mit makellos renovierten Zimmern und Schlafsälen in einer weitläufigen Villa. **$**

Colonial House
Relaxtes, gemütliches Hostel mit Garten, Küche und verschiedenen preiswerten Zimmern. **$**

La Posada Colonial
Nahe La Ronda, mit viel kolonialem Charme und ideal für Leute mit kleinem Budget, die Hostels mögen. **$**

PLAZA DE SAN FRANCISCO

Vor der Kulisse der Berge ist die gepflasterte Plaza de San Francisco einer der malerischsten Plätze der Altstadt. **La Bodega de Cantuña** im steinernen Unterbau der Kirche hat eine Terrasse auf der Plaza und serviert traditionelle ecuadorianische Küche sowie lokales Craft-Bier – perfekt zum Mittagessen. Bei **Ecuador Shops** nebenan, ebenfalls in den unterirdischen Gängen der Kirche, gibt's farbenfrohe Souvenirs aus dem ganzen Land. Ein originaler ecuadorianischer *sombrero de paja toquilla* (Strohhut) alias Panamahut gefällig? Das Familienunternehmen **Casa Montecristi** bietet die Kopfbedeckungen zu Preisen zwischen 90 und 15000 US$. Im **ARIU** verkauft Byron Ushiña seinen exquisiten Silberschmuck, der indigene Designer lernte sein Handwerk von seinem Vater und Großvater.

Iglesia y Convento de San Francisco

nach den Wahlen 2023 bis auf Weiteres keine Führungen statt. Wenn diese wieder aufgenommen werden, ist auch das Museo de la Presidencia zu besichtigen, das Teile des Palasts und ein herrliches Mosaik von Oswaldo Guayasamín umfasst. Reservierung unter ucultural@presidencia.gob.ec.

Im Südwesten der Plaza bietet die **Catedral Metropolitana** geführte Touren zu Werken der Quitoer Schule, darunter einmalige Interpretationen des letzten Abendmahls, bei dem Jesus und seine Jünger *cuy* (Meerschwein) verspeisen, und der Geburt Christi, bei der ein Lama den neugeborenen Jesus beäugt. Die Kathedrale beherbergt das Grab des Unabhängigkeitshelden Antonio José de Sucre und vom Dach aus blickt man auf die Plaza und ihre Umgebung.

Auf der Nordostseite steht der **Palacio Arzobispal**, der ehemalige Erzbischofspalast, in dem heute Geschäfte und Restaurants untergebracht sind. Am südlichen Ende der Plaza steht das recht unauffällige Rathaus, ein moderner Betonklotz mit einer **Touristeninformation**.

Zeit für die erhabene Iglesia y Convento de San Francisco

Weitläufige religiöse Anlage mit allerlei Überraschungen

Gerade wenn man denkt, dass man die schönsten Kathedralen der Altstadt schon gesehen hat, stößt man auf ihrer aller Mutter, die **Iglesia y Convento de San Francisco**.

LUXUSHOTELS

Casa San Marcos
Charaktervolle Villa mit antiken Möbeln und Ölgemälden in atmosphärischem Altstadtambiente. **$$$**

Hotel Patio Andaluz
Elegantes historisches Hotel in umgebautem Haus (16. Jh.) mit dem gehobenen Restaurant Rincón de Cantuña. **$$$**

La Casona de la Ronda
Ein umgebautes Boutique-Hotel von 1738 mitten in einem der bekanntesten Altstadtviertel. **$$$**

Der Grundstein der ältesten Kirche in Quito wurde 1535 nur ein paar Monate nach der spanischen Eroberung gelegt. Das Kloster ist das Herz der Plaza San Francisco und die größte religiöse Anlage Lateinamerikas. Es erstreckt sich über vier Häuserblocks und beheimatet neben Nonnen auch (etwa) 14 Mönche. Es gibt zudem mehrere Kapellen, Katakomben, palmenbestandene Kreuzgänge im andalusischen Stil, eine Kunstsammlung mit 3500 Werken der Quito-Schule, ein Museum, einen Radiosender und eine Brauerei (heute ein Museum). In der Brauerei wurde 1566 das erste Bier Amerikas gebraut – das Rezept rekonstruierte ein Bioingenieur in mühevoller Arbeit und veröffentlichte es 2022.

Der Innenraum der Hauptkirche bietet für sich einen herrlichen Anblick: Seine üppige barocke Vergoldung ist eine Augenweide, ebenso die hohe Kuppel und die originale Holzstatue der *Virgen de Quito* von Bernardo de Legarda. Hier wurde die Quitoer Schule (Escuela Quiteña) geboren, die mit vielen feinen Beispielen vertreten ist, auch mit Arbeiten indigener Kunstschaffender, denen der Eintritt durch das Haupttor verwehrt war.

Das wohl größte Highlight ist das Museum nebenan. Guides führen durch die außergewöhnlichen Kunstsammlungen und Schatzkammern (auch mit Skulpturen aus echten Menschenschädeln) zu den kunstvoll geschnitzten Chorstühlen (Livemusik zwischen 7 und 11 Uhr) und abschließend auf den Glockenturm mit erstaunlichen Aussichten auf die Stadt und – an klaren Tagen – bis zum Vulkan Pichincha.

Die Altstadtmuseen erzählen aus Quitos reicher Geschichte

Koloniale und prähispanische Geschichte

Unter den prächtigen historischen Bauten der Altstadt sind jede Menge Museen, die helfen, ihre bewegte Geschichte näherzubringen.

Das **Museo de la Ciudad** in einem ehemaligen Krankenhaus von 1565 (bis 1974 in Betrieb) gibt einen ersten Überblick über Quitos Geschichte mit gut erhaltenen Ausstellungsstücken. Es umfasst auch die indigenen und inkaischen Zeiten mit Artefakten und kulturellen Sammlungen.

Passend dazu bietet sich die **Casa del Alabado's** als nächster Stopp an. Die schön präsentierte Sammlung vorinkazeitlicher Artefakte (einige aus der Zeit um 4500 v. Chr.) enthält kostbare Keramiken, behauene Steine und anderes von über zwanzig indigenen Kulturen aus ganz Ecuador.

Einen Einblick in die Pracht von Ecuadors kolonialer Vergangenheit gibt die luxuriöse **Casa Museo María Augusta**

ESSEN MIT AUSSICHT

Vista Hermosa
Begeistert mit ecuadorianischen Gerichten wie *seco de chivo* (Ziegeneintopf) und internationalen Speisen auf einer Dachterrasse mit Blick aufs koloniale Quito. Eine zweite Filiale im Parque Itchimbia bietet ausladende Blicke über die Stadt bis zum Vulkan Pichincha. **$$**

Pim's
Traditionelle ecuadorianische Speisen zum Mittagessen auf Quitos berühmtestem Aussichtspunkt El Panecillo. (S. 59). **$$$**

El Ventanal
Kreative ecuadorianische Küche hoch oben auf der verglasten Terrasse einer ehemaligen Seilbahnstation. **$$**

Café Mosaico
Tolle Aussichten vom Bistro im Parque Itchimbia, das Burger, Sandwiches, griechische Häppchen und vegane Optionen sowie Wein und Cocktails serviert. **$$**

DIE BESTEN ECUADORIANISCHEN LOKALE

San Agustín
Zweistöckiges koloniales Haus, wohin Einheimische für *seco de chivo* (Ziegeneintopf) und hausgemachtes Eis gehen. **$$**

La Bodega de Cantuña
Äußerst leckere ecuadorianische Gerichte, die es sonst kaum gibt, darunter Lammeintopf und Galapagos-Dorsch. **$**

La Exquisita
Gutes Lokal, bodenständige lokale Küche mit preiswerten und sättigenden *almuerzos* (Mittagsmenüs). **$**

PRSSWT/SHUTTERSTOCK ©

Convento San Agustín

OSWALDO GUAYASAMÍN

Wer Interesse an lokaler moderner Kunst hat, sollte nicht die **Capilla del Hombre** (S. 87) und **Casa Museo Guayasamín** (S. 87) versäumen. Die Galerie im einstigen Zuhause Oswaldo Guayasamíns zeigt die Werke von Ecuadors berühmtestem Maler.

Urrutia, eine Villa aus dem 19. Jh. der adligen Philanthropin María Augusta Urrutia (1901–1987). Ein weiteres schön restauriertes Anwesen aus dem 19. Jh. ist das **Museo Casa de Sucre**, Sitz der Familie von Mariscal Antonio José de Sucre. Der Held der ecuadorianischen Unabhängigkeit wurde ermordet, bevor er einziehen konnte.

Gegenüber dem Präsidentenpalast zeigt das **Museo Alberto Mena Caamaño** Ausstellungen mit Wachsfiguren zu den wichtigsten Ereignissen der Stadtgeschichte, darunter das Massaker vom 2. August 1810, als rund 200 nach Unabhängigkeit strebende *quiteños* hingerichtet wurden.

Ein hübsches altes Bankgebäude (um 1907) beherbergt das **Museo del Pasillo** zur Geschichte der Musik in Quito. Besonderer Fokus liegt auf dem vom Museum geförderten *pasillo*-Musikstil vom 19. Jh. bis heute.

Die Kunstszene der Altstadt

Die Kunstgalerien der Altstadt

Nach dem Besuch der Kirchen des Centro Histórico hat man vielleicht noch etwas Muße für das **Museo de Arte Colonial** – mit einer himmlischen Sammlung berühmter Skulpturen und Gemälde der Quitoer Schule.

Wer Lust auf etwas Gegenwärtigeres hat – das **Centro de Arte Contemporáneo** ist eine von Quitos führenden Galerien moderner Kunst. In der riesigen Anlage, einst ein Tuberkulosesanatorium und später ein Militärkrankenhaus, finden ständig wechselnde Avantgarde-Ausstellungen lokaler und internationaler Kunstschaffender aller Richtungen

NACHTLEBEN IN DER ALTSTADT

Abends leert sich das Centro Histórico und auf den Straßen wird es wie in einer Geisterstadt. Es ist definitiv nicht die sicherste Gegend, um im Dunkeln herumzuspazieren – mit Ausnahme des Ausgehviertels San Blas. Eine coole Option ist hier die höhlenartige, atmosphärisch beleuchtete **La Oficina Brewery** mit Boho-Vibe und leckerem Bier, Holzofenpizza und Live-Salsa am Donnerstag- sowie bluesigem Jazz am Samstagabend. **Sereno Moreno** bietet eine hippe Dachbar mit glitzernder Stadtaussicht und *chicha* vom Fass. Das indigene alkoholische Getränk gibt's schon seit 5000 Jahren.

DIE BESTEN CAFÉS

Dulceria Colonial
Familienbetrieb in vierter Generation, bekannt für Sandwiches mit *pernil* (Schwein) und guten Kaffee. $

Cafetería Modelo
Old-School-Café mit Kaffee, Eiscreme und *empanadas de verde* (aus Kochbananenteig). $

Café Quiteño
Gönne dir einen luxuriösen High Tea (16–18 Uhr) mit jeder Menge süßer und herzhafter Leckereien. $$

statt, von Fotografie bis zu modernsten digitalen und Mixed-Media-Werken.

Moderne Kunst aus der Mitte des 20. Jhs. Gibt's im **Museo Camilo Egas**, das die Werke des Quitoer Künstlers Camilo Egas (1889–1962) ausstellt. Egas war nicht nur einer der bekanntesten Künstler Ecuadors (und Lateinamerikas), sondern auch ein bahnbrechender Maler der *indigenistas* (indigene Künstlerbewegung) und in New York ebenso berühmt wie in Quito.

Weitere Klöster & Kirchen

Stadt der Kirchen

In einer Gegend mit über 200 Kirchen könnte man früher oder später der „Tempelmüdigkeit" erliegen, doch die Vielfalt und Einzigartigkeit der Kirchen im Centro Histórico sollten dieses Risiko minimieren.

Das **Monasterio Museo del Carmen Alto** von 1653 ist wegen der Mystikerin und Quitos Schutzheiliger Marianita de Jesús (1618–1645) bekannt und heute das Domizil von zwanzig Karmeliterinnen. Diese leben zwar in einem privaten Bereich, doch das Museum bietet (neben religiöser Kunst) einen Einblick in ihren faszinierenden Alltag und Kostproben der leckeren traditionellen Süßwaren, die sie hier herstellen.

Das 1592 gegründete **Monasterio Museo Santa Catalina de Siena** ist ein noch aktives dominikanisches Kloster. Die Nonnen führen ein Leben in Klausur und Schweigen und dürfen nur eine Stunde am Tag reden oder fernsehen. Sie stellen verschiedene Produkte wie etwa Shampoo, Handcreme und Wein her, die sie durch eine Drehtür verkaufen, ohne sich dabei zu zeigen.

Der mit Ananas verzierte, imposante **Convento San Agustín** aus dem 17. Jh. beherbergt bis heute Mönche in Kutten. Hier wurde am 16. August 1809 die Unabhängigkeitserklärung unterschrieben.

Im erhabenen **Convento de San Diego** sind ein kleines Mönchskloster und eine bemerkenswerte Kollektion religiöser Kunst der Quitoer Schule untergebracht. Guides führen durch die gesamte Anlage. In der Sammlung befindet sich ein Original von Hieronymus Bosch, von dem niemand weiß, wie es hierherkam.

Weitere bemerkenswerte Attraktionen sind die neugotische **Iglesia de Santo Domingo** aus dem 17. Jh. mit einem herrlichen andalusischen Kreuzganggarten und die weiß getünchte **Basílica de Nuestra Señora de la Merced** aus dem 18. Jh. mit einem gewaltigen 47 m hohen Glockenturm und Gemälden, die Vulkanausbrüche über der Stadt zeigen.

DIE BESTEN ALTSTADT-UNTERKÜNFTE

Community Hostel
Backpacker-Dauerbrenner mit Dachterrasse, freundlichem Personal, renovierten Privatzimmern, Schlafsälen, beliebten Touren und Gemeinschaftsessen. **$**

Secret Garden
Trendig mit tollen Vibes, toller Aussicht vom Dach, geselliger Atmosphäre und gutem Mix aus Schlafsälen und Zimmern. **$**

Casa Gangotena
Elegantes Fünf-Sterne-Hotel mit Art-déco- und modernistischen Elementen in einer Villa an der Plaza de San Francisco. **$$$**

Carlota
Umweltfreundliches Hotel für Designfans, innovativ und raffiniert, mit einer Dachterrasse und stylishem Restaurant. **$$$**

Plaza Grande
Quitos ältestes und bestes Fünf-Sterne-Hotel rühmt sich seiner umwerfenden Lage am Hauptplatz der Stadt. **$$$**

DIE BESTEN LOKALE MIT GLOBALER KÜCHE

Las Cuevas de Luís Candela
Atmosphärisches Kellergewölbe mit authentischen spanischen Tapas und Hauptgerichten seit 1963. **$$**

Pizza SA
Italienischer Favorit mit Pizza, großzügigen Salaten und internationalem Bier. **$$**

Govindas Gopal
Hare-Krishna-Restaurant in einem historischen Gebäude, das für preiswerte, indisch-vegetarische Küche beliebt ist. **$**

Neustadt

MUSEEN, KUNSTHANDWERK UND TRENDIGES NACHTLEBEN

TOP TIPP

Wie die meisten Großstädte Lateinamerikas ist Quito nachts und zu Fuß nicht unbedingt der sicherste Ort. Besonders die Gebiete um das Centro Histórico, La Mariscal und die Plaza Foch sind nachts heikel. Das sollte nicht von einem Besuch abhalten, doch nimm für den Rückweg ein Uber und pass gut auf deine Sachen auf.

Wo die Altstadt endet, beginnt die Neustadt, die vom 16. Jahrhundert in die Gegenwart katapultiert und eine ganz neue Atmosphäre und eigene Abenteuer mit sich bringt. Nach tagelangen Touren über Kopfsteinpflaster und durch endlose Kirchen kann es einen Tapetenwechsel bieten. Doch auch hier gibt's viel zu sehen und zu den zahlreichen Attraktionen gehört Quitos kulturelles Viertel mit Ecuadors Nationalmuseum.

Weiter nördlich befindet sich die Künstlerenklave Mariscal Sucre, eins der lebhaftesten Stadtviertel, das für sein ausgelassenes Nachtleben bekannt ist. Bis vor Kurzem war es das Ziel für Backpacker schlechthin und sogar als „Gringolandia" bekannt, doch die Pandemie traf das Viertel schwer. Es erholt sich nur langsam von der Tourismusflaute und ist heute etwas rauer und ungeschliffener als früher.

La Mariscal

HIGHLIGHTS
1 Mercado Artesanal La Mariscal
2 Mindalae – Museo Etnográfico de Artesanía de Ecuador

SEHENSWERTES
3 Museo Nacional
4 Museo Weilbauer
5 Parque El Ejido
6 Observatorio Astronómico de Quito

SCHLAFEN
7 Blue House
8 Hostal de la Rábida
9 Hostel Revolution
10 Hotel Cayman
11 Ikala Quito Hotel
12 Selina Quito

ESSEN
13 Achiote
14 Apu Wasi Gastro-Cultura
15 Baalbek
16 Chandani Tandoori
17 El Maple
18 Hacienda de Los Arrieros
19 Marcando El Camino
20 Miskay

AUSGEHEN & FEIERN
21 Bungalow 6
22 Cacao & Cacao
23 Corner Pub
24 Django Laboratorio de Cerveza
25 El Cafecito
26 Finn McCool's
27 Salsoteca D'Primera

SHOPPEN
28 Galería Latina
29 La Bodega

Plaza Foch (S. 74)

TelefériQo

OBEN LINKS: DIANA ZULETA/SHUTTERSTOCK ©; UNTEN RECHTS: VLADIMIR MELNIK/SHUTTERSTOCK ©

TelefériQo

Seilbahn über Quito

Eine der größten Touristenattraktionen Quitos ist der **TelefériQo**, der 2,5 km entlang der unteren Ausläufer des **Volcán Pichincha** bis zum Aussichtspunkt Cruz Loma (4100 m) aufsteigt. Als eine der höchsten Seilbahnen der Welt bietet er spektakuläre Gebirgsblicke, vor allem vormittags, bevor es sich bewölkt. Die meisten fahren nur hin und zurück, doch für Kletterbegeisterte ist er der Zugang für die Besteigung (4 km, 5 Std. hin & zurück) des ruhenden **Rucu Pichincha** (4680 m). Vorher sollte man sich ein paar Tage in Quito an die Höhe gewöhnen und am besten einen Guide anheuern. Für Kinder gibt's den **Vulqano Park** an der Basisstation (vulqanopark.com) mit diversen Fahrgeschäften.

Mercado Artesanal La Mariscal

Von Ponchos bis Panflöten

Eine gute Alternative für alle, die es nicht bis nach Otavalo schaffen, ist dieser weitläufige **Markt** mit 200 Ständen voller Kunsthandwerk aus ganz Ecuador. Wer nach Decken aus Alpakawolle, Ponchos, Andenmusik, Schmuck oder Wandteppichen aus indigener Fertigung sucht, findet hier alle Souvenirs, die das Herz begehrt. Die Galería Artesanal Mitad del Mundo gegenüber bietet eine etwas gehobenere Shoppingerfahrung mit entsprechenden Preisen und auf der Plaza Artesanal Reina Victoria gibt's ungewöhnlichere Dinge von unabhängigen Verkäufer:innen.

Traditioneller Stoff

Mindalae – Museo Etnográfico de Artesanía de Ecuador

Atemberaubende indigene Artefakte

Dieses spannende **Museum** ist ein toller Ort für alle an indigener ecuadorianischer Kultur Interessierte und zeigt, dass hier lange vor der spanischen Eroberung eine blühende Zivilisation existierte. Seine Lage zwischen Restaurants und Bars nördlich von Mariscal Sucre ist ungewöhnlich, doch auf den fünf Etagen gibt's eine enorme Vielfalt an prähispanischen Artefakten indigener ethnischer Gruppen vom Amazonasbecken und den Anden sowie von afroecuadorianischen Küstengemeinschaften.

ALEXANDER ALBITO/SHUTTERSTOCK ©

Parque El Ejido

NOCH MEHR HIGHLIGHTS IN DER NEUSTADT

Erlebe die Wunder der Casa de la Cultura Ecuatoriana

Antike Artefakte und Kunst

Wer sich für indigene prähispanische Kulturen und die moderne Kunst des 20. Jhs. interessiert, ist im **Museo Nacional** goldrichtig. In seiner schön präsentierten Sammlung von Artefakten aus Ecuadors verschiedenen Kulturen und Regionen befinden sich exquisite Keramikskulpturen und Relikte, die bis auf etwa 12 000 v. Chr. zurückgehen. Einige der besten Kunstschaffenden des Landes sind hier vertreten, darunter die Mestizo-Meister Oswaldo Guayasamín und Camilo Egas. Das Museum ist Teil der **Casa de la Cultura Ecuatoriana**, die zur Zeit der Recherche renoviert wurde, doch deren Musik- und Völkerkundemuseen bald wieder eröffnet werden.

Nach dem Freiluftskulpturenmuseum lockt der baumreiche **Parque El Ejido**, einer der größten und beliebtesten Parks der Stadt. Am Wochenende findet hier ein Kunstmarkt mit

QUITOS BESTE TOURANBIETER

CarpeDM Adventures
Gut geplante Touren zu guten Preisen mit tollem Kundenservice und langjähriger Erfahrung. Beliebt für Cotopaxi- und Äquator-Tagestrips und Reisen zum Amazonas und mehr.

Happy Gringo
Alteingesessenes britisch-niederländisches Unternehmen und eins der besten mit maßgeschneiderten Touren, insbesondere zu den Galapagosinseln und ins Amazonasgebiet.

Biking Dutchman
Ecuadors erster Mountainbike-Veranstalter mit ausgezeichnetem Ruf. Organisiert auch kostenfreie Radtouren durch Quito (freebikequito.com).

Kostenlose Führungen
In Quito herrscht kein Mangel an „kostenfreien" Stadtführungen (Trinkgeld wird immer erwartet), diese gehören zu den besten. Startpunkt ist das Community Hostel (S. 67).

Gulliver
Verlässlicher, sachkundiger Veranstalter von Outdoor-Abenteuern in den Anden.

UNTERKÜNFTE FÜR KLEINES BUDGET

Blue House
Gesellig und freundlich, Backpacker-Bleibe in Mariscal mit guter Zimmerauswahl, darunter Pod-Dorms. $

Hostel Revolution
Dieses Hostel zwischen dem Centro und Mariscal Sucre ist ideal für alle, die etwas Raum zum Atmen suchen. $

Selina Quito
Flashpacker-Hostel mit Co-Working-Space, Yoga, Touren und einer guten Auswahl an Zimmern für alle Budgets. $

BESTES ESSEN

Marcando El Camino
Stilvolles Nachbarschaftsbistro mit ecuadorianischer und internationaler Küche. **$$**

Achiote
Gehobenes Lokal in Familienhand mit ecuadorianischen Speisen zu Livemusik an einladendem Platz um eine 60-jährige Magnolie. **$$$**

Miskay
Lebendiger Spot an der Plaza Foch mit originellen Varianten traditioneller ecuadorianischer Speisen. Guter Ort für *cuy* (Meerschweinchen). **$$$**

Apu Wasi Gastro-Cultura
Kulturkneipe im Freien mit veganen ecuadorianischen Klassikern und Burgern in einem Viertel, wo sonst eher US-Chicken Wings dominieren. **$**

El Maple
Eines der besten Lokale der Gegend für vegetarische und vegane ecuadorianische Gerichte. **$**

Observatorio Astronómico de Quito

Arbeiten talentierter Einheimischer statt.

Mehr indigene archäologische Schätze gibt's ein paar Straßen weiter im kompakten **Museo Weilbauer** (in der PUCE-Universität) mit einer kleinen, aber göttlichen Sammlung indigener Artefakte, die ein 1939 nach Ecuador ausgewandertes deutsches Ehepaar spendete.

Blick in Quitos Nachthimmel

Südamerikas älteste Sternwarte

Der an die Altstadt grenzende **Parque La Alameda**, der älteste Park der Stadt, beherbergt das **Observatorio Astronómico de Quito**. Die älteste Sternwarte Südamerikas von 1873 ist vor allem wegen ihrer astronomischen und meteorologischen Instrumente aus dem 19. Jh. sowie den Erdbeben- und Vulkanmessgeräten interessant, die auf diesem heißen Pflaster des Pazifischen Feuerrings essenziell sind. Das größte Highlight ist das riesige 1875 in Deutschland gebaute Teleskop, mit dem zwischen Februar und Mai sowie Juli und August jeden Dienstag- und Donnerstagabend ferne Planeten am Nachthimmel beobachtet werden können.

HOTELS & PENSIONEN

Hostal de La Rábida
Charmante Option im ansprechenden Nord-Teil von La Mariscal mit eleganten Zimmern und gutem Service. **$$**

Hotel Cayman
Versteckt in einem umgebauten Wohnhaus an einer grünen Straße; helle Pension mit hübschem Garten. **$$**

Ikala Quito Hotel
Renoviertes Vier-Sterne-Boutique-Hotel, in guter Lage zwischen Cafés und Restaurants. **$$$**

Mariscal Sucre am Tag

Schokolade, Kaffee und Shoppen

Obwohl Mariscal Sucre als ausgelassene Partyhochburg bekannt ist, sieht es hier tagsüber ganz anders aus. Es geht relaxter zu und der Kunsthandwerksmarkt (S. 70) sowie die Cafészene ziehen Traveller in die Gegend, die immer mehr zu einem Gastro-Ziel avanciert (S. 72). Historisch gesehen war Mariscal Sucre das erste Viertel Quitos, das nach der Altstadt entstand. Hier siedelte sich eine wohlhabendere Gesellschaftsschicht an, wovon heute noch rund 200 denkmalgeschützte Gebäude zeugen.

Kaffee ist immer eine gute Idee und **El Cafecito** röstet Bohnen von der eigenen Plantage in Mindo. Das Lokal in einem umfunktionierten Kolonialbau strotzt vor klassischem Mariscal-Vibe und das freundliche Personal ist an Gringos gewöhnt, die hier zum Frühstück oder auf ein Sandwich vorbeischauen. Abends wird das Café zu einer atmosphärischen Bar, perfekt für einen Cocktail. Zu Kaffee passt Schokolade, und **Cacao & Cacao** ist ein weiterer empfehlenswerter Zwischenstopp, der sich auf Ecuadors beliebteste Hochgenüsse spezialisiert hat. Sein Name verrät jedoch schon, wer hier der wahre Held ist: Die Schokolade wird ausnahmslos aus Biokakao von der eigenen Plantage hergestellt.

Auch der Kunsthandwerksmarkt lohnt sich, doch wer nach etwas anderem als Alpaka-Strickwaren sucht, schaut in der **Galería Latina** vorbei, die ausgewählte stilvolle Stücke aus ganz Südamerika bietet. In **La Bodega** gibt's eine große Auswahl an Secondhand-Vintage-Artikeln aus Lateinamerika.

SALSA LERNEN

Die *quiteños* lieben das Tanzen. Wer jedoch zwei linke Füße hat, kann sich bei spaßigem Unterricht auf die Tanzfläche vorbereiten. Das **Bongó Dance Center** und die **Desafío Salsa School** sind empfohlene Tanzschulen in Mariscal Sucre, die Salsa und Bachata unterrichten. **Salsoteca D'Primera** ist einer von Mariscal Sucres besten Clubs für Salsa, weiter nördlich ist die **Salsoteca Lavoe** sehr populär. Auch **La Oficina Brewery** (S. 66) donnerstags und **Calle La Ronda** (S. 59) sind gute Orte für Livemusik. Die Partyhochsaison ist das Gründungsfest Quitos (Fiestas de Quito).

Nachtleben in Mariscal Sucre

Tanzen bis in den Morgen

Quito mag nicht denselben Ruf als Partystadt haben wie Río de Janeiro oder Bogotá, doch Mariscal Sucre gilt schon lange als Ausgehmeile schlechthin, auf der Backpacker und *quiteños* zusammen auf die Piste gehen und sich bis in die Morgenstunden vergnügen.

Trotz einiger schwieriger Jahre für das Viertel seit der COVID-19-Pandemie, als viele Bars, Clubs und Hostels schließen mussten und die Gegend etwas herunterkam (besser ein Uber nehmen), gibt's nach wie vor keine bessere Partymeile. Die Clubs und Pubs mögen nicht jedermanns Sache sein, doch wer sich auf den Vibe einlässt, wird hier seinen Spaß haben.

MULTIKULTURELLE LOKALE

Hacienda de Los Arrieros
Herzhafte, cholesterinreiche kolumbianische Gerichte, die für den Rest des Tages sättigen. **$$**

Baalbek
Authentische libanesische Küche mit Mezze-Platten und köstlichen Falafeln seit 1998. **$$**

Chandani Tandoori
Abwechslung bringt dieses indische Lokal mit leckeren vegetarischen und fleischhaltigen Gerichten. **$**

MATYAS REHAK/SHUTTERSTOCK ©

Plaza Foch

Das Zentrum der Szene ist die Plaza Foch, von der sich die Rockbars, Raggaeton-Clubs und Brauereikneipen ausbreiten. Expat-Pubs wie das irische **Finn McCool's** und das **Corner Pub** in niederländischer Hand sind bei allen beliebt, die nach Billardtischen und Sportfernsehen suchen.

MEHR FÜR NACHTEULEN

Wenn dir Mariscal Sucre zu chaotisch ist, gibt's in **La Floresta** (S. 82) und **La Pradera** (S. 88) eine relaxtere Barszene und auch in **San Blas** (S. 66) und **La Ronda** (S. 59) im Zentrum kann man Spaß haben.

Hipper geht's im **Apu Wasi Gastro-Cultura** zu, einem coolen Spot mit einer komplett veganen Speisekarte, lokalen Craft-Bieren vom Fass und einem Innenhof voller Kunst, in dem regelmäßig kulturelle Events wie Livemusik und Gedichtlesungen stattfinden. Ein paar Häuser weiter bietet die Brauereikneipe **Django Laboratorio de Cerveza** eine relaxte Atmosphäre abseits der lauten Plaza Foch.

Wer gerne zu DJs tanzt, wird im **Bungalow 6** und in der **Salsoteca D'Primera** fündig, doch es lohnt sich, mittwoch- bis samstagabends ein paar Lokale zu checken, um zu sehen, wo gerade der Bär steppt. Oft ist ein Eintrittsgeld fällig und der Reisepass muss gezeigt werden, wobei eine Kopie meist ausreicht.

La Floresta & Umgebung

KREATIVES ZENTRUM, RESTAURANTMEILE UND COOLES BARVIERTEL

Wer sich seinen Schuss lokale Kultur lieber in coolen Bars, trendigen Boutiquen, unabhängigen Plattenläden und Cafés holt als in Kirchen, Klöstern und auf gepflasterten Plätzen, der sollte in La Floresta vorbeischauen. Im entspannten, gemeinschaftsorientierten *barrio* unweit der Altstadt ist die Quitoer Kreativszene zu Hause. Zwischen Street-Art und neoklassizistischen (restaurierten und maroden) Villen findest du Quitos innovativste Restaurants, eine zeitgenössische Kunstszene sowie hippe Bars und Cafés.

Das 1917 gegründete, einst vornehme Viertel verfiel. Niedrige Mieten in den 1990ern zogen Hausbesetzungen und Kreativköpfe aus Film, Kunst und Literatur an, die eine blühende Kunstszene schufen. Wie in vielen ähnlichen Vierteln weltweit sorgt die Gentrifizierung für steigende Wohnungspreise, doch die liberale eingeschworene Gemeinschaft setzt alles daran, den originalen Charakter La Florestas zu erhalten.

☑ TOP TIPP

Dank zentraler Lage und lebendigen Nachtlebens ist La Floresta ein tolles Viertel zum Übernachten. Es ist nicht nur sicherer als andere Gegenden, sondern lockt mit jeder Menge Bars und Restaurants direkt vor der Tür und liegt nur eine kurze Uber-Fahrt von den Attraktionen der Altstadt, Mariscal Sucres und Nord-Quitos entfernt.

La Floresta

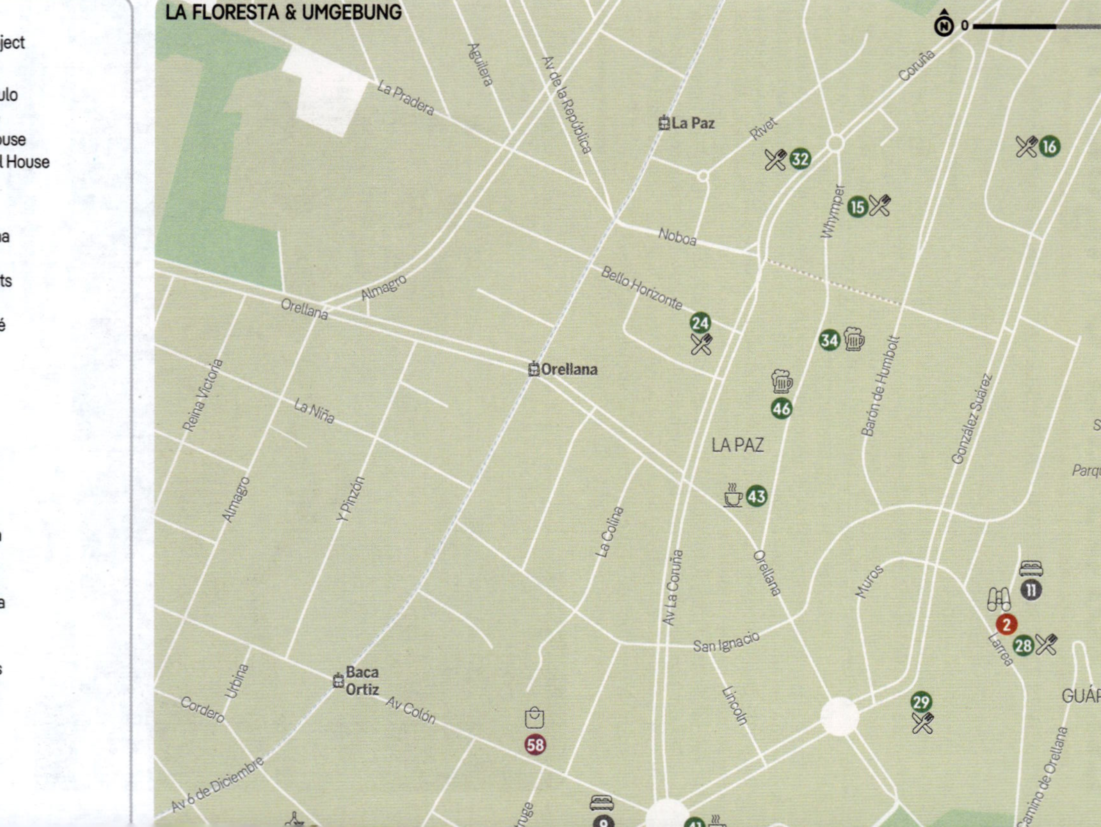

HIGHLIGHTS

1 Nudo Street Art Project

SEHENSWERTES

2 El Mirador de Guápulo
3 N24 Galería de Arte
4 Quito Publishing House
5 Trude Sojka Cultural House

SCHLAFEN

6 Casa Aliso
7 Hostal de La Mancha
8 Hotel Mas Arte
9 Olympus Apartments
10 Play House
11 Stubel Suites & Café
12 Swissôtel

ESSEN

13 Ananké
14 Banh Mi
15 Chez Jérôme
16 Ciré Capital
17 Foresta
18 Frida Tacos
19 Humitas La Floresta
20 La Briciola
21 La Ñora
22 Mercado La Floresta
23 Monster Fast Food
24 Nuema
25 Parque de las Tripas
26 Quitu
27 Segundo Muelle
28 Tandana
29 Techo del Mundo
30 UMAi Ramen
31 URKO

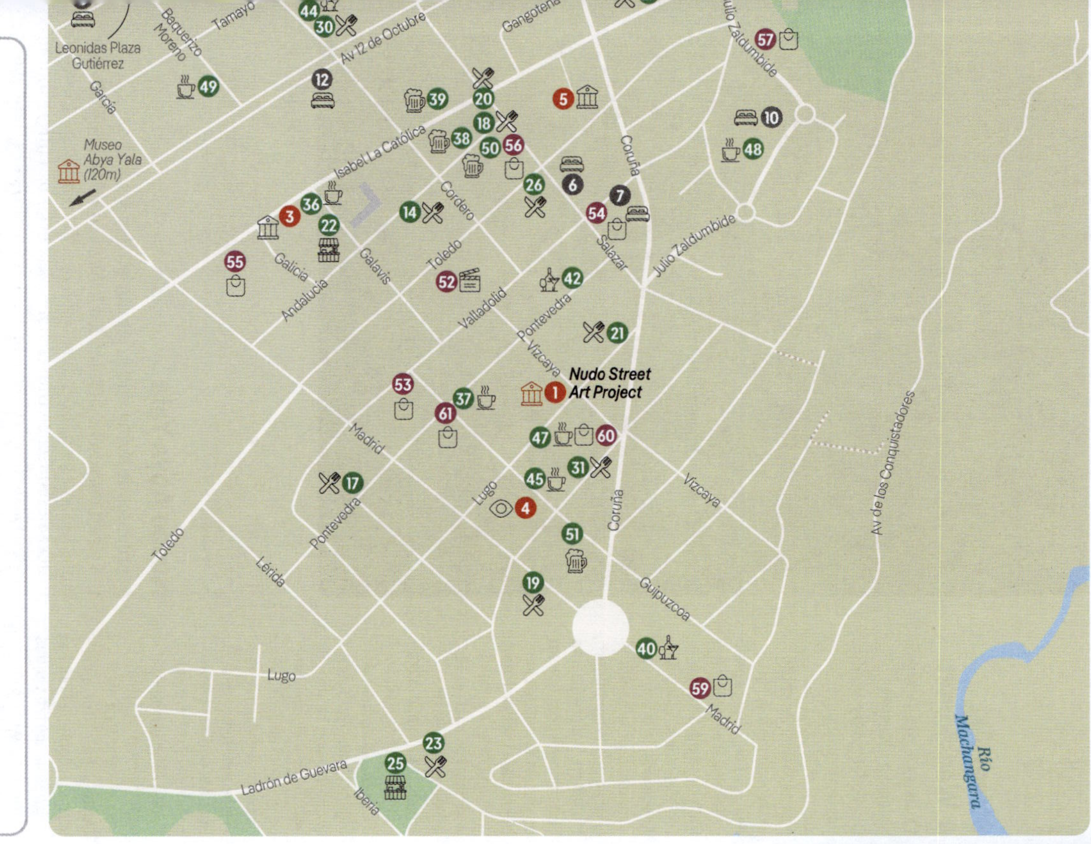

AUSGEHEN & FEIERN
33 Azares
34 Bandidos Del Paramo
35 Bar Palo Santo Guápulo
36 Cabra Negra
37 Casa Warmi
38 Cela GastroCervecería
39 Cervecería Shaman
40 Chawar
41 Coati's
42 Curuba
43 Fankør Coffee
44 Holy Krank
45 Jervis
46 Katari
47 La Cleta Bici Café
siehe 18 La Mezcalería
48 Paccari
49 Roveta
50 Sinners Microcervecería
51 Tres Pintas Floresta

UNTERHALTUNG
52 Ochoymedio

SHOPPEN
53 Arte Rayuela
54 Casa Shamuna
55 Homero Ortega
56 La Imaginativa
57 Lava Records
58 Olga Fisch Folklore
59 Perro de Loza
60 Robot Rock Store
61 Sphera

Street-Art & Wandkunst

Quitos Epizentrum urbaner Kunst

Ob die religiösen Werke der Quitoer Schule aus dem 17. oder die Meisterwerke Oswaldo Guayasamíns aus Mitte des 20. Jhs., Kunst spielt in der Stadt eine wichtige Rolle, und die Straßen La Florestas sind keine Ausnahme. In einer dynamischen urbanen Galerie aus Wandbildern, Mosaiken, Paste-ups und Schablonenkunst findest du neben Street-Art von bekannten lokalen Namen wie La Suerte, Apitatán und Balseca auch viele Arbeiten von Gästen aus ganz Lateinamerika. Häufige Themen sind die soziopolitischen, indigenen und ökologischen Probleme von heute und inmitten der Punk-Attitüde verstecken sich allerlei neckisch-verschmitzte Werke mit Humor und Porträts andiner Landschaften und Tiere. Infos zu den Arbeiten, Kunstschaffenden und dem Viertel vermittelt die **Quito Urban Tour**, eine sehr empfohlene Führung des passionierten Guides Jorge Rosero mit zahlreichen Geschichten und Zwischenstopps.

Neben der öffentlichen Street-Art sollte man auch das **Nudo Street Art Project** nicht verpassen, eine Galerie mit mehr gegenkulturellen Werken von lokalen Street-Art-Talenten sowie verkäuflichen Drucken und Kleidung.

Street-Art

Museo Abya Yala

Faszinierende Kultur und Artenvielfalt des Amazonas

Um einen Vorgeschmack auf den Amazonas zu bekommen oder einfach etwas mehr über die Region zu erfahren: Dieses Museum in der salesianischen Universität begeistert. Kostenfreie Touren führen Gäste durch ein nachgebildetes natürliches Habitat des ecuadorianischen Amazonasgebiets mit präparierten Tieren. Viele der Exponate dürfen angefasst und anprobiert werden, darunter Musikinstrumente und zeremonielle Federgewänder. Es gibt einen spannenden Einblick in diverse Volksgruppen des Amazonas, eine ausgefallene Ausstellung zeigt eine Sammlung von Schrumpfköpfen aus dem 19. Jh., das Ergebnis einer schaurigen Praktik, über die man hier mehr erfährt.

JAM TRAVELS/SHUTTERSTOCK ©

Kaffee

NOCH MEHR HIGHLIGHTS IN LA FLORESTA

La Florestas Kaffee-Kultur

Spezialitätenkaffee und -cafés

Künstlerviertel und Cafékultur gehen Hand in Hand, weshalb es nicht überrascht, dass La Floresta mit einigen der besten Cafés der Stadt aufwartet. Hier hast du die Qual der Wahl: Third-Wave-Mikroröstereien mit erfahrenen Baristas, die sortenreine Kaffees aus ecuadorianischen Biobohnen aufgießen.

Der lokale Favorit ist **Jervis,** ein typisches Nachbarschaftscafé und eines der ersten, das sich ganz dem ecuadorianischen Kaffee verschrieb. Seine Bohnen stammen aus der Provinz Loja im Hochland. Setz dich auf einen Hocker am Bestellfenster und wähle aus dem Kaffeeangebot, zu dem Bagels, Frühstück und Sandwiches serviert werden.

Kaffee- und Designfans lieben **Roveta**, eine Nanorösterei in einem verglasten Kaffeelabor mit hellem Holzinterieur, das sich wie ein zweistöckiges Tiny House anfühlt. Ein cooler hydraulischer Lift liefert den ausgezeichnet gebrühten Filterkaffee aus regionalen, vor Ort gerösteten Bohnen.

Ein ebenso unverzichtbarer Kaffeestopp ist **Coati's** bei

BESTE HOTELS

Swissôtel
Das gut gelegene Fünf-Sterne-Hotel bietet tolle Ausstattung und ein sehr gutes Restaurant. **$$$**

Olympus Apartments
Ausgezeichnete Wahl für Selbstverpfleger mit Fitnessraum, modernen Zimmern und glitzernden Aussichten auf die Stadt. **$$**

Stubel Suites & Café
Wer Aussichten und eine relaxte Location mit allem Drum und Dran liebt, übernachtet in dieser Luxusoption in Guápulo. **$$$**

Casa Aliso
Gemütliche Pension in einem umgebauten Wohnhaus aus den 1930ern, Zimmer mit Gartenblick und Kamin. **$$**

Hostal de La Mancha
Kein Hostel für Backpacker, sondern ein Mittelklassehotel im Herzen von La Floresta mit guten Preisen. **$$**

BUDGETUNTERKÜNFTE IN LA FLORESTA

Hotel Mas Arte
Halbwegs zwischen La Floresta und La Mariscal bietet diese relaxte Pension Zimmer mit Küchen. **$**

Cela GastroCervecería
In diesen gut ausgestatteten Zimmern in einer Mikrobrauerei ist man hautnah bei der Action dabei. **$**

Play House
Co-Working- und -Living-Space mit Wandmalereien; Aufenthalte in Schlafsälen und Privatzimmern. **$**

LA FLORESTAS LOKALES ESSEN

Am anderen Ende von La Florestas kulinarischem Spektrum ist das Streetfood genauso unvergesslich wie die gehobene Küche.

Am typischsten geht's im **Parque de las Tripas** zu, einem spätnachmittäglichen Markt mit einigen der traditionellsten Gerichten Quitos. Es gibt *seco de pollo* (geschmortes Hühnerfleisch), Empanadas, *morocho* (eine Art gewürzter Maisbrei), *tripa mishqui* (Schweine- oder Rinderkutteln mit Kartoffeln) oder *yaguarlocro* (Suppe aus Lamminnereien).

Auch der **Mercado La Floresta** ist einen Mittagsstopp wert und bei **Humitas La Floresta** finden Tamales, *humitas* (Mais-Dumplings) und arterienverstopfende *bolón* (frittierte Kochbananenbälle) reißenden Absatz. Apropos Cholesterin: *Salchipapa* ist der Studentensnack schlechthin, eine Kalorienbombe aus Würstchen und Pommes, die es unter anderem bei **Monster Fast Food** gibt.

JAVIERDS/SHUTTERSTOCK ©

Cachama

einem belebten Kreisverkehr. Der gesprächige Barista zaubert alles von Aeropress- und V60- bis zu Chemex-Filterkaffee, Flat Whites und Espresso aus regionalen Bohnen und begrüßt seine Gäste wie alte Bekannte. **Cabra Negra** ist eine weitere Third-Wave-Rösterei und sehr auf die Qualität und Nachhaltigkeit in Bezug auf seine Kaffees bedacht. Ein paar Blocks nördlich von La Floresta spezialisiert sich das nordisch inspirierte **Fankør Coffee** auf sortenreine Bohnen direkt von der Farm und bietet Verkostungen der verschiedenen hell gerösteten Kaffeesorten an. Das Brot für die ausgezeichneten Sandwiches und Brunches ist hausgebacken.

Schlemmertour durch La Floresta

Gehobene Küche, relaxte Atmosphäre

Kein Foodie, der etwas auf sich hält, darf La Florestas Gastronomieszene verpassen. Eine neue Küchenchefgeneration kreiert aus den kulinarischen Traditionen ihrer Vorfahren eine innovative, moderne ecuadorianische Küche.

Eine der heißesten gastronomischen Adressen der Stadt ist das **Nuema** ein paar Straßen nördlich von La Floresta, das 2023 auf Platz 79 der besten Restaurants der Welt landete. Unter Leitung eines Ehepaars wird die ecuadoriani-

CAFÉS IN LA FLORESTA

Casa Warmi
Von Frauen betriebenes, lichtgeflutetes Café mit traditionellen andinen Gerichten sowie Salaten und Sandwiches. $

La Cleta Bici Café
Café, das komplett mit gebrauchten Fahrradteilen dekoriert ist. Bier, Kaffee, Sandwiches und Pizza. $$

Paccari
Dieser bekannte Schokoladenhersteller beweist es: In Ecuador gibt's den besten Kakao. $

sche Artenvielfalt mit 15-Gänge-Probiermenüs gefeiert, die auf eine kreative und saisonale Reise durch die Aromen der Region mitnehmen.

Das nahe gehobene, aber relaxte Fischrestaurant **Z-FOOD** legt großen Wert auf nachhaltige, verantwortungsbewusste Fangmethoden und serviert neben Ceviche und Meeresfrüchteeintopf auch gutes altes Fish 'n' Chips.

Chez Jérôme spezialisiert sich auf französisch-ecuadorianische Cuisine, von Entenconfit und Foie-Gras-Sandwiches bis zu *carrillera de res* (in Rotwein und Kakao geschmorte Rinderbäckchen mit *aligot* aus Yanayacu-Käse).

Ebenso anspruchsvoll ist das **Ciré Capital** und lockt Foodies mit kreativer, moderner ecuadorianischer Küche.

In einer kleinen Seitenstraße La Florestas bietet das intime **Quitu** 20 Gästen Platz. Chefkoch Juan Sebastián Pérez fokussiert in seinen Probiermenüs auf indigene, regionale Aromen, der Star auf seiner täglich wechselnden Karte ist 72 Stunden geschmortes *cuy* (Meerschweinchen).

Sein früheres Restaurant **URKO** ist eine Institution in Quito. Der aktuelle Küchenchef Daniel Maldonado bietet kreative, saisonale ecuadorianische Probiermenüs, die indigenen Anbaukreisläufen folgen – von Meerschweinchenbauch bis zu geräuchertem Amazonas-*cachama*-Fisch.

Foresta zog 2023 ins Swissôtel und ist ein weiterer geschätzter Gourmetstopp. Die Speisekarte betont Nachhaltigkeit und astrale Landwirtschaftszyklen und führt durch Ecuadors Artenvielfalt und Traditionen.

Tour durch La Florestas Kunstszene

Galerien und Architektur

Neben dem Museo Abya Yala und Street-Art bietet La Floresta viele weitere lohnende Stopps, die gut zwischen Essen und Shoppen passen.

Seit dem Zweiten Weltkrieg gibt's im Viertel eine bedeutende jüdische Bevölkerung und in der **Casa Museo Trude Sojka** ist die Galerie der Holocaust-Überlebenden Trude Sojka (1909–2007) zu sehen. Die gefeierte tschechisch-ecuadorianische Künstlerin war eine etablierte Malerin und Bildhauerin, deren Werke vor ihrer Deportation nach Auschwitz in Berlin ausgestellt wurden. Glücklicherweise konnte sie fliehen und gelangte 1946 nach Guayaquil. Ihre Tochter (selbst eine Designerin) führt durch ihr Elternhaus, das heute als Galerie und Bildungsstätte über die Grauen des Holocausts dient.

Auch die ungarische Designerin Olga Fisch (1901–1990) floh vor den Nazis und kam 1939 nach Ecuador, wo sie ihren Laden (S. 84) eröffnete. Heute ist dort ein kleines Museum

OCHOYMEDIO

Im Herzen von La Florestas Indie-Szene befindet sich das beliebte Programmkino **Ochoymedio**, das 2001 von einer Gruppe Film- und Kunstschaffender zur Förderung der Kinokultur gegründet wurde. In einem Saal mit legeren Sesseln und Retrosofas werden sowohl ecuadorianische als auch internationale Streifen gezeigt, statt furchtbarer Synchronfassungen gibt's hier Filme im Originalton mit Untertiteln. Neben Filmfestivals steht ein Mix aus Neuerscheinungen und Kultklassikern auf dem Programm und das Café (mit Bar) ist selbst einen Besuch wert.

ESSEN IN LA FLORESTA

La Ñora
Gute Option für traditionelle ecuadorianische Küche mit einem kreativen Touch. $

Banh Mi
Beliebter Spot in stylishem Innenhof, asiatische Fusion-Küche wie Lama mit Thai-Basilikum und *bánh-mì*. $$

Frida Tacos
Geschmackvolles mexikanisches Restaurant, authentische Tacos und Hauptgerichte, stilvolle Mezcal-Dachbar. $$

TIPPS EINES LOCALS

Byron Ushiña, indigener Schmuckdesigner bei ARIU (ariustudio.com)

Was liebst du an der Stadt besonders? Meine Lieblingsgegend ist die koloniale Innenstadt. Sie ist imposant, gut erhalten und die *quiteños* sind hilfsbereit. Hier sind die lokale Kultur und ihre Ursprünge sichtbar.

Hast du ein Lieblingsrestaurant? Ich empfehle das **Casa Gangotena Restaurant** auf der Plaza de San Francisco mit einem großen Angebot an ecuadorianischen und internationalen Gerichten.

Wo kann man in Quito mehr über die indigene Kultur erfahren? Unbedingt eine Aufführung des **Jacchigua Ballet Folclórico Nacional del Ecuador** anschauen, das zum „lebendigen Kulturerbe" Ecuadors erklärt wurde.

Quito Publishing House

mit prähispanischen Artefakten untergebracht.

La Floresta ist für seine Street-Art bekannt (S. 78), doch auch die **N24 Galería de Arte** ist für Fans avantgardistischer Kunst ein Muss. Dieser frühere Jazz Club (und davor eine Fabrik) ist ein wunderbarer Ort für Ausstellungen alternativer aufsteigender und etablierter Kunstschaffender.

Etwas fehl am Platz erscheint das zeitgenössische sechsstöckige **Quito Publishing House**. Obwohl es sich um einen umweltfreundlichen „grünen Bau" nach nachhaltigen und energieeffizienten Prinzipien handelt, stieß das lokale Wahrzeichen bei La Florestas Gemeinde auf großen Widerstand. Sie befürchteten, dass ihr Viertel mit vielen neoklassizistischen Anwesen von Hochhäusern verschlungen werden würde.

Eine Nacht in La Floresta

Bier, Mezcal und Bands

Wer Lust auf Bier hat, ist hier goldrichtig.

Die **Sinners Microcervecería** ist eine von Quitos besten Mikrobrauereien (das Original in La Pradera) mit preisgekrönten Klassikern und saisonalen Spezialbieren aus Quinoa, Mais, Kakao und mehr. Gegenüber liegt Quitos Filiale der ecuadorianischen Brauerei, die **Cela GastroCervecería** (S. 79),

NOCH MEHR LOKALE IN LA FLORESTA

La Briciola
Traditionelle italienische Küche mit einer langen Pizza- und Weinkarte. **$$**

UMAI Ramen
Authentische japanische Ramen, Gyoza und *tonkatsu*. **$**

Segundo Muelle
Gehobener, moderner Peruaner mit köstlichem Ceviche. **$$$**

ein gastliches Pub mit gutem Essen und Backpacker-Unterkunft. Es gibt auch die **Cervecería Shaman** mit Totenköpfen auf Gläsern und das **Tres Pintas Floresta** mit Wandgemälden. Der 10-minütige Spaziergang zu den **Bandidos Del Páramo** – dem zweiten Ableger von Quitos erster Mikrobrauerei – in der Calle Whymper lohnt, denn hier servieren die Inhaber aus Oregon perfekte hopfige Pacific-Northwest-Ales zu Burgern im Grünen. Die Straße runter liegt das **Katari** mit Zapfhähnen zur Selbstbedienung, wo sich Bierfans wie Kinder im Süßwarenladen fühlen. Was kann da schon schiefgehen? Vorsicht: Die Rechnung wächst schneller, als man denkt!

In Sachen Bars ist das **Curuba** ein eindeutiger Favorit – cooles, freundliches Personal, lokale IPAs vom Fass, originale Cocktails und allnächtliche Livemusik sowie Pizzas machen es zu einem Gewinner. Die Dachbar **La Mezcalería** spezialisiert sich auf hochwertige Mezcals und Cocktails zu authentischen mexikanischen Leckereien aus dem Restaurant darunter. Das ecuadorianische Äquivalent des Mezcals gibt's im winzigen **Chawar**, das kleine Mengen *miske* produziert. Das traditionelle Agavendestillat stellt eine komplett weibliche Kooperative mithilfe alter Techniken her.

SHOPPEN IN QUITO

Für mehr Infos zu Shoppingoptionen in Ecuadors Hauptstadt siehe „Lokales Kunsthandwerk in La Floresta" (S. 84).

Zauberhafte Aussichten in Guápulo

Lebensbejahende Ausblicke, Pizza und eine Kirche

An La Floresta schließt sich das ebenso unkonventionelle Guápulo mit einer eigenen kleinen Szene an. Der wahre Grund für einen Besuch sind jedoch die Aussichten, und mit steilen, gewundenen Pflasterstraßen ist es nicht nur Quitos malerischstes, sondern auch gelassenstes Viertel.

Der Aussichtspunkt **El Mirador de Guápulo** bietet weite Aussichten über die bewaldeten Hügel der Täler Cumbayá und Tumbaco. Auch bei schlechtem Wetter lohnt sich ein Besuch bei **Tandana**, einem von Quitos besten veganen Restaurants ganz oben auf dem Ausguck. Alles auf der Speisekarte des gemeinnützigen Lokals ist vegan, meist biologisch und Fair Trade und der Großteil der Zutaten in Gerichten wie Burgern, Currys und Kuchen stammt aus dem eigenen Gemüsegarten.

Im **Techo del Mundo**, dem „Dach der Welt", werden zum Panoramablick klassische ecuadorianische Küche sowie Sandwiches, Pizzas und Cocktails serviert.

Publikumsliebling ist das **Ananké**. Das umfunktionierte zweistöckige Wohnhaus sieht zwar unauffällig aus, bietet

LIVEMUSIK & KULTUREVENTS

Während der Pandemie büßte Quito leider viele seiner beliebtesten Livemusikclubs ein und seitdem ist die Szene weniger übersichtlich. Gigs finden oft in verschiedenen Locations als einmalige Veranstaltungen statt. **Quito Cultura** (quitocultura.com) hat das aktuelle Programm mit Events, Konzerten und Kunst. Underground gibt's im Búnker Laboratorio Urbano (@bunker_lab_urbano). Originale Livemusik und DJs kannst du auch im **La Oficina** (S. 66), **VIVA Cerveza!** (S. 89), **Curuba** und dem **Palenque Casa** erleben.

TOP SHOPS

Casa Shamuna
Trendiges ecuadorianisches Label, das Streetwear, T-Shirts und Designeraccessoires verkauft.

Homero Ortega
Quitoer Filiale dieser Hutmacherei aus Cuenca, die sich auf *sombreros de paja toquilla* (Strohhüte) spezialisiert.

Robot Rock Store
Bunter Laden mit Popkultur-Artikeln und T-Shirts, die der coole Inhaber selbst designt.

jedoch spektakuläre Blicke, die man am besten bei einem Glas Wein und einer leckeren Pizza oder italienischen Sandwiches genießt. Im großzügigen Gastraum gibt's stille Ecken, Kamine und regelmäßig Livemusik.

Wer sich wundert, was es mit dem palastartigen Gebäude im Tal auf sich hat, steigt hinab zum **Santuario de Guápulo** aus dem 17. Jh. Touren führen durch die monumentale neoklassizistische Kuppelkirche mit einem Museum und originalen Meisterwerken der Quitoer Schule. Ganz in der Nähe liegt der 47 ha große **Parque Guápulo** mit Spazier- und Radwegen. Insektenspray nicht vergessen.

Lokales Kunsthandwerk in La Floresta

Stylishe Boutiquen

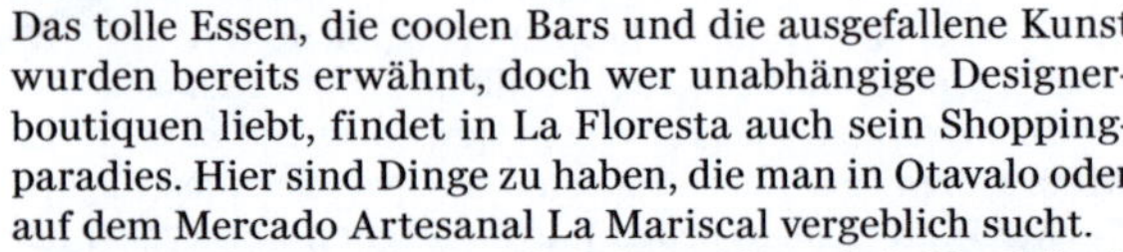

Das tolle Essen, die coolen Bars und die ausgefallene Kunst wurden bereits erwähnt, doch wer unabhängige Designerboutiquen liebt, findet in La Floresta auch sein Shoppingparadies. Hier sind Dinge zu haben, die man in Otavalo oder auf dem Mercado Artesanal La Mariscal vergeblich sucht.

Wer nur Zeit für ein Geschäft hat, schaut bei **Olga Fisch Folklore** vorbei. Es wurde von der Bauhaus-Designerin und ungarischen Jüdin Olga Fisch (1901–1990) gegründet, die 1939 vor den Nazis floh und in Quito ein neues Leben und eine neue Karriere begann. Sie lebte sich schnell ein, war vor allem von der indigenen Kunst beeindruckt und verarbeitet ecuadorianische Volkskultur in ihren Entwürfen. Den Laden eröffnete sie 1942 und noch heute ist er ein Mekka für Wandteppiche, Ponchos, Kunsthandwerk, Schmuck, Taschen und Accessoires von hoher Qualität, die auch online zu haben sind.

Im winzigen **La Imaginativa** zweier Schwestern gibt's einen bunten Mix zeitgenössischen ecuadorianischen Kunsthandwerks, darunter Schmuck, Kleidung und Geschenkideen wie etwa Brillengestelle aus recyceltem Plastikmüll von den Galapagos.

Keramikfans finden im **Perro de Loza** die hochgeachteten Arbeiten von Natalia Espinosa, die in der hauseigenen Werkstatt ihre typischen Kakao- und Kaffeetassen sowie Teller, Haushaltsdinge und Kunstobjekte fertigt.

Weitere Boutiquen sind **Arte Rayuela** mit individuell gefertigten Kleinigkeiten wie niedlichem Holzspielzeug und **Sphera**, einem Secondhandladen der Street-Art-Künstlerin Antis. Apropos Street-Art: Im **Nudo Street Art Project** (S. 78) gibt's coole Drucke und T-Shirts mit Motiven von Quitos bekanntesten Street-Art-Talenten.

LAVA RECORDS

Lava Records ist zwar hauptsächlich ein Musikladen mit Platten und CDs (auch von vielen coolen lokalen Bands), aber auch ein genialer Treffpunkt für Musikfans. Bei Kaffee, Craft-Bier oder *canelazo* (gewürztem, warmem *aguardiente)* kannst du in einem der coolsten Plattenläden der Welt relaxen und den Indie-Tunes lauschen, die hier aufgelegt werden.

COCKTAILBARS & CRAFT-BIER

Azares
Stilvolle Cocktailbar auf halbem Weg zwischen La Floresta und Mariscal Sucre.

Holy Krank
Coole Nachbarschaftsbar eines jungen Ehepaars mit selbst gebrautem Bier.

Bar Palo Santo Guápulo
Gönn dir ein Craft-Bier und genieße den herrlichen Talblick in Guápulo.

Nord-Quito

GÄRTEN UND MODERNES STADTLEBEN

Die wirkliche „Neustadt" beginnt nördlich der Künstlerenklaven Mariscal Sucre und La Floresta, in der es um einiges ruhiger zugeht. Dennoch gibt's auch hier viel zu sehen und zu tun. Das deutlich wohlhabendere La Carolina ist der Hauptbezirk und beherbergt einige der besten Restaurants Quitos. Im beliebten Park des Viertels und dem botanischen Garten bekommst du einen Einblick in die Artenvielfalt Ecuadors.

Hier steht auch das einstige Wohnhaus des berühmten ecuadorianischen Künstlers Oswaldo Guayasamín; die atemberaubende Ausstellung seiner Werke ist in Quito ein Muss. Vorinkazeitliche Ruinen, Mikrobrauereien und das Fußballstadion machen aus Nord-Quito eine sehenswerte Gegend, die mindestens ein oder zwei Tage Zeit wert ist.

TOP TIPP

Dieses Viertel wird am meisten von Quitos neuem Metrosystem profitieren. Adiós Rushhour-Stau!

Parque La Carolina (S. 88)

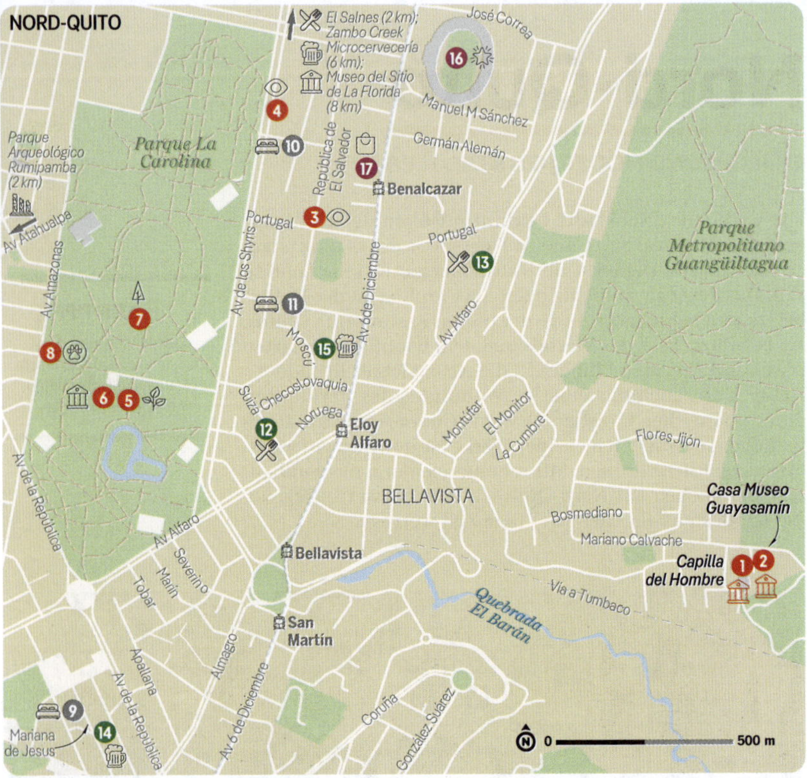

NORD-QUITO

HIGHLIGHTS
1 Capilla del Hombre
2 Casa Museo Guayasamín

SEHENSWERTES
3 Av República de El Salvador
4 IQON building
5 Jardín Botánico
6 Museo de Ciencias Naturales
7 Parque La Carolina
8 Vivarium

SCHLAFEN
9 Hostel Casa Q
10 Hotel Finlandia
11 Le Parc

ESSEN
12 De la Llama
13 La Guaguasería by Somos
siehe 13 Somos

AUSGEHEN & FEIERN
14 Andes Brew Pub
15 VIVA Cerveza!

UNTERHALTUNG
16 Estadio Olímpico Atahualpa

SHOPPEN
17 Confederate Bookstore

Parque La Carolina (S. 88)

Capilla del Hombre

Leben und Werk von Quitos Lieblingssohn

Auf keinen Fall verpassen darf man das modernistische frühere Heim des berühmtesten Künstlers Ecuadors, Oswaldo Guayasamín (1919–1999), mit einer erstklassigen Galerie. Ob man sein Werk kennt oder nicht: Die ausgezeichnete **Capilla del Hombre** (Kapelle des Menschen) ist ein wahres Vergnügen und mehr als eine Galerie: Sie vereint Guayasamíns wichtigste Arbeiten und ist sein endgültiges Meisterwerk.

Der gewaltige, kathedralenartige Raum huldigt einem der größten lateinamerikanischen Expressionisten und vereint modernistische und präkolumbische Architekturstile in einem monumentalen Bau aus Vulkanstein, der von einer zylindrischen Pyramide gekrönt wird. Der Entwurf stammt vom Künstler selbst; obwohl die Bauarbeiten bereits 1995 begannen, wurden sie erst 2002 – drei Jahren nach Guayasamíns Tod – beendet.

Im Inneren reihen sich riesige ausdrucksstarke Gemälde aneinander, viele setzen sich mit Themen sozialer Ungerechtigkeit in Lateinamerika auseinander, vor allem in Bezug auf unterdrückte indigene Gemeinschaften (Guayasamín selbst war Mestizo) und ihrem Kampf gegen den Kolonialismus. In der Kuppel ist ein unvollendetes Meisterwerk des Künstlers zu sehen, eine Wandmalerei mit skelettartigen Figuren, die sich aufs Licht hinbewegen.

Als ob das noch nicht genug wäre, findet man eingeschlossen in einen gläsernen Gang auch kürzlich entdeckte jahrtausendealte präinkaische Gräber.

Capilla del Hombre

CASA MUSEO GUAYASAMÍN

Ebenso beeindruckend ist die **Casa Museo Guayasamín**, das ehemalige Wohnhaus des Künstlers, das seit seinem Tod kaum verändert wurde. Guides führen durch dieses 1976 erbaute modernistische Gebäude, das mit Guayasamíns wertvoller Sammlung präkolumbischer Artefakte, religiösen Werken (obwohl er selbst überzeugter Atheist war) und kunstgefüllten Räumen ausgestattet ist, in denen sein Atelier und Fotos von befreundeten Berühmtheiten wie Fidel Castro zu sehen sind. Der Pool mit Aussicht auf die Stadt befindet sich neben seiner letzten Ruhestätte unter einer riesigen Kiefer.

SOMOS

Das **Somos** ist die vielleicht gefragteste Adresse der Stadt, denn hier kreiert Inhaberin und Chefköchin Alejandra Espinoza einfallsreiche Gerichte, die von den Aromen Ecuadors inspiriert werden – von den Anden über den Amazonas bis zur Küste. Neben einem saisonalen Probiermenü stehen Leckereien wie Kokos-Krabben-Empanadas, Meerschweinchen-Dumplings, geräuchertes Amazonas-Ceviche, und *chivo de muey* (Ziegenragout mit Pappardelle) auf der Karte. Jeder Cocktail wird mit seiner eigenen Spotify-Playliste serviert.

Zum Restaurant gehört **La Guaguasería by Somos**, ein legereres Bistro, das Burger, Tacos und Cocktails offeriert. Sehenswert ist der hauseigene Laden mit geschmackvollen Kunsthandwerkerarbeiten Ecuadors.

Parque La Carolina

NOCH MEHR HIGHLIGHTS IN NORD-QUITO

Relaxen im Parque La Carolina

Botanischer Garten, Museen und Streetfood

Einer der besten Parks Quitos zum Flanieren und Verweilen wie die Einheimischen ist der weitläufige **Parque La Carolina**. Am Wochenende ist er voller Familien und Pärchen, die wegen Streetfood, Paddelbooten oder zum Picknicken und Fußballspielen kommen.

Unter der Woche geht's ruhiger zu, eine gute Zeit, um den **Jardín Botánico** ohne Menschenmengen zu genießen. Der botanische Garten gibt einen guten Überblick über die vielfältigen Lebensräume Ecuadors und umfasst *páramo* (Graslandschaft des Andenhochlands), Nebelwälder, Feuchtgebiete, ein *orquideario* (Orchideenhaus), einen ethnobotanischen Garten (indigene Pflanzen der Völker), ein Amazonas-Gewächshaus mit fleischfressenden Arten und einen herrlichen Kaktusgarten. Ein Highlight ist die wunderbare Bonsaisammlung mit einheimischen Spezies wie dem 20 Jahre alten Mini-Eukalyptus, Akazien und Kasuarinen sowie japanischen Arten. Die größte Attraktion sind jedoch die Kolibris. Mit etwas Ge-

ESSEN UND AUSGEHEN IN NORD-QUITO

Andes Brew Pub
Das Andes besticht durch lebhaftes Ambiente, leckeres Essen und ausgezeichnete Biere. $

Zambo Creek Microcervecería
Originelle Bierkreationen aus unter anderem amazonischen Teeblättern und Kakao. $

De la Llama
Geschmackvolles, modernes Ambiente mit exzellenter Auswahl an ecuadorianischen Speisen. $$

duld sieht man gleich mehrere beim Saugen von Nektar aus Baum- und Kakteenblüten.

Nebenan hat das interessante Naturkundemuseum **Museo de Ciencias Naturales** eine gut präsentierte taxidermische Sammlung ecuadorianischer Tierarten, darunter ein Andenbär, ein Kondor und diverse Taranteln und Skorpione. Auch fossilisierte Überreste eines Mastodons sind hier zu sehen; der nahe Verwandte des Elefanten trieb sich vor rund 20 Mio. Jahren in der Gegend herum.

Wer Biologie zum Anfassen bevorzugt, geht im **Vivarium** im westlichen Teil des Parks mit ecuadorianischen und südamerikanischen Schlangen, Schildkröten und Reptilien auf Tuchfühlung, einschließlich Leguanen, falls man nicht auf die Galapagos reist.

Das moderne La Carolina

Quito aus anderer Perspektive entdecken

Vielleicht bist du nicht wegen der neuen, glänzenden Stadtteile nach Quito gekommen, doch nach seinen Gärten sind die Straßen La Carolinas eine kleine Tour wert.

Die Avenida República de El Salvador ist die Hauptverkehrsader und ein Unikum in Quito. Sie ist modern, wohlhabend und von westlichen Läden und Restaurants gesäumt. Wer Lust auf Bier hat, schaut im **VIVA Cerveza!** mit fantastischen ecuadorianischen Craft-Bieren vorbei. Mittwochs und samstags gibt's hier Rock'n'Roll mit Livebands und DJs. Solo-Traveller können beim Language Exchange jeden Dienstagabend neue Leute kennenlernen. Wer nach einem fesselnden Schmöker auf Englisch sucht, wird im gut versteckten Confederate Bookstore mit einer riesigen Fülle an Secondhandbüchern fündig.

Quito mag reich an architektonischen Wahrzeichen sein, doch die jüngsten von ihnen stammen aus dem 19. Jh. Somit bringt das 133 m hohe **IQON-Gebäude** am Parque La Carolina die Stadt designmäßig ins 21. Jh. Es ist Quitos höchstes Bauwerk und sticht mit seiner pixeligen Fassade und kaskadierenden Balkons unter den ansonsten tristen Hochhäusern der Stadt hervor.

Wie überall in Südamerika ist auch in Quito ein Fußballspiel ein richtiges Erlebnis. Im **Estadio Olímpico Atahualpa** mit 35 000 Plätzen herrscht oft eine elektrisierende Atmosphäre und es lohnt sich, bei einem Match dabei zu sein.

El Salnes etwas weiter nördlich ist neben dem Somos ein weiteres gastronomisches Highlight in Nord-Quito, das Foodies begeistern wird.

QUILLACO-RUINEN

Wer sich für die Ahnenkultur der indigenen Quillaco interessiert, die etwa 4000 Jahre vor Ankunft der Inka und derspanischen Eroberer Quito gründeten, findet in der Stadt einige kleine vorinkazeitliche archäologische Stätten. Im Vorort La Florida wurde in den 1980er-Jahren eine Nekropolis von 400 v. Chr. entdeckt. An der Stätte zeigt das überschaubare **Museo del Sitio de La Florida** verschiedene Fundstücke aus der 15 m tiefen Grabkammer, darunter Keramiken und Kleidung aus Klappmuschelschalen.

Der **Parque Arqueológico Rumipamba** ist eine andere wichtige indigene Stätte. Eine Führung dort umfasst das 32 ha große archäologische Freilichtmuseum am Volcán Pichincha mit Ruinen eines Dorfes aus der Zeit um 1500 v. Chr., das vermutlich nach dem Ausbruch des Vulkans verlassen wurde.

ÜBERNACHTEN IN NORD-QUITO

Hostel Casa Q
Lebendiges Drei-Sterne-Hotel mit Stadtblick und Dachterrasse mitten in La Praderas trendiger Gastroszene. $$$

Le Parc
Schickes Business-Hotel mit modernem Komfort als Alternative zu historischen Unterkünften. $$$

Hotel Finlandia
Modernes Hochhaushotel mit komfortablen Zimmern im Herzen von La Carolinas Gastro-Viertel. $$$

Rund um Quito

DER ÄQUATOR, MUSEEN UND ÖKOTOURISMUS

TOP TIPP

Obwohl organisierte Touren preiswert und praktisch für die Hauptattraktionen des Äquators sind, lohnt es sich, für weitere Highlights wie Cerro Catequilla, Casa Agave und PomasQuinde für rund 50 US$ ein Taxi für den ganzen Tag zu nehmen.

Der Äquator verläuft durch 13 Länder, durchschneidet Afrika, Asien und Südamerika und teilt die Welt in die Nord- und die Südhalbkugel, doch kein Land zelebriert diese geografische Besonderheit mehr als Ecuador. Wenn man bedenkt, dass es nach dem Äquator benannt ist, überrascht das eigentlich nicht.

Nicht nur die Äquatorlinie ist ein populäres und von Quito aus leicht zugängliches Ziel, sondern auch die vielen kulturellen Attraktionen wie Denkmäler, Museen und erstaunliche interandine Landschaften. Kein Trip ist komplett ohne ein kitschiges Foto davon, in zwei Hemisphären zugleich zu stehen, doch ein Besuch hier trägt zum Verständnis der Symbolik dieses Ortes für die Nation bei.

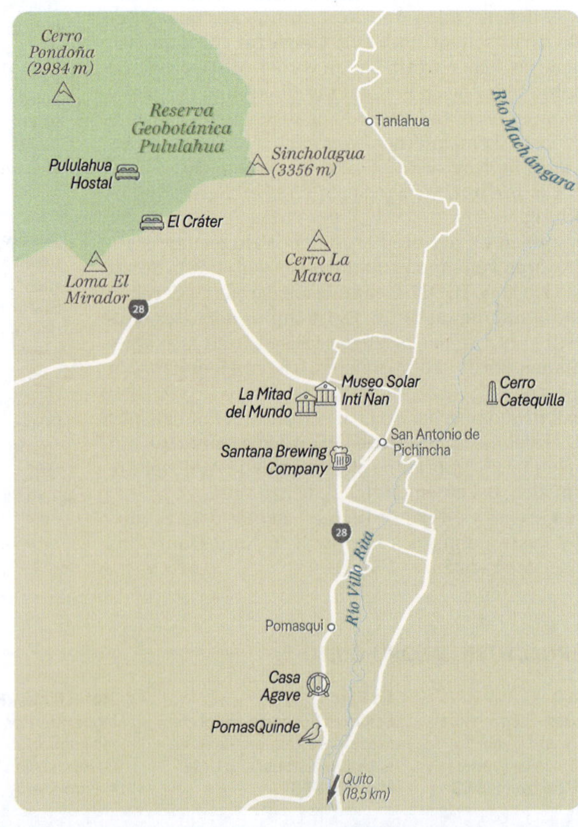

Cerro Catequilla

Antike äquatoriale Hügelstätte

Dieses präinkaische Gipfelmonument (2638 m) ist eine besinnlichere Alternative zu anderen touristischen Äquatorattraktionen und belohnt den Besuch mit einer eindrücklichen und authentischen kulturellen Erfahrung. Anders als andere Orte zeigt das GPS auf dem Gipfel des Berges genau 0° 0′ 0″ an.

Noch bemerkenswerter ist, dass das Monument europäischen Messungen zeitlich vorausgeht und mit den indigenen Quitu in Verbindung steht, die es allen Annahmen zufolge als Sternwarte benutzten. Zugang ist über eine steile Schotterpiste rund 7 km östlich des Orts.

Cerro Catequilla

La Mitad del Mundo

Äquatoriales Monument und kulturelle Ausstellungen

Das Herzstück der Äquatorattraktionen ist dieses kulturelle **Museum** aus den 1970er-Jahren an dem Ort, wo die spanisch-französische geodätische Mission im 18. Jh. die „Mitte der Welt" markierte. Später stellt man fest, dass man sich um 200 m vermessen hatte. Trotzdem strömen Menschenscharen herbei, um Fotos zu machen und das 30 m hohe, trapezförmige Steindenkmal mit einer Kugel auf der Spitze zu erklimmen. Es gibt eine Aussichtsplattform und ein Museum über indigene Gruppen. Die weitläufige Anlage fühlt sich ein bisschen an wie ein kitschiger Themenpark. Unter die Restaurants (und eine Mikrobrauerei) mischen sich diverse kleine Museen, auch über Bier und Schokolade.

La Mitad del Mundo

Museo Solar Inti Ñan

Unterhaltsames Äquatormuseum

Ein Favorit für Tagesausflüge ist dieses eigenwillige **Museum**, das sich damit rühmt, auf dem echten Äquator zu stehen. Geführte Touren zeigen einen „Solarchronometer" aus dem 19. Jh., der die astronomische und die konventionelle Zeit mit Monat, Tag und Jahreszeit präzise angibt – auf Basis der Sonnenstrahlen. Doch die Hauptattraktion sind die seltsam-verrückten wissenschaftlichen Experimente zum Naturphänomen des 0. Breitengrades, die man wie eine Illusionsshow gleichermaßen fasziniert und zweifelnd verlässt. Das Museo Solar Inti Ñan hat ein kulturelles Museum, eine Amazonasausstellung mit Schrumpfköpfen und dem gefürchteten Candirú-Fisch.

ECUADORPOSTALES/SHUTTERSTOCK ©

UNTERKUNFT & ESSEN AM VOLCÁN PULULAHUA

Wegen der Nähe zu Quito gibt's kaum einen Grund, im staubigen La Mitad del Mundo zu übernachten, doch am Volcán Pululahua finden sich ein paar ausgezeichnete Optionen.

El Cráter
Ob man in einem der hübschen Zimmer übernachtet oder einfach nur zum Mittagessen vorbeischaut: Die Ausblicke auf den Krater sind umwerfend! Nicht verpassen. **$$**

Pululahua Hostal
Eine unvergessliche Lage im Krater des Pululahua hat diese Ökolodge, die unter anderem Trekking, Mountainbiken und Ausritte anbietet. Wem das gefällt, der kann hier Freiwilligenarbeit leisten und länger bleiben. **$**

NOCH MEHR HIGHLIGHTS RUND UM QUITO

Tolle Aussichten am Volcán Pululahua

Malerische Landschaften

Vier Kilometer nördlich von La Mitad del Mundo liegt die atemberaubende **Reserva Geobotánica Pululahua**, die magische Aussichten auf den ruhenden Volcán Pululahua bietet. Wer Zeit hat, unternimmt die 1,7 km lange Wanderung in den Krater (ca. 90 Min. hin & zurück). Nahe dem Aussichtspunkt befindet sich das interessante Museum Templo del Sol, die Nachbildung eines Inkatempels mit präkolumbischen Relikten und Steinschnitzereien.

Auf einen Tropfen in die Casa Agave

Traditioneller ecuadorianischer Schnaps

Ziel dieser *miske*-Brennerei ist es, Ecuadors angestammte Tradition wiederzubeleben. Ihr passionierter Inhaber eröffnete auch gleich noch ein Museum und ein Restaurant, um den lokalen Agavenschnaps in Szene zu setzen. Die Führungen sind etwas teuer (15 US$), lohnen sich aber schon wegen der

ESSEN UND FEIERN

Santana Brewing Company
Verlockende Mikrobrauerei mit Terrasse – perfekt gebraute Ales und ecuadorianische Küche. **$$**

Calima
Charmantes kleines Bistro mit üppigen Blumen und traditioneller ecuadorianischer Küche seit 1987. **$**

Cela Cerveza Artesanal
Coole Nanobrauerei in Mitad del Mundo mit einer zweiten Bar im Museo de la Cerveza.

Volcán Pululahua

Verkostung sowie des faszinierenden Einblicks in den althergebrachten Herstellungsprozess und die Vielseitigkeit von Agaven selbst. Wer wenig Zeit hat, schaut einfach auf eine Verkostung und eine Pizza vorbei, deren Boden aus – man ahnt es – Agaven gemacht wird.

Inspiration durch PomasQuinde

Ökotourismus vom Feinsten

23 km nördlich der Hauptstadt an der Straße nach Mitad del Mundo liegt dieser einmalige Ort, an dem Rolando und sein Vater unter enormen Anstrengungen ein Brachland hinter ihrem Haus aufgeforstet und in einen urbanen Minidschungel verwandelt haben. Von außen sieht es wie ein gewöhnliches Vorstadthaus aus, doch dahinter liegt ein Vogelparadies in einer Schlucht, die einst eine Müllkippe war. Kolibris gehören zu den 32 Vogelarten, die von Futter angelockt und Gästen auf einer Führung gezeigt werden. Der Rundgang endet mit einer Meditation in einer Höhle, aus der man erfrischt von der Leidenschaft der einmaligen Kulisse auftaucht.

Oben: Ibarra (S. 116); gegenüber: Tänzerin in traditioneller Kleidung

Nördliches Hochland

BASTION DER TRADITIONELLEN HOCHLANDKULTUR

Ecuadors nördliches Hochland ist für indigene Kulturen und atemberaubende Gebirgswildnis berühmt.

Der malerische Markt rund um die Plaza de Ponchis in Otavalo ist zwar die Hauptattraktion des nördlichen Hochlands, doch die Region bietet so viel mehr als farbenfrohe Souvenirs. Die Menschen in Otavalo sind in ihrem Land zu Recht kulturelle Ikonen, weil sie die traditionellen Werte beharrlich bewahren, doch mit etwas Zeit wird deutlich, dass Otavalo nur die Spitze des kulturellen Eisberges ist. Das seltener besuchte Ibarra ist wegen seiner ethnischen Vielfalt vielleicht noch faszinierender – hier leben indigene Gemeinden glücklich neben Menschen mit afrikanischen und europäischen Wurzeln.

Diese Hochlandstädte sind idyllische Ausgangspunkte für Ausflüge zu einigen der spektakulärsten Vulkane Ecuadors und den hochandinen Plateaus und Seen. Apuela ist das Zentrum des Intag-Tals und die perfekte Basis für Naturerlebnisse inmitten der vielfältigen Flora und Fauna des Nebelwaldes.

Die Stadt Cayambe neben dem Äquator liegt abseits ausgetretener Pfade, die präkolumbischen kulturellen Traditionen des Cayambe-Volkes unterscheiden sich von denen der Otavalos und sind einzigartige und spannende Aspekte des Reisens in dieser Gegend.

Zwar ist die Region von Vulkanen geprägt, doch die Provinz Imbabura erhielt den Status UNESCO Global Geopark vor allem wegen der vielen Seen in großen Schutzgebieten, darunter das größte des Landes, die 3000 km² große Reserva Ecológica Cotacachi-Cayapas.

DIE WICHTIGSTEN ZIELE

APUELA & INTAG-TAL
Spektakuläre Nebelwälder, zeitlose Dörfer.
S. 100

OTAVALO
Traditionelle Kultur inmitten hoher Vulkane.
S. 108

IBARRA
Oft übersehene multikulturelle Andenmetropole.
S. 116

CAYAMBE
Historische Stadt am „Mittelpunkt der Welt".
S. 123

Erste Orientierung

Die Entfernungen sind minimal – von Quito ist man in gut vier Stunden an der kolumbianischen Grenze. Je nach Ankunftszeit des Flugzeugs lassen manche Traveller die Hauptstadt aus und fahren direkt nach Otavalo weiter.

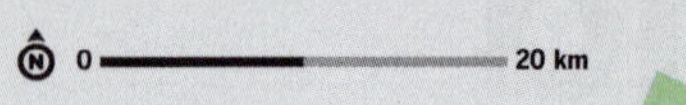

Apuela & Intag-Tal, S. 100

Ein verstecktes Tal mit tierreichen Nebelwäldern, wo man zwischen zeitlosen Gemeinden wandern kann und in den Pausen den vielleicht besten Kaffee der Welt genießt.

Otavalo, S. 108

Im sogenannten „Erwachenden Tal" liegt die traditionelle Heimat der indigenen Otavaleños. Hier findet einer der farbenprächtigsten Märkte der Welt statt.

BUS
Alle großen Städte und viele Dörfer sind bequem und zuverlässig mit Bussen (meist mit verstellbaren Sitzen und Klimaanlage) erreichbar. Busse kann man am Straßenrand heranwinken oder am zentralen Busbahnhof nehmen.

TAXI
Taxis kann man auf der Straße heranwinken, Uber ist praktisch und vermeidet nerviges Feilschen. In Städten, wo Uber nicht verbreitet ist, etwa in Ibarra, ist Indrive eine Alternative.

MIETWAGEN
Gerade für Gruppen kann es günstig sein, einen chauffierten Wagen zu mieten (ca. 30 bis 40 US$), denn so kommt man auch in die entlegensten Orte und hat zudem einen hilfreichen Guide.

Ibarra, S. 116
Der kulturelle Schmelztiegel, in dem Menschen indigener Völker, Mestizen und Afroecuadorianer aus dem Hochland leben, ist eine ideale Basis für Abenteuer im Hochland.

Cayambe, S. 123
Der Duft von Rosen (und frisch gebackenen traditionellen Keksen) lädt zur Pause ein in der Blumenhauptstadt unter dem spektakulären, schneebedeckten äquatorialen Volcán Cayambe.

Perfekte Tage

Otavalo dient oft als flüchtige Station auf eiligen Kurztouren durchs nördliche Hochland, doch in dieser abwechslungsreichen Region gibt's genug Sehenswertes, um Abenteuerlustige wochenlang zu unterhalten.

CHRISTIAN KOHLER/SHUTTERSTOCK ©

Otavalo (S. 108)

WENIG ZEIT

- Eine unnötige Übernachtung in Quito kannst du vermeiden und einen Transfer (75 Min.) vom Flughafen direkt nach **Otavalo** (S. 108) buchen. Ein Entspannungstag hilft dabei, dich an die Höhe zu gewöhnen. Daher besuchst du vormittags den **Parque Cóndor** (S. 109), um Einblicke in das „Erwachende Tal" und die berühmten Andenvögel zu gewinnen, und verbringst den Nachmittag auf dem weltberühmten Markt in **Otavalo** (S. 108).

- Bei einem Ausflug zur **Laguna de Cuicocha** (S. 112) kannst du den See zu Fuß umrunden und dich mit den andinen Landschaften vertraut machen. Abends besuchst du **Cotacachi** (S. 115), um *carnes coloradas* zu schlemmen.

Beste Reisezeit

Juni bis Oktober (klare, sonnige Tage und trockene Trails) sind ideal zum Wandern und für Vulkantouren.

FEBRUAR

Karnevalsparaden bieten Tanz, regionale Festtagsspeisen ... und das fermentierte Getränk *chicha de jora*.

APRIL

Zu den Prozessionen der Semana Santa (Osterwoche) ziehen die Dorfgemeinden vom Land in die Stadt. Die Regenzeit endet.

JUNI

Sehenswert sind das uralte Sonnenfest Inti Raymi in Otavalo und das rituelle Baden in der Laguna de Cuicocha.

LROY/SHUTTERSTOCK ©, RTOAPANTA/SHUTTERSTOCK ©, RAUL LLOPIS MARTIN/SHUTTERSTOCK ©

MEHR ALS EINE WOCHE

- Arrangiere eine Radtour ins **Intag-Tal** (S. 100) und wandere am folgenden Vormittag am bewaldeten Ufer des **Río Toabunche** (Nebenfluss des Intag; S. 100). Nachmittags entspannst du in den **Nangulvi-Thermalquellen** (S. 102), dann geht's für einen Tag zur Vogelbeobachtung nach **Siempre Verde** (S. 103).

- Nimm den Bus nach **Cayambe** (S. 123), frühstücke die berühmten *bizcocho* (Kekse) und mach dich auf zu einem Rendezvous mit dem schneebedeckten Gipfel des **Volcán Cayambe** (S. 126). Wer es gemütlicher mag, besucht **El Reloj Solar Quitsato** (Quitsato-Sonnenuhr) (S. 123) und nachmittags die **Hacienda Guachalá** (S. 125), die älteste Hazienda Ecuadors.

ZWEI WOCHEN ODER MEHR

- Auf dem Weg nach **Ibarra** (S. 116) machst du Halt in der magischen Kunstgemeinde **San Antonio** (S. 119). In Ibarra folgt zum Akklimatisieren ein lockerer Spaziergang an der **Laguna de Yahuarcocha** (S. 118), am nächsten Morgen startest du früh zur Besteigung des **Volcán Imbabura** (S. 120).

- Dann geht's Richtung Süden nach **La Calera** (S. 113), um die indigene Kultur der Otavaleños zu erleben (vielleicht mit Schamanen-Segnung). Nach dem Besuch des berühmten Otavalo-Marktes nimmst du einen Bus ins Intag-Tal. Es geht weiter zur **Reserva Biológica Maquipucuna** (S. 106), wo du einige Tage mit Brillenbären verbringst, oder nach **Mindo** (S. 105), der wohl beste Ort für Vogelbeobachtungen.

SEPTEMBER
Die Fiesta del Yamor ist das größte Festival der Provinz Imbabura. Migrierende Bären kommen in der Reserva Maquipucuna an.

OKTOBER
Am 8. Oktober findet in Ibarra das Festival Afrodescendientes statt. Am Anfang der Regenzeit gibt's weniger Traveller und niedrigere Preise.

NOVEMBER
Der 2. November ist der Tag der Toten – ecuadorianische Familien besuchen Friedhöfe für ein Picknick und Fest mit ihren Vorfahren.

DEZEMBER
In Mindo kann man am Jahresanfang dabei helfen, bei der Vogelzählung der National Audubon Society den Weltrekord zu brechen.

Apuela & Intag-Tal

UNTERWEGS VOR ORT

Die Abfahrt von Otavalo/Cotacachi ins Intag-Tal (1½ Std.) ist unvergesslich spektakulär. Da die meisten Unterkünfte außerhalb Apuelas liegen, sollte man im Bus darum bitten, rechtzeitig Bescheid zu geben. Hier gibt's keine gelben Taxis wie in der Stadt, sondern Allrad-Pick-ups, die gemeinhin *carros*. genannt werden. Auch Busse fahren relativ regelmäßig, am besten erkundigt man sich vor Ort nach den Fahrzeiten, weil sie manchmal früher abfahren als angegeben.

Das Städtchen Apuela ist eigentlich kein eigenes Reiseziel, sondern Zentrum einer Ansammlung recht isolierter Hochlandgemeinden. Der Bus benötigt von Otavalo nach Apuela nur anderthalb Stunden, was schon wegen der spektakulären, malerischen Abfahrt ins Intag-Tal lohnt.

Highlight dieser Gegend sind die magischen subtropischen Wälder, faszinierende Flora und Fauna und unberührten ländlichen Gemeinden. Daher übernachten viele lieber in einer stimmungsvollen Öko-Lodge oder in Homestays als in Apuela selbst, und trotz der Abgeschiedenheit gibt es zahlreiche Unterkünfte. Das Intag-Tal ist bekannt als tropisches Refugium und vor allem für Vogelsichtungen und Wanderwege über bezaubernde Hänge mit Nebelwald berühmt, die Lebensräume von Bären und Pumas.

TOP TIPP

Das nördliche Hochland ist für viele der erste Stopp ihrer Ecuadorreise, doch die Höhe kann sich auf Gesundheit und Fitness auswirken. Gut zu wissen, dass das 1000 m unter Quito gelegene Intag-Tal eine ideale Basis zum Akklimatisieren ist.

Wanderung auf der „Route des Vergnügens“

Wanderung durchs Intag-Tal

La Ruta del Placer („Route des Vergnügens“) folgt dem Lauf des Río Toabunche, einem Nebenfluss des Intag. Der 7 km lange Trail bietet neben einer Einführung in die Naturschönheit der Gegend auch Einblicke in die typischerweise gastfreundlichen (und herrlich eigenwilligen) Orte des Tals.

Der Weg ist überwiegend flach und kann in ein paar Stunden bewältigt werden, doch unterwegs gibt's so viel zu sehen, dass auch eine Tagestour möglich ist. Los geht's im Dorf **Santa Rosa**. Als Erstes passiert man das Refugio del Intag, nach weiteren 1,7 km erreicht man die Forellenzucht **Truchas el Pedregal** und die **Finca Orgánica San Antonio** direkt nebenan, deren Besitzerin Marisol Gallegos Marcial Gästen gern den Garten zeigt, in dem sie Gemüse anbaut und Weltklassehonig produziert. Einen Kilometer weiter kann man sich im **Kinde Sacha** (Kolibri des Waldes) mit einem Teller essbarer Grillen stärken.

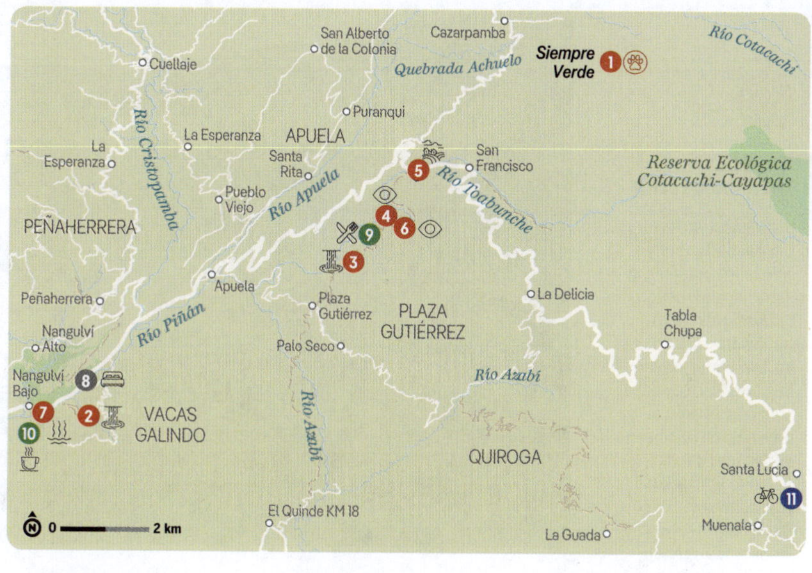

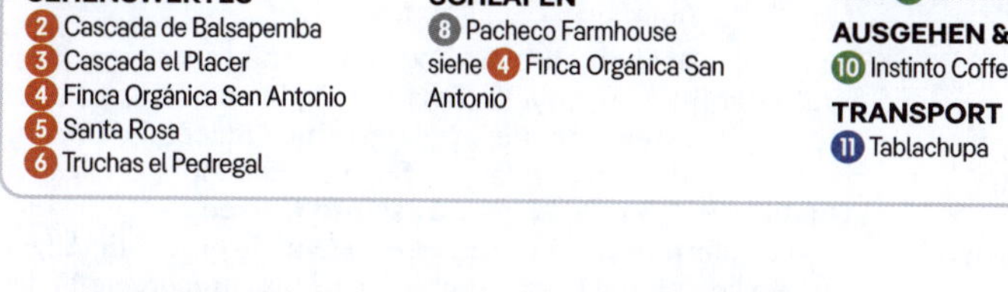

HIGHLIGHTS
1 Siempre Verde

SEHENSWERTES
2 Cascada de Balsapemba
3 Cascada el Placer
4 Finca Orgánica San Antonio
5 Santa Rosa
6 Truchas el Pedregal

KURSE & TOUREN
7 Nangulvi-Thermalquellen

SCHLAFEN
8 Pacheco Farmhouse
siehe 4 Finca Orgánica San Antonio

ESSEN
9 Casa de los Turas
siehe 9 Kinde Sacha

AUSGEHEN & FEIERN
10 Instinto Coffee

TRANSPORT
11 Tablachupa

Weniger Abenteuerlustige bekommen in der benachbarten **Casa de los Turas** hausgemachte traditionelle Mahlzeiten. Danach passiert man das Haus des bekannten kubanischen Umweltschützers Carlos Zorillas, den Hüter des unberührten Waldes, durch den der Weg nun führt.

Wenn der Pfad einen abgeschiedenen, moosreichen Wald mit vereinzelten Orchideen und unzähligen Vögeln erreicht, bietet sich die **Cascada el Placer** (Wasserfall des Vergnügens) für eine Abkühlung an. Andenbären, Ozelote und sogar Pumas leben in diesem Wald, der sich bis nach Plaza Gutierrez erstreckt, wo man ein *carro* (Pick-up-Taxi) nehmen kann.

ÜBERNACHTEN IM INTAG-TAL

Pacheco Farmhouse
Eigenwillige Unterkunft nur 1km von den Nangulvi-Thermalquellen; nette Mitarbeiter und hübsche Holzchalets. **$**

San Antonio Organic Farm
Große Zimmer im Dschungel am Fluss, Mahlzeiten mit Zutaten aus den zauberhaften Obsthainen und Gärten. **$**

El Refugio de Intag Cloud Forest Lodge
Die bekannteste Lodge des Tals dank weitläufigem Gelände voller Vogelgezwitscher. **$$**

NANGULVI-THERMALQELLEN

Die Menschen im Intag-Tal baden schon seit Jahrhunderten in den Thermalquellen bei **Nangulvi** (5 km talabwärts von Apuela). Die Bäder schließen um 21 Uhr, sodass man den Tag mit einem heißen Bad beenden und dabei Scharen von *gallinazos* (schwarze Geier) beobachten kann, die ihr eigenes abendliches Thermalbad nehmen. Nach Bergwanderungen ist es besonders verführend, müde Muskeln in den sechs Pools zu lockern, auf Sonnenliegen zu entspannen und mit Einheimischen zu plaudern.

Wer die heißen Quellen morgens besuchen möchte, macht unterwegs einen kurzen Abstecher zum nahen Wasserfall **Cascada de Balsapemba** und taucht dort ins eisige Wasser, ehe es in die dampfenden Pools geht.

BENEDICT KRAUS/SHUTTERSTOCK ©

Hochland-Kaffee von der Pflanze in die Tasse

Eine Kaffeeplantagen-Tour im Intag-Tal

Hoch über dem hinabschießenden Río Intag auf einem Berggrat (20 Min. von Apuela) liegt am Ende einer unglaublich steilen Schotterpiste die schattige Finca Soledad (Einsamkeitsfarm), der überraschende Sitz von Ecuadors gefeiertem Qualitätskaffeeproduzenten **Instinto Coffee**.

Eine Tour durch die 120 ha große Plantage öffnet die Augen für den komplexen Herstellungsprozess bis zur morgendlichen Tasse. Man lernt die verschiedenen Charakteristika der panamaischen und andinen Kaffeepflanzen kennen und verkostet die Kaffeekirschen (besonders würzig ist die orange Geisha-Variante). Der Plantagenverwalter Miguel Morales Vera erläutert den neunstufigen Prozess, den die Kaffeebohne vom Baum bis zur fertigen Tasse durchläuft. Allein das Trocknen umfasst sechs Arbeitsschritte und dauert fast einen Monat, danach folgen zwei Monate Reifung, bevor die Bohnen geschält und geröstet werden.

José Ignacio Jijon Soares, der Gründer von Instinto Coffee (bekannt als Don Pepé), war ein anerkannter Solo-Bergsteiger, bevor er zu dem wurde, was er „Kaffeeflüsterer“ nennt. Selbst wenn man schon andere Kaffeeplantagen besucht hat, ist diese

OUTDOOR-AKTIVITÄTEN IM INTAG-TAL

Nebelwald-Baumkronentour
Im Campo Colibri bieten 580 m Wipfelpfade und Ziplines eine Vogelperspektive auf das Baumkronendach des Waldes.

Forellenangeln
Auf der Forellenfarm Truchas el Pedregal kann man sein Mittagessen selbst angeln und dann zubereiten lassen.

Volunteer Farm Work
Intag ist für Permakulturfarmen bekannt, wo man auf freiwilliger Basis nachhaltige Landwirtschaft kennenlernen kann.

Intag-Tal

kleine Fabrik eine Offenbarung, weil die Marke bekanntermaßen experimentierfreudig ist und bahnbrechende neue Methoden ausprobiert, darunter die weltweit erste Nutzung eines Dunkelkellers.

Instinto Coffee errang 2023 den fünften Platz (von Produzenten aus 38 Ländern) bei der World Barista Championship. Wenn Miguel am Ende der Tour eine aromatische Tasse des besten Instinto-Filterkaffees aufbrüht, versteht man, warum.

Dschungelrefugium in der Forschungsstation Siempre Verde

Intags Vogelbeobachtungs- und Dschungelwanderparadies

Siempre Verde (Immergrün) ist ein entlegenes Nebelwaldschutzgebiet in einem bilderbuchreifen Dschungeltal, wie es eigentlich nur in Filmen existiert. Die Lodge, die als Forschungszentrum weltweit bekannt geworden ist, öffnet inzwischen auch für Gäste.

Der Fußweg von der Hauptstraße dauert zwei Stunden, doch den Transfer kann der erstklassige Vogel-Guide David Ruiz (davidrruiz99@hotmail.com) arrangieren. Davids Großeltern gehörte ursprünglich dieses Land und sein Onkel leitet das Forschungszentrum. Er leitet Wanderungen und Vogelbeobachtungstouren durch unberührten Regenwald. Die Aussichtsplattform mit Blick über die Baumkronen ist einer der besten Orte für Vogelbeobachtungen im Land; wer David nicht bei einem Dschungelstreifzug begleitet, verpasst ein großartiges Erlebnis. Zu den ikonischen Sichtungen unter den 280 Arten von Siempre Verde zählen Leistenschnabeltukane,

DOWNHILL-TOUREN IM INTAG-TAL

Das Dorf Tablachupa (3500 m über dem Meeresspiegel) ist der logische Ausgangspunkt für eine 40 km lange adrenalinreiche Downhilltour durch Nebel- und Andenwald bis zum subtropischen Wald im Herzen des Intag-Tals. Die Fahrt endet bei den Nangulvi-Thermalquellen (etwa 1600 m).

Der Tourveranstalter Quichua Native Travel (quichuatours.com) aus Cotacachi arrangiert die Anfahrt von Otavalo und Radtouren auf dieser Route und verfügt über die notwendige Ausrüstung.

Andenfelsenhahn

WARUM ICH DAS INTAG-TAL LIEBE

Mark Eveleigh, Schriftsteller

Das Intag-Tal steht für Natur und Wildnis, doch von Anfang an hatte ich hier das Gefühl, dass die größte Attraktion dieses oft übersehenen Tals sein Gemeinsinn ist.

Neben einer gastfreundlichen Gemeinde (meist Nachfahren von Mestizen, die hier Landwirtschaft betrieben) gibt's hier auch eine große Expat-Gemeinde, sodass man Menschen aus aller Welt begegnet. Wer im Dschungel oder auf den Bergwegen wandert, bekommt schnell das Gefühl, dass der Besuch eines Bauernhofs (vielleicht um essbare Grillen zu probieren oder den jüngsten Wurf Meerschweinchen zu begutachten) eigentlich nichts anderes ist als ein weiterer Besuch bei einem exzentrischen Nachbarn.

Violettscheitelkolibris, Brillen-Buschammern, Scharlachkopf-Tangaren und die berühmten Andenfelsenhähne, *Rupicola peruvianus*, auf Kichwa wegen ihres Rufs weniger respektvoll *cuchi pishku* (Schweinvogel).

Es gibt mehrere aufregende Dschungelwanderungen, darunter eine entlang eines namenlosen Flusses mit vier spektakulären Wasserfällen, die erst 2021 entdeckt wurden. An den Ufern stelzen Nacktkehlreiher umher, Weißkopf-Wasseramseln hüpfen flink über Felsen und riesige Rotbrustfischer tauchen in kristallklare Wasserbecken. An einem Wasserfall liegt hinter dem Wasserschleier eine tiefe Höhle, wo man einen Blick in die Nester der jungen Rothalssegler werfen kann. Vogelbegeisterte lockt auch die Chance an, den unglaublich seltenen Orangebrust-Ameisenpitta zu sehen, der hier 2021 zum ersten Mal beobachtet wurde.

Rund um Apuela & das Intag-Tal

Apuela und das Intag-Tal sind die Zugangspunkte für einige der aufregendsten Tierbeobachtungen im Hochland Ecuadors.

Bei der Fahrt das Intag-Tal hinab sieht man eine Reihe immer abgelegenerer Bergweiler und Umweltschutzinitiativen wie das Schutzgebiet Junin Cloud Forest (wo die einheimische Bevölkerung Geschichte schrieb, als sie gegen invasive und ausbeuterische Bergbaumethoden vorging). Hinter der Stadt García Moreno erreicht man schließlich die Hauptstraße westlich von Quito und zwei der spektakulärsten Tierhabitate Ecuadors, nämlich Mindo-Stadt (ein Vogelbeobachtungsparadies) und die Reserva Maquipacuna (das weltbeste Habitat des Brillenbären).

Fahrten auf der Straße können zeitintensiv sein, doch Naturschönheit, ländliche Gemeinden und die einmalige Tierwelt machen die Strapaze wett.

Die beste Vogelbeobachtung der Welt

Mindos Vogelarten-Weltrekorde

Ecuador rühmt sich fast 1600 Vogelarten, etwa doppelt so viele wie in ganz Europa. Die Gegend direkt um die Stadt **Mindo** (fünf Fahrstunden südwestlich von Apuela) wartet allein mit 600 dokumentierten Arten auf.

Die entspannte, friedliche Kleinstadt gilt als einer der weltbesten Orte für Vogelbeobachtungen und ist ein ideales Ziel für ernsthafte Interessenten, die ihren Listen beobachtete Vogelarten hinzufügen wollen.

Sobald man an der Kreuzung der Fernstraße E28 (wo der öffentliche Bus hält) die gigantische Statue des Andenfelsenhahns erblickt, erhärtet sich der Verdacht, dass man eine Stadt mit einer etwas obsessiven Leidenschaft für Vögel betritt. Eine weitere übergroße Kolibri-Statue im Parque Central und die überall entlang der Avenida Quito (Hauptstraße der Stadt) beworbenen Vogelbeobachtungstouren sind die Bestätigung.

Mindo wird bei der jährlichen Vogelzählung der National Audubon Society regelmäßig Weltmeister und bringt es auf über 400 Vogelarten in 24 Stunden.

Es gibt viele Kilometer Wanderwege durch Nebelwald (und zu mehreren spektakulären Wasserfällen), die ohne Guide

UNTERWEGS VOR ORT

Ein Busnetz verbindet das Intag-Tal mit der Region Mindo, doch in der Regenzeit dauert die Fahrt oft lange (und ist manchmal unmöglich). Die meisten Traveller erreichen Mindo und das Schutzgebiet Maquipucuna direkt von Quito aus (ca. 2 Std. Bus oder Taxi). Die Busse fahren nur auf den Hauptstraßen, an den Kreuzungen steigt man in Taxis oder *carros* um.

TOP TIPP

Von Quito am besten direkt nach Mindo und zum Schutzgebiet Maquipucuna fahren, denn nach starkem Regen kann die Straße aus dem Intag-Tal unpassierbar sein.

WEITERE AKTIVITÄTEN IN MINDO

Mindo hat sich nicht nur der Vogelbeobachtung verschrieben, sondern bietet noch mehr Aktivitäten.

Seilbahn
Die Tarabita ist eine smarte motorisierte Seilbahn, die durchs Baumkronendach fährt und Zugang zu fünf spektakulären Wasserfällen gewährt.

Tubing
Tubing-Touren auf dem Río Mindo werden von örtlichen Guides veranstaltet.

Ziplining
Mindo Canopy Adventure (mindocanopy.com) betreibt ein Netz aus zehn Ziplines. Die längste führt 400 m durchs Baumkronendach.

Schmetterlingsgarten
Mariposario de Mindo (mariposasdemindo.com) ist der spektakulärste und farbenprächtigste Schmetterlingsgarten Ecuadors.

Orchideengarten
Hier gibt's mehr als 60 der geschätzten 4500 in Ecuador beheimateten Orchideenarten und Scharen von Kolibris. Siehe www.birdingmindo.com.

JESS KRAFT/SHUTTERSTOCK ©

begangen werden können. Für Vogelbeobachtungen eignet sich die Morgendämmerung am besten und in der Zeit nach Sonnenaufgang herrscht in der Regel der meiste Betrieb auf den Wegen. Bei geführten Touren der örtlichen Anbieter profitiert man von deren Expertise. In Mindo gibt's mehr als 60 anerkannte Vogelbeobachtungs-Guides; einer der ältesten und erfahrensten Anbieter ist Mindoextrem (+593 99 729 0278).

Das weltbeste Andenbär-Habitat

Die Brillenbären von Maquipucuna

Von etwa August bis November migrieren zig andine Brillenbären vom Hochland herunter, um sich mit ölreichen wilden Avocados zu versorgen, die das **Schutzgebiet Maquipucuna** (vier Fahrstunden südwestlich von Apuela) zu einem einmalig reizvollen Bärenhabitat machen.

Es gibt zwar immer die Chance, im 5600 ha großen Schutzgebiet einen der etwa 50 ansässigen Bären zu sehen, doch auf

ÜBERNACHTEN IN MINDO

Mindoextrem
Die beste Budgetunterkunft punktet mit toller Lage am Fluss, einige Gehminuten von der Stadt entfernt. **$**

Mindo Green House
Der wahrhaft paradiesische Garten entschädigt für die düsteren Innenräume. **$**

Sisakuna Lodge
Große, komfortable Bungalows sowie ein hübscher Pool und ein tolles Café. **$$$**

Nebelwald nahe Mindo

dem Höhepunkt der Avocadosaison lässt sich bei einer morgendlichen Wanderung mit einem erfahrenen Guide manchmal ein halbes Dutzend blicken. Wenn man Kolibris beobachtet, die wie Feengeschwader umherschwirren, vergisst man schnell, dass die Entfernung nach Quito nur 30 km beträgt (zwei Stunden auf der kurvenreichen Straße).

Maquipucuna ist nur eine Stunde von der Vogelbeobachtungshochburg Mindo entfernt, daher überrascht es nicht, dass dieses Gebiet mit renaturierten Regenwald auch eines der artenreichsten Vogelhabitate der Erde ist. Doch anders als das schnell wachsende und boomende Mindo hat sich Maquipucuna eine Atmosphäre unberührter Abgeschiedenheit bewahrt. Die Maquipucuna Ecolodge (auch ein Forschungszentrum) bietet schöne Unterkünfte, tolles Essen und das exklusive Gefühl, in die Ruhe des Dschungels einzutauchen.

Wer an Vogelbeobachtungen interessiert ist, kommt hierher, um seltene Sichtungen auf ihrer Liste abzuhaken, etwa die der Schuppenameisenpitta, Sturzbachente, mehrerer Tukan- und über 40 Kolibri-Arten. Bei populären Nachtwanderungen in der Umgebung sieht man wahrscheinlich Wickelbären (ähneln Possums), wieselartige Tayras, Ozelote und mit großem Glück sogar Pumas und die seltene Blaue Burma-Vogelspinne.

WAS STECKT IM NAMEN?

Ecuadors Spitzenraubtiere, Jaguare und Pumas, sind leicht zu erkennen, doch der kleine Ozelot *(Leopardus pardalis)* hat fast 20 verschiedene Namen, darunter das spanische Worte für „Tigerkatze", „kleiner Tiger" und „läuft allein". Die noch kleinere Langschwanzkatze *(Leopardus wiedii)* ist als „Bergkatze" oder „bemalte Katze" bekannt, die Nördliche Tigerkatze heißt auch „kleine gepunktete Katze" oder „hühnerjagender Tiger". Natürlich gibt's hier keine echten Tiger, doch die kleineren Raubkatzen werden oft als *tigrillos* („kleine Tiger") bezeichnet.

Otavalo

UNTERWEGS VOR ORT

Otavalo ist sehr leicht zu erlaufen. Der Parque Cóndor, El Lechero, Lago San Pablo und die Cascada de Peguche sind innerhalb einer Stunde erreichbar. Aber nicht vergessen, dass die Höhe (ca. 2500 m) anstrengend sein kann.

In der Stadt gibt's ein umfangreiches Busnetz und Taxis. Auch ein chauffiertes Auto kann preisgünstig sein. Don Luis Perugachi (+593987754214) ist enthusiastisch, erfahren und kann etwas Englisch.

TOP TIPP

Das Wort Otavalo bezieht sich sowohl auf die Stadt als auch auf die Kichwa sprechende indigene Gruppe, die hier seit Jahrhunderten zu Hause ist. Der Unterschied ist bedeutend, denn das Wort *otavaleño* bezieht sich nur auf die in Otavalo Ansässigen, egal welcher Herkunft.

In kultureller Hinsicht ist Otavalo eine der bezauberndsten Städte der Erde. 70 % seiner Bevölkerung sind indigene *Otavaleños.*

Sie dürften auch zu den erfolgreichsten Entrepreneuren Südamerikas gehören, denn sie gestalteten den lebhaften Samstagsmarkt der Stadt zu einem täglichen Event, das zu Recht als Highlight jeder Ecuadorreise gilt. Wer sich die Zeit nimmt und jenseits des Marktes umschaut, gelangt in freundliche und faszinierende Viertel, wo Männer in Ponchos den markanten *shimba* (Haarzopf) und Frauen traditionelle Kleider tragen, die sich seit den Zeiten der Inka wenig geändert haben.

Otavalos Lage im spektakulären Valle del Amanecer (meist übersetzt als „Erwachendes Tal“, wörtlich aber „Tal der Morgendämmerung“) trägt zum unwiderstehlichen Charme der Stadt bei, die eine der schönsten Hochlandstädte der Welt sein muss. Otavalo belohnt alle, die sich Zeit nehmen und einfach den Lebensstil des Hochlands auf sich wirken lassen.

Der labyrinthische Markt in Otavalo

Südamerikas berühmtester Markt

Angesichts der schieren Vitalität und Farbenpracht könnte man Otavalos **Markt** als die größte tägliche Fiesta Südamerikas bezeichnen.

Sein Zentrum ist die Plaza de Ponchos, doch samstags (und teilweise mittwochs) erstreckt er sich in die Nebenstraßen und wird zu einem lebhaften, turbulenten, farbenfrohen Shoppingspektakel. Auf der Plaza selbst drängen sich etwa 300 Stände, die edle handgewebte Teppiche, bestickte Tischdecken, Musikinstrumente, Hängematten und Schmuck aus Halbedelsteinen und Steinnüssen (manchmal Elfenbeingemüse genannt) verkaufen. Es gibt spezialisierte Stände für traditionelle Fedorahüte aus Otavalo, traditionelle Perlenarbeiten und genügend handgewebte Ponchos für eine Armee. Man

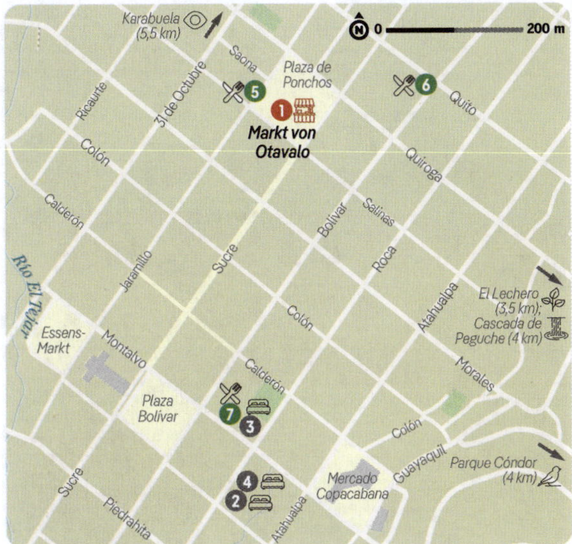

HIGHLIGHTS
1 Otavalo-Markt

SCHLAFEN
2 Hostal Santa Fe Inn
3 Hotel Doña Esther
4 Hotel Otavalo

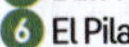

ESSEN
5 Balcon de Imbabura
6 El Pila
7 Restaurant Arbol de Montalvo

kann mühelos einen ganzen Tag über den Markt bummeln.

Von einer der Caféterrassen über der Plaza beobachtet man den Trubel in aller Ruhe, schlendert dann durch eine der Nebenstraßen (besonders die Calle Antonio José de Sucre) und sieht, dass der Markt keineswegs eine Touristenfalle ist, sondern hier auch Menschen aus der Region einkaufen. Anstelle der mit Lamas dekorierten Ponchos gibt's hier die von einheimischen Männern bevorzugten marineblauen Ponchos (und erstaunlich viele Stände mit gewagten Dessous).

Freundliches Feilschen wird hier erwartet, doch wer eine Schnäppchenjagd vorhat, sollte bedenken, dass die Menschen hier mit Mühe ihren Lebensunterhalt erwirtschaften und auch eine kleine Summe eine große Hilfe sein kann.

Für das indigene *Otavalo-Volk* ist der Samstagsmarkt vor allem ein soziales Ereignis, das hier schon vor der Ankunft der Inka stattfand.

KONDORE IN NOT

Obwohl der Kondor Ecuadors Nationalvogel ist, leben heute nur noch etwa 100 Andenkondore in freier Wildbahn.

Der **Parque Cóndor** bietet einen einzigartigen Einblick in Ecuadors gefährdeten Nationalschatz. Die Stiftung (Mittwoch bis Sonntag geöffnet) wurde hauptsächlich als Bildungszentrum gegründet, um katastrophalen Irrglauben entgegenzuwirken, die fast zum Aussterben des Kondors und anderer Raubvogelarten führten.

Fast 80 % aller geretteten Vögel hier wurden durch Gewehrschüsse verletzt. Wann immer möglich, werden sie wieder ausgewildert. Es gibt großzügige Volieren, zweimal täglich informative Fütterungen (Kommentar auf Spanisch) und Flugvorführungen in einem wunderbaren Amphitheater mit Blick aufs Valle del Amanacer (Erwachendes Tal) in Otavalo.

ÜBERNACHTEN IN OTAVALO

Hostal Santa Fe Inn
Otavalos bestes Budgethostel ist blitzsauber und hat eine Lounge mit Hängematten. **$**

Hotel Doña Esther
Ein echtes Juwel: gemütliche Zimmer, freundlicher Service, friedlicher Patio in einem hübschen Stadthaus. **$$**

Hotel Otavalo
Historischer Luxus in einer renovierten, 100 Jahre alten Villa; mit religiösen Artefakten dekoriert. **$$$**

TEXTILIEN IN EL PEGUCHE

Das Wasser unterhalb der Cascada de Peguche soll mit positiver Energie aufgeladen sein, weil die Vorfahren der Otavaleños hier ihre kostbaren Textilien wuschen. Das Dorf Peguche ist immer noch als der vermutliche Ursprung der lokalen Webindustrie berühmt.

Alpaka- und Schafwolle werden mit natürlichen Farbstoffen gefärbt und auf Webstühlen in Privathäusern und Workshops im Dorf zu erstaunlich kunstvollen Textilien handgewebt. Der Meisterweber José Cotacachi (im Workshop hinter der Dorfkirche) verwandelt karminrote Farbe aus zerstoßenen Cochenilleschildläusen durch Zusätze wie Zitrone, Asche, Schwefel und Walnuss in ein Farbenkaleidoskop. Früher wurde Urin zum Fixieren benutzt, heute eine Mixtur aus Zitrone, Steinsalz und Essig.

ANZE FURLAN/SHUTTERSTOCK ©

Cascada de Peguche

Eroberung der Hochlandwege zu Pferde

Don Juans Lehren vom Sattel aus

Die Gebirgspfade rund um Otavalo lassen sich kaum schöner erkunden als zu Pferde und Don Juan aus dem Dorf Peguche ist der ideale Führer. Juan Fernando (wie er offiziell heißt), der Patriarch einer eng verbundenen Otavalo-Familie, kennt sich nicht nur bestens mit lokalen Traditionen und Kräutermedizin aus, sondern ist auch sehr vertraut mit dem Gefühl des spirituellen Wohlbefindens, das die Gesellschaft von Pferden mit sich bringt. Ob man gemächlich trottet oder adrenalingeladen galoppiert, von Zeit zu Zeit ist eine Pause angesagt, um von Don Juans vielen Anekdoten und Mythen zu profitieren.

Ein leichter Galopp, gefolgt von einem steilen Anstieg, führt zum heiligen Felsen namens Wantun Rumy. Nach dem Festbinden der Pferde klettert man auf den Felsen und genießt die Aussicht übers Tal bis zum Volcán Cotacachi. Einer lokalen Legende zufolge kämpften „Papa Imbabura" und „Papa Mojanda" um „Mama Cotacachi". Mojanda warf diesen gigantischen Felsen, der hier landete.

ESSEN IN OTAVALO

El Pila
Winziges Lokal nahe dem Busbahnhof; nahrhafte *chochos* (Sojabohnen), oft mit gebratenem Schweinefleisch. **$**

Balcon de Imbabura
Toller Blick über die Plaza de Ponchos und mexikanische, ecuadorianische und internationale Gerichte. **$**

Restaurant Arbol de Montalvo
Lokale Spezialitäten mal anders, wie die niederländische *slavink*-Wurst auf Ecuador-Art. **$$**

Danach geht's auf einem kurvigen Weg durch Eukalyptuswälder und *chocho*-Felder (das andine Gemüse ist populär wegen seines Nährwerts) hinunter ans Ufer der Laguna San Pablo – hier siedelten einst die ersten *Otavaleños* – und durch das schattige Tal oberhalb der Cascada de Peguche (Peguche-Wasserfall).

Das Dorf Peguche erreicht man vom Zentrum Otavalos zu Fuß in 20 Minuten. Don Juan führt Touren von zwei Stunden bis zu mehreren Tagen Dauer. Wer nicht Spanisch spricht, kann Juans Tochter Fisuri bitten, als Übersetzerin mitzukommen. Zu buchen bei Caballos Cascada de Peguche (+593 98 696 3217).

Segnungen des Yachay von Otavalo

Spirituelle Reinigung nach Art Otavalos

Das Viertel Karabuela in Otavalo ist für traditionelle *yachay* bekannt. Das Kichwa-Wort impliziert den Begriff „Schamane", doch die wörtliche Übersetzung entspricht *hombre sabio* (weiser Mann).

Jose Rafael Ipiales Amaguaña praktiziert seit fast 60 Jahren und ist inzwischen so berühmt, dass ihn Menschen aus der ganzen Provinz regelmäßig besuchen. Manche kontaktieren ihn sogar per E-Mail, damit er sie auf der anderen Seite der Welt mithilfe von Fotos kuriert. Er wurde sogar schon beauftragt, eine Person am anderen Ende der Welt von den Toten auferstehen zu lassen.

Die in Karabuela Ansässigen glauben, dass Don Jose unheilbare Krankheiten heilen kann, doch meist besuchen ihn Menschen, die Probleme im Liebesleben oder bei der Arbeit haben oder um einen Talisman bitten, der ihr Vieh vor Diebstahl schützt. Geschäftsleute und Politiker:innen ersuchen ihn oft um positiven Einfluss auf ihr (materielles oder metaphorisches) Vermögen.

Angebliche Wunder kosten etwas mehr, doch gelegentlich bietet Karabuelas berühmtester *yachay* für ca. 25 US$ eine 40-minütige *limpieza del espiritu* (spirituelle Reinigung) für Fremde an. Das Ritual kombiniert präkolumbische Riten mit katholischer Symbolik. Der *yachay* vollführt das Ritual bei Kerzenlicht im kleinen blauen Hinterzimmer und benutzt dabei amazonische Pfirsichpalmenblätter, heilige Steine, Bilder der Jungfrau Maria und einen Schädel als Sinnbild für San Bernardo.

Einen *yachay* kann man nur besuchen, wenn man ihm vorher vorgestellt wurde. Der *Otavaleño* Luis Perugachi (+593 98 775 4214) ist Fahrer und Guide mit guten Beziehungen zu vielen respektierten *yachay*.

OTAVALOS HEILIGER BAUM

Das Dorf Pucara Alto mit dem heiligen Baum namens **El Lechero** liegt 2 km über Otavalos Zentrum. Die Mauerreste einer *pucara* (Inkafestung) sind noch zu sehen, aber die Stätte war auch ein Friedhof für *niños limbos* (Babys, die vor der Taufe starben). Der ursprüngliche Baum, der 400 Jahre alt gewesen sein soll, wurde bei einem Brand zerstört, doch es bildeten sich neue Triebe und das Erntefest zu Ehren von Pachamama (Mutter Erde) findet immer noch hier statt.

Neben den vielen Legenden lohnt ein Besuch auch wegen der Aussicht über den Lago San Pablo und die Vulkane Imbabura und Cotacachi; an klaren Tagen sind sogar die kolumbianischen Berge zu sehen.

UMRUNDUNG DER LAGUNA DE CUICOCHA ZU FUSS

Der Rundweg um die Laguna de Cuicocha ist einer der schönsten, leicht zugänglichsten in der Gegend. Der Trail startet 30 Fahrminuten von Otavalo an einer Treppe, die in 3100 m Höhe schnell zu Atemnot führt. Die erste Etappe heißt Ruta Sagrada (Heilige Route) wegen ihrer Rolle in indigenen Ritualen, einer gigantischen Sonnenuhr namens **1 Inti Taitata rikuna** (wörtlich „Vater Sonne beobachten") und 50 m weiter **2 Waccha karana** (Opferstätte) sowie der rituellen Badestelle **3 Armana uku.** Hier beginnt der 12 km (4–5 Std.) lange Trail, der auf Kichwa Gorky Campuzano heißt und zunehmend spektakulärere Blicke auf den 3 km weiten Kratersee bietet. Nach etwa zwei Stunden ist der **4 Mirador de Laguna** am höchsten Punkt des Weges (3480 m) erreicht. Am **5 Mirador Laguna Cuicocha** gibt's eine Schutzhütte, die ideal für eine Picknickpause ist. Von hier sieht man den Canal de los Ensueños (Kanal der Träume) zwischen den beiden Inseln.

Das schlammige Tal **6 Quebrado Los Vicundos** bietet in der Regel die einzige Chance zum Füllen der Wasserflaschen (ein Filter ist angebracht).

Es folgen zwei steile Hügel und danach ein langer, langsamer Abstieg über den **7 Pine Tree Ridge**. Am **8 Last Viewpoint** bietet sich der beste Blick auf die Isla Teodoro Wolf. Diese zweihöckrige Insel, benannt nach einem deutschen Naturforscher, soll einem *cuy* (Meerschweinchen) ähneln, Cuicocha heißt „Meerschweinchensee".

Der Zugang zum See ist kostenlos, nötig ist aber der Pass zur Registrierung beim Aufsichtspersonal. Quichua Native Travel arrangiert kenntnisreiche indigene Guides.

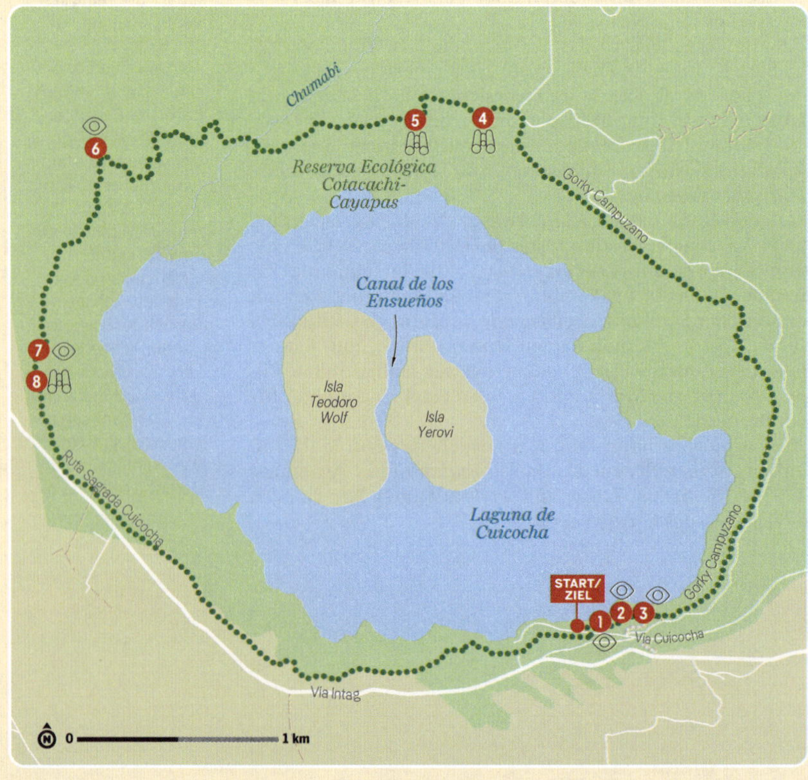

Rund um Otavalo

Die gesamte Provinz Imbabura wurde 2019 zum Globalen UNESCO-Geopark erklärt, zu dessen Attraktionen 28 große Seen zählen.

Otavalo ist der ideale Ausgangspunkt für eine ganze Reihe von Abenteuern. Die Region ist zwar vor allem als Land der Vulkane berühmt, aber auch spektakulären Seen wie die Laguna de Cuicocha, eine der meistbesuchten Naturschönheiten der Region, ziehen Wanderlustige an.

Das benachbarte, nur 15 Fahrminuten entfernte Cotacachi mauserte sich fast zu Otavalos Zwillingsstadt. Der starke Zuzug westlicher Expats, vor allem aus den USA und Kanada, sorgt aber dafür, dass die Stadt manchmal von Fremden überlaufen wirkt. Die kleine landwirtschaftliche Stadt La Calera ist womöglich der beste Ort, um Kichwa sprechende Volksgruppen kennenzulernen, die hier schon lange vor der Ankunft der Inka lebten.

Homestay in einer traditionellen Otavalo-Gemeinde

Indigene Kultur aus der Perspektive von Frauen

La Calera (20 Fahrminuten von Otavalo) ist eine traditionelle Gemeinde Kichwa sprechender Otavalo und bietet die Chance, die Feinheiten der indigenen Kultur kennenzulernen.

Die gemeindebasierte Organisation Quichua Native Travel (quichuatours.com) konzentriert sich darauf, durch eine Reihe kultureller Erlebnisse und Homestays die Landbevölkerung zu fördern, und arbeitet mit englischsprachigen weiblichen Guides, die Einblick ins Dorfleben aus Sicht einer *warmi* (indigene Frau) geben.

Die Frauen tragen traditionelle Kleidung und erklären faszinierende handwerkliche Traditionen mit dem Fokus auf Stickerei, Schmuck und Essenszubereitung zu. Cotacachi ist berühmt für hochwertige Lederwaren, in La Calera gibt's sogar eine Werkstatt für handgefertigte, maßgeschneiderte Stiefel und Schuhe. Beim Gang durchs Dorf erfährt man alles über die Kleidung, auch die wichtige *mama-chumbi*-Schärpe, die als Schutztalisman um die Taille getragen wird. Es ist erfrischend, dass sich weibliche Guides eine Karriere im Tourismus aufbauen, der hier noch eine männerdominierte Branche ist.

UNTERWEGS VOR ORT

Otavalo ist mit der gesamten nördlichen Hochlandregion durch ein Bussystem vernetzt. Einfach am Hauptbusbahnhof nach dem nächsten Bus zum Reiseziel fragen.

Taxis können überall an der Straße angehalten werden, sind eine zeitsparende und recht günstige Option. Zur Laguna de Cuicocha fahren keine öffentlichen Verkehrsmittel, daher muss man eine Führung arrangieren oder ein Taxi mieten (die Abholung vorab arrangieren; unterwegs gibt's nicht immer Empfang).

TOP TIPP

An kalten Abenden unterwegs nach *canelazo* (süßer Zimttee mit feurigem *agradiente*) Ausschau halten.

WAS MAN IN LA CALERA LERNEN KANN

Wenn **Sisa Yarina** nicht gerade Bergwanderungen leitet, führt sie gern Reisende durch das traditionelle Dorf La Calera, ihren Geburtsort.

Stickerei mochte ich schon immer, und die Gäste lernen gern etwas über die traditionellen Blusen, deren Handstickerei über einen Monat dauert, Wir gehen auch oft in eine Kooperative, wo Otavalo-Frauen *walka*-Halsketten und *manilla*-Armreifen aus roten Korallen und vergoldeten Perlen herstellen.

Einige meiner Freundinnen geben traditionelle Kochkurse, bei denen man auch lernt, in einem *pacha manka* (Erdofen) zu kochen. Gelegentlich können Gäste rituelle Bäder erleben, die traditionell die Elemente Wasser und Feuer umfassen.

TOMAS DRAHOS/SHUTTERSTOCK ©

Auch traditionelle Medizin ist in La Calera lebendig und man erfährt, wie die Blätter des Blumenrohrs (Canna) Geburten beschleunigen sollen, peruanisches Traubenkraut gegen Flüche hilft und wie *penca* (Agave) für Matten, Shampoo oder ein heiliges alkoholisches Getränk genutzt wird.

Über mangelnden Komfort kann man in La Calera nicht klagen: Es kommt gesundes, herzhaftes Landessen auf den Tisch in freundlichen, gut ausgestatteten Homestays, die Hostels im nahen Cotacachi locker ausstechen.

Mit Maultieren durch den Páramo

Drei Tage mit einem Maultierzug

Das Gebiet **El Churo** (zwei Fahrstunden von Otavalo) bietet die Chance zur Erforschung der selten besuchten Hochlandwildnis *páramo* (Hochgebirgsgrasland), wo Kondore noch mit der Thermik aufsteigen. Ein gemeindebasiertes Projekt ermöglicht es, mit Packmaultieren von hier bis zum Intag-Tal zu ziehen, diese altehrwürdige Erfahrung reicht bis in die Anfänge der Andenerkundung zurück.

ÜBERNACHTEN IN COTACACHI

Hostal Casal Sant Patricia
Hübsche Lage am Parque Central. Die Zimmer im ersten Stock etwas muffig, oben ist die Aussicht schöner. **$$**

Land of the Sun
Verwöhnung pur in diesem Palasthotel mit kolonialem Patio. Gönn dir ein Zimmer mit Balkon zur Straße. **$$**

Le Mirage Garden Hotel & Spa
Fünf-Sterne-Hotel auf dem Grundstück einer 200 Jahre alten Hazienda, Haute Cuisine und ein Weltklasse-Spa. **$$$**

Laguna de Cuicocha (S. 112)

Quichua Native Travel ermöglicht es, mit erfahrenen, Kichwa sprechenden Guides (einige sprechen Englisch) zu reisen. Am Startpunkt trifft man *las mulas* und ihre *arrieros* (Maultiertreibende), wandert sieben Stunden zum Río Pantavi, wo ein Lagerfeueressen zubereitet wird und Zelte am Flussufer errichtet werden.

Am nächsten Morgen folgen etwa vier Stunden Wanderung zur Piñan-Gemeinde, wo die Nacht in einem einfachen Homestay mit einem Holzfeuer, warmem Wasser und herzhafter Landküche verbracht wird. Nachmittags kann man zur etwa 2 km entfernten Laguna de Piñan reiten (oder laufen) und ein erfrischendes Bad nehmen.

Am letzten Tag folgt ein kurvenreicher Abstieg entlang des Río Pitura bis zum Dorf El Rosario in der Übergangszone zum subtropischen Wald am oberen Rand des Intag-Tals.

Nach dem Abschied von den Maultieren feiert man die erfolgreiche Wanderung flussabwärts in den heißen Quellen von Nangulvi, bevor es auf der Straße (1½ Std.) nach Otavalo zurückgeht.

COTACACHIS CARNES COLORADOS

Die Stadt Cotacachi ist für ihr spektakuläres *carne colorado* berühmt. Das „rote Fleisch" ist mariniertes, sonnengetrocknetes Rindfleisch, mit Gewürzen gegart und mit Reis (oder Mais), Kartoffeln, Avocado und scharfer *aji-Soße serviert.*

„Abuelita Esthercita" serviert *carne colorado* schon seit 1930 im **Esther Moreno de Unda** (einen halben Block nördlich des Parque Central).

Das **Casa Leñador** (in der Calle Sucre) ist bei Touristengruppen beliebt. Für ein anderes altehrwürdiges Rezept besucht man das kleine Restaurant **El Coco** nebenan.

Ibarra

UNTERWEGS VOR ORT

Gelbe Taxis gibt's überall – einfach an der Straße herwinken! Uber ist begrenzt vertreten, doch die App Indrive funktioniert gut: Du musst ein „Angebot" abgeben, also vorher bei Uber eine Schätzung holen. Dazu mindestens 50 % Aufschlag addieren.

Busse sind günstig und verbinden die gesamte Umgebung – auch Laguna de Yahuarcocha und San Antonio – mit dem Hauptbusbahnhof (Vorsicht: In dieser Gegend gibt's viele Taschendiebe).

TOP TIPP

Die Wetterbedingungen in der Region variieren sehr. Im Schneetreiben am Volcán Imbabura schaut man auf die glitzernd weiße Stadt Ibarra hinab und kann kaum glauben, dass das Río-Chota-Tal (nur 30 km entfernt) mit sonnigem Mikroklima als der heißeste Ort in Ecuador gilt.

Während die meisten Traveller wegen der farbenfrohen indigenen Kultur nach Otavalo kommen, punktet die oft übersehene, viel größere Stadt Ibarra mit erfrischend kosmopolitischem Charme. Dazu trägt der bunte Bevölkerungsmix aus *indígena*, Mestizen (teilweise spanische Wurzeln) und afroecuadorianischen Menschen (meist Nachfahren von Versklavten, die aus der Küstenregion herzogen).

Die Laguna de Yahuarcocha, das *pueblo magico* (magische Dorf) San Antonio und der gewaltige Volcán Imbabura machen das umgangssprachlich „weiße Stadt" genannte Ibarra zur lohnenden Basis in einem relativ unbekannten Teil des nördlichen Hochlands. Es ist weniger touristisch als Otavalo, von einem starken Gemeinschaftssinn geprägt und die Art Stadt, in der das Ladenpersonal und die Bedienung schon am zweiten Tag des Aufenthalts familiär grüßen.

Die beste Eiscreme der Welt

Ibarras fantastisches handgemachtes Eis

Ein unvergessliches Highlight eines Aufenthalts in der ecuadorianischen Eiscremehauptstadt ist der Besuch von berühmten *heladerías* (Eisläden), die auf handgemachtes *helado de paila* spezialisiert sind.

Eine *paila* (ein Kupfergefäß wie ein Wok) wird von Hand auf einem Eisbett in einer isolierenden Strohschicht gedreht. In wenigen Minuten verwandelt sich der leicht gesüßte und manchmal mit etwas Eiweiß versetzte Fruchtsaft in Eiscreme (oder Sorbet) und kann mit einem Holzlöffel geschöpft werden. Früher brachten Maultiere das Eis von den Bergen herab, ansonsten hat sich kaum etwas geändert, seit Rosalía Suárez 1896 Ibarras ersten Eisladen La Bermejita eröffnete.

Heute betreiben Doña Rosalías Nachfahren drei Bermejita-Läden in der Stadt. Der größte am Parque La Merced ist eine

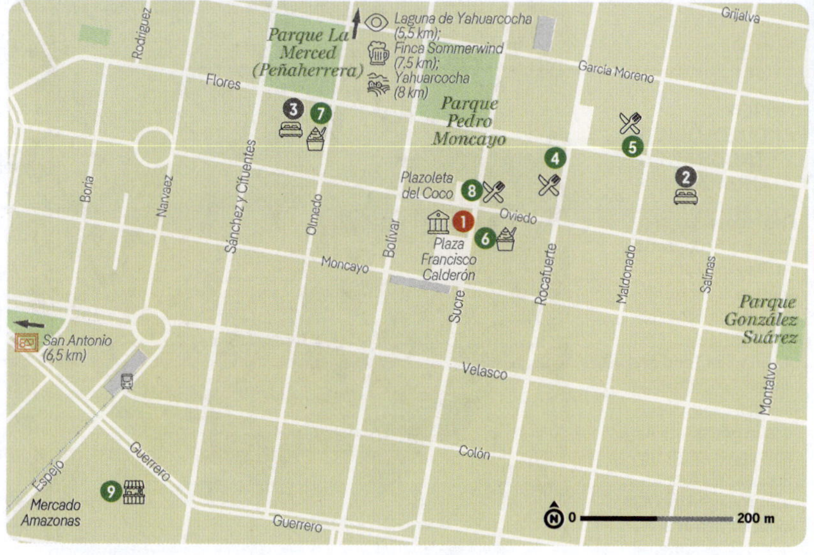

SEHENSWERTES
1 Museo Arqueológico y Etnográfico Atahualpa

SCHLAFEN
2 Backpackers Hostel
3 Hostal Barcelona

ESSEN
4 Buen Café
5 Doña Esperancita
6 La Bermejita
7 La Esquina
8 La Hacienda

SHOPPEN
9 Mercado Amazonas

Institution in Ibarra mit Demonstrationen zur Eisherstellung um die Mittagszeit. **La Esquina** (an der gegenüberliegenden Ecke) ist ebenso beliebt. Aufgepasst: Wer einen Eisbecher nach lokaler Art bestellt, bekommt geriebenen Käse als Topping.

Der beste Eisladen ist das winzige **La Bermejita** nahe der Ecke Sucre und Moncayo, wo der charismatische Don Ramiro immer gerne das Drehen der *paila* vorführt. Er macht das vielleicht beste Vanilleeis der Welt und bietet eine unglaubliche Auswahl an Fruchtsorbets, darunter Feige, Stachelannone und *taxo* (Banane und Maracuja).

In der Nähe eröffnete ein Laden für gerolltes Eis nach thailändischer Art, aber es wäre verwegen, Doña Rosalías Nachfahren etwas über Eis beibringen zu wollen.

ÜBERNACHTEN IN IBARRA

Hostal Barcelona
Netter Patio und Balkons mit Blick auf den Parque Pedro Moncayo; eine der besten Budgetunterkünfte Ibarras. $

Backpackers Hostel
Hilfsbereites Personal, wenn auch schäbige Zimmer – die vorderen profitieren von Garten und Hängematten. $

Finca Sommerwind
Traumhafte Chalets und maßgeschneiderte Tiny Houses am Ostufer der Laguna de Yahuarcocha. $$

MUSEO ARQUEOLÓGICO Y ETNOGRÁFICO ATAHUALPA

Das **Museo Arqueológico y Etnográfico Atahualpa** konzentriert sich auf frühe präkolumbische Geschichte (ab 4000 v.Chr.) und gibt wertvolle Rückblicke auf das Land. Die schön gestaltete Ausstellung (Eintritt frei, So. geschl.) lohnt schon wegen des majestätischen Interieurs des 1930 erbauten Teatro Munipal mehrere Besuche.

Die Infotafeln sind nur auf Spanisch, doch auch ohne Sprachkenntnisse ist die Sammlung bezaubernd. Es gibt antike Figuren von Amazonas-Schamanen, deren geblähte Wangen vermutlich mit Coca-Blättern gefüllt sind.

Zeitgenössischere Kunstwerke beinhalten Ölgemälde aus dem 18. Jh., Heiligenfiguren und indigene Porträts.

FOTOS593/SHUTTERSTOCK ©

***Helado de paila* (S. 116)**

Laguna de Yahuarcochas dunkle Geschichte

Ein Spaziergang rund um den „Blutsee"

Die **Laguna de Yahuarcocha** (zehn Taximinuten vom Stadtzentrum) ist ein beliebter Treffpunkt für *ibarreños*. Ihr Name geht auf einen Kichwa-Begriff zurück, der „Blutsee" bedeutet – der Legende zufolge färbte sich der See rot, als die Streitkräfte des Inkaherrschers Huyana Capac hier 30 000 Caranqui-Krieger abschlachteten. Vom **Dorf Yahuarcocha** führt ein unbefestigter Weg durch Avocado- und Mangohaine zum Seeufer.

Die Hauptattraktion des Dorfes sind die Restaurants am Paseo Yahuarcocha – ein fast tägliches kulinarisches Fest mit tonnenweise Tilapia als zentrales Event. Das soziale *ibarreño*-Leben lässt sich im großen überdachten Speisebereich mit 36 Essensständen beobachten oder im abgelegenen Garten des Restaurante Doña Blanquita am Westrand des Dorfes. Platz lassen für erstklassige frittierte Bananen-Empanadas als Nachtisch.

An Wochentagen geht's ruhiger zu, doch am Wochenende erwacht Yahuarcocha zum Leben, wenn Menschen aus der ganzen Region zum Mittagessen und zu einem *paseo* (Spaziergang) über die Märkte an der Zugangsstraße zum See kommen.

ESSEN IN IBARRA

Buen Café
Offeriert das beste Frühstück mit *arepas*, Eiern, Kaffee und großen Gläsern mit frischem Saft. **$**

Doña Esperancita
Seco de chivo (Ziege mit Reis) ist ein klassisches ecuadorianisches Gericht, aber selten so zart (und günstig) wie hier. **$**

La Hacienda
Tolle Pizzas und tolles Ambiente in skurriler scheunenartiger Kulisse, wo man in umzäunten „Ställen" isst. **$$**

Der Wochenendfrieden wird jedoch oft gestört von lärmenden Motoren auf der José-Tobar-Rennstrecke am Nordende des Sees.

Wer sich an Tilapia sattgegessen hat und einige Kalorien verbrennen muss, auf den wartet ein hübscher, 14 km langer Weg rund um den See, an dem auch der deutsche Biergarten **Finca Sommerwind** günstig etwa 4 km vom Dorf entfernt liegt.

Streifzug durch Ibarras „magisches Dorf"

Begegnung mit San Antonios Kunsthandwerksszene

2020 wurde San Antonio am Rand von Ibarra (mit dem Bus 20 Min.) als *pueblo magico* vom Tourismusministerium in die Liste der „magischen Dörfer" mit natürlichem oder kulturellem Reiz aufgenommen.

Bereits 100 m nach dem Einbiegen in die Hauptstraße (Calle Antonio Jose de Sucre) wartet ein erster Vorgeschmack auf San Antonios Magie mit sehr dramatischen Wandbildern (manche in 3D). Einen Block westlich an der Calle Ramon Teango passiert man ein schlichtes Stadthaus mit einem spektakulärer Trompe-l'œil-Balkon. Zurück auf der Sucre geht's 300 m nach Süden bis zu einem Schild mit der Aufschrift Casa de Arte Talleres an einem scheinbar aus der Jahrhundertwende stammenden Haus (wieder eine Illusion, denn es ist ein Neubau). Hier entfaltet Gabriel Garcia Portillo, Meisterbildhauer seit vier Jahrzehnten, seine eigene Magie. Er nimmt sich gern eine Stunde Zeit, um einen Einblick in den viermonatigen Prozess (Zeichnen, Schnitzen, Malen, Vergolden) zu geben, der seinen Objekten Leben einhaucht.

Am Parque Francisco Calderon reihen sich elf weitere Ateliers aneinander. Einige gleichen eher Souvenirständen, doch an der Nordecke der Plaza befindet sich ein weiteres Juwel in Form der Galería Luis Potosí. San Antonios berühmtester Künstler Don Luis stellte schon in Paris, Madrid und Washington aus.

Es gibt mindestens fünf Ateliers auf dem Weg zur Plaza Heliodoro Ayala, wo selbst die Spielplatzrutschen künstlerische Skulpturen sind.

HANDEL IM AMAZONAS-MARKT

Im **Mercado Amazonas** (tgl. 7–17 Uhr) gibt's Alltagsartikel wie Kleidung, Haushaltswaren und Elektrogeräte, aber auch Fleisch aus dem Hochland, Fisch von der Küste und eine Reihe tropischer Obst- und Gemüsesorten. Es gibt auch einen kleinen Food Court, der die preiswertesten Mahlzeiten der Stadt offeriert.

Die faszinierendsten Stände sind jedoch die für *yachay* (Schamane). Hier finden sich Totenköpfe aus Plastik und kleine Sensenmänner, Tränke mit dem Etikett *Llave de la Fortuna* (Schlüssel zum Glück) und Säckchen mit Pulvern, die eine sofortige Verwandlung zum Millionär oder Sexidol versprechen. Eine Massage mit einem Ei (echt oder in der günstigen Plastikvariante) soll angeblich Krankheiten heilen.

Rund um Ibarra

Auch wenn es nicht auf vielen Touristenrouten liegt, ist Ibarra die ideale Basis für Erkundungen von Ecuadors hohem Norden.

UNTERWEGS VOR ORT

Ibarra hat ein gutes Straßen- und Busnetz: Von hier fährt man weiter nach Tulcan, an die kolumbianische Grenze (2½ Std.), auf einer neuen Straße über Zuleta nach Cayambe (1½ Std.) und an die äußerste Nordküste nach San Lorenzo (4 Std.).

Abseits der Hauptstraßen ist das Vorankommen oft langsamer, die Fahrt zur Reserva Ecológica El Ángel dauert etwa zwei Stunden, obwohl es nur 50 km Luftlinie von Ibarra sind.

TOP TIPP

Es ist ratsam, Abstand zur Grenze zu wahren, wo organisierte Kriminalität auf dem Vormarsch ist, es sei denn, man will nach Kolumbien weiterreisen.

Wer Ibarra als Basis wählt, hat den Volcán Imbabura fast vor der Tür, dennoch wandern die meisten von Otavalo aus (lange vor Tagesanbruch).

Es gibt auch leichtere Aufstiege, etwa auf den Volcán Cubilche, und wunderbares Trekking in der Reserva Ecológica El Ángel und Zuleta (mit einer Hazienda aus dem 17. Jh.).

Ibarra hat ein hervorragendes Busnetz und ist damit eine gute Alternative zu anderen, touristischeren Städten. Die Zugfahrt mit La Libertad (zur Zeit der Recherche außer Betrieb) wurde dank ihrer landschaftlichen Schönheit mehr zu einem Touristenevent als einem lokalen Transportmittel, bleibt aber eine der berühmtesten Zugreisen Südamerikas.

Besteigung des Volcán Imbabura

Nordecuadors „Herzensbrecher-Grat"

Die Besteigung des 4640 m hohen Gipfels des Taita Imbabura („Vater Imbabura") lässt sich an einem Tag bewältigen, aber nicht umsonst ist der mittlere Teil des Aufstiegs unter ecuadorianischen Guides als Rompecorazones (etwa „Herzensbrecher-Grat") bekannt.

In diesen Höhen bilden sich unerwartete Nebel und der Wind kann auf schmalen Felsvorsprüngen an den Nerven zerren. Der „Herzensbrecher-Grat" ist ein brutal direkter Abschnitt (wenige Kehren) und führt durch eine Hochlandwildnis voller Achupalla-Pflanzen, einem Favoriten des Andenbärs.

Von hier läuft man weiter durch Polylepis-Wälder (einige der höchstgelegenen Wälder der Welt), bevor es über einen felsigen Grat zum Hauptgipfel geht.

Mit etwas Glück, wenn der Wind die Wolken vom Gipfel weggeblasen hat, blickt man über die ganze Region – in Richtung Ibarra mit der schimmernden Laguna de Yahuarcocha und nach Südwesten zum majestätischen „Mama Cayambe" genannten Vulkan mit schneebedeckter Spitze.

GALYNA ANDRUSHKO/SHUTTERSTOCK ©

Volcán Imbabura

Runa Tupari (runatupari.com) bietet regelmäßig geführte Besteigungen des Imbabura an. Technische Ausrüstung ist nicht erforderlich, aber so viel warme Kleidung, wie man tragen kann (auch Handschuhe). Die Rundwanderung vom Parkplatz in der Gemeinde Casha Pampa dauert etwa sieben Stunden. Wer eine Zweitagestour bevorzugt, findet auf ca. 4450 m einen eisigen Platz zum Zelten.

Zugfahrt durchs Hochland in die Vergangenheit

Zugfahrt mit dem Tren de la Libertad

Der sogenannte Tren de la Libertad (Zug der Freiheit) verbindet Ibarra mit dem historischen Städtchen Salinas im Hinterland. Die Strecke ist nur 30 km lang, doch die (gemächliche) Rundfahrt – etwa sechs Stunden – bietet viel Atmosphäre, malerische Landschaften und Abenteuergeist.

Nach Ibarra führt die Strecke durch spektakuläre Landschaften unter den Hängen des Volcán Imbabura auf dem Weg ins bewaldete Tal des Río Tahuando. Es geht durch sieben Tunnel und über spektakuläre Brücken und dann abwärts

AUFSTIEG ZUM KRATER DES CUBILCHE

Eine weniger anstrengende Route im Hochland mit dennoch spektakulären Aussichten ist der Aufstieg zum Krater des **Volcán Cubilche.** Den Ausgangspunkt des Trails auf etwa 3300 m erreicht man mit dem Auto von Ibarra aus in einer Stunde. Es geht durch Andenmoorland zu den Kraterseen auf fast 3900 m Höhe. Die Wanderung dauert gut drei Stunden, der Abstieg eine weitere Stunde.

Unterwegs bieten sich tolle Aussichten und oben befinden sich vier Kraterseen (permanente und saisonale). An klaren Tagen sind die Gipfel der Vulkane Cayambe und Imbabura sowie der Lago San Pedro und die Laguna de Yahuarcocha zu sehen.

Die Agentur Quichua Native Travel (quichuatours.com) in Cotacachi organisiert Wanderungen und Transfer.

UNGEWÖHNLICHE UNTERKÜNFTE NAHE IBARRA

Parque Bambú Permaculture Farmstay
Permakulturprojekt eines Belgiers zur ökologischen Renaturierung in El Limona. **$**

Hacienda Zuleta
Hazienda aus dem 17. Jh., einstiges Präsidentenhaus mit viel prunkvollem Luxus jener Zeit. **$$$**

Casa de Piedra Farm
Nahe der Laguna el Voladero; kombiniert traditionelles Hochlandleben, geodätische Kuppeln und Glaspyramiden. **$$$**

RESERVA ECOLÓGICA EL ÁNGEL

Die **Reserva Ecológica El Ángel** ist einer der spektakulärsten Orte, um sich mit dem Nationalerbe des *páramo* vertraut zu machen. Das Schutzgebiet liegt an der Grenze zu Kolumbien, daher gut über die Sicherheitssituation in dem Gebiet informieren.

Flora Die hohen *frailejones* haben fransige Blätter und sind das Wahrzeichen des Gebietes.

Fauna Manchmal werden Andenfüchse und Pumas gesichtet und die Andenbären werden von den nahrhaften Achupalla-Pflanzen angelockt, einem festen Bestandteil ihres Speiseplans.

Vögel Im Schutzgebiet leben 320 Vogelarten, darunter der Andenkondor. Das Andensteißhuhn und der Streifenkarakara sind vogelkundliche Highlights und der Riesenkolibri – fast so groß wie eine europäische Drossel – bietet einen unvergesslichen Anblick.

Tren de la Libertad

durch riesige Zuckerrohrplantagen in Richtung der Tieflandstadt (relativ gesehen) Salinas.

Den kleinen Zug (der maximal 54 Passagiere trägt) begleitet ein Trupp Sicherheitsbeamte auf Motorrädern, die vorausfahren und sicherstellen, dass keine Tiere oder Hindernisse die Strecke blockieren, was sich manchmal wie eine präsidiale Wagenkolonne anfühlt. Im Mittelpunkt dieser Tour steht eher die Reise als das Ziel. Salinas (Salzland) wirkt hinterwäldlerisch und heruntergekommen. Für etwas Leben sorgen die afroecuadorianische *bomba*-Tanzgruppe, die den Zug empfängt, und in geringerem Maße ein Besuch im Salzmuseum.

Der Zug fährt planmäßig von Donnerstag bis Sonntag um 10.30 Uhr in Ibarra ab und um 15 Uhr von Salinas zurück. Die Rundfahrt kostet 30 US$, aber Streckenblockaden und Erdrutsche sind nicht unüblich; auf www.ecuadorrail.netres vorab prüfen, ob der Zug fährt.

Zur Zeit der Recherche fuhr der Tren de la Libertad nicht, doch die Erwartungen waren hoch, dass die Strecke in absehbarer Zukunft wieder in Betrieb gehen würden.

Cayambe

Cayambe ist für zwei Dinge berühmt: Blumen und Kekse. Man ist kaum in der Stadt, da steigt schon der Duft frisch gebackener *bizcochos* in die Nase, doch es gibt ganze Straßen, wo die Noten von Rosen, Anemonen und Lilien stark genug sind, das Aroma der warmen Kekse zu überdecken.

Der erste Eindruck aber dürfte Ehrfurcht angesichts der schneebedeckten Spitze des mächtigen Volcán Cayambe sein. Dieser spektakuläre Vulkan ist der weltweit höchste Punkt, den der Äquator passiert. Die meistbesuchte Sehenswürdigkeit der Stadt ist die Quitsato-Sonnenuhr, das faszinierende Monument und Informationszentrum markiert die Äquatorlinie.

Cayambes Bevölkerung ist stolz auf ihre Position im Zentrum der Welt, und wer sich Zeit nimmt, diese Stadt zu erkunden, wird ihre Begeisterung schnell teilen.

UNTERWEGS VOR ORT

Die Stadt Cayambe lässt sich gut erlaufen und wahrscheinlich schafft man es keinen Block weit ohne köstliche *bizcochos* als Stärkung. Die meisten Sehenswürdigkeiten der Stadt, wie die Quitsato-Sonnenuhr und die Hacienda Guachalá, liegen etwa 7 km weiter südwestlich an der Hauptstraße Carretera Panamericana (Panamericana). An der Hauptstraße wartet man selten länger als zehn Minuten auf einen Bus.

Mythen & Wissenschaft auf der Äquatorlinie

Überbrückung des Äquators am Quitsato

In der indigenen Tsa'fiki-Sprache bedeutet Quitsato „Mitte der Welt", und das **Quitsato-Solarmuseum** am Rand der Stadt bietet viel mehr als die übliche klischeehafte Möglichkeit, mit jedem Fuß in einer anderen Hemisphäre zu stehen. Dies ist das einzige der acht Äquatormonumente in Ecuador, das tatsächlich genau auf seiner Linie liegt.

Um herzukommen, bitte man im Bus, bei *„la bola"* zu halten, La Bola del Mundo liegt weitere rund 300 m die Straße hoch, wo französische Geografen 1736 die Äquatorlinie (fälschlich) errechneten.

Das exzellente Museum, Ausstellungen und Guides erläutern die frühen geografischen Theorien (von französischen und präkolumbischen Kulturen) und die Berechnungen des Raumfahrtzeitalters. Das Herzstück ist eine zehn Meter hohe Sonnenuhr mit 54 m Durchmesser, die mit weißen und schwarzen Steinen ausgelegt ist, um auf Wärmebildgeräten aus dem Weltraum sichtbar zu sein.

☑ TOP TIPP

Die Busse durchs Hochland fahren praktischerweise regelmäßig (nach Quito etwa alle zehn Minuten), doch wer von Cayambe weiter Richtung Oriente/Amazonas reist, muss bedenken, dass die Verkehrsmittel immer langsamer und unregelmäßiger werden. Es gibt täglich zwei Busse von Cayambe nach Oyacachi, wo Anschluss nach Oriente besteht.

ECUADORS BLUMENHAUPTSTADT

Ecuador ist eines der blumenreichsten Länder der Welt – hier wachsen allein 4200 Orchideenarten – und Cayambe ist die Blumenhauptstadt des Landes, allerdings nicht wegen der tropischen Orchideen, sondern wegen europäischer Rosen.

Rosen kamen erst vor etwa 30 Jahren nach Cayambe, doch heute ist der Duft der rund 40 Rosenarten, die hier inzwischen angebaut werden, fast allgegenwärtig.

Einige der größten Unternehmen bauen jedes Jahr fast sieben Millionen Pflanzen an. Wer die Kultivierung der Äquatorrose aus der Nähe erleben will, kann die Finca Flor y Campo (von der Rainforest Alliance zertifiziert) oder die 100 Jahre alte Hacienda La Compañía besuchen.

Pseudowissenschaftliche Spiele wie Becken mit Wasserstrudeln oder Waagen für den Beweis, dass man am Äquator weniger wiegt, findet man hier nicht. Stattdessen gibt's faszinierende interaktive Exponate, die alle mit einem Funken Interesse an Geografie begeistern, und lehrreiche Guides weisen auf den Mangel an Logik in Atlanten hin, bei denen der Norden oben liegt – der Museumsshop verkauft aufblasbare Globen und Karten, die entsprechend der Erdrotation von West nach Ost ausgerichtet sind.

Quitsato ist der ideale Ort, um eine Region zu verstehen, in der (der Museumsliteratur zufolge) „die Tage immer gleich sind, es keine Jahreszeiten gibt und zweimal im Jahr kein Schatten fällt".

ÜBERNACHTEN IN CAYAMBE

Hostal San Fernando
Budgetunterkunft am Südrand der Stadt (ideal für den Bus nach Quitsato) mit tollem Preis-Leistungs-Verhältnis. **$**

Hostal el Sol
Dieses Businesshotel ist eine gute Option, wenn auch etwas steril; einen kurzen Weg von der Altstadt entfernt. **$**

Hostería Loma Larga
Das Reitzentrum etwa 1 km westlich der Stadt ist eine wahre Oase. Einige Suiten haben eigene Whirlpools. **$$$**

Bizcochos

Cayambes berühmte Kekse

Hundert Jahre lang Ecuadors *bizcocho*-Hauptstadt

Cayambe ist für seine Kekse so berühmt, dass *cayamberos* in der Umgangssprache häufig *bizcocheros* (Keksmacher) genannt werden.

In Cayambe gibt's über 80 *bizcocheros*-Familien. In jedem Stadtteil riecht man das warme Aroma von Keksteig und Eukalyptusrauch. Wer auf der Suche nach dem traditionellen Gebäck ist, braucht nur auf die gewölbten Dächer von Holzöfen auf vielen alten Gebäude achten. Die köstlichen buttrigen *bizcochos* sind locker wie Pasteten und werden mit etwas *queso de hoja* (weicher „Blattkäse", der Mozzarella ähnelt) und einem Löffel *dulce the leche* (Karamell) serviert.

Bizcochos San Pedro (nahe Cayambes Friedhof) ist das älteste familieneigene Keksunternehmen, doch ein neu eröffnetes **Museo del Bizcocho** (hinter der Cafetería Ecuatorial, nahe der Quitsato-Sonnenuhr) bietet die perfekte Gelegenheit, die besten Produkte zu probieren und die Feinheiten von Cayambes Backtradition kennenzulernen. Hier erklären Guides, dass das Wort *bizcocho* (Biskuit) wörtlich von einem lateinischen Begriff für „zweimal gebacken" abstammt und die Rezepte mit spanischen Einwandernden nach Ecuador kamen.

Cayambes *bizcochos* werden noch immer in mit Eukalyptusholz befeuerten Öfen gebacken (so entsteht der besondere Geschmack), nach Hausrezepten, die bis zu fünf Stunden für die Vorbereitung und das Backen erfordern. Wenn der Weizenmehlteig fertig ist, werden die Kekse 20 Minuten bei hoher Temperatur gebacken und weitere drei Stunden bei niedrigerer Hitze getrocknet.

ECUADORS ÄLTESTE HAZIENDA

Die **Hacienda Guachalá** wurde 1580 erbaut, und obwohl sie mehrmals renoviert wurde, ist sie immer noch ein architektonisches Meisterwerk. Hier übernachteten französische Geografen der Expedition von 1736, als sie den Äquator (leicht fehlerhaft) vermaßen.

Die Kapelle, die am Ort eines früheren Inkatempels steht, stellt einen Kontrast zwischen dem traditionellen Lebensstil und der Kolonialzeit dar. Auf der Hazienda, die auch Reitexkursionen anbietet, gibt's eine kleine Herde Alpakas, Lamas und Guarisos (Kreuzung aus Lama und Alpaka). Heute ist die Hacienda Guachalá das wohl romantischste Hotel Cayambes. Zimmer 5 sollte aber besser gemieden werden, da es früher die Gefängniszelle/Folterkammer für Bedienstete gewesen sein soll, die sich „schlecht benommen" haben.

Rund um Cayambe

Cayambe ist zwar die meistübersehene Stadt des nördlichen Hochlands, doch die Umgebung bietet präkolumbische und kolonialzeitliche Attraktionen.

UNTERWEGS VOR ORT

Cayambe hat gute Verbindungen nach Otavalo, Ibarra und Quito, auch alle an der Fernstraße gelegenen Städte sind gut mit öffentlichen Verkehrsmitteln erreichbar. Schwieriger wird es mit abgelegeneren Gebieten. *Carros* (meist Pick-ups) fahren in größere Dörfer, doch in Gegenden wie zum Volcán Cayambe und den Lagunas de Mojanda kommt man nur mit gemieteten Fahrzeugen.

Historisch war Cayambe viel mehr als nur ein Marktplatz für Blumen. Der spirituelle Stellenwert der Region für die präkolumbischen und präinkaischen – indigenen Völker kommt erst jetzt durch archäologische Erkenntnisse ans Licht. Die Forschung geht heute davon aus, dass, lange bevor man die geografische Bedeutung dieser Äquatorialzone erkannte, in der immer noch als Mitad del Mundo (Mittelpunkt der Welt) bekannten Region große Bevölkerungsgruppen lebten, Landwirtschaft betrieben und die Sonne anbeteten.

Das fruchtbare Land, das von der Schneeschmelze des Volcán Cayambe bewässert wird und stetig zu den bewaldeten Tälern des Oriente abfällt, bietet sich für unwiderstehliche Touren an.

Expedition zur Eiskappe des Cayambe

Sturm auf den 5790 m hohen Gipfel des Volcán Cayambe

Die 400 000 ha große Reserva Ecológica Cayambe-Coca zieht sich über vier Provinzen, doch die höchste Erhebung ist der Volcán Cayambe. Der Legende zufolge wurde Cayambe von Taita (Vater) Imbabura am Altar stehen gelassen, nachdem dieser sich in Mama Cotacachi verliebte. Bis heute wird seine weiße Umhüllung *vestida de novia* (Brautkleid) genannt. Er ist einer der wenigen Äquatorvulkane mit einem permanenten Gletscher.

Der Vulkan überragt die gleichnamige Stadt und kann auf mehreren Routen bestiegen werden. Viele Wandernde gehen nur bis auf 4600 m Höhe zum höchsten Punkt der Erde an der Südflanke, durch den der Äquator läuft. Es ist ein außergewöhnliches Erlebnis, auf dem Äquator zu stehen und zugleich in knöchelhohem Schnee. Etwa 200 m weiter oben liegen ein spektakulärer grüner See und das Nachtquartier, von dem die Gipfeletappe startet. Die meisten Agenturen empfehlen mindestens zwei Tage mit einer Übernachtung für die Tour. Diese Herausforderung ist durchaus ernst zu nehmen – obwohl es sich um Ecuadors dritthöchsten Gipfel handelt, ist der siebenstündige Aufstieg wesentlich schwieriger als der häufig begangene Trail auf den Cotopaxi.

☑ TOP TIPP

Für Reisen von Cayambe in den Osten ist ein privates Fahrzeug die beste Option; öffentliche Busse sind unregelmäßig und langsam.

Lagunas de Mojanda

Der gemeindebasierte Tourveranstalter Runa Tupari (runatupari.com) führt regelmäßig Expeditionen auf den Volcán Cayambe. Welche Agentur man auch wählt, erforderlich sind ein erfahrener Guide, ein Allradfahrzeug für die Anfahrt, gute Ausrüstung und (für Menschen ohne Gletschererfahrung) ein vorheriges Basistraining.

Ecuadors spektakuläres Seengebiet

Zu Fuß um die Lagunas de Mojanda

Obwohl die **Lagunas de Mojanda** (eine Fahrstunde nordwestlich von Cayambe) zu den spektakulärsten Wandergebieten Ecuadors zählen, erweisen sie sich als weniger anstrengendes und entspannteres Vorhaben als viele andine Hochland-Highlights.

Der Aufstieg über die zerklüftete Flanke des benachbarten **Volcán Fuya Fuya** (4263 m) ist steil, kann aber leicht in zwei Stunden vom Parkplatz aus bewältigt werden. Die Tour auf den Cerro Tourichupa (3950 m) ist sogar noch leichter und bietet großartige Aussichten auf die Seen, den umliegenden

KULINARISCHE SPEZIALITÄTEN AUS DEM HOCHLAND

Die ecuadorianische Küche hat sich von den eher monotonen Alltagsgerichten *seco de chivo* (Ziegeneintopf) und *caldo de patas* (Hufsuppe) weit entfernt. Diese Hochlandspezialitäten sollte man sich nicht entgehen lassen.

Sancocho Eine deftige, wärmende Suppe mit Yucca, Kochbananen und meistens Huhn.

Llapingachos Ideale Hausmannskost in Form frittierter, mit Käse gefüllter Kartoffelpuffer, die oft mit Spiegeleiern serviert werden.

Mishqui Warm serviertes Frühstücksgetränk, eine Art klebriger Agavensaft. (Die fermentierte alkoholische Variante wird *guarango* genannt).

ESSEN RUND UM CAYAMBE

Bizcochos San Pedro
Die Familie Morales backt seit einem halben Jahrhundert köstliche *bizcochos*. $

Cafetería Ecuatorial
Populäres Brunch-Lokal dank des holzbefeuerten *bizcocho*-Ofens. (Gebratenes Meerschweinchen vorbestellen.) $$

Hacienda Guachalá
Im Hof der 300 Jahre alten Hazienda kann man Forellen-*guachaleña* mit Garnelensoße schlemmen. $$$

OYACACHI

Oyacachi wird aufgrund seiner Wasserfälle und Hochlandflüsse auch Tierra del Agua (Land des Wassers) genannt und wäre schon wegen der zweistündigen Anfahrt einen Besuch wert. Die kleine Hochlandstadt (3140 m) ist zwar ein Ausgangspunkt für den Besuch der Reserva Ecológica Cayambe-Coca und Besteigungen des Volcán Cayambe, dennoch verirrt sich nur selten ein Tourist hierher.
Einst war Oyacachi wegen der 1591 errichteten Statue der Jungfrau Maria ein religiöses Pilgerziel. Heute kommen die Menschen, um zum Wasserfall Turnufakcha zu wandern oder die Thermalquellen der Stadt zu besuchen. Es gibt auch einen Fernwanderweg, der in etwa drei Tagen in die auf 1650 m Höhe gelegene Stadt El Chaco führt.

Cochasqui

páramo, den nahen Fuya Fuya und die ferneren Vulkane Cotacachi, Imbabura und Cayambe.

Von den drei Seen misst der größte von ihnen, in der indigenen Sprache Kari-Cocha (Männlicher See) genannt, knapp 8 km. Wen eher die Seen als die Gipfel hierher locken, kann eine vergleichsweise flache Rundwanderung vom Kari-Cocha zur Laguna Chiquita (Kleiner See) machen. Von hier geht's um den 4260 m Cerro Negro (Schwarzer Gipfel) herum zu einem Aussichtspunkt mit atemberaubendem Blick auf die Laguna Negra (Schwarzer See) und danach auf der Straße zum Kari-Cocha zurück.

Zelten an den Seen ist möglich, am Kari-Cocha gibt's eine einfache steinerne Schutzhütte; Schlafsack, Essen und Wasser (oder besser ein guter Filter) sind aber mitzubringen. Quichua Native Travel (quichuatours.com) bietet geführte Wanderungen rund um die Lagunas de Mojanda an sowie Tagestouren mit dem Mountainbike vom Kari-Cocha zur archäologischen Stätte Cochasqui, wo 1500 Jahre alte Pyramiden und Ruinen der präinkaischen Quitu-Cara-Kultur zu sehen sind.

Volcán Cayambe (S. 126)

ROADTRIP

Streifzug durch Cayambes Geschichte & Mythen

Fahre vormittags zu den archäologischen und historischen Stätten rund um Cayambe und spaziere nachmittags zu faszinierenden kulinarischen, kulturellen und natürlichen Attraktionen. Dieses ganztägige Programm lässt sich leicht zweiteilen. Die Wanderwege sind ausgeschildert, doch für die Fahrt durch kurvige Straßen mit wenigen Wegweisern wird ein Guide empfohlen. Josué Coyaguillo (+593980689078), ein lizenzierter englischsprachiger Guide, hat exzellente Ortskenntnisse und organisiert bei Bedarf ein Fahrzeug.

1 Pingulmí & Campana Pucara

Die Zwillingsstätten Pingulmí und Campana Pucara (35 Fahrminuten von Cayambe) waren wichtige spirituelle Zentren für das Cayambe-Volk und standen lange vor Ankunft der Inka (im späten 15. Jh.) im Mittelpunkt des Sonnenkults.

Mit dem Auto: Eine fünfzehnminütige Fahrt nach Pambamarca und Quitoloma führt durch ein Straßenlabyrinth, in der Ferne erhebt sich der spektakuläre Volcán Cayambe.

2 Pambamarca & Quitoloma

Bei Pambamarca und dem nahen Quitoloma (innerhalb des archäologischen Komplexes Pambamarca) gibt's mehrere wichtige archäologische Stätten. Einige hielt

ECUADORPOSTALES/SHUTTERSTOCK ©

Quitoloma

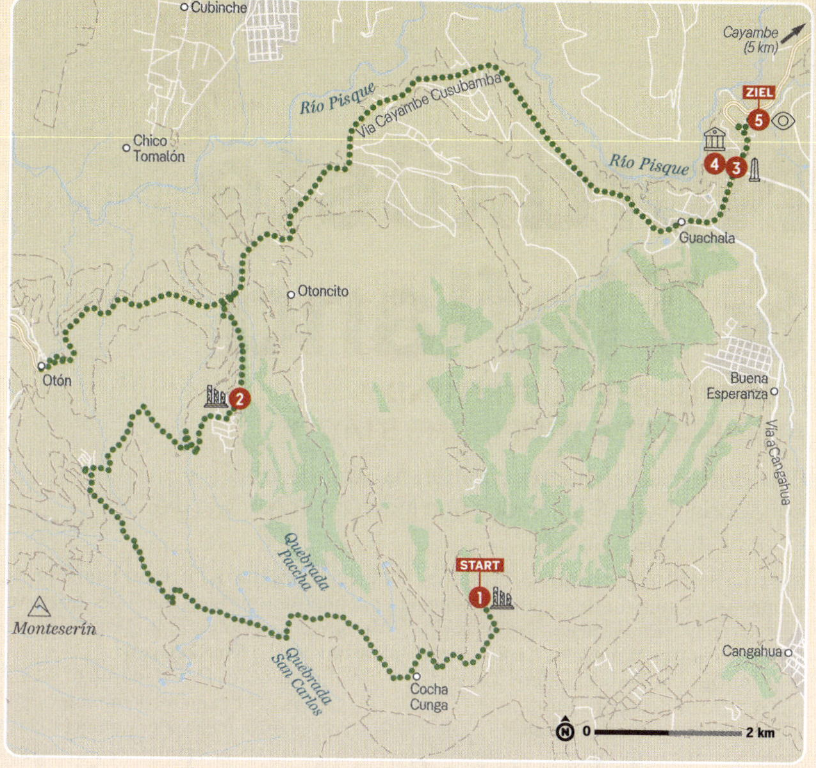

man für Inkafestungen, doch es häufen sich Hinweise darauf, dass sie viel älter sind und vielleicht Standorte für astronomische Beobachtungen waren.
Mit dem Auto: Eine dreißigminütige Fahrt durch das Dorf Cangahua und vorbei an der Hacienda Guachalá führt zur Bola del Mundo.

3 Bola del Mundo

Der riesige Granitglobus, den Einheimische Bola del Mundo (Erdball) nennen, soll den Ort des Äquators markieren, zumindest nach Ansicht französischer Geografen, die 1736 hier forschten. Tatsächlich steht der Globus 275 m südlich der Äquatorlinie.
Zu Fuß: Der Rest dieser Tour (höchstens 3 km) lässt sich gut zu Fuß bewältigen. Das Museo del Bizcocho befindet sich gegenüber der Bola del Mundo.

4 Museo del Bizcocho

Im Museo del Bizcocho erfährt man alles über die Feinheiten des weltberühmten Cayambe-Gebäcks – und verkostet es. Der Museumsgründer Josué Coyaguillo ist zugleich Amateurarchäologe und entdeckte wenige Gehminuten vom Museum entfernt das 2000 Jahre alte Grab La Tola de Guachalá.
Zu Fuß: Bis zur Cueva de Leyendas läuft man zehn Minuten und kann unterwegs die Quitsato-Sonnenuhr besuchen.

5 Cueva de Leyendas

Die familiengeführte „Höhle der Legenden" bietet ein interaktives Erlebnis und erklärt viele lokale Mythen und Legenden. Es gibt auch einen hübschen Campingplatz mit Alpakas und ein kleines Schutzgebiet, wo Tausende Gespenstschrecken leben.

Nordküste & Tiefland

UNBERÜHRTE KÜSTEN UND AUFREGENDE TROPISCHE STÄDTE

Ecuadors spektakulärste unberührte Strände, afroecuadorianische Gemeinden und indigene Völker wie die Chachi und die Tsáchila.

Einst war Ecuadors Nordküste nur bei Surfergruppen berühmt, die den „endlosen Sommer" an wellenreichen äquatorialen Surfspots jagten, darunter Mompiche, Canoa, Same und ein Dutzend unbekanntere „Geheimplätze". Doch Ecuadors Nordküste bietet Abenteuerlustigen weit mehr als nur unberührte Strände.

Das Land verfügt über eine 2237 km lange Pazifikküste, die meisten Strände verlaufen in einer mehr oder weniger geraden Linie von Manta bis zur kolumbianischen Grenze. Neben zahllosen endlos scheinenden Stränden (der von Canoa ist über 13 km lang!) umfasst diese spektakulär vielfältige Landschaft auch einige der letzten unberührten tropischen Wälder sowie unbewohnte Inseln und riesige, bayouartige Naturgebiete mit gut erhaltenen Mangrovenwäldern. In dieser häufig übersehenen Region liegt auch der höchste Mangrovenwald der Welt (Manglares de Majagual nahe San Lorenzo).

Während es im Hochland nicht weniger als acht Äquatordenkmäler gibt (einige mehr oder weniger akkurat), ist es interessant, dass an der tourismusarmen Küste nichts darauf hinweist, wo der Äquator die Küstenstraße halbiert (südlich der Krabbenzüchterstadt Coaque).

Ob in relativ betriebsamen Städten (Atacames und Esmeraldas) oder in verschlafenen Küstenstädten, diese Region sieht nur wenige internationale Traveller; eine der am wenigsten bereisten Regionen Ecuadors zu erkunden ist ein Privileg und vermittelt ein Gefühl von Abenteuer.

DIE WICHTIGSTEN ZIELE

ATACAMES
Klassische Strandstadt in der Provinz Esmeraldas.
S. 138

MOMPICHE
Entspannte Surferstadt mit unberührtem Dschungel-Charme.
S. 146

CANOA
Kernland der „Sonnen-Route".
S. 152

KATH WATSON/SHUTTERSTOCK ©

Gegenüber: Canoa (S. 152); oben: Isla Portete (S. 150)

Erste Orientierung

Atacames ist ein attraktives Urlaubsziel für Ecuadorianer aus dem Hochland, während das Städtchen Canoa und das ruhige Surferdorf Mompiche entspanntere Ausgangspunkte für die Erkundung der Nordküste und des Tieflands sind.

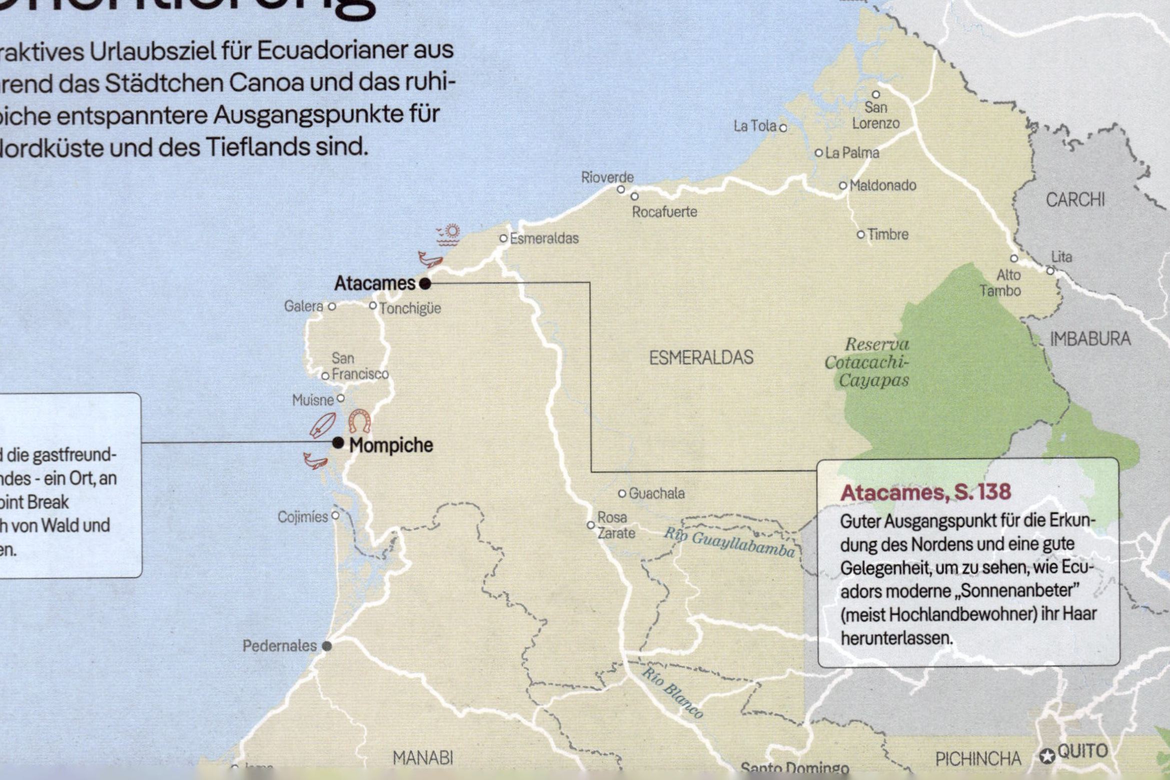

Mompiche, S. 146

Der entspannteste Ort und die gastfreundlichste Surferstadt des Landes - ein Ort, an dem ein Güterzug einen Point Break gebaut hat - ist immer noch von Wald und unberührter Natur umgeben.

Atacames, S. 138

Guter Ausgangspunkt für die Erkundung des Nordens und eine gute Gelegenheit, um zu sehen, wie Ecuadors moderne „Sonnenanbeter" (meist Hochlandbewohner) ihr Haar herunterlassen.

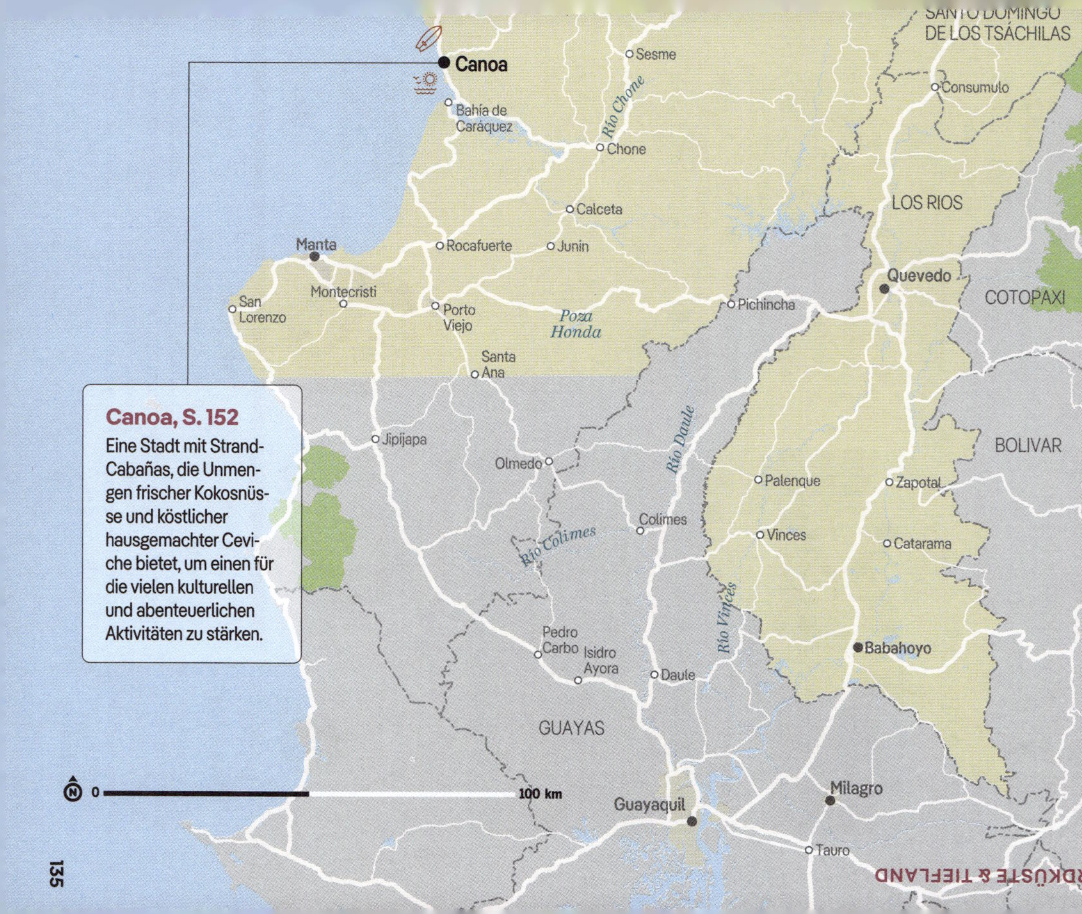

Canoa, **S. 152**
Eine Stadt mit Strand-Cabañas, die Unmengen frischer Kokosnüsse und köstlicher hausgemachter Ceviche bietet, um einen für die vielen kulturellen und abenteuerlichen Aktivitäten zu stärken.

BUS

Alle größeren Städte verfügen über bequeme, komfortable und preiswerte Busverbindungen. Da die meisten Sehenswürdigkeiten an der Küstenstraße liegen, ist die gesamte Region mit öffentlichen Verkehrsmitteln leicht zu erreichen. Die wichtigsten Strandorte sind auch mit Nachtbussen aus dem Hochland (und von Quito) erreichbar.

TAXI

Taxis können auf der Straße angehalten werden, aber man muss in der Regel eine Gebühr vereinbaren. Uber gibt es in größeren Städten und bietet einige Sicherheiten (wie Tracking, Bewertungen und einen „Notfallknopf"), wenn Sie durch größere Städte fahren, in denen es unsicher sein könnte.

TUK-TUK

Tuk-Tuks (auch *mototaxis* oder *tricimotos*) gibt es viele auf den Straßen an der Küste. Sie sind flink, bequem und eignen sich hervorragend, um unterhaltsam von A nach B zu kommen. Sie können auch stunden- oder tageweise für Sightseeing-Touren gemietet werden.

Perfekte Tage

Die Fahrt an der gesamten Nordküstenstraße dauert acht Stunden. Wähle aus unseren Empfehlungen wie dem beschaulichen Surferdorf Mompiche über das aufregende, aktive Canoa bis zum belebten Atacames.

MARK EVELEIGH/LONELY PLANET ©

Mompiche (S. 146)

WENIG ZEIT

● Los geht's in **Mompiche** (S. 146) mit Vorgeschmack auf die Nordküste. Nachdem du ein paar Wellen gejagt und die Atmosphäre der Surferstadt gekostet hast, geht's mit einer halbtägigen Bootstour in geschützte Wälder und zu afroecuadorianischen Gemeinden rund um die **Isla Portete** (S. 150). Mompiches berühmten Sonnenuntergang erlebst du auf einem **Reitausflug** (S. 147) über den weißen, von Kokospalmen beschatteten Sandstrand.

● An der Nordküste dreht sich alles um die Natur, darum solltest du eine **Bootsfahrt** (S. 138) einplanen, um Wale mit ihren Jungen zu sehen, und eine nächtliche **Dschungelwanderung** (S. 148), um einen Einblick in die einzigartige Tierwelt der pazifischen Wälder zu bekommen.

Beste Reisezeit

Die stürmische, nasse Jahreszeit dauert in der Regel von Dezember bis Februar, die Hauptreisezeit von Juli bis September.

JANUAR

Höhepunkt der Surfsaison mit großen Wellen, die an die Küste rollen. Dschungelreisen können zäh und schlammig sein.

FEBRUAR

Die Karnevalsumzüge (wechselnde Termine, manchmal bis März) sind in Atacames und Esmeraldas besonders bunt und ausgelassen.

MAI

Am Tag der Arbeit (1. Mai), beginnt der Frühling und Familien aus dem Hochland haben eine fröhliche Zeit an der Küste.

KATH WATSON/SHUTTERSTOCK ©, IRENEUKE/SHUTTERSTOCK ©, FOTOS593/SHUTTERSTOCK ©

EINE WOCHE ZEIT

● Der scheinbar endlose Strand von **Canoa** (S. 152) ist einer der besten Orte, um Surfen zu lernen, und die Stadt selbst ist ein großartiges Zentrum für Aktivreisende (mit Angeboten zum Radfahren, Reiten und sogar Paragliding). Auf der **Isla Corazon** (S. 155) kann man am Morgen einen Ausflug zu den Mangroven und Seevogelkolonien machen und dann zur **Reserva Bosque Seco Lalo Loor** (S. 151) – dem „heulenden Dschungel" – fahren für einen „ruhigen" Aufenthalt inmitten von Brüllaffengruppen.

● Wen es ins Hochland zieht, der sollte in **Santo Domingo** (S. 156) seinen Aufenthalt an der Nordküste mit einer einmaligen spirituellen Reinigungszeremonie bei einem der berühmten Tsáchila-*curanderos* (Heiler) beenden.

ZWEI WOCHEN ZEIT

● Begib dich direkt nach Playa de Oro (zugänglich von Esmeraldas), um ein paar Tage im abgelegenen Dschungel der **Reserva de Tigrillos** (S. 143) zu verbringen und die Tierwelt zu beobachten. In **Atacames** (S. 138) weiter südlich gibt es den klassischen Strandurlaub und man hat die unwiderstehliche Chance, eine Walbeobachtungstour mit dem weltbesten Preis-Leistungs-Verhältnis zu erleben. Auf einer Tuk-Tuk-Tour erhält man einen ersten Überblick über die Umgebung, bevor es in den Süden nach **Muisne** (S. 142) geht.

● Nimm ein Boot für ein oder zwei Surfeinheiten in **Mompiche** (S. 146), fahre für ein paar Tage weiter in den Süden und lerne auf dem **Río-Muchacho-Biobauernhof** (S. 153) den gesunden Lebensstil der Permakultur kennen.

JUNI
Sei dabei, wenn die gigantischen Wale zu Beginn der Paarungszeit heimkehren.

AUGUST
Hauptferienzeit im Inland und Zeit für die beliebten Fiestas de San Lorenzo (10. August).

OKTOBER
Ende der Brutzeit der Wale. Genieße die Sonne der Nebensaison mit weniger Menschenmassen und günstigeren Preisen.

NOVEMBER
Der „Tag der Toten" (2. November) ist ein absolutes Muss, besonders lebendig geht es auf dem Friedhof in Atacames zu.

Atacames

UNTERWEGS VOR ORT

Atacames ist klein, gut zu Fuß zu erkunden und an den öffentlichen Nahverkehr angebunden. Busse sind günstig und fahren häufig nach Esmeraldas (dem Hauptknotenpunkt weiter nördlich). Tuk-Tuks befördern durch die Gegend (und ins benachbarte Tonsupa für 2 US$).

In Atacames sieht man vermutlich nicht viele internationale Reisende, aber wer gerne mit ecuadorianischen Urlaubenden abhängen möchte, ist hier genau richtig. An Wochenenden wird Atacames häufig zu einer Partystadt, in der *serranos* (Leute aus dem Hochland) zu Stränden strömen, entspannen und bis zu einem gewissen Grad auch zechen.

Viele andere Traveller kommen wegen der Meeresbewohner – zwischen Juni und Oktober ist dies vielleicht der beste und günstigste Ort der Welt, um riesige Gruppen von Buckelwalen zu sehen.

Atacames ist ein klassischer südamerikanischer Strandtreff mit einigen der besten Meeresfrüchte des Landes und Ständen mit Churros, Bier, frischem Obst, Eis, Kokosnüssen, Arepas und sogar traditionellem Milchreis am Strand. Außerdem ist dies ein angenehmer (und sicherer) Ausgangspunkt in die Provinz Esmeraldas, und dank des Flusses, der die Stadt in zwei Hälften teilt, kann der relativ kleine Strandbereich gut zu Fuß erkundet werden.

TOP TIPP

In der Region Nord-Esmeraldas gibt's Sicherheitsrisiken, die mit grenzüberschreitenden Aktivitäten internationaler Drogenkartelle und krimineller Banden zu tun haben. Insbesondere die Stadt San Lorenzo (nahe der kolumbianischen Grenze) sollte gemieden werden. Wer entlang der Küste reist, sollte nicht in Esmeraldas übernachten.

Weltbestes Whalewatching

Säugende Buckelwale beobachten

Atacames ist vielleicht der Ort für Walbeobachtungen mit dem besten Preis-Leistungs-Verhältnis der Welt. Eine einstündige Tour etwa 10 km vor die Küste kostet in der Nebensaison oft nur noch 10 US$. Mit bis zu 20 Passagieren pro Boot ist die Whalewatching-Branche eine wichtige Einnahmequelle für eine Stadt, in der der internationale Tourismus fast auf dem Nullpunkt angelangt ist. Diese Touren sind ein zusätzlicher Anreiz, diese majestätischen Geschöpfe zu schützen, und die besten sind beruhigend vorsichtig, schalten die Motoren aus, vermeiden jede Einmischung und lassen die großen Säugetiere näher kommen, anstatt sie zu verfolgen.

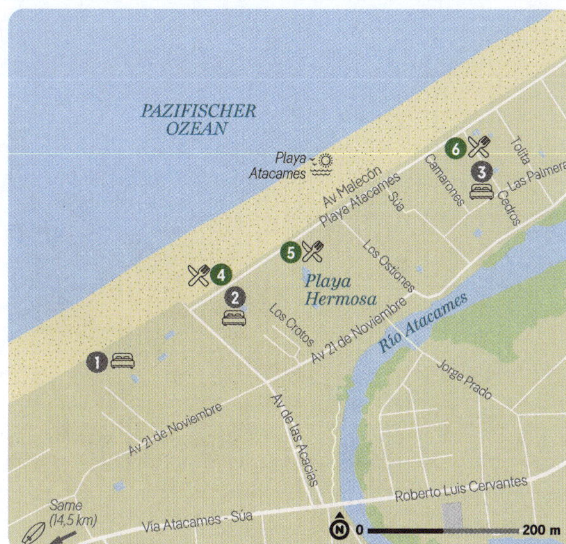

SCHLAFEN
1 Hotel Cielo Azul
2 Hotel El Marqués
3 Hotel Samary

ESSEN
4 Cevichería Brisas del Mar
5 Las Delicias del Morisco
6 Pizzeria da Giulio

Neben den Buckelwalen besteht auch die Chance, Brydewale, Killerwale, Grindwale und verschiedene Delfinarten zu sehen.

Die meisten Bootstouren (während der Brutzeit von Juni bis Oktober täglich von 8 bis 15 Uhr) machen Abstecher zu anderen Sehenswürdigkeiten entlang der Küste, bevor sie zu den Walgründen fahren. Dabei passiert man Höhlen am Fuße der Klippen, die nur bei Ebbe zugänglich sind. Eine ist bekannt als Cueva de los Milagros (Höhle der Wunder) – die Guides witzeln, dass „Liebespaare zu zweit hineingehen und zu dritt wieder herauskommen". Manche Boote machen kleine Umwege zu einer Kolonie scheinbar rosa Seelöwen am FKK-Strand von Punta Sua.

Am Strand wird für Touren geworben, deren Preis doppelt so hoch ist wie der direkt beim „Sea the Sua"-Stand am Strand.

Wellenreiten an der Küste von Esmeraldas

Surfunterricht im Dorf Same

Wer auf der Suche nach surfbaren Wellen ist, begebe sich in die Nachbarstadt **Same** (20 Minuten von Atacames, mit jedem Bus in Richtung Süden).

Obwohl die Wellen hier rauer sind als in Atacames, sind sie für Neulinge in der Regel weniger anspruchsvoll als an

BESTES ESSEN IN ATACAMES

Las Delicias del Morisco
Es gibt einen Grund, dass für das Garnelen-Ceviche in Atacames' populärstem Lokal oft Schlange gestanden wird. **$**

Cevichería Brisas del Mar
Eine Vereinigung mit 24 Ständen – in Nr. 8 zaubert Marcia ihre Thunfisch-Ceviche. **$**

Pizzeria da Giulio
Die vielleicht besten Pizzen Ecuadors gibt's bei Giulio. **$$**

ÜBERNACHTEN IN ATACAMES

Hotel Samary
Einen Block vom Strand entfernt ist dieses freundliche kleine Hostel die beste günstige Unterkunft in Atacames. **$**

Hotel Cielo Azul
Ein Juwel am ruhigeren Ende des Strandes mit romantischen Zimmern im Kolonialstil und Meerblick. **$$**

Hotel El Marqués
Die gehobenste Adresse am Strand von Atacames, mit tollem Pool und fantastischer Cocktailbar. **$$$**

BESTE VOGELBEOBACHTUNG AN DER KÜSTE

Die Stadt Atacames ist eine überraschend gute Gegend für Vogelbeobachtungen. Oft nutzen an die 100 *gallinazos* (Rabengeier) die Thermik und schweben über der Stadt. Bei einem Spaziergang am Fluss kann man Fischreiher oder Eisvögel sehen, am südlichen Ende des 4 km langen Strandes ist die Wahrscheinlichkeit groß, Sandregenpfeifer, Steinwälzer und Strandläufer zu Gesicht zu bekommen.

Walbeobachtungsboote machen meist einen Abstecher zur Isla de los Pajaros (Vogelinsel), 200 m vor der Küste von Punta Sua. Dort lebt eine beeindruckende Misch-Kolonie von Pelikanen, Fregattvögeln, Lachmöwen, Regenbrachvögeln und den berühmten Blaufußtölpeln.

JESS KRAFT/SHUTTERSTOCK ©

Same

berühmten Spots wie Mompiche und Montañita. Und der sandige Boden dämpft die unvermeidlichen Pannen.

Mietbretter gibt's am Strand gegenüber Casablancas Wohnungs- und Hotelkomplex (der über das Dorf hinausgewachsen ist). Vermutlich wurde er nach dem Weißen Haus in Washington, D. C., benannt, doch seine abblätternde weiße Farbe und der sechsstöckige Rohbau eines aufgegebenen Bauprojekts erinnert mehr an die gleichnamige marokkanische Stadt. Leider spülen die Wellenbrecher in Casablanca Treibgut und abgestorbenes Seegras an den Strand, daher trägt man sein Board besser hinunter nach Same, wo die Wellen klar, sauber und angenehm warm sind.

Selbst in der Hochsaison sind die Wellen in Same nicht überfüllt, denn der Strand ist mehr als 4 km lang und erstreckt sich nach Süden bis zum Nachbardorf Tonchigüe.

Trotz der Überbebauung in Casablanca bleibt Same selbst eine unkomplizierte und entspannte Ansammlung von Bambuslokalen mit einladenden Hängematten für einen Fruchtsaft nach dem Surfen. Außerdem gibt's hier mehrere günstige und ansprechende Übernachtungsoptionen (ca. 15 US$/Person). Ideal für den frühmorgendlichen Surfcheck ist die **Casa de Fierro** im mexikanischen Stil, eine ruhige Anlaufstelle nur einen Block vom Strand entfernt ist die **Hostería Marina** in argentinischem Besitz. Gilmar Torres ist zertifizierter Surflehrer am Same-Strand, der auch Boards aller Größen vermietet.

AUF DREI RÄDERN DURCH ATACAMES

Tuk-Tuks – hier *tricimotos* oder *mototaxis* – sind eine ungewöhnlich spannende Art, Atacames zu erkunden. Auf einer zweistündigen Tour (etwa 20 km) lernt man die Stadt und den benachbarten Strandort Tonsupa kennen.

Los geht's am 1 **Strand von Atacames** und dann entlang der Via Roberto Luis Cervantes in den Hauptort bis zum 2 **Camposanto Atacames**. Dieser Friedhof, ein Ort bedeutender Feierlichkeiten am 2. November (Tag der Toten), ist vielleicht der malerischste des Landes und mit wundervollen Graffitis feiernder Skelette geschmückt. Weitere eindrucksvolle Wandmalereien sieht man auf der zehnminütigen Fahrt über die Via Atacames Esmeraldas an der Küste entlang nach 3 **Tonsupa**. Dieser Strand ist etwas gehobener als der von Atacames und hat mehr Wohnhäuser und Villen als Hotels, aber auch attraktive Strandbars. Wer die Wartezeit des Tuk-Tuks vergütet, kann in der sehr empfohlenen 4 **Pichos Beach Bar** ein kühles Getränk genießen. Auf dem Rückweg durch Atacames passiert man einen kleinen Obst- und Gemüsemarkt, bevor man zur großen Ziegelkirche 5 **Santa Rosa de Lima** und dem 6 **Parque Central de Atacames** am Ende der Straße kommt, einem lebhaften Familientreff am Ende des Tages. Ein letzter Abstecher führt zum 7 **Aussichtspunkt Peñón del Suicida**, hoch über dem 8 km langen Sandstrand, der fast ununterbrochen bis zum Diamond Beach am anderen Ende von Tonsupa verläuft. Die meisten Mototaxis machen gerne eine Tour (etwa 10 US$/Std.). Rodin Paraga (+593 97 949 3524) ist ein erfahrener und besonders hilfsbereiter Fahrer.

Rund um Atacames

Atacames bietet Zugang zu unberührten Stränden, Waldgebieten am Pazifik und einigen der spektakulärsten Mangrovenwälder der Welt.

UNTERWEGS VOR ORT

Der wichtigste Busbahnhof der Region befindet sich in Esmeraldas. Hier gibt's gelbe Taxis und (anstelle von Tuk-Tuks) Motorradtaxis (*lineales*).

Der Selva Alegre (Fröhlicher Dschungel) ist der Zugang zu Playa de Oro und Reserva de Tigrillos. Selva Alegre ist 2½ Stunden von Atacames entfernt (mit Buswechsel in Esmeraldas). Eine weitere Stunde dauert die motorisierte Kanufahrt flussaufwärts nach Playa de Oro und 30 Minuten von dort zur Reserva de Tigrillos.

TOP TIPP

Esmeraldas ist 30 Fahrminuten von Atacames entfernt, doch die Fernbusse fahren oft früh ab; um sicherzugehen, besser über das Hotel einen Fahrer organisieren.

Trotz der Nähe zu Esmeraldas gilt Atacames als sicherer und erholsamer Ort. Mit der großen Auswahl an Hotels und tollen Restaurants ist es ein idealer Ausgangspunkt, um den nördlichen Teil der Provinz Esmeraldas zu erkunden.

Eine kurze Busfahrt von den lebhaften Stadtstränden entfernt liegen die unberührte Schönheit des Corredor Turistico Galera-San Francisco und die wilden, einsamen Strände der Insel Muisne. Weiter landeinwärts gibt's abgelegene afroecuadorianische Gemeinden und eine spektakuläre Tierwelt in Dschungelgebieten, die nur selten Fremde sehen.

Reizüberflutung gehört zu jeder Reise durch die nördliche Provinz Esmeraldas dazu. Hier hört man den berauschenden Rhythmus der Marimba-Musik und das markerschütternde Geschrei der Brüllaffen, genießt raffiniert gewürzte Küstenküche und Kokosnüsse frisch von der Palme.

Tuk-Tuk-Fahrt bei Ebbe am Strand von Muisne

Die wilde Seite der Insel Muisne

Vor 2017 konnte die Insel Muisne (eine Busstunde südlich von Atacames) nur mit der Fähre erreicht werden, aber das änderte sich, als die kleine Brücke gebaut wurde.

Die Tuk-Tuk-Fahrt vom großartig benannten *malecón* (Promenade) am Ende der Brücke vermittelt eine Idee von der verfallenen Kolonialgeschichte, wenn man entlang der Calle Isidro Ayora an Geschäftshäusern mit Balkons vorbei und rund um den baumbeschatteten Parque Central saust. Auf der zehnminütigen Fahrt zur wilderen Pazifikküste lädt wenig zum Anhalten ein, aber dort entdeckt man einen herzzerreißend schönen, scheinbar unberührten Strandabschnitt, der sich über 6,5 km erstreckt.

Es gibt einige Häuser, ein paar Homestays und ein halbes Dutzend Strandbars, aber die Gebäude sind fast vollständig hinter einer Wand aus Kokospalmen versteckt, was als Robinson-Crusoe-Kulisse durchgehen könnte. Eine Straße parallel zum Strand gibt's nicht, aber man kann mit dem Tuk-Tuk über den harten Sand fahren.

Muisne-Strand

Im Vergleich zu den relativ unbeständigen Surfbedingungen anderswo gibt's hier fast das ganze Jahr über Wellen. Hernán Gudiño, der Besitzer der Strandbar Las Palmeras, ist ein toller Ansprechpartner vor Ort und kann Mietsurfbretter und Unterkünfte organisieren.

Wer nach Mompiche will, erspart sich mit einem Charterboot (ca. 30 Min.) eine stundenlange und manchmal umständliche Fahrt. Außerdem ist es ein aufregendes Erlebnis, denn es geht durch geschützte Mangrovenwälder bis in die Nähe der treffend benannten Isla Bonita (Schöne Insel). Nativo Mompiche Adventure arrangiert Bootsverbindungen zwischen Muisne und Mompiche.

Dschungelkatzen & Vogelbeobachtung in der Reserva de Tigrillos

Dschungelexpedition an der Pazifikküste

Von Atacames sind es 2½ Fahrtstunden nach Selva Alegre (Fröhlicher Dschungel) und eine weitere Stunde mit motorisiertem Kanu zur Dschungel-Lodge der Reserva de Tigrillos

CORREDOR TURISTICO GALERA-SAN FRANCISCO

„Touristischer Korridor" klingt nach einem optimistischen Marketingbegriff, aber viele Menschen halten es für einen Segen, dass dieser abgelegene Landstrich (40 Min. westlich von Atacames) fast völlig unberührt geblieben ist. Geht man entlang der zerklüfteten Landzunge bis zum Mirador el Faro de Galera (Aussichtspunkt des Leuchtturms von Galera), überrascht es kaum, dass es hier weder einen Leuchtturm noch einen touristischen Korridor gibt. Im Dorf Galera gibt's ein paar Fischrestaurants/Bars und eine Handvoll einfacher Hotels und Homestays. Ein privates Naturschutzgebiet mit dem viel passenderen Namen Playa Escondida (Versteckter Strand) rühmt sich des vielleicht paradiesischsten Campingplatzes an der gesamten Küste.

KULINARISCHE SPEZIALITÄTEN DER PROVINZ ESMERALDAS

Encebollada
Thunfischsuppe mit Zwiebeln (die *cebolla* gibt dem Gericht seinen Namen), Maniok, Tomaten, Koriander und Gewürzen.

Viche de pescado
In Kokosmilch geschmorter Fisch, gewürzt mit Paprika, Maniok, Zwiebeln, Erdnusspaste und reifen Kochbananen.

Mote sucio
Wörtlich „schmutziger Mais" – benannt nach dem braunen Schweineschmalz, das diese würzige Maissuppe färbt.

Tayra

PLAYA DE OROS AFROECUADORIANISCHE GEMEINDE

In Playa de Oro, dem letzten Dorf vor dem Dschungel am Río Santiago, sind zwei Stelzenhütten für Reisende reserviert.

Mit Glück trifft man die 80-jährige Doña Edita, die eine von ihren Großeltern überlieferte Geschichte erzählt – von versklavten Afrikanern, die einen Schiffbruch überlebten und eine freie Siedlung gründeten. Durch eine grausame Wendung des Schicksals litten viele von ihnen später als Zwangsarbeiter einer britischen Bergbaufirma, die das Gebiet ausbeutete, das als Goldstrand (Playa de Oro) bekannt geworden war.

Doña Editas Geheimnis für ein langes Leben liegt in den vielen leckeren *raton del monte* (Dschungelratten), die sie als kleines Mädchen gegessen hat.

(+593 96 822 2529). Das Chocó-Biosystem ist eines der artenreichsten Habitate der Welt und diese Lodge mit zehn Zimmern, betrieben von der Gemeinde Playa de Oro (fast gänzlich afrikanischer Abstammung), ein vitales Bollwerk gegen den Bergbau und die Abholzung in einem Gebiet mit unberührtem Wald, wo die Baumkronen oft 30 m hoch sind.

Die Einheimischen jagen und sammeln gelegentlich Dschungelprodukte und Medizin in den Wäldern hier. Während des Aufenthalts kann man von den Guides, deren Familien seit Generationen in dieser Gegend leben, etwas über das Überleben im Dschungel lernen.

Neben Naturbegeisterten, die sich einen Blick auf seltene Ozelots, Jaguarundi und wieselartige Tayra erhoffen, kommen die meisten wegen der Vogelbeobachtungen ins Schutzgebiet. Ein englischsprachiger Vogelbeobachtungsführer ist Juan Carlos Calvachi (juancarloscalvachi1@gmail.com) und leitet seit mehr als zwei Jahrzehnten Touren in der Reserva de Tigrillos. Viele seiner Gäste kehren regelmäßig zurück, weil hier viele seltene Vögel gesichtet wurden, darunter Bechsteinaras, Fünffarben-Bartvögel, Chocónachtschwalben, Breitschnabelpipras, Hakenkolibris, Halsband-Ameisenvögel, Rosenwangenpapageien, Brillenameisenpittas und sogar der extrem seltene Ortonguan.

ÜBERNACHTEN IN ESMERALDAS

Hotel Casa Arnaldo
Helles und luftiges Strandanwesen (vor der Playa de las Palmas) mit tollem Pool und Terrassenbereichen. **$$**

Hotel Perla Verde
Bequeme Zimmer nahe der Altstadt, mit gutem Restaurant und einer Bar (um abends nicht mehr rauszugehen). **$$**

Hostal Zulema Inn
Die beste günstige Option in Esmeraldas-Stadt (nur einen Block vom Parque Central entfernt). **$**

Reise in die Reserva Ecológica Cotacachi-Cayapas

Expedition zu den indigenen Chachi-Gemeinden

Wer eine einmalige Dschungelexpedition sucht, sollte eine der lokalen Chachi-Gemeinschaften ansteuern. Die Chachi flohen während der Eroberung durch die Inka (Ende des 14. Jhs.) aus ihrer Heimat im Hochland und ließen sich in der Region Nord-Esmeraldas nieder. San Miguel (drei Autostunden östlich von Atacames und Tor zur Reserva Ecológica Cotacachi-Cayapas) ist eine bunt gemischte Gemeinschaft aus afroecuadorianischen Familien und Chachi, auch Cayapa genannt, mit traditionellen Häusern am Flussufer.

Trotz des Lebensstils im tropischen Dschungel, der sich um Jagd und Fischfang dreht, erinnern die Religion und die traditionelle Kleidung der Chachi – knöchellange Wickelröcke und enge Hosen und Kattunhemden für die Männer – noch immer an die Hochlandgemeinden.

Die etwa 5000 Chachi leben in Dörfern, die aus Palmenholz und Stroh gebaut sind, bauen Kakao, Yuca und tropische Früchte an und befischen in Einbäumen die überschwemmten Feuchtgebiete rund um ihre Stelzenhütten, die etwas großartig *rancherías* genannt werden.

Geschickte Chachi-Kunstschaffende sind unter ihren Landsleuten berühmt für ihre feinen Korbwaren und exquisiten Hängematten. In der nahen Rangerstation bei San Miguel erhält man Genehmigungen und kann Guides buchen, wenn man weiter in das Schutzgebiet vordringen möchte.

Es erfordert Hartnäckigkeit und Entschlossenheit, dieses Gebiet zu betreten, aber wer sich die Mühe macht, erlebt vielleicht das größte Abenteuer seiner Ecuadorreise.

MARIMBA-RHYTHMEN

Die Esmeraldas-Küste scheint im Takt der Marimba zu pulsieren. Die Musik, von Palmen- und Bambusxylophonen geprägt und oft von Trommeln wie *bomba* und *cununo* begleitet, wurde 2015 in die UNESCO-Liste der immateriellen Kulturgüter aufgenommen.

Die Lieder und begleitenden Tänze sind von großer kultureller Bedeutung, da sie seit jeher Geschichten, Legenden und Lebensregeln überliefern, die von den Älteren, die singen und skandieren, an die tanzenden Jüngeren weitergegeben werden.

Esmeraldas' Karneval – die vielleicht größte Feier des afroecuadorianischen Erbes der Provinz (Februar/März) – ist die beste Gelegenheit, um Marimba-Vorführungen beizuwohnen. Wo auch immer eine kulturelle Versammlung oder ein Dorffest stattfindet, ist eine Marimba-Band nicht weit.

Mompiche

UNTERWEGS VOR ORT

Mompiche ist klein genug, um barfuß herumzulaufen. Wer etwas weiter weg möchte, findet in Strandnähe immer *mototaxis* und Boote, die man für Nachbarinseln, Buchten und Mangrovenwälder chartern kann.

Die Busse zur Hauptküstenstraße und darüber hinaus fahren in der Regel gegen 6 Uhr morgens ab (wenn die ausgezeichnete Bäckerei an der Hauptstraße Kaffee anbietet).

TOP TIPP

Obwohl Mompiche zwischen den Sicherheitsproblemen in Esmeraldas und den politischen Unruhen in Manta liegt, bewahrt es sich eine herrlich friedliche Dorfatmosphäre. Jeder scheint jeden zu kennen, und wer sich die Zeit für einen Plausch mit Ansässigen nimmt, fühlt sich bald als Teil der Gemeinschaft.

Mompiche ist einer dieser privilegierten Orte, wo du in leere Wellen paddelst, die Schreie von Brüllaffen in den Wäldern hörst und Wale aus dem Wasser brechen siehst.

Es erfordert ein wenig Entschlossenheit, um hierherzugelangen, weil du wahrscheinlich Busse wechseln musst, aber es ist eine der attraktivsten kleinen Surfstädte in Südamerika und die Mühe wert. In Ecuador gilt Mompiche als eine Art Kaff, aber es gibt hier so ziemlich alles, was du brauchst (unerwarteterweise sogar einen Geldautomaten, obwohl das viel größere Canoa keinen hat).

Traveller kommen oft nur ein paar Tage zum Surfen und ziehen dann weiter, ohne herauszufinden, wie viel mehr es zu sehen gibt. Egal, wie viel Zeit du ursprünglich für Mompiche eingeplant hast, überlege, sie zu verdoppeln und für die Erkundung der Gegend zu nutzen. Aber Vorsicht: Vielleicht willst du nie wieder weg.

Die längste Lefthander-Welle Ecuadors

Surfparadies für alle Niveaus

Die ecuadorianische Surfgemeinde ist sich einig, dass Mompiche die besten Wellen des Landes bietet. An guten Tagen bricht eine saphirfarbene, kristallklare Barrel, oft über 3 m hoch, am Ende der Landzunge und schießt mit der Kraft eines Güterzugs bis zu 500 m weit über die Bucht.

Lass dich nicht von hohen Wellen abschrecken. Dieses Szenario kommt nur wenige Male im Jahr vor, und selbst dann gibt's in der Regel geschützte Plätze für Novizen. Menschenmassen sind selten ein Problem, denn an einem durchschnittlichen Tag brechen die Wellen auf dem ganzen 1 km langen Sandbogen. Weitere 5 km weiter nördlich befindet sich ein durchgängiger Strand an der als **La Mancha** bekannten Bucht. Die Flussmündung an Mompiches nördlichem Rand fängt die besten Beachbreaks mit einer A-Frame (links und rechts) und ist mit sandigem Boden perfekt zum Lernen.

Am beständigsten sind die Brecher von Dezember bis März, der Februar ist oft der beste Monat. Internationale Surfgruppen (viele Stammgäste) tauchen immer dann auf, wenn sich hohe Wellen ankündigen. Auch wenn der Lefthander-Pointbreak das Tüpfelchen auf dem i ist, in Stadtnähe und auf den Nachbarinseln (vor allem Isla Bonita, Muisne, Portete und Jupiter) gibt's einen guten Mix aus Riffen, Beachbreaks und Flussmündungen zum Surfen.

Es gibt mehrere Surfschulen und Boardverleihe in Mompiche. In der Surfschule **La Peña** bietet der einheimische Surfer Jefferson Panezo qualitativ hochwertige Bretter und Kurse für alle Niveaus an.

WHALE-WATCHING

In den ecuadorianischen Gewässern gibt's etwa 30 Wal- und Delfinarten. Der nährstoffreiche Ozean vor Mompiches Landzunge ist von Juni bis Oktober die Heimat von Buckelwalherden mit ihren Jungen. Die Wale kommen aus der Antarktis, um ihre Jungen zu gebären, und es ist ein unvergesslicher Moment, aus sicherer Entfernung in einem Boot die Mütter und ihre Kälber auftauchen zu sehen.

Der Preis (ca. 20 US$ pro Pers.) ist zwar etwa doppelt so hoch wie in Atacames, aber in den weniger überfüllten Booten ist die Atmosphäre viel angenehmer. Mit einer Gruppe von fünf oder mehr Personen kann das Mieten eines privaten Bootes sehr kostengünstig (und unterhaltsam) sein.

Aufsitzen am Strand von Mompiche

Reitausflug über 6 km wellenumspülten Sand

Am weitläufigen Sandstrand von Mompiche toben sich Hunde und Pferde (und ein paar Menschen) gerne aus.

In Fabiola Mindas Stall stehen neun gepflegte Pferde, da ist für jeden ein passendes Ross dabei (von Kindern bis zu Reiterfahrenen). Ihre Lieblingsstrecke ist eine Kombination aus felsigem Feldweg und offenem Strand, die sich an den vorsichtigsten und auch abenteuerlichsten Reitstil anpassen lässt. Man reitet am Fischerstrand vorbei in Richtung der wilden, einsamen Landzunge La Mancha mit Blick auf die treffend benannte Isla Bonita (Schöne Insel).

ÜBERNACHTEN IN MOMPICHE

Posada de Randy
Diese etwas baufällige Bambushütten-Ansammlung ist wohl die beste Budget-Unterkunft in Mompiche. $

La Facha
Ein echter Favorit mit künstlerischem Design, gemütlichen Nischen und tollem Restaurant. $$

Los Balcones de Mompiche
Ein seltener Hauch von Luxus in Mompiche mit toller Lage an der Hauptstraße und Swimmingpool. $$$

WARUM ICH MOMPICHE LIEBE

Mark Eveleigh, Lonely-Planet-Autor

Mompiche ist so ein Ort, in dem man für eine Nacht Halt macht und am Ende vierzehn Tage bleibt. Kein Wunder, dass einige Leute als Traveller ankamen und nie wieder abreisten. Das liegt zum einen an der großartigen Brandung vor der Dschungelkulisse, aber vor allem am Gemeinschaftsgefühl und der einladenden Atmosphäre, die dafür sorgt, dass man sich schon wenige Stunden nach der Ankunft wie ein Freund und nicht wie ein Fremder fühlt.

Das Rätsel ist, warum die meisten Reisenden einfach durchfahren, ohne einen zweiten Blick darauf zu werfen. In Mompiche gibt's so viel mehr zu unternehmen, als nur zu surfen.

SIPOSM/SHUTTERSTOCK ©

Fabiola wuchs in einer Bauerngemeinde im Hochland von Carchi auf dem Pferderücken auf. Sie teilt ihre Zeit zwischen Reittouren am Strand von Mompiche und dem Tierrettungszentrum, das sie vor fast 20 Jahren gründete. Auf Fabiolas Grundstück gibt's ein Café (mit großartigem natürlichem Fruchtsaft), wo man auch die ungehemmte Aufmerksamkeit ihrer liebevollsten 30 Hunde und 45 Katzen erfährt. Fabiola würde, wenn sie könnte, jeden Streuner in Ecuador adoptieren.

Reittouren kosten 25 US$ pro Person für zwei bis drei Stunden. Wer Interesse hat, in der Rettungsstation mitzuhelfen, kann Fabiola über Instagram (@rescate_animal_mompiche) oder WhatsApp (+593 96 054 3915) kontaktieren.

Mompiches Dschungelkatzen & riesige Nagetiere

Dschungel-Trekking an der Pazifikküste

Mompiches unerwarteter Reiz besteht auch darin, dass es sich immer noch wie ein Dschungeldorf anfühlt. Das Geschrei der Brüllaffen tönt oft vom bewaldeten Hügel mit dem klei-

WEITERE AKTIVITÄTEN IN MOMPICHE

Yoga
Es gibt regelmäßige Yogakurse bei einem fähigen internationalen Trainerteam.

Capoeira
Melde dich für einen Crashkurs in angolanischem Capoeira an. Frag einfach herum und du wirst eingeladen.

Slackline
Mompiche hat eine lebendige Slackline-Gemeinde (Hochseil) und es gab schon internationale Festivals.

Blauer Morphofalter

nen Friedhof ins Dorf hinunter. Sogar entlang seiner Hauptstraße sind die dschungelbewachsenen Täler immer noch ein Lebensraum für Ameisenbären, Aguti (riesige Nagetiere) und seltene Raubtiere wie die Ozelotkatze und den großen, marderartigen Tayra (bekannt als *viejo del monte* – der alte Mann des Berges).

Nur wenige Kilometer von der Küste entfernt bietet Manuel Orejuela (+593 99 265 7254) spannende Dschungel-Trekkings auf der Suche nach einzigartigen Wildtieren. Als ausgebildeter Entomologe gilt Manuels eigentliches Interesse den Insekten. Du hast den ecuadorianischen Küstendschungel erst richtig kennengelernt, wenn du Regenbogengrillen, Blaue Morphofalter und Tigerspinnen (unter den giftigsten Arachniden der Welt) mit seinen Augen gesehen hast.

Manuels vierstündige Wandertour führt in versteckte Dschungeltäler jenseits der Biokakaoplantagen, die seit Generationen im Besitz seiner Familie sind. Es fühlt sich wie eine echte Dschungelexpedition an, wenn der macheteschwingende Manuel den Weg bahnt, während du rutschige Hänge hinunterkletterst und an gewundenen Bächen entlangwatest, wo Basilisken (passenderweise „Jesus-Eidechsen" genannt) über die Oberfläche rennen. Es gibt auch die Möglichkeit, sich unter kristallklaren Wasserfällen abzukühlen.

Die zurückgelegten Strecken sind in der Regel minimal, da der Wald vor Leben strotzt und Manuels scharfe Augen alle paar Meter faszinierende Kreaturen entdecken.

NACHTS IM DSCHUNGEL

Es gibt nichts Besseres, als nach Sonnenuntergang durch dichte tropische Wälder zu wandern. Neben der unglaublichen Insektenvielfalt stößt man hier auch auf einige echte Perlen der Amphibien- und Reptilienwelt. Zu den Highlights gehören Buntleguane, Laubfrösche und die kultigen Erdbeerfröschchen; angeblich kann ihr Gift ein Dutzend Menschen töten.

Nativo Mompiche Adventure (@nativo_mompiche_adventure) bietet Nachtwanderungen in die Wälder über Mompiche an. Sie starten in Mompiche mit dreirädrigen *mototaxis* und folgen einer Reihe von Dschungelpfaden in den Wald.

Rund um Mompiche

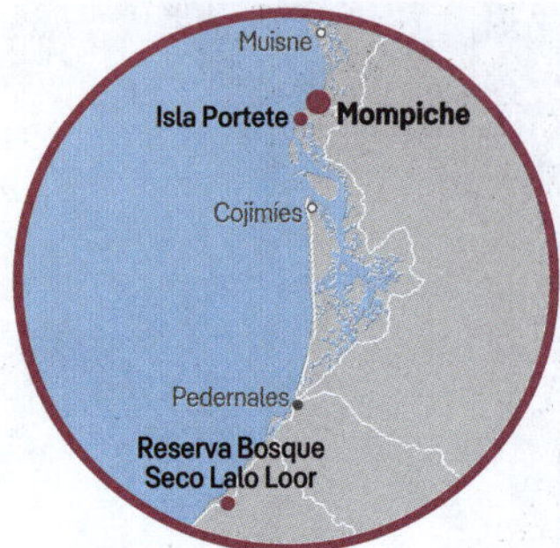

Die Wildnis-Umgebung auf einer abgelegenen Landzunge macht einen großen Teil von Mompiches Zauber aus.

UNTERWEGS VOR ORT

Dreirädrige *mototaxis* decken das Gebiet um Mompiche ab, aber für die Weiterreise sind die Busse am besten, die meist kurz nach Sonnenaufgang die Stadt verlassen.

Richtung Norden und besonders für Gruppen ist ein privates Boot zur Insel Muisne (ca. 40 US$) eine tolle Option, um die verschlungenen Mangrovenwälder, Buchten und Garnelenfarmen an der Küste kennenzulernen.

TOP TIPP

Wer nach Norden weiterreist, vermeidet die umständliche Busfahrt mit einem Charterboot durch die Mangrovenwälder zur Insel Muisne.

Trotz der etwas abgeschiedenen Lage an der Küste (nur wenige Busse kommen von der Küstenstraße hierher) ist Mompiche ein idealer Ausgangspunkt, um diesen weniger bekannten Teil des Landes zu erkunden, entweder zu Fuß, mit einem dreirädrigen *mototaxi* oder per Boot.

Nördlich von Mompiche erstreckt sich ein etwa 6 km langer, unberührter Sandstrand, an den raueren Klippen im Süden finden sich „geheime" Orte wie Playa Negra und Playa Escondida (der passend benannte Verborgene Strand).

Im Dorf Bolívar gibt's afroecuadorianische Kultur, in den Mangrovenwäldern rund um die Isla Portete Naturschätze und auf vielen der nahen Inseln weitere einsame Strände.

Natur & Kultur auf der Isla Portete

Mit dem Boot durch Mangroven und Fischerdörfer

Anstatt mit dem Bus zum Dorf Bolívar auf der Isla Portete zu fahren, wofür man wahrscheinlich eine gute Stunde braucht (inklusive Umsteigen), steigt man in Mompiche einfach in ein Tuk-Tuk und ist innerhalb von zehn Minuten an der Bucht gegenüber dem Strand von Portete. Hier winkt man eine Barkasse heran und lässt sich auf die Insel bringen (0,50 US$). Noch besser ist eine zweistündige Tour durch die Mangrovenwälder, Wasserwege, Muschelfanggebiete und Krabbenfarmen, die bis nach Bolívar im Süden der Insel führt.

Mompiches Wildnisführer Manuel Orejuela (WhatsApp +593 99 265 7254) weiht seine Gäste in die Geheimnisse dieses Lebensraumes ein und kennt die lokale Kultur bestens. Die hiesigen Mangrovenbäume sind zwar nicht ganz so groß wie die Giganten bei San Lorenzo (die höchsten der Welt), aber viele sind über 100 Jahre alt.

Bei der Fahrt durch verwirrend verschlungene Kanäle erfährt man, wie Einheimische Fische fangen und Muscheln von Hand ernten (für das köstliche Ceviche). Außerdem erhält man einen Einblick in die (weit weniger nachhaltige) kommerzielle Garnelenzucht – der Grund, warum in weniger aufgeklärten Zeiten so viel der Mangrovenwildnis an der Küste abgeholzt wurde.

Mit großer Wahrscheinlichkeit sind in den an Feuchtgebiete grenzenden Wäldern Brüllaffen zu sehen (und hören) und in den Mangroven selbst eine unglaubliche Vielfalt an Wasservögeln, darunter Kormorane, Fregattvögel, Pelikane, Ibisse und Reiher. Nimm dir Zeit für das Dorf Bolívar und einen einmaligen Einblick in die lokale Kultur der Strandgemeinde Portete.

Wandern im „heulenden" Dschungel

Die bedrohten Trockenwälder der Pazifikküste

Die unberührten Wälder an der Pazifikküste der **Reserva Bosque Seco Lalo Loor** (etwa zwei Autostunden südlich von Mompiche) sind nach Eudaldo „Lalo" Loor benannt, dem ecuadorianischen Milchbauern und Naturschützer, der sich für den Erhalt dieses Trockenwald-Ökosystems einsetzte. Als Hotspot der Artenvielfalt anerkannt, werden diese Wälder auch als „Dschungel, der heult" bezeichnet und gelten als einer der weltweit besten Orte, um die beeindruckenden Brüllaffen zu sehen und – noch spektakulärer – zu hören.

Lalo Loor, eine besonders artenreiche Übergangszone zwischen den tropischen Wäldern der Chocó-Region und den trockeneren Wäldern des Südens (die bis nach Peru reichen), ist bekannt für sein ausgedehntes Netzwerk von Wanderwegen. Das Schutzgebiet beherbergt 210 Vogelarten, darunter Tukane, Papageien und Kolibris, und die atemberaubend schönen Blauen Morphofalter (einheimischen Dschungelbewohner hielten sie für heruntergefallene Stücke des Himmels) sind kaum zu übersehen. Ein tieferer Einblick in die Welt der Insekten, Reptilien und Amphibien erfordert die Erfahrung – die scharfen Augen nicht zu vergessen – eines fachkundigen Guides des Schutzgebiets.

Anders als tropische Wälder anderswo zeichnet sich dieses Trockenwald-Ökosystem (nur 10 km in der südlichen Hemisphäre) durch eine ganz besondere Flora aus, darunter dürretolerante Bäume, stachelige Sträucher und robuste Kakteen. Entlang des spektakulären Pacific Trail bietet das Schutzgebiet auch Zugang zu abgelegenen Stränden, die Pazifik- oder Oliv-Bastardschildkröten (sowie Echte Karettschildkröten und riesige Lederschildkröten) zur Eiablage nutzen.

Im Naturschutzgebiet gibt's Unterkünfte in einfachen Hütten (und entlang des Highways in Öko-Lodges) und die Forschungsstation kann ein Freiwilligenprojekt arrangieren.

KULINARISCHE SPEZIALITÄTEN DER NORDKÜSTE

Der ecuadorianische Koch **Tito Calle** gründete das Restaurant La Facha in Mompiche; er erklärt einige Kultgerichte der Nordküste.

Encocado de Pescado
Fisch (meist Barsch oder Schnapper), gekocht mit Gemüse in einer reichen Kokosnusssoße, meist serviert mit *patacones* (frittierte Kochbanane) und Reis.

Ensumacado de Mariscos
Saftige Meeresfrüchte und aromatische Kräuter in einer würzigen Tomatensoße (und Kokosnuss) und meist mit gekochtem Maniok serviert.

Tonga de Gallina Criolla
Langsam gegartes Freilandhuhn („kreolisches Huhn") in einer Suppe mit Zwiebeln, Knoblauch, Paprika und Gewürzen. Traditionell serviert auf einem *hoja-de-bijao*-Blatt.

UNWIDERSTEHLICHE TROPISCHE FRÜCHTE DER KÜSTE

Guanábana
Die Nationalfrucht Ecuadors (Stachelannone oder Rahmapfel) ergibt einen dicken, cremigen und erfrischenden Saft.

Tomate de árbol
Wörtlich: Baumtomate. Diese ovalen Früchte (oft Tamarillo genannt) schmecken mehr wie eine Kiwi als eine Tomate.

Babaco
Sieht aus wie eine Kombination aus Sternfrucht und Papaya, hat aber zusätzliche Noten von Erdbeere und Ananas.

Canoa

UNTERWEGS VOR ORT

Canoa ist klein genug, um es zu Fuß zu erkunden, aber Taxis und dreirädrige *mototaxis* sind immer in Rufweite. Wer aktiver werden möchte, für den gibt's einen 18 km langen Rad- und Laufweg, der von Canoa entlang der Küste nach San Vicente führt.

In Canoa gibt's keinen Busbahnhof, aber an der Ecke Calle Javier Santos/Calle Ramón Centeno fahren Busse ab. Dort sind auch Ticketschalter, aber frag nach, denn manchmal sind sie ein Nebengeschäft in Cafés.

TOP TIPP

Kurioserweise gibt's im geschäftigen, ausgelassenen Canoa (vor allem an Wochenenden drängen sich einheimische Reisende) keinen Geldautomaten. Plane voraus oder fahre 20 Minuten mit dem Bus zum Geldautomaten in San Vicente.

Canoa ist bei ecuadorianischen Urlaubenden zu Recht berühmt wegen des angeblich längsten Strandes des Landes, der sich 13 km von der zerstörten Hängebrücke der Stadt (Opfer des Erdbebens von 2016) bis nach Punta Napo erstreckt.

Viele halten Canoa dank seiner fast grenzenlosen Auswahl an unwiderstehlichen Strandbars und Ceviche-Lokalen für den attraktivsten großen Strandort an der Nordküste. Es gibt in und um Canoa ein überraschend umfangreiches Angebot von Aktivitäten. Ob deine Vorstellung vom perfekten Strandurlaub in einer Hängematte zum Dösen besteht oder du aktiv werden möchtest, hier kannst du dich länger als erwartet beschäftigen. Zum Surfenlernen ist es einer der besten Orte an der Küste, zudem gibt's Yoga, Reiten, Mountainbiken, Wandern, Paragliding von hohen Bergkämmen über dem Strand oder sogar Salsa.

Surfen lernen auf Canoas Pazifikbrechern

Ecuadors beständigste Surfbreaks

Canoas unverbauter weißer Sandstreifen Richtung Westen zieht das ganze Jahr über Wellen an, wie es an bekannteren (aber geschützteren) Spots wie Montañita und Mompiche selten der Fall ist. Das bedeutet, dass es hier auch in der „Flachsaison" mit ziemlicher Sicherheit Surfwellen gibt.

Der sandige Boden (ganz ohne Felsen) und die Weite des angeblich längsten Strandes Ecuadors bieten reichlich Platz zum Spielen. Selbst an Tagen mit den kleinsten Wellen gibt's kaum einen besseren Ort auf der Welt, um sich ein Longboard zu schnappen.

Das **Hostal Rutamar** vermietet Boards, der englischsprachige argentinische Surfer David Busseti ist ein erfahrener Surflehrer mit Sitz in Canoa.

Für Surferfahrene bietet das benachbarte Bahía de Caráquez einen anspruchsvolleren Lefthander, aber die Felsplatte, an der die Welle bricht, ist nichts für Neulinge und die Brecher sind weniger gleichmäßig als am Strand von Canoa.

SCHLAFEN
1 Hostel und Restaurant Samay
2 Hostal Rutamar
3 La Vista Hotel

ESSEN
4 Bar-Restaurant Delicias del Pacifico
5 Restaurant-Cevichería Saborearme

AUSGEHEN & FEIERN
6 Coco Loco
7 Surf-Hütte
8 Namenlose Cocktail-Bude

Simba Surf, am Hauptstrand 2 km südlich von Canoa, bietet einmalige Surf- und Salsa-Pakete an, die gleich zwei Dinge auf einmal lernen lassen.

Für ein einzigartiges Surferlebnis wandert man von der Stadt Coaque (eine Stunde nördlich von Canoa) 1,4 km an der Küste entlang zu einer kleinen schwarzsandigen Bucht, **Playa Lucía** genannt. Es ist nur ein kurzer Beachbreak, aber dies könnte der einzige Ort auf der Welt sein, wo man tatsächlich eine Welle in einer Hemisphäre erwischen und in die andere surfen kann!

Die Hände schmutzig machen auf einem Bio-Bauernhof

Umwelt- und Kulturausflüge am Río Muchacho

Mit 34 Jahren Erfahrung in Sachen Umweltschutz und Gemeinschaft ist die **Río-Muchacho-Biobauernhof und Ecolodge** eine nationale ökologische Institution. Das neuseeländisch-ecuadorianische Paar Nicola und Dario gründete die Farm, die 20 Autominuten von Canoa entfernt liegt.

Es ist möglich, einen Tagesausflug nach Río Muchacho zu machen, aber die vielen landwirtschaftlichen und kulturellen Aktivitäten verdienen mindestens ein paar Tage Zeit.

DIE BESTEN CEVICHE-SPOTS AM CANOA-STRAND

Restaurant-Cevichería Saborearme
Der wohl bekannteste Ceviche-Ort an Canoas Strand serviert unglaubliches *ceviche de camarones* (Garnelen-Ceviche). **$**

Bar Restaurant Delicias del Pacifico
Mit drei Jahrzehnten Erfahrung am Strand ist das Pacifico vielleicht der beste Ort für *ceviche de concha* (Muschel-Ceviche). **$**

La Casa del Camotillo
Superfreundliches, familiengeführtes Lokal mit fantastischem *ceviche mixto* (mit allem). Komm zum Sonnenuntergang, schnapp dir ein Bier und eine Hängematte. **$**

ÜBERNACHTEN IN CANOA

Hostal Rutamar
Idyllische Mittelklasse-Unterkunft; hausgemachtes Frühstück, freundliches Personal und Aktivitäten. **$$**

Hostal and Restaurant Samay
Die Zimmern haben etwas wenig Privatsphäre, aber die Strandterrasse ist die Hauptsache. **$$**

La Vista Hotel
Mit gemütlichem Garten abseits der Strandstraße ist dies ein Favorit von Canoas Stammgästen. **$$$**

ZWILLINGSSTÄDTE SAN VICENTE & BAHÍA DE CARÁQUEZ

Nur wenige Reisende besuchen San Vicente (oder nur wegen des einzigen Geldautomaten in der Gegend), aber der 2 km lange *malecón* ist wegen der spektakulären Aussicht auf die Mündung des Río Chone und mondänen Atmosphäre einen Spaziergang wert. Unterwegs unbedingt eine Pause einlegen, um im El Cucharazo ein leckeres hausgemachtes Eis zu essen. Dreirädrige *mototaxis* verkehren zwar auf der gesamten Länge des *malecón*, dürfen aber nicht auf die 2 km lange Brücke Puente los Caras fahren. Für die kurze Fahrt zum benachbarten Bahía de Caráquez empfiehlt sich ein Taxi. Mit unerwarteten Hochhäusern und einer geschwungenen Promenade mit Cafés und Bars wirkt Bahía de Caráquez nach den baufälligen Cabañas von Canoa wie ein Miniatur-Miami-Beach.

JESS KRAFT/SHUTTERSTOCK ©

Vor drei Jahrzehnten war das Gelände noch unscheinbares, überweidetes Ackerland. Heute lernt man in faszinierenden Permakulturgärten und Obstplantagen mehr über die lokale Küche und traditionelle Medizin und sieht einige der etwa 170 Vogelarten und jede Menge Schmetterlinge.

Wander- und Kochkurse machen Río Muchacho beliebt bei internationalen und nationalen Schülergruppen und Familien. Man kann pro Nacht buchen, doch gefragt sind besonders die ein-, zwei- und vierwöchigen Freiwilligenpakete. Hand in Hand mit dem Farmpersonal zu arbeiten, ist eine tolle Möglichkeit, seine Spanischkenntnisse zu verbessern.

Nebenbei gibt's hier einige der besten vegetarischen Gerichte der Küste (und wunderbare *fino-de-aroma*-Schokolade). Du lernst, welche Mondphase am besten zum Ausbringen von Meerschweinchendung geeignet ist und warum ecuadorianische Schweine morgens am liebsten klassische Musik hören. Das Farmpersonal erzählt, dass die lokalen *chanchos* (Schweine) keine großen Fans von Merengue sind!

DIE BESTEN BUDGETLOKALE IN CANOA

Surf Shak
Direkt an der Strandstraße und ein toller Ort für eine kühle Flasche Pilsener nach einer Surfsession. $

Coco Loco
Hier kann man spät bei Livemusik und tollen Margaritas mit Blick auf die Wellen abhängen. $

Namenlose Cocktail-Bude
Die besten Caipirinhas an der Strandstraße (bei der Kreuzung Calle Gustavo Puente), Tische unter schattigen Lauben. $

Canoa-Strand (S. 152)

Verborgene Welt der Mangrovenwälder

Eine Bootsfahrt um die „Herzinsel"

Vor dem El Niño 1999 war das Leben in den 24 Gemeinden rund um die von Mangroven gesäumte Lagune an der Mündung des Río Chone relativ einfach. Die Netze waren voller Fische und Krabben und es gab jede Menge Arbeit im geschäftigen Portobello-Hafen. Doch in weniger als einem Jahr verschlammte der Fluss und seine Tiefe sank von 40 auf weniger als 9 Meter. Die Fische und die Frachtschiffe verschwanden.

Der Tourismus bot eine Lösung. Die Gemeinde schützt seit Langem die **Isla Corazon** (Herzinsel), ein Laichgebiet, und eine der Gemeinden (30 Minuten mit dem Bus von Canoa entfernt) bietet derzeit in Zusammenarbeit mit dem Umweltministerium Bootstouren an. Der ortskundige Führer Oscar Moreira organisiert zweistündige Touren (25 US$/Pers., je nach Gruppengröße).

Dieses erfrischend erfolgreiche Gemeinschaftsprojekt gibt Einblick in dieses rätselhafte und schattige tropische Habitat und bietet die Möglichkeit, einige der 32 erfassten Vogelarten zu erspähen. Pelikane, Kormorane, Eisvögel und Blaufußtölpel werden häufig gesichtet, aber das spektakulärste Schauspiel ist der Nistplatz einer Kolonie von 20 000 bis 25 000 Fregattvögeln. Diese majestätischen Vögel präsentieren sich am eindrucksvollsten während der Paarungszeit von Juli bis September, wenn die Männchen ihre aufgeblähten scharlachroten Kehlsäcke zur Schau stellen.

Halte Ausschau nach dem eleganten rosafarbenen Rosalöffler und den weißen Reihern, die Einheimische *gansa nivea* nennen (ihr Gefieder hat die Farbe von Nivea-Creme). Ein kurzer Holzsteg führt in den Mangrovenwald, aber der größte Teil der Konstruktion wurde bei dem Erdbeben 2016 zerstört.

MOUNTAINBIKEN ZU EINER CRAFT-BIERBRAUEREI

Eine 20 km lange Radtour von Canoa führt durch sanft gewelltes Ackerland im Tal des Río Canoa. Um die Route zu finden, radelt man drei Häuserblocks vom Canoa-Strand zu einem Feldweg, der ins Tal führt. Der Verkehr ist minimal, das einzige Hindernis sind wahrscheinlich die Hunde auf den passierten Gehöften. Mieträder gibt's im Hostal Rutamar, wo das Personal den Weg zeigen kann.

Das Attraktivste an dieser Route ist, dass die **BeerKingo Artisanal Brewery** am Umkehrpunkt liegt. Es gibt gutes Bier, ein Weltklasse-IPA und einen Swimmingpool.

Rund um Canoa

Canoa ist der ideale Ausgangspunkt, um der Sonnenroute zu folgen und in die Hochlandheimat der Tsáchila zu fahren.

UNTERWEGS OR ORT

Die Straße ins Hochland verlässt die Küste bei Pedernales (etwa 1¼ Busstunden nördlich von Canoa). Santo Domingo liegt etwa auf halbem Weg zwischen Quito und der Nordküste und es gibt den ganzen Tag über etwa stündliche Verbindungen.

Der Hauptbusbahnhof von Santo Domingo ist groß, gut ausgeschildert und praktisch. Vor dem Bahnhof gibt's viele Taxis; den Preis vorab vereinbaren.

TOP TIPP

Drogenbedingte Gewalt führte 2023 zu Ausgangssperren in der gesamten Provinz Manabí; Empfehlungen sollten befolgt werden, vor allem in der Provinzhauptstadt Manta.

Canoa liegt fast genau in der Mitte der sogenannten Ruta del Sol (Sonnen-Route) und ist eine exzellente Basis für die Erkundung von Ecuadors unberührter Küste. Die Straße nach Atacames und Esmeraldas im Norden ist landschaftlich besonders reizvoll, verläuft durch dschungelbewachsene Täler mit pittoresken Pfahlbauten und wird nur gelegentlich von abgeholzten Flächen mit Ölpalmen verschandelt.

Von Canoa kann man auch landeinwärts (über die benachbarte Küstenstadt Pedernales) nach Santo Domingo de los Tsáchilas fahren, früher überall Santo Domingo de los Colorados genannt, weil die vorherrschende indigene Gemeinschaft – die Tsáchila siedelten hier als Flüchtlinge vor der Inka-Invasion lange vor der spanischen Besatzung – traditionell als *los colorados* (wegen ihrer rot gefärbten Haare) bekannt war.

Spirituelle Reinigung in einer Tsáchila-Gemeinde

Die berühmten Heiler der Tsáchila

Eine Tsáchila-*limpieza* (spirituelle Reinigung) ist nichts für schwache Nerven. Dein Körper wird mit Blattbüscheln gepeitscht, dann wird Zigarettenrauch über dich geblasen und dein Gesicht mit Alkohol bespuckt.

Aus der ganzen Welt kommen Menschen für eine solche Reinigungszeremonie in Don Manuel Calazacóns *consultorio* in der Parroquia Puerto Limón, 30 Autominuten außerhalb von Santo Domingo (3½ Stunden landeinwärts von Canoa). Sie beginnt mit einer Fahrt zu einem der heiligen Wasserfälle am heiligen Bad des Río Cristal. Danach (optional) gibt's einen Abführtee aus Wurzeln, Rinde und Blättern und etwas Ruhe in einer Hängematte in Don Manuels Garten.

Die Zeremonie findet in einem schummrigen Raum vor einem *mesal* (Altar) mit Bildern katholischer Heiliger und zwei Schädeln von Don Manuels Vorfahren statt. Der *curandero* (Heiler), dessen Haar mit Achiote-Beeren scharlachrot gefärbt und zur typischen Tsáchila-Kappe frisiert ist, schrubbt dich mit in Öl getränkten, duftenden Kräutern, die 24 Stunden lang auf der Haut bleiben sollen. Außerdem sollst du drei Tagen lang kein Schwein essen und nichts Kaltes trinken.

Die Tsáchila-Kultur geht auf Präinkazeiten zurück, und nach ihrer eigenen mündlichen Überlieferung zog der Stamm zur Zeit der Inka- und der spanischen Invasionen aus seiner Hochlandheimat ins Tiefland. Heute lebt das Volk meist von der Landwirtschaft, ein gewisser Prozentsatz ist auch im Tourismus tätig. Wer nicht gut Spanisch spricht, braucht einen Guide, der übersetzt. Gabriel Duque (+593 98 101 1885) wird empfohlen, er hat ausgezeichnete Kontakte in der Tsáchila-Gemeinde.

Santo Domingos faszinierender Markt

Ein Markt, der selten Reisende sieht

Es ist unwahrscheinlich, dass man auf dem Mercado Municipal in Santo Domingo (Av. 3 de Julio) auf Traveller trifft. Dank seiner Lage auf halbem Weg zwischen *sierra* und *costa* ist dieser lokale Markt ein echtes Erlebnis, was die unglaubliche Vielfalt der angebotenen tropischen Waren angeht.

Die Fleischabteilung kann man ruhig meiden, und während die Kleidung (viele Secondhandstände) und Haushaltswaren zwar ganz spannend sind, ist die große Obst- und Gemüseabteilung am interessantesten. Hier hast du die Chance, seltsame Früchte wie *noni* (manchmal auch Käsefrucht), *taxo* (Bananen-Passionsfrucht), *pepino dulce* (wörtlich „süße Gurke", aber eigentlich eine Melonenbirne), *tuna* (Kaktusfeige), *guanábana* (Rahmapfel) und *sapote negro* (manchmal auch Schokoladenfrucht, aber mit Kakao überhaupt nicht verwandt) zu probieren.

Das Personal am Stand (sobald die Überraschung überwunden ist, hier einen „Gringo" zu sehen) erklärt gerne die Früchte und das Gemüse, aber wer nicht gut Spanisch spricht, hat mit Übersetzerhilfe mehr vom Erlebnis. Empfohlen wird der einheimische Fahrer-Guide Gabriel Duque (+593 98 101 1885).

Schau dir unbedingt die kleinen Stände an, an denen „religiöse" Paraphernalien verkauft werden – eine bemerkenswerte Mischung aus katholisch (Kruzifixe, Heiligenstatuen, Bildnisse der Jungfrau Maria) und animistisch (Miniaturschädel, Tütchen mit Liebestränken und Sprays zur Steigerung von Reichtum oder sexueller Ausdauer).

Hier sieht man auch Tsáchila-*curanderos* in schwarz-weißen Lendentüchern und mit roter Paste gefärbten Frisuren, die ihnen den (wenn auch nicht besonders respektvollen) Namen *los colorados* einbrachten.

MANTA, HAUPTSTADT DER PROVINZ MANABÍ

Der Geruch des Fischereihafens steigt schon lange in die Nase, bevor die riesige Statue eines Thunfischs bestätigt, dass sich in Manta alles um die Fischereien an der Pazifikküste dreht. Etwa 2¼ Autostunden südlich von Canoa gelegen, ist Manta die fünftgrößte Stadt des Landes und die Hauptstadt der Provinz Manabí.

Es lohnt sich nicht, gezielt nach Manta zu fahren, aber es ist ein praktischer Knotenpunkt und der Ausgangspunkt zur Kunsthandwerksstadt Montecristi (10 km weiter südlich). Playa Murciélago ist der beliebteste Strand und Playa Tarqui (mit weniger brutalen Wellen) bekannt für seinen Fischmarkt. Das Museo Central Cultural Manta zeigt Exponate der präkolumbischen Manta-Kultur, einige regionale Kunstwerke und eine Sammlung skurriler Fischerutensilien.

ÜBERNACHTEN IN MANTA

Playa Apartments & Suites
Die beste Budget-Unterkunft im Zentrum und nur einen Spaziergang von den Stränden entfernt. **$**

Casa Paraiso
Vielleicht kein „Paradies", aber eine ideale Option im Stadtzentrum mit tropischen Gärten und Hängematten. **$$**

Wyndham Manta Sail Plaza Hotel
Ein lohnendes Upgrade mit Pool und dem Luxus, den man von Wyndham erwartet. **$$$**

PENTA.TV/SHUTTERSTOCK ©

Oben: Tena (S. 178); gegenüber: Umgebung von Puyo (S. 185)

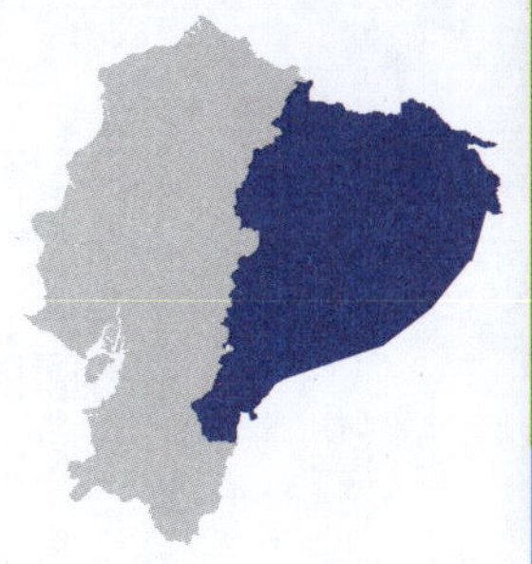

Oriente

DSCHUNGELABENTEUER, INDIGENE KULTUR

Eine komfortable Öko-Lodge mieten, Gummistiefel anziehen und ab in den Urwald, um die herrliche Flora und Fauna in Ecuadors wenig erforschter Wildnis zu entdecken.

Dünn besiedelt, triefend nass und voll ungezähmter Natur – das weite Tiefland des Oriente gleicht einem Abenteuer ohne Ende, das nichts mit einem normalen Urlaub zu tun hat.

Sobald man in die Andenregion hinunterkommt, tauchen wasserreiche Flüsse auf, die als mächtige Wasserfälle in Richtung Tiefebene stürzen. Sie sind das Lebenselixier der Region und vereinen sich zu majestätischen, weiten Wasserstraßen, tauschen Geschwindigkeit gegen Volumen ein und fließen zwischen undurchdringlichem Dschungel träge gen Osten zum Amazonas. Sie passieren unberührte Naturschutzgebiete und indigene Gemeinden, die hier seit Jahrtausenden die Geheimnisse des Waldes hüten.

Die erstaunliche Vielfalt der Fauna inspiriert dazu, sich für das perfekte Foto den Hals zu verrenken und die eigenen Reflexe zu testen. Ob man beim Paddeln durch Schwarzwasserlagunen nach riesigen Kaimanen, rosa Delfinen oder hyperaktiven Ottern Ausschau hält oder in den Baumkronen nach schelmischen Affen oder bunt gefiederten Aras sucht, die aus mineralhaltigen Quellen trinken – die Tiere und Landschaften im Oriente wirken wie aus einer HD-Naturdokumentation.

Auch Aktivurlauber kommen voll auf ihre Kosten beim Fluss-Tubing, aufregenden Rafting-Touren und anspruchsvollen Wanderungen, während Ecuadors einladende Thermalbäder müde Muskeln entspannen.

DIE WICHTIGSTEN ZIELE

NÖRDLICHER ORIENTE
Erstklassige Tierbeobachtungen. S. 164

COCA & UNTERER RÍO NAPO
Regenwald und indigene Kultur. S. 172

TENA
Mächtige Flüsse und ruhige Lodges. S. 178

PUYO & SÜDLICHER ORIENTE
Abenteuer abseits ausgetretener Pfade. S. 185

Erste Orientierung

Oriente bedeckt etwa die Hälfte des ecuadorianischen Festlands, doch sobald man die Ausläufer der Anden verlässt, gibt es nur wenige Straßen. Die Fortbewegung erfordert eine vorausschauende Planung und die Reisen hier beinhalten oft Bootsfahrten.

Nördlicher Oriente, S. 164

Gut von Quito erreichbar, beherbergt der nördliche Oriente den wildreichen Río Cuyabeno, großartige Wandermöglichkeiten und wohltuende Thermalbäder.

Coca & unterer Río Napo, S. 172

Im regenwaldbedeckten Tiefland des Río Napo befinden sich Ecuadors beste Ecolodges, ein unberührter Nationalpark sowie zeitlose indigene Dörfer.

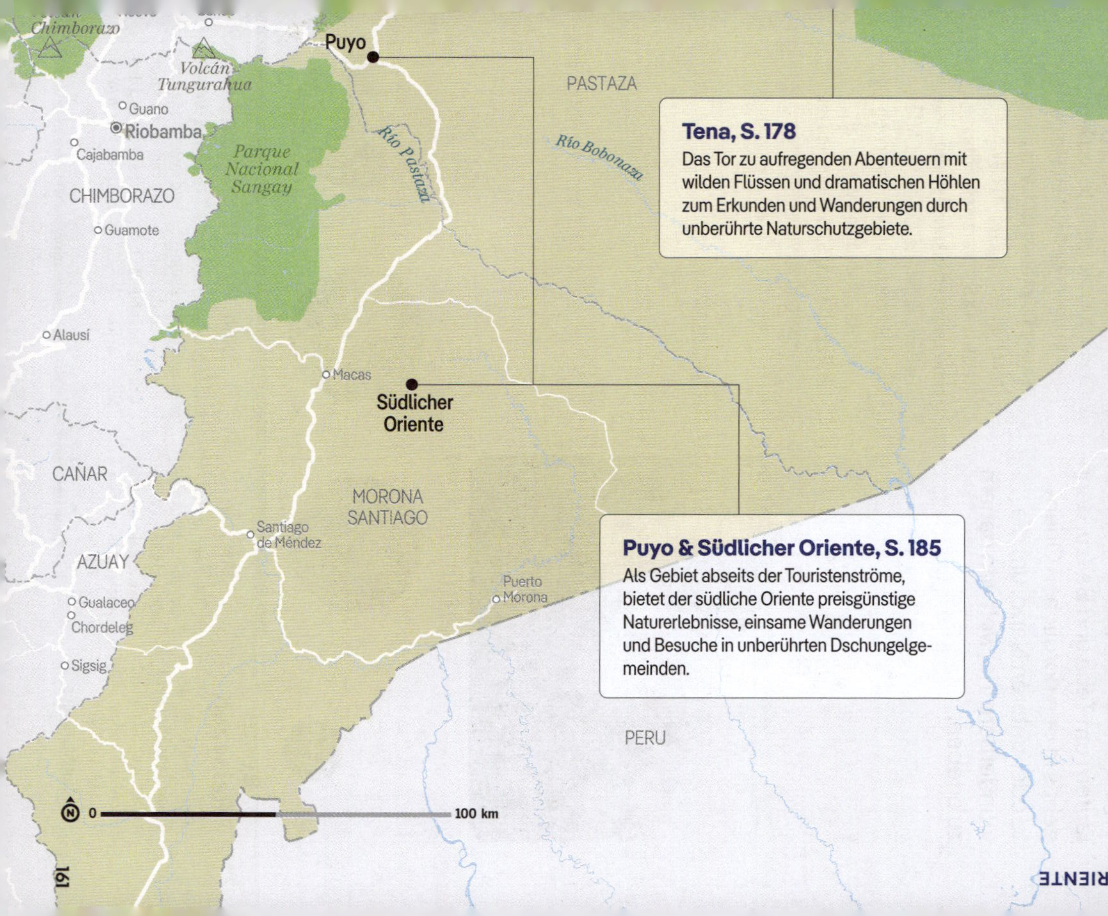

Tena, S. 178

Das Tor zu aufregenden Abenteuern mit wilden Flüssen und dramatischen Höhlen zum Erkunden und Wanderungen durch unberührte Naturschutzgebiete.

Puyo & Südlicher Oriente, S. 185

Als Gebiet abseits der Touristenströme, bietet der südliche Oriente preisgünstige Naturerlebnisse, einsame Wanderungen und Besuche in unberührten Dschungelgemeinden.

BOOT

Flüsse sind oft die einzige Verbindung zwischen den Dörfern und dem Rest des Landes. Die meisten Lodges haben eigene Boote zu Häfen, die über die Straße erreichbar sind, Städte am Flussufer nutzen öffentliche Kanus und Schnellboote.

BUS

In den westlichen Gebieten verkehren oft Busse zwischen den größeren Städten entlang der Autobahn Troncal Amazónica. Die Verbindungen zwischen den Städten und den ländlichen Gemeinden sind oft unregelmäßig und führen über holprige Straßen.

FLUGZEUG

Einige Ecolodges liegen so tief im Dschungel, dass man sie nur mit einem Kleinflugzeug erreicht. Kommerzielle Flüge zum Flughafen in Coca sind bequem für Ausflüge auf dem unteren Napo.

Perfekte Tage

Ein Besuch beginnt mit einigen Tagen in den bewaldeten Ausläufern um Tena und Baeza, dann geht's in den nördlichen Oriente oder unteren Napo, um die wunderbare Tierwelt von nahem zu erleben.

AMMIT JACK/SHUTTERSTOCK ©

Volcán Reventador (S. 168)

WENIG ZEIT

● Für ein Action-Wochenende mit Wildtierbeobachtungen fährst du von Quito aus in den Oriente und verbringst die Nacht am Fuß des **Volcán Reventador** (S. 168), um die Aschewolken über Ecuadors aktivstem Vulkan zu sehen. Frühmorgens geht's nach Lago Agrio, um eine geführte Tour in der **Reserva de Producción de Fauna Cuyabeno** (S. 169) mitzumachen, wo du zwei friedliche Tage lang Schwarzwasserflüsse und Lagunen erkundest und rosa Delfine, Kaimane, Otter und Affen beobachtest. Auf dem Rückweg in die Hauptstadt lohnt ein Halt in **Papallacta** (S. 164), um sich im Thermalbad zu verwöhnen.

Beste Reisezeit

Der Oriente ist das ganze Jahr über heiß und schwül, saisonale Regenfälle wirken sich auf die Tierbeobachtung aus.

JANUAR

Die Lagunen im Cuyabeno trocknen aus und locken Wildtiere wie Kaimane und Anakondas aus den Wäldern.

JUNI

Aras und weitere Papageien sind in den Baumkronen des nördlichen Oriente besonders aktiv.

JULI

Trockenes Wetter und fester Boden sind gut zum Wandern um Papallacta und den Nationalpark Cayambe-Coca.

FOTOS593/SHUTTERSTOCK ©, ANGELA N PERRYMAN/SHUTTERSTOCK ©, FOTOS593/SHUTTERSTOCK ©

EINE WOCHE IM REGENWALD

● Das Dschungelabenteuer beginnt in **Tena** (S. 178) mit einem Tagesausflug nach **Cotundo** (S. 179) zu beeindruckenden Höhlen und Canyons und zurück für einen Cocktail am Fluss. Dann folgt **Misahuallí** (S. 181) mit seinen berühmten Affen und anschließend eine Wanderung in der **Reserva Biológica Jatun Sacha** (S. 183). Am Südufer des Río Napo entlang geht's nach **Coca** (S. 172), um ein Boot zu einer Öko-Lodge stromabwärts zu nehmen; von dort erforschst du die unberührte Wildnis des **Nationalparks Yasuní** (S. 173) besuchst eine indigene Gemeinde, die Essen mit Zutaten aus dem Wald serviert.

MIT MEHR ZEIT

● Nach Tena und dem Gebiet um den Nationalpark Yasuní unternimmst du eine Bootstour auf dem Río Napo bis nach **Nueva Rocafuerte** (S. 177) an der Grenze zu Peru. Von hier kannst du ein Dschungelabenteuer an der **Laguna Jatuncocha** (S. 177) organisieren oder an der Mündung des **Río Cocoya** (S. 177) rosa Flussdelfine anschauen. Ein Schnellboot bringt zurück nach **Coca** (S. 172) und von dort ein Bus Richtung Süden nach **Puyo** (S. 185), um etwas über die indigene Shuar-Medizin zu erfahren und die erstklassige Regenwaldküche zu genießen. Am Ende sind um das verschlafene **Gualaquiza** (S. 189) Wasserfälle, Canyons und Schwimmteiche im Wald zu erkunden.

AUGUST

Gutes Wetter und viele aktive Spezies in den Ausläufern des westlichen Oriente verheißen gute Vogelbeobachtungen.

OKTOBER

Um Tena beginnt die Rafting-Saison mit tollen Bedingungen auf vielen Flüssen der Umgebung.

NOVEMBER

Hohe Wasserstände, aber wenig Regen lassen an kleineren Nebenflüssen der Region gute Tierbeobachtungen zu.

DEZEMBER

Starke Regenfälle in den Bergen über Baeza locken internationale Kajakfans zu wilden Stromschnellen.

Nördlicher Oriente

UNTERWEGS VOR ORT

Schnellbusse verbinden Quito mit Papallacta, Baeza, Reventador und Lago Agrio. Papallacta ist auch mit dem Taxi erreichbar.

In jüngeren Jahren sind mehrere Abschnitte der Schnellstraße Troncal Amazónica nördlich von El Chaco wegen der Ufererosion eingestürzt und verursachen manchmal Verkehrssperrungen. Auch bei offener Straße ist sie vielleicht nicht für jedes Fahrzeug befahrbar – vor Abfahrt erkundigen.

TOP TIP

Die Attraktionen in den Bergen und zu ihren Füßen entlang der Straße von Quito in den Oriente sind unter der Woche ruhig, aber am Wochenende überfüllt, wenn Familien aus der Hauptstadt Ausflüge machen. Wer nur am Wochenende kommt, sollte die Unterkunft rechtzeitig buchen, vor allem in Papallacta.

Der nördliche Oriente beheimatet einige der zugänglichsten Urwälder Ecuadors und ist voller rauschender Flüsse, aktiver Vulkane und versteckter Schwarzwasserlagunen – Abenteuer pur nur wenige Autostunden von der Hauptstadt entfernt.

Von Quito bis nach Lago Agrio geht die Fahrt durch verschiedene ecuadorianische Ökosysteme, vom windgepeitschten moorigen *páramo* (hoch gelegenes Grasland) über Andennebelwald bis zu schwülen Tieflandregenwäldern. Lago Agrio ist an einem Tag erreichbar, aber die bewaldeten Ausläufer, Thermalbäder, seltenen Vögel und Stromschnellen sind unterwegs etwas mehr Zeit wert.

Von Lago Agrio führt eine wenig genutzte Straße nordöstlich zur unberührten Reserva de Producción de Fauna Cuyabeno mit Schwarzwasserseen und überschwemmten Wäldern, wo rosa Delfine, Kaimane und große Affenpopulationen leben.

Entspannung in großer Höhe

Ecuadors beste Thermalbäder

Das neblige Bergdorf **Papallacta** ist in ganz Ecuador für glühend heiße Thermalbäder bekannt, die mitten in bezaubernden grünen Hügeln hoch in den Anden liegen. Seine Nähe zu Quito und dem Flughafen machen es zum perfekten Ort, um am Ende einer Tour die müden Muskeln zu entspannen.

Es gibt mehrere Thermalbäder und einige Hotels haben auch eigene Pools, aber die Hauptattraktion sind die **Termas de Papallacta**, ein einladender Rückzugsort in den Bergen nördlich des Ortes.

Anders als viele Thermalbäder in Ecuador, die mit viel Beton gebaut sind und etwas an Krankenhäuser erinnern, fügen sich die Termas de Papallacta aus Stein und Holz harmonisch in die Natur ein.

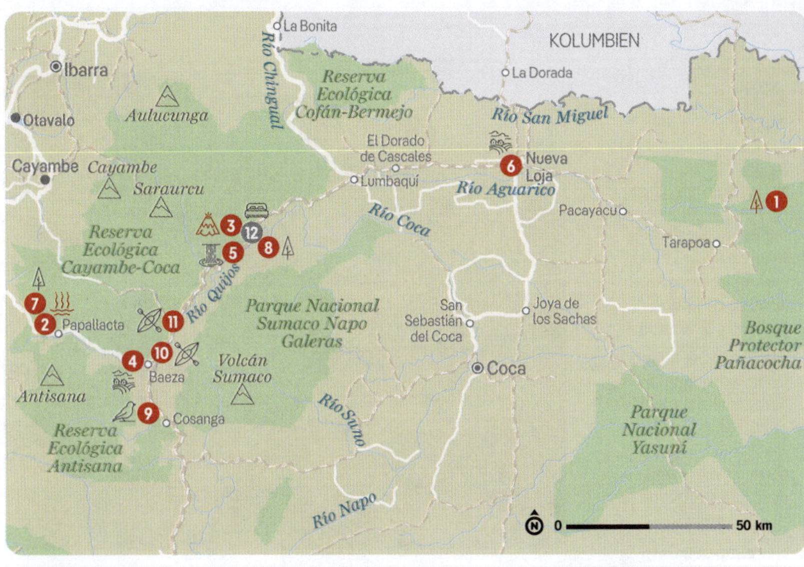

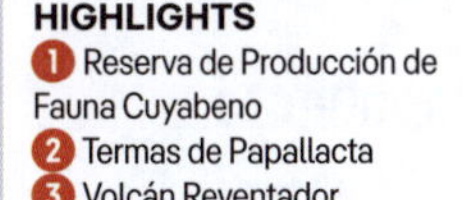

HIGHLIGHTS
1 Reserva de Producción de Fauna Cuyabeno
2 Termas de Papallacta
3 Volcán Reventador

SEHENSWERTES
4 Baeza
5 Cascada Mágica
6 Nueva Loja
7 Nationalpark Cayambe-Coca
siehe 2 Rancho del Cañon
8 Reserva Alto Coca
9 San Isidro Lodge

KURSE & TOUREN
10 Borja
11 El Chaco

SCHLAFEN
siehe 1 Bamboo Lodge
siehe 1 Cuyabeno Lodge
12 Hostería Reventador
siehe 1 Jamu Lodge

Die Anlage besteht aus zwei verschiedenen Bädern, die aus derselben Quelle gespeist werden. Das billigere **Balneario** hat 10 heiße Becken mit unterschiedlichen Temperaturen und einige kalte Becken, alle liegen in hübschen Gärten neben einem plätschernden Fluss. Unter der Woche ist es selten voll, aber an Wochenenden kommen viele Tagesausflügler aus Quito.

Das luxuriöse benachbarte **Spa** ist doppelt so teuer und zieht daher weniger Massen an. Es bietet sechs heiße Pools mit Massagedüsen an den Rändern und viele Sitzgelegenheiten in mehreren Gartenpavillons. Es gibt ein schickes Restaurant und die Umkleidekabinen sind erstklassig. Der Eintritt zum Spa beinhaltet auch den Zugang zu den Becken des Balneario.

Beim Eintritt erhält man ein Armband und kann nach Belieben kommen und gehen – nachts lohnt sich ein wohltuendes Bad unter dem Sternenhimmel.

ÜBERNACHTEN IN PAPALLACTA

Termas de Papallacta
An die Bäder angegliedertes gehobenes Hotel mit komfortablen Zimmern um den Gästepool. **$$$**

Sol de Piedra
Hell und preiswert, in Fußnähe zu den wichtigsten Thermalbädern. **$**

Hostería Pampallacta
Mittelklassehotel mit Kaminen im Zimmer und eigenen Bädern hinter dem Haus. **$$**

ETIKETTE IN THERMALBÄDERN

Bei einem Besuch der wohltuenden Thermalbäder Ecuadors sind einige Grundregeln zu beachten.

Kleidung Die meisten Bäder verlangen angemessene Badekleidung. Kurze Hosen in Knielänge sind in Ordnung, T-Shirts und andere Oberteile sind jedoch verpönt.

Badekappen Die Haare mit einer Badekappe zu bedecken, ist in der Regel Pflicht – das gilt auch für Gäste mit Glatze. Billige Stoffkappen gibt's meist vor Ort zu kaufen. Für den nächsten Besuch aufheben.

Verbände und Wunden Thermalbäder können Menschen mit sichtbaren Wunden oder Verbänden den Zutritt verwehren.

Duschen Es ist üblich, zu duschen, bevor man in die Becken geht.

ECUADORPOSTALES/SHUTTERSTOCK ©

Papallacta

Wandern im Páramo von Papallacta

Eine Hintertür nach Cayambe-Coca

Die meisten Reisenden kommen nach Papallacta zur Entspannung, doch die Stadt ist auch das Tor zu einigen herrlichen Wanderungen durch den atemberaubenden *páramo* mit mystischen Seen hoch in den Anden.

Die Wildnis liegt nicht weit von der Stadt entfernt. Eine Hotelanlage betreibt das an die Termas de Papallacta angrenzende 200 Hektar große Naturschutzgebiet **Rancho del Cañon** und bietet eine Reihe geführter ein- bis achtstündiger Wanderungen. Die kürzeren Trails führen am Río Papallacta entlang durch Primärwald und *páramo* zu ein paar schönen Wasserfällen. Längere Wege bringen hoch in die Berge zu Aussichten auf die schneebedeckten Gipfel des **Nevado Antisana** und **Nevado Cayambe** und den attraktiven symmetrischen Kegel des **Volcán Sumaco**, der sich aus dem Dschungel des Tieflands erhebt.

Mehr unverfälschte Wildnis ist 5 km nördlich der Bäder entlang einer recht guten unbefestigten Straße zum Eingang des **Nationalparks Cayambe-Coca** auf kühlen 3700 m zu finden. Von der Schutzstation geht ein leichter und oft schlam-

ESSEN IN PAPALLACTA

Sucus
Gehobene internationale Küche in der Anlage des Hotels Termas de Papallacta. **$$$**

La Choza de Don Wilson
Die meisten kommen wegen der köstlichen Forellen und dazu einem Gläschen *aguardiente* hierher. **$$**

Restaurante El Refugio
Preiswert und fröhlich; gut zubereitete ecuadorianische Gerichte direkt neben den Bädern. **$**

miger Weg etwa 800 m bergauf zur **Cascada Milagrosa** und danach 1 km auf relativ flachem Gelände zur spiegelglatten **Laguna de Baños**, zwei Seen nebeneinander, umgeben von zerklüfteten Felswänden.

Vom Ausguck oberhalb der Gewässer teilt sich der Weg in den 8 km langen **Sendero Agua y Vida**, der an der Laguna San Cristobal vorbei zur riesigen Laguna Parcacocha führt, und den 5 km langen **Sendero El Oso**, der mehrere kleinere *lagunas* passiert.

Auf den längeren Strecken Ausschau halten nach grasenden Tapiren und dem scheuen Anden-Brillenbär, die beide hier leben.

Beide Wege enden am Quito Highway, von wo ein Bus zurück nach Papallacta fährt.

Abenteuer im Río-Quijos-Tal

Weißwasser, Wandern und Wasserfälle

Das dramatische Tal des **Río Quijos** ist vom hübschen kleinen **Baeza** aus über die Straße von Quito nach Tena zu erreichen. Bekannt für Ecuadors wildeste Weißwasserfahrten zieht es eingefleischte Kajak- und Rafting-Fans aus der ganzen Welt an.

In den Quijos münden schmale Flüsse wie Sardinas, Oyacachi und Cosanga, die sich in der Regenzeit mit tückischem Weißwasser füllen und auch erfahrene Paddler begeistern. Das Gebiet ist nichts für Novizen und über die Jahre gab es mehrere Unfälle, daher sollten auch versierte Kajakprofis lokale Guides engagieren.

Eine der erstklassigen Kajakstrecken auf dem Río Quijos ist das 5 km lange „Cheese House", wegen der Stromschnellen und spektakulären Canyon-Landschaft ein beliebtes Rafting-Ziel. Ausflüge kann man in den kleinen Flussstädten **Borja** und **El Chaco** buchen, die auch tolle Lodges am Ufer für Paddel- und Naturbegeisterte bieten.

Das Quijos-Tal ist nicht nur etwas für Adrenalinjunkies. Es gibt prima Möglichkeiten zum Wandern und zur Vogelbeobachtung und von den Städten sind einige schöne Wasserfälle gut erreichbar.

Von Baeza Antigua, dem reizvollsten Teil von Baeza, führen beliebte Wanderungen zu den Funkmasten mit spektakulärem Talblick über der Stadt und hinunter zu zwei attraktiven Wasserfällen am **Río Machangara.** Der zweite stürzt durch Vegetation in den tropischen Regenwald hinab.

Noch spektakulärer ist die **Cascada Mágica**, die sich in der Nähe von San Carlos über eine grüne Klippe ergießt.

VOGELBEOBACHTUNG IN DER SAN ISIDRO LODGE

Die 2000 Hektar große San Isidro Lodge ist ein hervorragendes Beispiel für nachhaltigen Naturschutz und ein wichtiger biologischer Korridor zwischen den Nationalparks Antisana und Sumaco.

Im spektakulären Nebelwald auf 2000 m Höhe ist das Gebiet um die Lodge ein erstklassiges Vogelhabitat und die Besitzer haben Vogelbeobachtungsexpertise und unvergleichliche Ortskenntnisse. Auch seltene Tierarten wie Bergtapire und Brillenbären wurden im Naturschutzgebiet gesichtet.

Die Gäste haben Zugang zu mehr als 10 km Wanderwegen, die sich durch den Primärwald zu Wasserfällen und rauschenden Flüssen schlängeln, und können den Wald auch mit dem Kanu erkunden.

Abends ist Entspannung im beheizten Pool oder an der Feuerstelle im Freien angesagt, bevor man sich in die komfortablen *cabañas* mit Waldblick zurückzieht.

ÜBERNACHTEN RUND UM BAEZA

La Casa de Rodrigo
Klassisches Hostel in Baeza Antigua mit sauberen Zimmern, geführt von einem netten Kajak-Guide. $

Cabañas Kopa
Wunderschöne gemütliche Holz-*cabañas* in Baeza Antigua mit großen Veranden. $$

Rio Quijos Eco Lodge
Schöne Lodge am Flussufer in üppiger Natur, gemütliche Zimmer und Pfade durch die Bäume. $$

ALEJO MIRANDA/SHUTTERSTOCK ©

Nationalpark Cayambe-Coca

CAYAMBE-COCA

Der Haupteingang zum Nationalpark Cayambe-Coca ist nahe der Stadt **Cayambe** (S. 123), wo ein siebenstündiger Trail zum Gipfel des erloschenen gleichnamigen Vulkans führt.

KAUM GENUTZTER WEG NACH KOLUMBIEN

Den Ort **Nueva Loja** besuchen meist Reisende auf dem Weg zum Cuyabeno, aber die hier als Lago Agrio bekannte Siedlung ist auch der Ausgangspunkt für den abgelegenen Grenzübergang nach Kolumbien bei San Miguel.

Einst verboten, gilt die Gegend heute für Reisende als relativ sicher. Für Natur- und Vogelbegeisterte ist der Übergang praktisch als Verbindung eines der besten Tierbeobachtungsgebiete Ecuadors mit der wunderbar artenreichen Putumayo-Region in Kolumbien.

Inspektion des Volcán Reventador

Eine explosive Attraktion

Der aktivste Vulkan Ecuadors spuckt riesige Rauch- und Staubwolken aus und ist ein kaum zu übertreffendes Naturschauspiel.

Seit einem großen Ausbruch im Jahr 2002 kann man den **Volcán Reventador** nicht mehr besteigen, aber fitte und abenteuerlustige Reisende können vom Rand des Vulkans die täglichen Explosionen aus der Nähe bewundern.

Er liegt zwar im **Nationalpark Cayambe-Coca**, aber der 5 km lange Trail beginnt bei der **Hostería Reventador** an der Straße von Quito nach Lago Agrio, die an einem rauschenden Fluss mit Felsenbecken zum Schwimmen komfortable Zimmer bietet. Auf dem Hotelgelände führen Pfade zu Aussichtspunkten mit weitem Blick über das Tal des Río Quijos und teilweise auf den Vulkan.

Um El Reventador besser zu sehen, folgt man dem steilen Zugangspfad mit gefährlichem losem Schotter 5 km durch Nebelwald. Gutes Schuhwerk und Wanderstöcke sind nötig und sorgen für Halt – vor allem der Abstieg ist schwierig. Die Wanderung dauert etwa 3 Stunden in jede Richtung. Nichtgäste zahlen für die Wegenutzung eine Gebühr.

ESSEN IN BAEZA

Gina's
Atmosphärisches Holzrestaurant voller Rafting-Aufkleber, Forellen und herzhaften lokalen Gerichten. $

Pizzeria Kopal
In der netten kleinen Pizzeria mit ruhiger Veranda gibt's großartige Pasteten und leckere Burritos. $

Quinde Huyaco
Bestes Frühstück in Baeza mit gefüllten Bagels und richtig starkem Espresso. $

Damit man das Spektakel bei einem kühlen Bier länger betrachten kann, hat das Hotel einfache Zimmer direkt am Fuß des Vulkans eingerichtet.

Großartig lässt sich das Grollen des El Reventador auch von der **Reserva Alto Coca** beobachten, einem privaten Nebelwaldschutzgebiet in 1500 bis 2000 m Höhe, das auf der anderen Talseite an den Nationalpark Sumaco Napo-Galeras grenzt. Unberührte Natur und spektakuläre Aussichten sind der Lohn nach einer mühsamen vier- bis fünfstündigen Wanderung.

Cuyabenos überschwemmte Wälder

Jede Menge Delfine, Aras und Affen

Die überschwemmten Wälder, mäandernden Flüsse und von Urwald umgebenen Lagunen der **Reserva de Producción de Fauna Cuyabeno** bieten die besten Chancen für Tierbeobachtungen auf dem ecuadorianischen Festland.

Das 6000 km² große Naturschutzgebiet wird saisonal durch Starkregen im Amazonasgebiet überschwemmt und sein Labyrinth von Wasserwegen auf beiden Seiten des braunen **Río Cuyabeno** schützt eine riesige Vielfalt an Wassertieren, Waldbewohnern und Vogelarten.

Cuyabeno ist das Zuhause verschiedener indigener Gruppen, aber das Siona-Volk besitzt das touristische Gebiet mit den meisten Lodges und hat das Monopol auf das Transportwesen im ganzen Naturschutzgebiet.

Ab dem ersten Moment an Bord des kleinen Boots, das ins Herz des Gebiets fährt, bezaubern die Schönheit und Ruhe des Cuyabeno. Durch die Luft flattern Scharen bunter Schmetterlinge und weisen den Weg flussabwärts zu den Feuchtgebieten, wo hoch aufragende Ceibas und Macrolobium-Bäume aus dem tanninreichen schwarzen Wasser ragen.

Um rosa Flussdelfine zu beobachten, die sich in den Lagunen und Flüssen tummeln, ist das Naturschutzgebiet das landesweit zugänglichste. Die verspielten Waltiere sind hier die Stars, aber auch die Nebenrollen beeindrucken: Anakondas, Seekühe, Riesenotter, Aras, Tukane, riesige Kaimane und Tapire sind häufig zu sehen.

Und dann gibt's da noch die Affen. Zehn verschiedene Arten leben in den Wäldern und auch bei einem kurzen Besuch lassen sich die meisten blicken: Sie schwingen sich von Baum zu Baum, springen über schmale Flüsse oder chillen hoch oben im Blätterdach.

AKT DES VERSCHWINDENS

Von einem Tag auf den anderen verschwand Anfang 2020 Ecuadors berühmtester Wasserfall, die 131 m hohe Cascada San Rafael, und hinterließ eine trockene Felswand, wo vorher eine tosende Sturzflut war.

Der Fluss hatte seine Richtung geändert und verschwand durch ein Loch im Berg statt über den Abgrund. Umweltschützer beschuldigten gleich den Bau des Wasserkraftwerks Coca Codo Sinclair vier Jahre zuvor flussaufwärts, der den Wasserfluss während der trockenen Sommermonate bereits verringert hatte, aber eine Untersuchung der Regierung ergab natürliche Erosion als Ursache.

Der Vorfall führte erneut zu einer Debatte über die wahren Kosten von Infrastrukturprojekten in den unberührten Gebieten des Oriente.

ÜBERNACHTEN IN LAGO AGRIO

Hotel d'Mario
Gut und freundlich, mit sauberen, klimatisierten Zimmern in Lago Agrio. $

Hotel Arazá
Nettes Mittelklassehotel im Zentrum mit Zimmern im Business-Stil, Pool und Fitnessraum. $$

Gran Hotel de Lago
Die schönste Unterkunft in Lago Agrio mit glänzenden Zimmern und großem Pool. $$$

WARUM ICH CUYABENO LIEBE

Alex Egerton, Lonely-Planet-Autor

Für mich gibt's in Ecuador nur wenige so entspannende Reiseziele wie Cuyabeno. Kein Flussverkehr, keine Städte, die man besuchen muss, und kein Telefonsignal – es ist der ultimative Ort zum Relaxen mit einem guten Buch und gelegentlichem Aufblicken, um die Parade der Tiere in den Bäumen rund um die Lodge zu beobachten. Obwohl ich eine Nachteule bin, macht es mir hier großen Spaß, mit den Waldgeräuschen früh aufzustehen und zuzusehen, wie die Baumkronen in Begleitung einer Vogelstimmensinfonie zum Leben erwachen.

FOTOS593/SHUTTERSTOCK ©

Da die Lagunen nur vom Regen gespeist werden, hängt es sehr von der Jahreszeit ab, welche Tiere zu sehen sind. Gegen Ende Januar trocknen die Lagunen aus, was Delfine, Seekühe und Otter flussabwärts treibt, aber das Niedrigwasser lockt Kaimane und Anakondas aus dem Wald, weshalb diese Zeit für Reptilienfans interessant ist. Um den Juni herum kann man oft eine unglaubliche Vogelwelt beobachten, darunter etliche Papageien und Aras, und ein paar Monate später treffen große Affengruppen ein.

Cuyabenos größter Trumpf ist, dass es unabhängig von der Zeit des Besuchs immer viel zu sehen gibt. Die unberührte Natur des Dschungels verheißt hautnahe Begegnungen mit der Tierwelt bei Wanderungen, Bootstouren und beim Entspannen in der Lodge.

Für einen Besuch im Naturschutzgebiet muss man eine Lodge buchen. Auf eigene Faust kann man es nicht besuchen und ohne Reservierung wird niemand an Bord der Boote an der Cuyabeno-Brücke gelassen. Geführte Touren starten meist in Lago Agrio.

AMAZONAS-TIERWELT

Viele Tierarten rund ums Cuyabeno kann man auch im und um den **Nationalpark Yasuní** (S. 173) beobachten. Nur ein schmaler Streifen Land am Ufer des Río Napo trennt die beiden Naturschutzgebiete.

Laguna Grande

Das Angebot der Lodges ähnelt sich – Wanderungen, Bootsfahrten durch Lagunen und überschwemmten Wald, Besuch einer lokalen Siona-Gemeinde und Nachtwanderungen, alles in Begleitung zweisprachiger Guides. Abends bringen die meisten Lodges ihre Gäste für ein bezauberndes Bad bei Sonnenuntergang in die Laguna Grande. Bevor es ins Wasser geht, versichert der Guide, dass Kaimane und Anakondas sich nur am Lagunenrand aufhalten und Piranhas eigentlich friedlich und völlig missverstanden sind.

Die Zimmer sind in der Regel einfach, aber komfortabel genug. Am meisten unterscheiden sich die Unterkünfte in der Gästekapazität und der Bebauungsdichte. Manchmal stehen mehrere Etagen mit Zimmern auf kleinen Grundstücken, was das Gefühl schmälert, mitten in der Natur zu sein. Auch die Lage ist entscheidend: Die Lodges am Flussufer bieten nicht den weiten Blick und die großartige Vogelbeobachtung wie an einer Lagune.

DIE BESTEN CUYABENO-LODGES

Cuyabeno Lodge
Die erste Lodge des Naturschutzgebiets und beste Wahl für Naturfans hat komfortable Cabañas auf einem Hügel mit Blick zur Laguna Grande.
$$$

Jamu Lodge
So luxuriös wie im Cuyabeno möglich: Die Lodge mit stilvollen und komfortablen Zimmern liegt abseits anderer Unterkünfte und man fühlt sich dem Dschungel nah.
$$$

Bamboo Lodge
Dieser Ort in der Nähe der Laguna Grande ist eine echte Augenweide. Zimmer in neuen Bambuskonstruktionen mit Strohdächern und Aussichtsturm.
$$$

Coca & Unterer Río Napo

UNTERWEGS VOR ORT

Die meisten Lodges beinhalten Flusstransfer ab Coca.

Auf eigene Faust kann man in Coca öffentliche Flussboote ab dem Puerto Maritimo in die Dörfer am Río Napo nehmen. Langsame Boote, sogenannte *canoas*, brauchen etwa neun Stunden bis Nueva Rocafuerte, mit kurzem Halt in Pañacocha.

Schnellboote fahren in Coca um 8 und 13 Uhr ab und brauchen fünf Stunden. Von Rocafuerte zurück starten Schnellboote um 6 und 12 Uhr.

TOP TIPP

Fast alle Lodges bieten Bootstransfers von und nach Coca an – rechtzeitig im Voraus buchen, online oder über die Büros in Quito. Bei der Lodge-Wahl ist die Lage entscheidend – Tiere lassen sich am besten an schmalen Nebenflüssen des Napo und an geschützten Lagunen beobachten.

Der gewaltige, breite Strom des unteren Río Napo ist die Autobahn, über die Reisende in die Tieflanddschungel im Osten Ecuadors gelangen, einige der zugänglichsten Regenwälder im Amazonasbecken.

Mit beeindruckender Fauna und alten Regenwaldkulturen gehören die Napo-Dschungel zu den artenreichsten Gebieten weltweit. Das unumgängliche Tor zu dieser immensen Wildnis ist die laute, nicht besonders attraktive Stadt Coca, die durch die Entdeckung von Erdöl flussabwärts von einer verschlafenen Hafenstadt in eine wuchtige Betonmasse verwandelt wurde.

Hinter Coca fließt der Napo langsam, aber unaufhaltsam gen Osten und mündet im Norden Perus in den Amazonas.

Mit Ausnahme von Nueva Rocafuerte am östlichen Ende des Flusses eignet sich der untere Napo nicht gut für Individualreisen: Die beste Art, den Dschungel hier zu erleben, ist eine der vielen schönen Dschungel-Lodges.

Begegnung mit den Omagua

Kunst einer verlorenen Zivilisation

Coca hat zwar nicht viele Attraktionen, aber einen ausgezeichneten Ort, um sich über die fesselnde Geschichte der Region zu informieren.

Das dreistöckige **Museo Arqueológico Centro Cultural Orellana** (MACCO) ist ein hochmodernes archäologisches Museum zur Kultur der Omagua, die zur Zeit der spanischen Eroberung an den Ufern des Río Napo lebten.

Bekannt für den Brauch, die Schädel ihrer Kinder mithilfe von Holzbrettern platt zu drücken, waren die Omagua versierte Töpfer, deren Handelswege bis zu den Atlantikküsten reichten.

Sorgfältig kuratierte Artefakte, darunter raffinierte anthropomorphe Keramik, zeremonielle Waffen und Stempel, mit denen Muster auf die Haut aufgetragen wurden, zeichnen in den ersten Stockwerken des Museums das Bild einer kulturell rei-

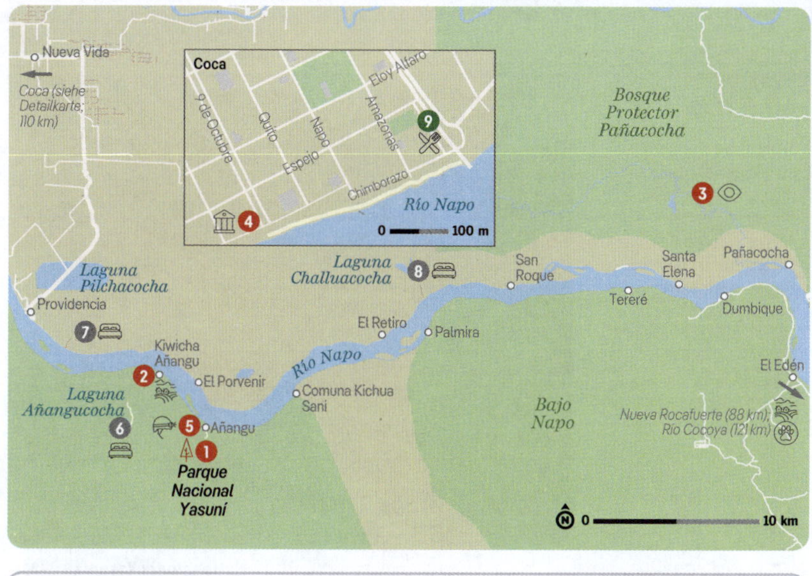

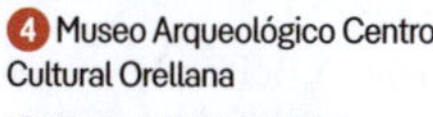

HIGHLIGHTS
1 Nationalpark Yasuní

SEHENSWERTES
2 Añangu
3 Laguna Pañacocha
4 Museo Arqueológico Centro Cultural Orellana

KURSE & TOUREN
5 Saladero de Loros

SCHLAFEN
6 Napo Wildlife Center
7 Sacha Lodge
8 Sani Lodge

ESSEN
9 Waysa Pamba

chen Gesellschaft und stellen die frühe europäische Ansicht infrage, das Tiefland sei von Sammlern und Jägern bewohnt.

Das Obergeschoss zeigt den raschen Zusammenbruch der Omagua-Gesellschaft als verheerende Folge der Kolonialisierung auf.

Die Urwälder von Yasuní

Bastion der Biodiversität

Der den Osten dominierende, 9620 km² große **Parque Nacional Yasuní** ist der größte Nationalpark auf ecuadorianischem Festland mit einer der unberührtesten Wildnisse.

Er besteht aus Feuchtgebieten, Sümpfen, Seen, Flüssen und tropischem Regenwald, der seit der letzten Eiszeit weitgehend intakt geblieben ist. 1979 wurde das Gebiet zum Nationalpark erklärt, um die kostbare Artenvielfalt zu schützen. Der Park beherbergt neben 600 Vogelspezies, Jaguaren, Pumas und anderen seltenen Dschungelarten in entlegenen Gebieten auch isolierte indigene Gemeinden der Tagaeri, Taromenani und Oñamenane, die den Kontakt zur Außenwelt verweigern.

Seine Unzugänglichkeit schützte den Park viele Jahre in einer Weise, wie es Gesetze und Verordnungen nicht vermögen, aber die Entdeckung von Erdöl gefährdet seine einst erfolgreiche Naturschutzgeschichte.

ESSEN AUS DEM WALD

Als größte Stadt in der unteren Napo-Region ist Coca ideal, um die traditionelle Amazonas-Küche zu probieren. Das **Waysa Pamba** am Ufer ist ein luftiger, moderner Food Court mit Markt. Zu den klassischen Gerichten gehört *maito*, eine Mischung aus Fisch, Palmherz und Kräutern. *Chontacuro* ist eine zappelige weiße Made, die roh gegessen wird – den Kopf abbeißen, damit sie sich nicht mehr bewegt – oder am Spieß gegrillt.

PARADIES GERETTET?

Trotz Yasunís Schutzstatus genehmigte die ecuadorianische Regierung in den 1990er-Jahren die Ölförderung im Park. Bedeutende Vorkommen wurden identifiziert, doch bevor die Bohrungen beginnen konnten, startete Präsident Correa 2007 eine bahnbrechende Initiative, die Ressourcen im Gegenzug für Auslandshilfe und Investitionen nicht zu erschließen. Der Deal scheiterte 2013, als die Regierung wegen fehlender Mittel grünes Licht für die Förderung gab und die Ölkonzerne Häfen, Straßen und Infrastruktur im Naturschutzgebiet bauten.

Zehn Jahre später konnte die ecuadorianische Bevölkerung unter ökologischem Druck endlich über das Thema abstimmen und sprach sich überwältigend für ein Verbot von Bohrungen im größten Ölfeld aus. Ob das bedeutet, dass die Hähne zugedreht werden, bleibt abzuwarten.

SL-PHOTOGRAPHY/SHUTTERSTOCK ©

Nationalpark Yasuní (S. 173)

Die meisten Reisenden erreichen Yasuní vom Dorf **Añangu** aus, wo es eine kleine Wächterstation und einen kurzen Wanderpfad gibt. In der Nähe ist eine der Hauptattraktionen des Parks der **Saladero de Loros**, eine dschungelbedeckte Grotte, wo sich an sonnigen Tagen Schwärme bunter Aras einfinden, um aus dem mineralhaltigen Teich zu trinken. Massenweise Papageien in fantastischem Federkleid herumflattern zu sehen ist ein einzigartiges Spektakel. Der *saladero* liegt auf Gemeindeland und kostet 20 US$ Eintritt, der auch für den **Aussichtsturm** über den Baumkronen gilt. Einige weitere *saladeros* am Ufer des Río Napo ziehen kleinere, grüne Papageien an, die man aus Booten beobachten kann.

Einige Dschungel-Lodges bieten für Gäste Ausflüge in den Yasuní an – vor dem Buchen sollte man die Angebote prüfen. Tagestrips gibt's auch ab Coca, aber beinhalten oft eine lange Anreise und wenig Zeit im Nationalpark.

ÜBERNACHTEN IN COCA

Hotel Río Napo
Tolles Preis-Leistungs-Verhältnis im Zentrum, mit sauberen, klimatisierten Komfort-Zimmern. **$**

Heliconias Grand Hotel
Eine Oase der Ruhe mit großen eleganten Zimmern im Kolonialstil und schönem Pool. **$$**

Hotel El Auca
Große, helle Räume um einen üppigen Garten, nur wenige Blocks vom Hauptanleger. **$$**

Luxuriöse Napo-Dschungel-Lodges

Entspannende Retreats im Regenwald

Die meisten Lodges gibt's in den dicht bewaldeten Gebieten um den **Nationalpark Yasuní**, ein paar Bootsstunden flussabwärts von Coca.

Als einzige große Lodge mitten im Yasuní hat das elegante **Napo Wildlife Center** eine privilegierte Lage für Tierbeobachtungen und ist ein Fotografen-, Vogelbeobachter- und Naturfreundefavorit. Die Lodge in der Hand der Añangu-Kichwa-Gemeinschaft erhielt schon viele Auszeichnungen für ihr nachhaltiges Tourismusmodell, das vielen Mitgliedern Arbeit gibt und die Lebensqualität in der Region erheblich verbessert hat. Eines der aufregendsten Erlebnisse hier ist die Ankunft.

Vom Hafen am Napo werden die Gäste ein paar Stunden lang einen schmalen Schwarzwasserbach hinaufgepaddelt, wo sich Vögel, Affen und Otter tummeln. Dann öffnet sich die Landschaft in Añangucocha zu einer riesigen, spiegelglatten Lagune. Am Ufer stehen die eleganten, strohgedeckten Lodge-Gebäude wie ein verlorener Dschungelpalast vor einer grünen Blätterwand.

Die Zimmer flankieren das Open-Air-Restaurant mit einem erstaunlichen siebenstöckigen Aussichtsturm. Kompetente Kichwa-Guides leiten Aktivitäten wie Bootstouren, Tages- und Nachtwanderungen und Dorfbesuche.

Die **Sani Lodge** ist kleiner und weniger auffällig als einige ihrer Nachbarn, hat aber eine fantastische Lage an einer schmalen Lagune tief im Dschungel, freundliches Personal und eine sehr entspannte Atmosphäre. Ihr Ursprung lag in der Ankunft eines ausländischen Unternehmens, das auf dem Land der Sani Isla nach Erdöl suchte. Als Gegenleistung für die Genehmigung baten die Dorfvorsteher das Unternehmen, eine Lodge zu bauen, die sie betreiben könnten. Erdöl wurde nie gefördert, aber die Lodge wurde gebaut. Auf einem kleinen Hügel mit Blick auf die Lagune bietet sie tolle Möglichkeiten, Tiere zu beobachten, vor allem von einer Hängematte am Wasser. Affen, Faultiere und etliche Vogelarten zeigen sich regelmäßig. Mit etwas Glück bekommt man auch Lucy zu sehen, den riesigen schwarzen Kaiman, der sich in der Nähe des Hotels aufhält.

Ein weiteres Highlight ist der Besuch der Frauenkooperative **Sani Warmi** im Dorf, wo Reisende bei einem authentischen Dschungelmahl die Kichwa-Traditionen kennenlernen.

STILVOLLE FLUSSFAHRTEN

Die luxuriöseste Art, die Flusslandschaften des unteren Río Napo kennenzulernen, ist eine Flussfahrt an Bord eines eigens dafür gebauten Kreuzfahrtschiffes.

Anakonda River Cruises verfügt über die Schiffe *Anakonda* und *Manatee* mit raumhohen Fenstern, durch die man das Leben auf dem Fluss aus dem klimatisierten Privatquartier beobachten kann. Zu den Gemeinschaftsbereichen gehören eine Aussichtsplattform mit Whirlpool und eine Open-Air-Lounge.

Die Fahrten dauern von vier Tagen bis zu einer guten Woche, längere Trips führen bis nach Nueva Rocafuerte an der Grenze zu Peru. Inbegriffen sind Landausflüge, darunter Wanderungen, bei denen man Tiere aus nächster Nähe sieht, und Besuche in Dörfern.

ESSEN IN COCA

Tenedor y Bolones
Viele leckere landestypische Frühstücksgerichte zur Stärkung vor langen Bootstouren. **$**

La Casa del Maito
Ausgezeichnete frische Fisch-*maitos* vom Grill am Straßenrand – mit Tilapia oder Piranha. **$**

El Refugio del Cangrejo
Gut besuchtes Ecklokal mit sättigenden Meeresfrüchte-Reisgerichten und pikanten Ceviches. **$**

UNTERWASSER-WELT

Bei einem Ausflug im tiefen Oriente entdeckt man einige faszinierende Tiere unter Wasser statt in den Baumkronen.

Rosa Flussdelfine Die größten Süßwasserdelfine der Welt sieht man oft in abgelegenen Schwarzwasserlagunen und in trockeneren Zeiten in den Mündungen von kleineren in größere Flüsse.

Graue Delfine bzw. Tucuxi Kleiner und seltener als die Amazonasdelfine sind *Tucuxi* in geringer Zahl im unteren Napo zu finden.

Riesenotter Man trifft sie oft in Familiengruppen in Lagunen und engen Flüssen an.

Amapaimas Die prähistorisch aussehenden Fische gelten als die größte Flussfischart der Welt.

Piranhas Sie verschlingen dich wahrscheinlich nicht wie in Filmen, haben aber trotzdem furchterregende Zähne.

MATYAS REHAK/SHUTTERSTOCK ©

Nueva Rocafuerte

Von den größeren Lodges liegt Coca am nächsten die alteingesessene **Sacha Lodge,** eine Erfolgsgeschichte in Sachen Naturschutz und die wohl luxuriöseste Unterkunft am unteren Napo. Sie ist um den schönen Pilchecocha-See gebaut, eine kurze Wanderung und Kanufahrt vom Río Napo entfernt, verfügt über stylishe, klimatisierte Zimmer mit tollen modernen Bädern und Dschungelblick durch große Fenster. Sie liegt zwar nicht so tief im Dschungel wie andere Unterkünfte, hat aber umliegende landwirtschaftliche Grundstücke zugekauft und sitzt nun im 2000 Hektar großen privaten Naturschutzgebiet. Affen schwingen von den Bäumen vor den Zimmern und beim Restaurant tummeln sich Riesenotter im See.

Die Mahlzeiten sind Gaumenfreuden, vor allem die köstlichen Desserts, und Sacha sticht wirklich mit der Infrastruktur heraus. Die 37 m hohe und 275 m lange Hängebrücke über den Baumkronen ist spektakulär und tief im Regenwald hebt ein voll funktionsfähiger Kran Gäste in die Höhe für einen 360-Grad-Rundumblick. Und anders als in anderen Lodges kann man sich mit einem Bad in der Lagune erfrischen, da ein schwimmender Käfig vor Kaimanen schützt.

ÜBERNACHTEN AM UNTEREN NAPO

Sachi Wayra Yasuni Lodge
Intime, familiengeführte Lodge am Ufer des Napo nahe der Sani-Isla-Gemeinde. **$$$**

Eden Lodge
Schöne Lodge einer Dorfgemeinschaft mit komfortablen *cabañas* und guter Küche am Rand des Yasuní. **$$$**

Monkey Island Glamping Lodge
Einfache Zeltunterkünfte auf einer dschungelbewachsenen Insel mitten im Napo. **$$**

Rosa Delfinen in Pañacocha auf der Spur

Paddeln auf dem See der Piranhas

Die magische **Laguna Pañacocha** (See der Piranhas auf Kichwa), eine große Schwarzwasserlagune an der Nordseite des Napo auf halbem Weg zwischen Coca und Nueva Rocafuerte, ist berühmt für atemberaubende Dschungellandschaften und eine vielfältige Tierwelt. Der See mit vielen Vogelarten, Riesenottern und rosa Flussdelfinen ist über einen langen Bach zugänglich, der sich durch dichten Dschungel windet. Es gibt nur wenige Traveller, und so ist dies ein ruhiger Ort, um sich ein paar Nächte einzuigeln, umgeben von den Geräuschen des Waldes.

Lokale Lodges bieten All-inclusive-Pakete an, aber man kann die Laguna Pañacocha auch auf eigene Faust besuchen, indem man ein lokales Flussboot von Coca nach Pañacocha-Stadt und von dort einen Kanutransfer nimmt.

Letzter Halt: Nueva Rocafuerte

Das östliche Ende Ecuadors

Abgelegene Grenzdörfer, die als winziger Punkt am Rand einer Landkarte erscheinen, sind oft Orte, die man so schnell wie möglich wieder verlassen möchte, aber auf das kleine **Nueva Rocafuerte**, wo der Napo Ecuador *adios* sagt, trifft das nicht zu.

Beschaulich erstreckt es sich entlang eines schönen neuen **Malecón** (Uferpromenade) mit Blick auf das breite, schokoladenfarbene Wasser des Napo, das hier herrlich ruhig ist, und wird von einer äußerst freundlichen indigenen und mestizischen Gemeinde bewohnt, die sich hauptsächlich mit dem Fahrrad fortbewegt. Die einzigen Traveller hier möchten ihren Pass abstempeln lassen, bevor sie die lange Flussreise nach Peru fortsetzen, aber Rocafuerte ist ein toller Ort für individuelle Dschungelabenteuer.

Östlich der Stadt versammeln sich an der Mündung des **Río Yasuní** häufig rosa Delfine. Der Fluss führt zur abgelegenen **Laguna Jatuncocha**, wo man fernab der Zivilisation neben stillen Wassern übernachten kann. Einheimische Guides stellen Zelte, Transport und Mahlzeiten zu vernünftigen Preisen zur Verfügung.

Wer den Delfinen noch näher kommen möchte, chartert ein Boot zur Mündung **Río Cocoya** hinter dem Weiler Martinica.

VON NUEVA ROCAFUERTE BIS IQUITOS

Um von Rocafuerte nach Iquitos zu kommen, geht's in das winzige peruanische Dorf Pantoja, etwa 40 Minuten flussabwärts am Río Napo. Schnellboote kosten 50 bis 75 US$ oder man wartet auf ein lokales Kanu, das Ansässige und Vorräte transportiert (um 15 US$ pro Pers.). In jedem Fall das Boot prüfen, bevor man bezahlt – Holzkanus, die knapp über dem Wasser liegen, bergen ein Risiko für empfindliche Geräte. Man braucht einen Ausreisestempel des Migrationsbüros in Rocafuerte und bei der Ankunft in Pantoja einen Einreisestempel für Peru.

Langsame Boote nach Iquitos fahren in Pantoja (Di.–Fr. 5 Uhr) ab – die meisten Reisenden bleiben bis kurz vor der Abfahrt lieber auf der belebteren ecuadorianischen Seite.

ÜBERNACHTEN IN NUEVA ROCAFUERTE

Chimborazo
Direkt am *malecón*: Die Zimmer vorne haben Holzventilatoren, die hinteren Klimaanlagen. **$**

Yurag Wasi
Einfache, preiswerte Zimmer neben einem Gemischtwarenladen in Hafennähe. **$**

Sacha Ñampi Ecolodge
Gemeinde-Lodge etwas flussaufwärts der Stadt mit strohgedeckten Zimmern und diversen Aktivitäten. **$$$**

Tena

UNTERWEGS VOR ORT

Tenas Sehenswürdigkeiten sind vom Hotel am Ufer und der Unterhaltungsmeile aus zu Fuß zu erreichen. Wer in einer ländlichen Lodge außerhalb wohnt, kann leicht ein Taxi an der Straße anhalten.

Busse nach Cotundo fahren gegenüber vom Mercado Central ab, Busse nach Misahuallí und zu weiteren Zielen am oberen Napo vor den Büros der Transportunternehmen ein paar Blocks vom Hauptbusbahnhof entfernt.

TOP TIPP

Wer auf dem Río Napo weiter flussabwärts fahren möchte, wählt eine Unterkunft an Tenas Ufer und genießt ein letztes Mal das Nachtleben, bevor es in den Dschungel geht. Sollte die Oriente-Reise aber hier enden, nimmt man besser ein Landhotel am Stadtrand.

Müsste man einen Punkt auswählen, wo der Einfluss der Anden schwindet und das klassische Dschungelambiente des Oriente wirklich anfängt, wäre es unweit der geschäftigen Kleinstadt Tena an der Schnellstraße Troncal Amazónica.

Aufgrund der Nähe zum einst belebten Hafen am Río Napo lange ein Drehkreuz zwischen den Regionen, bietet Tena vielen Reisenden einen ersten Eindruck von der Kultur, den Landschaften und der Küche Amazoniens. Für einen Verkehrsknotenpunkt hat Tena viel Charakter, Bars und Restaurants am attraktiven Ufer und eine dschungelbewachsene Insel mitten im Fluss, die eine Auszeit von der Hektik des Verkehrs verspricht.

Aber ein echter Grund, hier zu verweilen, ist das Abenteuer. Tena ist Ecuadors Rafting-Hauptstadt mit aufregenden Flüssen, und um Cotundo im Norden warten wunderbare Höhlen, Canyons und Wasserfälle.

Eine Insel der Ruhe

Erforschung des urbanen Dschungels

Die einzige wirkliche Attraktion in Tenas Innenstadt ist der 27 Hektar große **Parque Amazónico La Isla** mitten im Río Tena zwischen *malecón* und Stadtplatz. Der Park sieht inzwischen zwar etwas mitgenommen aus, verlockt aber immer noch dazu, dort ein paar Stunden zu vertrödeln.

Der Park ist über eine Fußgängerbrücke mit einem Aussichtsturm zu erreichen. Teilweise fertiggestellte Wege führen an endemischen Pflanzen der Region vorbei. Hier sieht man Affengruppen und den einsamen, frei umherstreifenden Tapir, der zuweilen Bananen aus Besucherhänden frisst und im Teich in der Inselmitte badet.

SEHENSWERTES
1 Cotundo
2 Parque Amazónico La Isla

KURSE & TOUREN
3 Cuevas de Jumandy
4 Rayu Pakcha
5 Río Anzu
6 Río Hollin
7 Río Jondachi
8 Río Napo (Jatunyacu)
9 Río Quijos

Abstieg in die Höhlen von Cotundo

Abenteuer unter der Erde und spektakuläres Schwimmen

Das winzige Cotundo, eine kurze Fahrt nördlich von Tena an der Quito-Autobahn, ist umgeben von dschungelbewachsenen Canyons, tiefen Höhlen und geheimnisvollen Felsformationen. Die bekannteste Attraktion hier ist der Höhlenkomplex **Cuevas de Jumandy**, wo man einem unterirdischen Fluss tief in ein verzweigtes Höhlensystem folgt. Die Stollen sind zwar nicht besonders dramatisch, doch die schiere Größe der Höhle – viele Abschnitte sind noch unerforscht – und die kleinen Schwimmlöcher tief im Inneren sind den Trip wert.

Die schwerer zugängliche **Rayu Pakcha**, auch bekannt als Gran Cañon, zählt zu Ecuadors bezauberndsten Badestellen. Hier dringt ein tosender Wasserfall durch ein Loch in der Decke in eine dunkle Höhle und ergießt sich in ein großes Becken inmitten dschungelbewachsener Felswände. Unter der Woche genießt man den magischen Ort fast allein.

DAS BESTE ESSEN IN TENA

Vilino Albero
Das beste Steak im Oriente und köstliche Pasta, dazu gibt's eine gute Auswahl an Weinen. **$$**

Café Tortuga
Café am Flussufer mit tollem Frühstück, nahrhaften Fruchtshakes und leckeren Sandwiches und Wraps. **$**

Curassow Rooftop
Künstlerisches Bar-Restaurant mit originellen Maniokmehl-Pizzas, leckerem Craft-Bier, guter Musik und Flussblick. **$**

Quipo Cevicheria
Die wohl beste Adresse der Stadt für Fisch und Meeresfrüchte, mit einer kleinen Auswahl toller Suppen und Ceviches. **$**

Ritt auf Tenas Weißwasser

Viel Wasser, spektakuläre Landschaften

Dank ihrer strategisch günstigen Lage am Ort, wo die schnellen Flüsse der östlichen Anden auf die Oriente-Ebenen treffen, ist Tena Ecuadors Rafting-Hauptstadt und ideal für Flussfahrten in der Region. Rafting-Trips reichen von sanften Touren auf malerischen Flüssen bis zu aufregenden Passagen durch Stromschnellen in engen Schluchten.

Die Gewässer rund um die Stadt bieten Neulingen und Rafting-Erfahrenen Nervenkitzel, aber wegen des Bergbaubooms in der Umgebung müssen Veranstalter ihre Gruppen oft zu weiter entfernten, unberührten Strecken bringen. Eine der populärsten ist der 25 km lange obere **Río Napo** (vor Ort als Jatunyacu bekannt, „großes Wasser" auf Kichwa) mit mehreren Stromschnellen der Stufe III+, ideal für Rafter aller Niveaus. Wer es noch spannender mag, probiert die wilden Grad-IV-Stromschnellen auf den Flüssen **Hollin** und **Jondachi** aus, beide sind Nebenflüsse des Río Misahuallí, die kraftvoll von den Hängen des Volcán Sumaco und des Nationalparks Antisana stürzen.

Örtliche Veranstalter organisieren auch Trips zum weiter entfernten **Río Quijos** mit pausenlosem Wildwasser in einem prächtigen Canyon, der nur etwas für erwachsene Rafter ist. Für eine familienfreundliche Tour hat der ruhige obere **Río Anzu** südlich der Stadt 18 km sanfte Stromschnellen der Grade II und III, die sich für jüngere Rafter eignen, und mehrere Badestellen an der Strecke.

Rafting ist auf den meisten Flüssen um Tena ganzjährig gut; nur sind einige schwierige Strecken in der Regenzeit von April bis Mai manchmal nicht befahrbar.

DIE BESTEN RAFTING-ANBIETER

Die Qualität der Touranbieter um Tena ist gut, die meisten stellen hochwertige Schwimmwesten, Erste-Hilfe-Ausrüstung und Wurfsäcke sowie Sicherheitspersonal für kompliziertere Strecken.

River People Das Pionierunternehmen mit sehr erfahrenen Guides und hochwertiger Ausrüstung bietet Tagestrips und Touren mit Übernachtung rund um Tena.

Caveman Adventures Das Profi-Unternehmen mit guter Ausrüstung veranstaltet neben Wanderungen und kulturellen Aktivitäten gut organisierte Touren für alle Level.

Raft Amazonia Der kleine Anbieter, ein einheimisches Familienunternehmen, hat freundliche lizenzierte Guides und bietet auch Ausflüge zu nahen Höhlen an.

ENTLEGENE RAFTING-ABENTEUER

Für wilde naturbelassene Flüsse mit moderaten Abfahrten ist man in der Rafting-Szene um **Puyo** (S. 185) im südlichen Oriente richtig, wo Rafting erst seit Kurzem angeboten wird.

ÜBERNACHTEN IN TENA

Brisas del Río
Helles, makelloses und günstiges Hotel mitten im Geschehen am *malecón*. **$**

Hostal Los Yutzos
Geräumige, komfortable Zimmer um einen herrlichen Garten am Ufer, unweit von Bars und Restaurants. **$$**

Hostal Pakay
Von Wald umgebenes, umweltfreundliches Hostel mit ländlicher Dschungel-Lodge-Atmosphäre. **$**

Rund um Tena

Volcán Sumaco
Archidona
Misahuallí
Tena
Shiripuno
Reserva Biológica Jatun Sacha

Beginne dein Abenteuer: Besteige Vulkane mit Nebelwald, treibe Dschungelflüsse hinunter und lerne die indigene Kichwa-Kultur kennen.

Westlich von Tena fällt der Río Napo mit einiger Wucht aus den Anden ab, aber an der Brücke bei Puerto Napo verlangsamt und verbreitert er sich und wird für kleine Boote schiffbar. Hier beginnt der Tieflanddschungel die Landschaft zu prägen.

Der erste Hafen flussabwärts ist das lebhafte kleine Dorf Misahuallí mit kapriziösen Affen und feinem Sandstrand als Kulisse. Östlich von Misahuallí säumen indigene Dörfer, Öko-Lodges und private Naturschutzgebiete die Flussufer und bieten Dschungelerlebnisse.

Nordöstlich von Tena schützt der Nationalpark Sumaco Napo-Galeras eine prächtige Vielfalt naturbelassener Ökosysteme. Durch sein Gebiet führt eine der lohnendsten mehrtägigen Trekkingtouren Ecuadors.

UNTERWEGS VOR ORT

Die Busse von Tena nach Arhuano fahren auf zwei Strecken: Auf der Nordseite des Río Napo ist die Straße nur teilweise, auf der Südseite ist sie bis La Punta geteert, wo der Bus auf einen Lastkahn fährt, um Arhuano zu erreichen.

Bis die neue Brücke über den Napo in Misahuallí fertig ist, musst du den Fluss mit einem Kanu überqueren (0,50 US$) und bis zur Straße laufen, wo manchmal Fahrzeuge warten. Andernfalls läufst du 2 km bis zur Hauptstraße und hältst einen vorbeifahrenden Tena-Arhuano-Bus an.

Spaß mit Affen in Misahuallí

Tor zum oberen Napo

Die kleine Stadt **Misahuallí** am Zusammenfluss der Flüsse Misahuallí und Napo war einst ein wichtiger Hafen für Traveller und Waren aus entlegenen Gebieten des ecuadorianischen Amazonasgebiets, geriet aber mit dem Bau der Tena-Coca-Straße in Vergessenheit. Heutzutage ist es ein ruhiges Städtchen, außer am Wochenende, wenn scharenweise Tagesausflügler zum Baden, Tubing, Bananenbootfahren und Trinken zum Sandstrand an der Mündung des **Río Misahuallí** kommen.

Bekannt ist die Stadt vor allem für die Kapuzineraffen, die in einem kleinen Waldstück flussaufwärts vom Strand leben. Auch wenn ihre Zahl abnimmt, sind sie normalerweise leicht zu sichten.

Während die Umgebung seit Jahrzehnten besiedelt ist und es kaum Wildtiere zu sehen gibt, ist Misahuallí unter der Woche ein ruhiger Ort mit entspannendem Flussblick und Reisende beziehen oft lieber hier Quartier als im größeren Tena. Die Bootsverleiher am Strand bieten eine Reihe Rundfahrten auf dem **Río Napo** an, die aber nicht tief in den Dschungel führen. Spannendere Ausflüge kann man bei den spezialisierten Reisebüros rund um den Hauptplatz buchen.

TOP TIPP

Bessere Chancen auf Tiersichtungen bieten Übernachtungen in ländlichen Lodges, besonders an kleineren Nebenflüssen.

DAS PERFEKTE DSCHUNGEL-ERLEBNIS FINDEN

Das Budget, die Reisedistanz und die im Dschungel verbrachte Zeit spielen bei der Wahl des optimalen Reisepakets eine Rolle:

Unterkünfte
Lodges bieten von einer komfortablen Basis aus Tagesausflüge in den Regenwald, während bei anderen Ausflügen in Dörfern übernachtet oder gezeltet wird.

Guides
Gehobenere Touren bieten meist englischsprachige Guides, während preiswertere Touren oft Traveller mit spanischsprachigen Einheimischen gruppieren.

Lage
Bei teureren Touren erlebt man die Tierwelt oder Kultur nicht zwangsläufig intensiver; ein Campingausflug in den Dschungel ermöglicht oft authentischere Erlebnisse.

Öko-Maßnahmen
Nicht alle Veranstalter respektieren die Regeln der Schutzgebiete bezüglich Müll, Jagd und Fütterung von Tieren – auf eindeutige Nachhaltigkeitskonzepte achten.

ECUADORPLANET/SHUTTERSTOCK ©

Kapuzineraffe (S. 181)

Ein beliebtes Ziel ist das Kichwa-Dorf **Shiripuno**, ein paar Kilometer flussabwärts, wo Gäste zum *guayusa*-Tee traditionellen Tanzvorführungen zuschauen. Übernachtungen sind möglich.

Eine Reihe weiterer Attraktionen sind über Straßen zugänglich, darunter der **Árbol Milenario**, eine majestätische alte Ceiba, die den umliegenden Wald überragt, und die **Cascada de Latas**, ein breiter Wasserfall, der ein seichtes Becken speist.

Lodges am oberen Napo

Erreichbare Dschungelunterkünfte

Ab der Brücke in Puerto Napo, südlich von Tena, beginnt der eigentlichen Río Napo. Er verbreitert sich, die Hügel werden niedriger und die Landschaft mutet eher wie am Amazonas an.

Während der Bau von Straßen am oberen Napo die Lebensgewohnheiten der Wildtiere nachhaltig veränderte und weniger Tiere zu sehen sind als tiefer im Dschungel, eignet sich das Gebiet trotzdem als eindrucksvolle Kostprobe des Regenwaldes, ohne eine lange Bootsfahrt machen zu müssen. Komfortable Öko-Lodges an den Ufern bieten Vogelbeobachtungen, Wanderungen und kulturelle Aktivitäten an. Paketpreise beinhalten in der Regel den Transfer; Vorausreservierung ist erforderlich.

ÜBERNACHTEN RUND UM TENA

Huasquila Lodge
Gut geführte Lodge nördlich von Cotundo mit gemütlichen Zimmern und erstklassigen Ausflügen. **$$**

Hostería El Paraíso de Las Orquídeas
Eine gute Basis mit großem Gelände, riesigem Pool und komfortablen *cabañas*. **$$**

Sinchi Warmi
Diese Kichwa-Frauenkooperative am Río Napo bietet vielerlei kulturelle Aktivitäten für Gäste. **$**

Die gut geführte **Anaconda Lodge** auf einer friedlichen Insel mitten im Napo, flussabwärts von Punta Ahuana, bietet Entspannung pur in komfortablen Holzzimmern auf Stelzen um einen gepflegten Garten mit wunderbaren Vögeln. Die Mahlzeiten sind gesund und lecker, zu den Aktivitäten gehören Tubing, Dschungelwanderungen und Trips zu einem Sumpf voller Kaimane.

Am hübschen Río Arajuno und vor weitläufigem naturgeschütztem Wald fühlt sich die **Liana Lodge** abgelegener und mehr dem Dschungel verbunden an als viele andere Lodges. Sie hat angenehm kühle strohgedeckte Hütten mit Warmwasserduschen, Veranden mit Hängematten und eine einladende Open-Air-Bar mit Flussblick.

Die alteingesessene **Yachana Lodge** mitten in dichtem Wald nahe am Napo ist über die Tena–Loreto-Straße aus erreichbar. Ihr Ausbildungszentrum bereitet Einheimische auf Berufe im Naturschutz vor. Ein wunderbares Projekt und ein herrlicher Ort, um in die Natur einzutauchen und etwas über die indigene Kultur zu lernen.

Eine der Tena am nächsten gelegenen Lodges ist die umweltfreundliche und stylische **Hamadryade Lodge**, flussaufwärts von Misahuallí, mit luxuriösen Bungalows mit Balkons, atemberaubenden Dschungelblick und einem herrlichen Pool- und Loungebereich.

Begegnung mit Tieren bei Naturschutzprojekten

Schutz der Natur beim Wandern

Die gemeinnützige **Reserva Biológica Jatun Sacha** am Südufer des Río Napo, flussabwärts von Misahuallí, schützt eins der unberührtesten Dschungelgebiete am oberen Napo. Es erstreckt sich über 25 km² zwischen der Tena–Ahuano-Straße und dem Río Arajuno und ist ein Gebiet mit hoher Artenvielfalt; einige neue Spezies wurden hier entdeckt.

Da die Abholzung im oberen Napo ein kritisches Maß erreicht hat, bieten die Wälder des Gebiets Tieren der Region Zuflucht. Traveller können Vögel beobachten, auf Waldwegen wandern, den botanischen Garten besuchen oder vom 30 m hohen Aussichtsturm das Blätterdach von oben betrachten.

Das **amaZoonico** an den bewaldeten Ufern des Río Arajuno ist ein Rettungs- und Rehabilitationszentrum für Dschungeltiere, die verletzt oder als Haustiere aus ihrem Habitat gerissen wurden. Es hat eine solide Erfolgsbilanz bei der Wiederauswilderung – Reptilien erwiesen sich als besonders geeignet, aber auch Affen, Tapire und Faultiere wurden bereits erfolgreich tief in den Dschungel entlassen.

LIEBLINGSORTE IN ARHUANO

Micaela Canelos ist eine mehrsprachige Naturführerin vom oberen Napo bei Tena.

Wenn ich nicht gerade Gruppen in entlegene Gegenden am Río Napo führe, besuche ich gern die Attraktionen in der Nähe meiner Heimat Arhuano.

Nicht weit vom Flussufer ist die **Laguna de los Caimanes** ein toller Ort, um Reptilien zu beobachten, ohne weit in den Dschungel gehen zu müssen.

Etwas weiter oben am Río Arajuno liegt **amaZoonico**, eine Auffangstation für Wildtiere, die als Haustiere mitgenommen oder aus dem Dschungel vertrieben wurden. Hier kann man immer viele verschiedene Arten sehen.

Und ich besuche gerne die **Isla Cacao Sisa Wasi** einer Kichwa-Familie, die traditionelle Schokolade herstellt.

ÜBERNACHTEN IN MISAHUALLÍ

El Albergue Español
Preiswertes und relaxtes Hostel am Flussufer, nicht weit vom Hauptplatz. $

France-Amazonia
Ruhiger Ort an der Straße in die Stadt, schattige, strohgedeckte Hütten um einen glitzernden Pool. $$

Misahuallí Amazon Lodge
Am anderen Ufer des Río Misahuallí: komfortable *cabañas* und Pool in einem privaten Naturschutzgebiet. $$$

JUMANDY: REBELL AUS GUTEM GRUND

Überall am oberen Napo sind Monumente und Unternehmen nach dem indigenen Helden der Region Jumandy benannt.

Als *cacique* (Anführer) des Quijos-Stamms führte Jumandy 1578 einen Aufstand gegen die spanische Kolonialherrschaft an. Seine Truppen brannten die Städte Ávila und Archidona nieder – von hier sandten die Behörden in Quito Expeditionen zur Ausweitung ihres Gebiets im Oriente. Der Erfolg führte zu Rebellionen im gesamten Oriente und provozierte den Zorn der Konquistadoren, die Tausende Soldaten aus Quito entsandten, um den Aufstand niederzuschlagen. Jumandy wurde gefangen, hinter Pferden durch Quitos Straßen geschleift und dann enthauptet. Erst 2011 erfolgte eine offizielle Würdigung seiner Tapferkeit, als er zum Nationalhelden Ecuadors ernannt wurde.

Leider sind einige Tiere Dauergäste im Zentrum, weil sie ihre Überlebensfähigkeit verloren haben oder weil es zu gefährlichen Interaktionen mit Ansässigen kam, daher sieht man Tiere in Käfigen. Ein Team internationaler Freiwilliger bietet Führungen an.

Besuche im Voraus unter der Nummer +593 994143395 buchen und ein Boot in Puerto Barantilla organisieren – etwa bei Don Guido (+593 99328420), der im Dorf wohnt. Busse fahren von Tena nach Punta Arhuana am Südufer des Flusses entlang und setzen nahe der kleinen Anlegestelle ab.

Zum Gipfel des Volcán Sumaco

Grandiose Mehrtagestour

Der **Nationalpark Sumaco Napo-Galeras** an der Straße von Tena nach Coca bewahrt große Abschnitte prachtvollen Nebelwaldes, der völlig unbebaut ist. Das Herzstück des Parks, der **Volcán Sumaco** (3732 m), kann mit einer anstrengenden drei- bis fünftägigen Rundwanderung bestiegen werden.

Der Trail führt durch die drei Klimazonen Regenwald, Nebelwald und *páramo* und gehört deshalb zu den lohnendsten Wanderungen in Ecuador. Der Weg ist oft schlammig und man übernachtet unterwegs in drei einfachen Holzhütten. Für die Wanderung sind Guides erforderlich, die im kleinen Dorf Pacto Sumaco am Ausgangspunkt 9 km nördlich der Tena–Loreto-Straße gebucht werden können, wo es auch Übernachtungsoptionen gibt.

Die **Wild Sumaco** Lodge liegt südlich von Pacto Sumaco auf einer Anhöhe mit weitem Blick über den Wald und ist ein herrlicher Ort zum Entspannen, auch wenn man nicht zum Gipfel wandert. Besonders populär ist sie bei Vogelfans, die hier eine einzigartige Mischung aus Nebelwald-, Vorgebirge- und Amazonas-Spezies beobachten können. Die Zimmer sind einfach, aber elegant mit Holzböden, und ein Holzhaus mit Terrasse dient als Aufenthaltsraum. Vorausbuchungen sind erforderlich.

Tief im Wald an der Ostseite des Vulkans bietet das Schutzgebiet **Reserva Biológica Río Bigal** ein intensives Naturerlebnis. Der Mindestaufenthalt beträgt drei Nächte und zur Lodge führt eine 45-Minuten-Wanderung, aber die Belohnung ist eine der atemberaubendsten und urwüchsigsten Wildnisse der Region.

ESSEN IN MISAHUALLÍ

El Bijao
Der beste Ort für frischen Fisch oder Hühnchen-*maitos* direkt an der Plaza. $

El Jardín
Das gehobene Gourmet-Gartenrestaurant ist nur mit einem Boot über den Fluss erreichbar. $$

Papakuna Café
Leckere Wings und Burger und kühles Bier in einer Uferlandschaft. $

Puyo & Südlicher Oriente

Nach den nördlichen Flüssen mit gehobenen Öko-Lodges, hochkarätigen Touren und Backpacker-Treffpunkten ist der südliche Oriente viel weniger erschlossen. Seine selten erforschten nebligen Hügel gehen in dichten Dschungel über, den isolierte indigene Gemeinden bewohnen. Auf den Reiserouten in den ecuadorianischen Amazonas taucht die Region selten auf, dabei bietet sie endlose Abenteueroptionen: Tosende Wasserfälle, kristallklare Flüsse, tiefe Canyons und geheimnisvolle Höhlen sind von den netten, aber unspektakulären regionalen Städten nach kurzer Fahrt erreichbar.

Das Tor zur Region ist der geschäftige Verkehrsknotenpunkt Puyo, während weiter südlich das belebte Macas weite Blicke auf das Upano-Tal bietet. Beide Städte sind gute Ausgangsorte für Touren in abgelegene Dörfer, um die reiche indigene Kultur kennenzulernen.

Weiter südlich gibt's außerhalb von Gualquiza echte Abenteuer abseits ausgetretener Pfade – Rafting, Canyoning und ferne Dschungelwanderungen.

UNTERWEGS VOR ORT

Busse verbinden die größeren Städte des südlichen Oriente, aber Fahrten zum Dschungel und entlegeneren Attraktionen erfordern Planung. Lokale Busse fahren unregelmäßig und starten meist frühmorgens. Vor der Fahrt die Rückfahrtzeiten prüfen! Taxis gibt's auch in kleineren Städten und sind eine vernünftige Option für Sehenswürdigkeiten in einem Radius von etwa einer Stunde, aber zu manchen Zielen geht's zu Fuß über unbefestigte Straßen.

TOP TIPP

Der Tourismus steckt im südlichen Oriente noch in den Kinderschuhen und viele Dienstleistungen hinken anderen Landesteilen hinterher. In kleineren Städten gibt's weniger Hotels und nicht alle stehen auf Online-Plattformen, also vor der Reise telefonisch reservieren.

Puyos urbaner Dschungel

Spaziergänge am Fluss und Heilpflanzen

Bei der Ankunft in Puyos hektischem, zubetoniertem Zentrum scheint kaum eine Verbindung zur Natur des Oriente spürbar, aber in den nördlichen Außenbezirken entdeckt man eine ganz andere Seite der Stadt.

Rund um das lebhafte **Barrio Obrero** reicht dichter grüner Dschungel bis an den Stadtrand, der schöne, lange Spazierweg **Paseo Turistico** säumt den Río Puyo ab dem bei Familien beliebten Park Malecón Boayaku Puyo fast 2 km Richtung Norden.

PUYO & SÜDLICHER ORIENTE

Reserva de Producción de Fauna Chimborazo
Riobamba
Cajabamba
Parque Nacional Sangay
Puyo
Río Pastaza
Río Bobonaza
Guamote
Alausí
Chunchi
Macas
Kapawi Ecolodge (60 km)
ECUADOR
Río Cañar
Ingapirca
Azogues
Santiago de Méndez
Amazon
Puerto Morona
Gualaceo
Chordeleg
Sigsig
PERU
Gualaquiza
Río Cuyes
0 40 km

SEHENSWERTES
1 Barrio Obrero
2 Callejon del Empalme
3 Cascada Las Culebrillas
4 Cascada Yantza
5 Cascadas Kupiamais
6 Gualaquiza
siehe 6 Jardín Botánico El Gato
7 Jempe Lodge
8 La Dolorosa
9 Macas
siehe 9 Mirador de Quilamo
siehe 1 Parque Etnobotanico Omaere
siehe 6 Parque Lineal
10 Quinta Bellavista
11 Taisha

KURSE & TOUREN
siehe 9 Pasaje de La Randimpa
siehe 1 Paseo Turistico
12 Río Alpayacu
13 Río Colorado
14 Río Cuyes

ESSEN
siehe 1 Mercado Platano

ECUADORPOSTALES/SHUTTERSTOCK ©

Puyo (S. 185)

Hinter der ersten Fußgängerbrücke schützt der üppige **Parque Etno-botanico Omaere** 15 Hektar dichten Wald voller Heilpflanzen. Der Park wurde von der indigenen Shuar-Heilerin Teresa Shiki und ihrem Ehemann, dem Biologen Chris Canaday, gegründet und ist ein Kultur- und Naturerlebnis. Der Eintritt beinhaltet eine Tour mit einheimischen Guides, die auf einer 45-minütigen bis zweistündigen Waldtour Pflanzen- und Vogelarten zeigen.

Einheimische schwimmen zwar im flachen Río Puyo, aber er ist nicht besonders sauber. Man fährt besser zum **Río Alpayacu** an der Via-Shell-Straße, dessen kristallklares Wasser von Grün umgeben ist.

Lieblingsspeisen aus dem Wald

Authentische indigene Küche

Als wichtiger Verkehrsknotenpunkt mit großer indigener Bevölkerung zählt Puyo zu den besten Orten im Oriente, um traditionelle Regenwaldküche zu probieren. Puyos Charme offenbart sich im Restaurantviertel **Barrio Obrero**,

GUT ERREICHBARE LODGES

Huella Verde Rainforest Lodge
Die kleine Lodge am Río Bobonaza bietet hochwertige Aktivitäten wie Wandern durch dichten Dschungel, Kanufahren mit indigenen Guides und Workshops zur Herstellung von Schokolade. Die Bungalows haben private Bäder und Terrassen mit Hängematten. **$$$**

Cabañas Etsa
Die gemeindeeigene Unterkunft, 40 Autominuten östlich von Macas, hat einfache strohgedeckte Hütten am Ufer des Río Yukipa. Zu den Aktivitäten gehören geführte Waldwanderungen, die Zubereitung traditioneller Mahlzeiten und Flussfahrten in einem Kanu. **$$**

NOCH MEHR LECKERE DSCHUNGEL-KOST

Ein weiterer guter Ort für Amazonasküche ist **Coca** (S. 172). In einem luftigen Food Court am Flussufer servieren viele kleine Küchen Traditionsgerichte vom unteren Napo.

ÜBERNACHTEN IN PUYO

El Jardín
Ruhiger und luxuriöser Spot im Grünen hinter der Fußgängerbrücke von Puyos Restaurantviertel. **$$$**

Posada Real
In ruhiger Lage, nur ein paar Blocks von der Plaza entfernt, mit komfortablen Zimmern mit Antiquitäten. **$**

Hostal Las Palmas
Ideal für Individualreisende: helle Zimmer, gutes Café und schöne Terrasse für einen Sundowner. **$**

BESUCH BEI DEN SHUAR

Mit Ausnahme der Städte entlang der Troncal Amazónica ist der Großteil des südlichen Oriente das Territorium der indigenen Volksgruppe Shuar mit einer Bevölkerungsgröße von mehr als 100000 in über 600 Gemeinden. Die meisten Shuar-Gemeinden wollen keine Besuche ohne Guides auf ihrem Land und einige dulden sie überhaupt nicht. In der Nähe großer Regionalstädte bieten viele Gemeinden „Shuar-Erlebnisse", die aber überwiegend sehr gestellt sind; wer nach echten kulturellen Einblicken sucht, könnte enttäuscht werden.

Eine authentische Einführung in die Shuar-Kultur bekommt man am besten durch eine Übernachtung in einem Dorf. Entweder kontaktiert man eine Gemeinde mit Unterkünften direkt oder bucht einen lokalen Guide mit guten Kontakten.

LECKER STUDIO/SHUTTERSTOCK ©

Chontacuros

wo helle Burger- und Wings-Lokale auf einheimische Restaurants für *maitos* und weitere amazonische Gerichte treffen.

Die vollständige lokale Cuisine-Erfahrung bietet der **Mercado Platano**, wo von Sonnenauf- bis Sonnenuntergang an 40 klapprigen Ständen einheimische Frauen Fischsuppen und Grillfleisch wie Gürteltier, Aguti, Wildschwein und fasanenartige Vögel zubereiten, die täglich aus dem Dschungel geliefert werden.

Als Snack gibt's auch gegrillte *chontacuros*, eine große wurmähnliche Larve aus einer Palmenart. Sie ist vitaminreich und soll sehr gesund sein. Weniger experimentierfreudige Gaumen begnügen sich mit einem erfrischenden Glas *guayusa*-Tee.

Die grünen Täler von Macas

Schöner Ausblick, spektakuläre Badestellen

Die geschäftige Regionalhauptstadt **Macas** überblickt von einem Plateau das spektakuläre breite Tal mit dunklem Sand, das vom mächtigen Río Upano zwischen dschungelbedeckten Hängen gegraben wurde. Doch nutzt sie ihre Lage nicht wirklich aus. Ihr größter Teil ist vom Tal abgewandt, mit unscheinbaren Betonbauten und hupenden Autos in verstopften Straßen.

ÜBERNACHTEN IM SÜDLICHEN ORIENTE

Hostal Casa Blanca
Mit Abstand die beste Wahl in Macas: hilfsbereites Personal und schöne Zimmer um einen kleinen Pool. $

Posada D´León
Preiswert und freundlich, über einer Apotheke im Herzen von Gualaquiza. $

Casa Blanca Hortencia
Hotel im verschlafenen Sucua mit komfortablen Zimmern, großem Pool und herzlichem Empfang. $

Wer Macas spektakuläre Umgebung genießen möchte, begibt sich auf den kürzlich renovierten **Pasaje de La Randimpa**, einen einladenden Spazierweg am Hang mit Blick auf den Fluss und die wilden Berge dahinter. Der Boulevard endet in der gepflegten Grünanlage **Parque Recreacional** mit ebenso beeindruckender Aussicht.

Auf der anderen Seite der Stadt bietet der **Mirador de Quilamo** großartige Aussichten auf die Stadt.

Es gibt viele herrliche Wasserfälle und klare Dschungelflüsse außerhalb der Stadt. Der größte Teil des Landes westlich des Flusses gehört den einheimischen Shuar und einige Stätten kosten Eintritt. Die Straße in Richtung Westen zum Dorf **Taisha** ist einer der besten Orte für Streifzüge in die herrliche Natur und auch mit lokalen Bussen zugänglich. Der erste Halt ist die **Cascada Yantza**, auch bekannt als Musap, wo ein hoher Wasserfall über eine bewaldete Klippe in ein schultertiefes Becken stürzt; von der Straße aus 25 Fußminuten inklusive knietiefem Fluss.

Es lohnt, weiter gen Westen zum **Río Colorado** zu gehen, einem kristallklaren Fluss mit einladenden Badestellen in üppiger Vegetation. Die Guides am Eingang führen auf Wunsch zum spektakulären Wasserfall in der Nähe.

RITUELLER START IN DEN TAG

Den Tag mit einem koffeinhaltigen Getränk zu beginnen ist weltweit Tradition, aber in den Dschungelgemeinden des Tieflands von Ecuador ist *guayusa* das Getränk der Wahl – aus den gekochten Blättern des endemischen Baumes *ilex guayusa*.

Im Oriente trinkt man die morgendliche Tasse früh, oft gegen 3 Uhr morgens, wenn die Dorfbewohner aufstehen und einige Stunden lang *guayusa* trinken, während sie über Träume und das von Vorfahren überlieferte Wissen sinnieren, bevor sie frühstücken – oft eine große Schüssel *chicha*.

Guayusa-Tee wirkt stimulierend, enthält ähnlich viel Koffein wie Kaffee und ist ein mächtiges Antioxidans. Er wird als Heißgetränk am Morgen serviert, aber auch kalt als Erfrischung zu den Mahlzeiten.

Outdoor-Abenteuer in Gualaquiza

Paddeln, Abseilen und Höhlenwandern

Die ruhige kleine Stadt **Gualaquiza** inmitten dschungelbedeckter Hügel mit Wasserfällen, Höhlen und Schluchten ist wie geschaffen für Abenteuer in der Natur abseits der ausgetretenen Pfade.

Ein herrliches Landschaftserlebnis bietet das Rafting auf dem **Río Cuyes,** eine 9 km lange, zweistündige Fahrt durch Stromschnellen der Klassen II und III. Der Fluss ist größtenteils recht sanft und bietet reichlich Gelegenheit, die imposanten Dschungelwände und schroffen Felsformationen zu bewundern. Paddler erleben einen zusätzlichen Adrenalinkick beim Sprung von einer hohen Hängebrücke.

Noch aufregender ist die Fahrt zum **Callejon del Empalme**, einem leuchtend grünen Fluss in einer engen, 30 m tiefen Schlucht, in die nach 250 m ein 80 m hoher Wasserfall stürzt. Um in die Schlucht zu gelangen, muss man sich an einer steilen Wand neben einem Wasserfall abseilen und am Ende des Ausflugs dieselbe Felswand erklimmen.

ESSEN IM SÜDLICHEN ORIENTE

Restaurante El Jardín
Elegantes Open-Air-Ambiente und erstklassige Geschmackskombinationen – das *pollo ishpingo* probieren. **$$**

Copal Bar Restaurant
Macas bestes Restaurant glänzt mit vielfältiger Speisekarte, tollem Service und einladender Atmosphäre. **$$**

Asados del Parque
Leckeres Barbecue auf der Veranda eines der wenigen erhaltenen Kolonialhäuser in Gualaquiza. **$**

VERANTWORTUNGSVOLLES RETREAT

Die **Kapawi Ecolodge** tief in der selten besuchten Wildnis der straßenlosen östlichen Provinz Pastaza, fern von Holzfällern, Bergbau- und Ölfirmen, ist Ecuadors abgelegenste Dschungelunterkunft und eine der bemerkenswertesten. Die von der Achuar-Gemeinde betriebene Lodge ermöglicht ein Abkoppeln von der modernen Welt und das Eintauchen in die zeitlosen Traditionen einer abgeschiedenen indigenen Volksgruppe des Landes. Inmitten von unberührtem Primärwald ist die Lodge nur per Kleinflugzeug erreichbar. Ihre 18 strohgedeckten Hütten wurden auf Stelzen über einer Lagune errichtet und haben eigene Bäder und Balkons.

Von der Lodge finanzierte Sozialprogramme ermöglichen den Achuar, die Jagd einzuschränken, ihre Kinder zur weiteren Ausbildung zu schicken und die Ausbeutung ihrer natürlichen Ressourcen zu verhindern.

Ein weniger anstrengendes Canyon-Erlebnis ist **La Dolorosa**, 14 km nordöstlich der Stadt. Dort führen mehrere Stufen in eine vegetationsreiche Schlucht, durch die man zu einem hübschen Wasserfall waten kann. Weiter flussabwärts gibt's eine tiefe, tropfnasse Höhle.

Um in das erfrischende Wasser von Gualaquiza einzutauchen, eignen sich die **Cascadas Kupiamais** 7 km östlich der Stadt, wo zwei Flüsse den Berghang hinunterfließen und fünf verschiedene Wasserfälle bilden, zwei haben herrliche Badestellen. Wenn die Zeit knapp ist, erreicht man den 1 km langen Trail zum eleganten, schmalen Wasserfall **Cascada Las Culebrillas** 3 km nördlich der Stadt zu Fuß oder mit dem Taxi.

Hotspots für Vogelbeobachtung in Gualaquiza

Papageien, Tukane und Tangaren

Die Andenausläufer um Gualaquiza sind ornithologische Hotspots, denn hier überschneiden sich zwei wichtige Ökosysteme und ziehen eine erstaunliche Artenvielfalt an, darunter farbenprächtige Tukane und einige seltene endemische Arten.

Unweit der Stadt lassen sich interessante Vögel aus nächster Nähe beobachten. Der **Jardín Botánico El Gato**, Teil eines Aufforstungsprojekts, bietet mehrere Wanderwege, einen See und zwei Aussichtspunkte mit schönem Blick über die Stadt. Weitere gute Orte zur Vogelbeobachtung im Stadtgebiet sind die **Jempe Lodge**, die **Quinta Bellavista** und der **Parque Lineal** am Flussufer.

ANDREW LINSCOTT/SHUTTERSTOCK ©

Kapawi Ecolodge

Zentrales Hochland

VULKANE, ABENTEUER & INDIGENE KULTUR

Im Herzen der Anden erlebt man Outdoor-Abenteuer in atemberaubenden Landschaften, eine reiche indigene Kultur und historische, pulsierende Städte.

Entlang der 7500 km langen Anden, die sich über ganz Südamerika erstrecken, gibt es viele Highlights, aber dieser Abschnitt bietet einige der dramatischsten. Die Avenida de los Volcanes (Straße der Vulkane) umfasst ein Drittel der 65 Vulkane Ecuadors und ist eine Kette von über 5000 m hohen Gletschergipfeln von atemberaubender Schönheit und roher Kraft.

Es gibt aktive, schlafende und inaktive Vulkane, darunter der Chimborazo und der Cotopaxi, die beiden höchsten Berge Ecuadors, die zu den größten Attraktionen zählen. Beide bieten die typische Andenlandschaft mit einem Mix aus *páramo* (Grasland), grasenden Lamas und indigenen Dörfern – all das vor der mächtigen Kulisse schneebedeckter Vulkane. Aber egal, ob man zum Bergsteigen oder auf einem Tagesausflug hier ist, man sollte sich unbedingt akklimatisieren, bevor man zu einer Besteigung aufbricht.

Für Wanderungen in der malerischen Landschaft des interandinen Tals empfiehlt sich der Quilotoa-Loop, der an einem der herrlichsten Aussichtspunkte überhaupt endet. Baños ist die Heimat der Outdoor-Abenteuerszene Ecuadors. Hier kann man von Brücken springen, Wildwasser-Stromschnellen bewältigen und in einem malerischen Zentrum mit heißen Quellen entspannen.

Dazwischen liegen reizvolle, entspannte indigene Dörfer, die in Kombination mit den größeren Städten eine faszinierende Mischung aus traditioneller Andenkultur und modernem Leben bieten.

DIE WICHTIGSTEN ZIELE

PARQUE NACIONAL COTOPAXI
Biodiversitäts-Hotspot trifft auf rauchenden Vulkan.
S. 196

DER QUILOTOA-LOOP
Ecuadors wichtigster Wanderweg.
S. 201

AMBATO
Vereint moderne Pracht mit Hochlandkulisse.
S. 209

BAÑOS
Abenteuer, Entspannung und schöne Natur.
S. 212

VOLCÁN CHIMBORAZO
Der höchste Punkt der Erde.
S. 217

JONATAS NEIVA/SHUTTERSTOCK ©

Gegenüber: Ambato (S. 209); oben: Parque Nacional Cotopaxi (S. 196)

Erste Orientierung

Entlang dieses zentralen Andenkorridors verläuft die von Vulkanen und Dörfern gesäumte Carretera Panamericana (Panamericana) – ein gut besuchter Weg, auf dem man in der Regel nur zwei bis drei Busstunden von einer Haltestelle zur nächsten fährt.

Quilotoa-Loop, S. 201
Dieser landschaftlich reizvolle Wanderweg ist eines der begehrtesten Ziele Ecuadors. Man kann ihn in Etappen oder als Ganzes gehen.

Parque Nacional Cotopaxi, S. 196
Die meisten kommen wegen des namensgebenden Vulkans hierher, doch die schöne, abwechslungsreiche Natur des Parks erlebt man am besten beim Wandern.

Ambato, S. 209
Moderne, mittelgroße Stadt in den Anden mit Museen, Kunst und Nachtleben – ein tolles, untouristisches Ziel, wo man mit Einheimischen abhängen kann.

Volcán Chimborazo, S. 217
Der am weitesten vom Erdmittelpunkt entfernte Punkt steht auf der Bucketlist vieler Bergsteigefans; darüber hinaus lockt der Ort mit unvergesslichen Andenlandschaften und indigener Kultur.

Baños, S. 212
Hauptstadt für Outdoor-Abenteuer, unterhaltsamer Touristenort in üppiger Berglandschaft mit natürlichen heißen Quellen und Wasserfällen.

BUS
Zumeist lässt sich die Region gut mit öffentlichen Bussen erkunden, die günstig und effizient sind und regelmäßig fahren. Der Cotopaxi ist eine größere Herausforderung – am besten bucht man eine Tour.

GEFÜHRTE TOUREN
Wer wenig Zeit hat, findet in Quito preiswerte Touren, die viele Orte als Tagesausflüge abdecken. Möchtest du alleine losziehen, musst du mit ca. 60 US$ pro Tag für einen Privatwagen rechnen.

Ruta de las Cascadas (S. 215)

Perfekte Tage

Von Klettern und Mountainbiken auf Vulkanen bis zu Ziplining über Schluchten, Wandern in den Andenausläufern und Ausflügen in indigene Marktstädte – diese Region hält Reisende auf Trab.

UNTER ZEITDRUCK

Wer in kurzer Zeit möglichst viel sehen möchte, sollte sich die Route vom Cotopaxi über den Quilotoa-Loop nach Baños nicht entgehen lassen. Auf der Strecke kannst du mit dem Mountainbike die Hänge des **Cotopaxi** (S. 199) hinuntersausen, den **Kratersee des Quilotoa** (S. 201) bestaunen und in **Baños** (S. 215) wie ein:e Superheld:in über die Schluchten fliegen.

DAS BESTE IN EIN, ZWEI WOCHEN

Nach der Besteigung des **Cotopaxi** (S. 196) kann man den kompletten **Quilotoa-Loop** (S. 201) erkunden, bevor man mit dem Mountainbike die Wasserfälle um **Baños** (S. 215) entdeckt. Dann geht's zum mächtigen **Volcán Chimborazo** (S. 217) mit Zwischenstopps in Städten wie **Ambato** (S. 209) und **Riobamba** (S. 220).

Beste Reisezeit

JUNI–AUGUST
Wenig Regen, gemäßigte Temperaturen und ein (meist) klarer Himmel für einen tollen Gipfelblick.

SEPTEMBER–NOVEMBER
In der Nebensaison gibt's weniger Massen, niedrigere Preise und optimales Wetter.

DEZEMBER–FEBRUAR
Eine gute Zeit zum Bergsteigen, z.B. auf den Chimborazo, und um Feste und Weihnachten zu erleben.

MÄRZ–MAI
Wegen Regen und Schnee ist Klettern nicht möglich, aber dafür gibt's weniger Reisende und Morgensonne.

Parque Nacional Cotopaxi

UNTERWEGS VOR ORT

Es gibt keine Verkehrsmittel im Park; man kann sich zu Fuß, per Fahrrad, Pferd, Privatwagen oder organisierter Tour fortbewegen.

Viele besuchen den Park tagsüber, doch Übernachtungsgäste werden mit etlichen Aktivitäten belohnt.

Von Quitos Terminal Quitumbe oder Latacunga aus fährt man per Bus über die Carretera Panamericana. Bis zum Park sind es 15 km; man muss sich lokal um den Transport kümmern.

TOP TIPP

Ein Trip zum Cotopaxi führt in extreme Höhen von 5000 m, was sich körperlich bemerkbar macht. Statt den Cotopaxi in den ersten Tagen zu besuchen, plane Zeit zum Akklimatisieren ein. Vor Ort solltest du viel Wasser trinken, Koffein vermeiden und vor dem Aufstieg etwas essen; auch Cocablätter sollen helfen.

Der Parque Nacional Cotopaxi ist ein 334 km² großes Schutzgebiet in der kargen *páramo*- und Tundralandschaft der Anden mit etlichen blühenden Sträuchern und Wildtieren. Im Zentrum erhebt sich die namensgebende Attraktion, der mächtige Volcán Cotopaxi – ein Stratovulkan so malerisch wie ein riesiger Schneekegel. Als einer der höchsten aktiven Vulkane der Welt, knapp 50 km von Quito entfernt, ist er einer der beliebtesten Zwischenstopps vieler Reisender. Seit dem Ausbruch Ende 2022 dürfen die Gipfel nicht mehr bestiegen werden (Stand 2024), doch man kann bis zum Basislager (5000 m) wandern, dort ein Mountainbike ausleihen und einen unvergesslichen Abstieg erleben.

Halte im Park Ausschau nach Wildpferden, Lamas und Andenschakalen sowie nach seltenen Andenkondoren, Pumas und Brillenbären. Im Park liegen noch weitere 4000-Meter-Vulkane, die man besteigen kann. Zudem gibt's Reitmöglichkeiten, Wanderwege und archäologische Ruinen.

Aufstieg auf den Volcán Cotopaxi

Ecuadors legendärster Gipfel

Der hochaktive Vulkan Cotopaxi („Hals des Mondes“ auf Kichwa) wurde von den indigenen Gemeinschaften schon lange vor den Inka als heiliger Berg verehrt. Mit seinen 5897 m ist er nach dem Chimborazo der zweitgrößte Berg Ecuadors. Bei gutem Wetter ist der perfekt symmetrische, schneebedeckte Kegel so fotogen wie der Fuji: ein wahrhaft majestätischer Anblick.

Das Wetter hier ist so unbeständig, dass es sich von einem Moment auf den anderen ändern kann (was es auch oft tut). In der einen Minute genießt man einen weiten Blick unter blauem Himmel, in der nächsten ziehen dunkle Wolken, Regen und Graupel auf. Es ist, als würde man die vier Jahreszeiten in einer Stunde erleben – dementsprechend solltest du

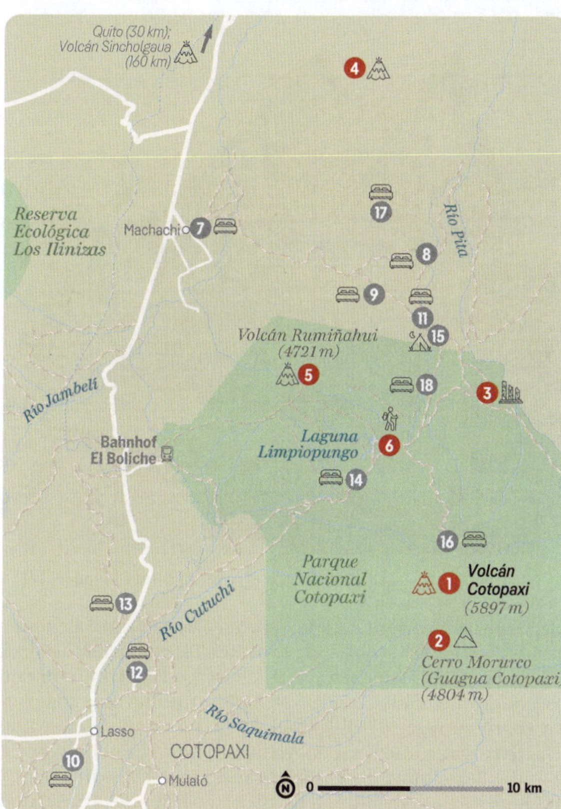

HIGHLIGHTS
1 Volcán Cotopaxi

SEHENSWERTES
2 Morurco
3 Pucará del Salitre
4 Volcán Pasochoa
5 Volcán Rumiñahui

KURSE & TOUREN
6 Laguna-Limpiopungo-Rundweg

SCHLAFEN
7 Casa del Montañero
8 Chilcabamba
9 Hacienda El Porvenir
10 Hacienda La Ciénega
11 Hacienda Los Mortiños
12 Hacienda San Agustín de Callo
13 Hotel Cuello de Luna
14 La Rinconada
15 Nordeingang (Control Norte)
16 Refugio José Rivas
17 Secret Garden Cotopaxi
18 Tambopaxi Lodge

leichte, warme und wasserfeste Kleidung, Handschuhe, Mütze und Sonnencreme einpacken.

Wer den Gletschergipfel besteigen möchte, hat wahrscheinlich Pech. Der Vulkan brach Ende 2022 aus und niemand weiß, wann er wieder geöffnet wird. Nach dem Ausbruch von 2015 (bei dem Tausende evakuiert wurden) war eine Besteigung erst nach mehreren Jahren möglich. Informiere dich über den aktuellen Stand.

In der Zwischenzeit kann man zum Basislager Refugio José Rivas (4864 m) aufsteigen. Es ist nur 2 km vom Parkplatz entfernt, doch der Aufstieg auf 2000 m Höhe hat es in sich. Der Weg über Vulkanasche ist sehr anstrengend (45–60 Min.). An

PUCARÁ DEL SALITRE

Neben den Vulkanen und der spektakulären Wildnis gibt's noch einen weiteren Grund, den Parque Nacional Cotopaxi zu besuchen: die faszinierenden Inkaruinen von **Pucará del Salitre** aus dem 15. Jh. Diesen abgelegenen Teil des *páramo* erkundet man am besten zu Fuß, per Fahrrad oder zu Pferd.

HISTORISCHE UNTERKÜNFTE

Hotel Cuello de Luna
Umgebaute Hazienda am Fuß des Cotopaxi mit Zimmern samt Kamin und Campingmöglichkeiten. **$$**

Hacienda La Ciénega
400 Jahre alte Hazienda voller Geschichte und Charme, auf halbem Weg zwischen dem Quilotoa und Cotopaxi. **$$$**

Hacienda San Agustín de Callo
Die Inkafestung ist heute ein Kloster und beherbergte das französische Team, das den Äquator vermaß. **$$$**

DIE AUSBRÜCHE DES COTOPAXI

Der Cotopaxi hat eine lange Geschichte heftiger Ausbrüche und ist einer der zerstörerischsten Vulkane Ecuadors. Latacunga wurde im Laufe der Jahrhunderte mehrmals dem Erdboden gleichgemacht. 1877 beispielsweise flossen vulkanische Schlammströme bis zum Pazifik im Westen und bis zum Amazonas im Osten. Nachdem der Vulkan über ein Jahrhundert hinweg inaktiv war, mussten beim Ausbruch 2015 Tausende evakuiert werden. Ende 2022 stiegen die Aschewolken 1100 m hoch und reichten bis nach Quito.

Aber keine Sorge, dies ist auch einer der am besten überwachten Vulkane der Welt. Es gibt ca. 60 gut ausgestattete Stationen und Vulkanolog:innen können Ausbrüche heute recht zuversichtlich vorhersagen.

AMMIT JACK/SHUTTERSTOCK ©

Refugio José Rivas (S. 197)

der Schutzhütte wird man mit einer außergewöhnlichen Aussicht sowie heißer Schokolade und Coca-Tee vom Kiosk belohnt. Wenn der Gipfel wieder zugänglich ist, benötigt man für den zweitägigen Aufstieg Guides mit Erfahrung und eine komplette Ausrüstung, zu der Eispickel, Steigeisen, Seile, Helme und Gurte gehören, die von den Anbietern bereitgestellt werden. Für die Besteigung des Gipfels braucht man keine Erfahrung im Bergsteigen, aber die Höhe, die eisigen Temperaturen und die Anstrengung sind eine große Challenge. Doch wenn man erst bei Sonnenaufgang auf dem Gipfel steht und die Aussicht über die Anden genießt, war dies all die Mühe wert.

Weitere Gipfel am Cotopaxi

Einen von vielen Aufstiegen wählen

Die Besteigung des Volcán Cotopaxi ist zwar noch verboten, aber das ist kein Grund zum Verzweifeln: Er ist nicht der einzige Vulkan im Nationalpark.

Der **Volcán Rumiñahui** (4721 m) an der Laguna Limpiopungo ist der schlafende Nachbar des Cotopaxi und nach einem Inkakrieger benannt, der im nahegelegenen Llanganates einen Schatz versteckt haben soll. Er besteht aus drei Gipfeln,

UNTERKÜNFTE FÜR ERLEBNISSE VOR ORT

Chilcabamba
Entspannte, umweltfreundliche Lodge mit 10-Gänge-Degustationsmenü und tollem Blick auf den Cotopaxi. **$$$**

Hacienda El Porvenir
Ranch mit rustikalem Luxus in atemberaubender *páramo*-Landschaft, umgeben von Vulkanen. **$$**

Hacienda Los Mortiños
Moderne Hacienda mit Aktivitäten, Cotopaxi-Blick, Privatzimmern, Schlafsälen und Campingplätzen. **$$**

von denen der mittlere (4634 m) am kleinsten und am einfachsten zu erreichen ist. Man kann die teils beschwerliche Wanderung (5 Std. pro Strecke) auch alleine machen, doch am besten nimmt man einen Guide mit. Die Aussicht von oben mitten auf der Avenida de los Volcanes ist beeindruckend.

Der **Volcán Sincholgaua** (4920 m), 17 km nördlich des Cotopaxi, ist ein erloschener Vulkan und der zwölfthöchste Ecuadors. Das Kichwa-Wort bedeutet „steil aufragend", ein passender Name für den spitzen Gipfel. Der anspruchsvolle Aufstieg erfordert eine komplette Ausrüstung, aber oben wird man mit einer herrlichen Aussicht auf den Cotopaxi belohnt.

Weitere Optionen sind der **Morurco** (4844 m) im Süden des Parks (6-stündiger Aufstieg) und der **Volcán Pasochoa** (4200 m) außerhalb des Nationalparks. Dieser seit der Eiszeit erloschene Vulkan ist die perfekte Wahl zum Akklimatisieren (Aufstieg ca. 3½ Std., Abstieg ca. 2 Std.).

Für alle oben genannten Besteigungen sind eine Begleitung durch zertifizierte Guides und eine Kletterausrüstung erforderlich. Der renommierte Anbieter **Andes Climbing** (andesclimbing.com) wird in zweiter Generation von Diego geleitet, der auf regionale Besteigungen spezialisiert ist. Das seriöse niederländisch-ecuadorianische Unternehmen **Andean Face** (andeanface.com) mit Sitz in Quito hat mehr als 20 Jahre Erfahrung. **Secret Garden** am Cotopaxi ist ein örtlicher Anbieter mit Wandertouren in der gesamten Region.

Mountainbike- & Reitabenteuer

Ein unvergessliches Erlebnis

Ein einmaliges Erlebnis bietet die Bezwingung eines der aktivsten Vulkane der Welt mit dem Mountainbike, deshalb steht er bei vielen Reisenden ganz oben auf der Liste. Das klingt vielleicht anstrengend, aber das schaffen nicht nur Energydrink-schlürfende Extremsportler:innen. Geh dabei einfach so langsam (oder schnell!) vor, wie du möchtest.

Die Abfahrt erfolgt über eine kurvenreiche Schotterpiste hinunter zur Laguna Limpiopungo und ist eine Aktivität, die in den meisten Touren enthalten ist. In diese atemberaubende Landschaft einzutauchen und sich die Andenluft um die Nase wehen zu lassen ist genauso aufregend, wie man es sich vorstellt. Aus Erfahrung empfehlen wir, vorher die Bremsen zu testen und Knieschoner zu tragen!

Zu den besten Anbietern gehören **CarpeDM Adventures**, **Secret Garden** und **Community Hostel**. **Happy Gringo** steht für individuellere Touren. Etwas umfangreichere Touren hat **Biking Dutchman** mit Sitz in Quito im Programm,

WANDERN AM COTOPAXI

In der Gegend gibt's jede Menge Wanderwege. Am Fuß des Volcán Rumiñahui liegt der 2,6 km lange **Laguna-Limpiopungo-Bohlenrundweg** (1 bis 1½ Std.). Bei schönem Wetter spiegelt sich der Cotopaxi auf der glasigen Oberfläche – ein toller Spot für Naturfotografien. An der Lagune leben Vögel wie Andenkiebitze, Bairdstrandläufer, Andenblässhühner, Schopfkarakaras, Andenenten, Andenmöwen und Einsame Wasserläufer. Hier fliegt auch der Purpurkopfkolibri, einer der in den höchsten Höhen der Welt vorkommende Kolibri. Die **Tambopaxi Lodge** bietet Wanderungen zu Höhlen und Inkaruinen.

WEITERE OPTIONEN IM PARK

Refugio José Rivas
Basislager für Tagesausflüge und zum Bergsteigen, mit Schlafsälen und Mahlzeiten. **$$**

La Rinconada
Campingplatz zur Selbstversorgung im Park, mit Sanitäranlagen, 500 m von Limpiopungo entfernt. **$**

Nordeingang (Control Norte)
Kostenloser Campingplatz ohne Einrichtungen am Nordeingang des Parks; eigene Ausrüstung erforderlich. **$**

UNTERKÜNFTE FÜR ABENTEUER-LUSTIGE

Secret Garden Cotopaxi
Das rustikale Gästehaus nahe dem Parkeingang bietet so ziemlich jede erdenkliche Parkaktivität von Klettern bis zu Autofahrten. Es gibt einen Whirlpool, einen Kamin und verschiedene Unterkünfte, darunter Hobbithäuser, ein Vogelhaus und Glamping. **$$**

Tambopaxi Lodge
Die zertifizierte, nachhaltige Pension innerhalb der Parkgrenzen bietet Ausritte, Wanderungen und Cotopaxi-Blick. **$$$**

Casa del Montañero
Tolle Unterkunft für Rucksackreisende und Kletterfans in Machachi, geführt vom angesehenen Bergguide Diego und seiner Familie. Mit den besten Tipps für alle Klettertouren in der Region. **$**

ECUADORPOSTALES/SHUTTERSTOCK ©

Parque Nacional Cotopaxi

der erste Mountainbike-Anbieter Ecuadors, der seit 25 Jahren neben dem Abstieg vom Cotopaxi auch Touren zu den Wäldern, dem See und den Inkaruinen des Nationalparks veranstaltet (S. 197).

Auf einem Pferd lässt sich der Park ebenfalls wunderbar erkunden. Egal, ob man im Galopp oder im Schritt durch die zerklüftete Landschaft der Andenhochebenen reitet – dies ist eine großartige Möglichkeit, sich mit der Natur zu verbinden und langgehegte Cowboy- oder Cowgirl-Träume auszuleben. Die Dauer der Ausflüge variiert von ein paar Stunden bis zu mehreren Tagen. **Tambopaxi**, **El Porvenir** und **Secret Garden** bieten Touren an, die alle Ecken des Parks abdecken und für jedes Niveau geeignet sind.

Der Quilotoa-Loop

Bei diesem Trekking-Abenteuer, das zweifellos eins der größten Highlights der Zentralanden (wenn nicht sogar ganz Ecuadors) ist, zieht man von Dorf zu Dorf und taucht in die Vulkankrater, Nebelwälder, Felder sowie spektakulären Täler der Anden ein. Viele folgen diesem bezaubernden Rundweg durchs Hinterland, doch die Art der Fortbewegung bestimmt man selbst: Man kann zu Fuß gehen, mit dem Auto oder Bus fahren oder alles kombinieren, je nach verfügbarer Zeit, Fitness und Wetterlage.

Wenn du zwei, drei Tage zur Verfügung hast, lohnt es sich, in die Wanderschuhe zu schlüpfen und dieser alten Route durch wunderschöne Landschaften und abgelegene Kichwa-Dörfer zu folgen. Die meisten gehen gegen den Uhrzeigersinn und folgen der Sigchos-Isinliví-Chugchilán-Quilotoa-Route, um den Trip mit der einmaligen Aussicht auf den gleichnamigen Kratersee abzuschließen.

UNTERWEGS VOR ORT

Der gesamte Rundweg ist ca. 40 km lang und dauert zu Fuß zwei bis fünf Tage. Auf der klassischen Route läuft man wie folgt: Sigchos bis Isinliví (14 km; 3 bis 4 Std.); Isinliví bis Chugchilán (12 km; 4 bis 6 Std.); und Chugchilán bis zum Quilotoa (12 km; 6 bis 8 Std.). Vom Quilotoa aus geht's zu Fuß oder mit dem Bus nach Zumbahua und Tigua, aber viele Reisende nehmen den Bus zurück nach Latacunga, um ihr Gepäck abzuholen.

Der grandiose Blick auf die Laguna Quilotoa

Ein See wie kein anderer

Hier ist er: der Höhepunkt des gleichnamigen Rundweges, die **Laguna Quilotoa**, wahrscheinlich einer der beeindruckendsten Kraterseen, den du je gesehen hast.
Wenn du die spektakuläre, aber mühselige letzte Etappe von Chugchilán (S. 203) aus geschafft hast, erwartet dich eine der schönsten Belohnungen, die es auf der Wanderung gibt: der Blick auf den See. Nichts entschädigt so sehr wie diese Aussicht! Der Blick auf die 3 km breite Caldera in 4000 m Höhe ist schlichtweg atemberaubend. Im rustikalen Kiosk gibt's wärmenden Coca-Tee, der gegen die Höhenkrankheit hilft, damit man sich ganz auf die Aussicht konzentrieren kann. Die Caldera entstand beim letzten Ausbruch vor etwa 800 Jahren. Mit dem sich ständig verändernden Wetter wech-

TOP TIPP

Die meisten lassen ihr Gepäck im Hostal Tiana in Latacunga (S. 207), um auf den Wegen zwischen den Dörfern leichter zu reisen. Alternativ gibt's einen praktischen Gepäcktransport-Service. Geldautomaten befinden sich nur im Dorf Quilotoa, Karten werden selten akzeptiert – also genug Bargeld für den gesamten Trip mitnehmen!

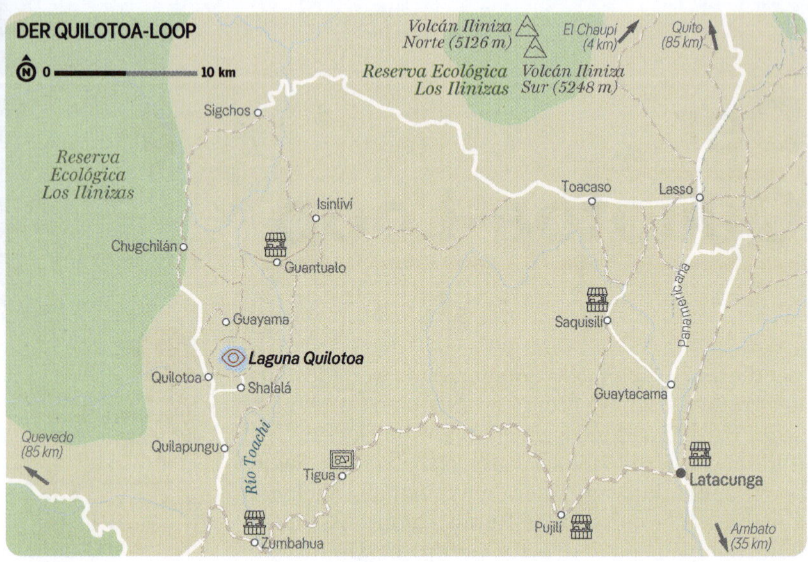

seln auch die Farben des Wassers – von Smaragd über Türkis bis hin zu Schiefer.

Du kannst stolz auf dich sein, auch wenn es noch nicht ganz vorbei ist. Es sind noch 45 Minuten Fußmarsch bis zum Dorf, was ziemlich entmutigend ist, wenn man denkt, man hätte es quasi schon geschafft. Aber es ist ein interessanter letzter Abschnitt, der am Kraterrand entlang durch surreale Landschaften mit Sanddünen und schmalen Schluchtwegen zum Dorf **Quilotoa** führt. Puh! Jetzt kannst du dich aber wirklich entspannen.

Keine Sorge, wenn du aus der anderen Richtung oder auf einem Tagesausflug mit dem Bus gekommen bist: Die Aussicht hier ist fast genauso spektakulär. Es gibt eine Terrasse mit Aussichtspunkten und mehrere Restaurants am Seeufer, z. B. das **Miralto Quilotoa**.

Leider liegen alle Unterkünfte auf der anderen Straßenseite und bieten keinen Seeblick. Die **Hostería Chukirawa** hat eine gemütliche Trekking-Teehaus-Atmosphäre und farbenfrohe Zimmer, die von einer bunten Lounge abgehen. Trotz der Leuchtschrift an der Fassade überzeugt das **Princesa Toa** mit geräumigen Zimmern samt Holzbalken, Elektroheizung und modernen Bädern. Die Mahlzeiten werden gegenüber im **Kirutwa Mushuc Wasi** mit Seeblick serviert.

WANDERTIPPS

- Starte in Quilotoa, wenn du keine Lust auf einen anstrengenden Aufstieg hast.
- Es lohnt sich, eine zuverlässige Offline-Navigations-App herunterzuladen.
- Mit einheimischen Guides (30 $ pro Tag) unterstützt du die Dörfer und erlebst einen interessanteren Trip.
- Fülle die Trinkwasservorräte in den Dörfern auf, da es unterwegs kein Wasser gibt.

WO ESSEN AN DER LAGUNA QUILOTOA

Miralto Quilotoa
Erstklassige Aussicht auf den See bei traditionellen Gerichten, kühlem Bier und Coca-Tee. $

Kirutwa Mushuc Wasi
Atemberaubender Seeblick und ecuadorianische Küche; zur Unterstützung der indigenen Gemeinschaften der Region. $

Quilotoa Shalalá
Das Restaurant der indigenen Gemeinschaft von Shalalá serviert regionale Gerichte wie gegrillte Forelle. $

Dies ist bei Weitem das touristischste Dorf auf dem Rundweg. Neben Restaurants, Selfie-Plattformen und Lama-Foto-Spots findet man viele Stände, an denen u.a. Alpaka-Ponchos, Schals und Kunst verkauft werden. Es gibt auch ein kleines Museum, eine Touristeninformation und einen Geldautomaten.
Man kann hier mehr tun, als nur auf den See zu starren. Es lohnt sich daher, eine Nacht zu bleiben, um die Region zu erkunden. Den Kraterrand kann man auf einer ca. sechsstündigen Wanderung umrunden. 1,6 km entfernt, am östlichen Rand des Kratersees, liegt **Shalalá**, ein kleines, indigenes und nachhaltiges Tourismusunternehmen mit einer der schönsten Lodges am See (aber ebenfalls ohne Aussicht). Schau in der Kunst- und Handwerksgalerie vorbei, falls du ein Souvenir kaufen willst, um diese verarmte indigene Gemeinschaft zu unterstützen. Hier oben befindet sich zudem eine gute moderne Aussichtsplattform.
Alternativ kann man über einen steilen Zickzack-Weg zum See hinuntergehen (30 Min. zu Fuß), mit einem Leihkajak auf dem Wasser paddeln (3 US$ pro 30 Min.) und eine völlig neue, spektakuläre Perspektive von unten erleben.

TIGUA

An den Südhängen des Quilotoa liegt das kleine Dorf **Tigua** (3500 m), wo Galerien die Werke von Indigenen ausstellen. In den 1970er-Jahren brachte Julio Toaquiza den unverwechselbaren, farbenfrohen Stil, mit dem seit Generationen Trommelfelle verziert werden, auf Leinwand. Seine von Kichwa-Legenden inspirierte Kunst führen heute seine Kinder fort: der international gefeierte Gustavo in der **Galería Tío Lobo**, Alfredo im **Museo Galería Tigua** und Magdalena, die sich mit Julio eine Galerie teilt.

Die **Posada de Tigua** ist eine Milchviehfarm in einem Bauernhaus aus den 1890er-Jahren, das zu einem hübschen Gästehaus umgebaut wurde und in fünfter Generation geführt wird.

Chugchiláns Zauber erleben

Malerisches Andendorf

Wer nicht auf einem Tagesausflug zum Kratersee hier ist, übernachtet wahrscheinlich wie die meisten Reisenden in **Chugchilán** (3200 m). Egal, aus welcher Richtung man kommt, das Städtchen ist ein willkommener Anblick für müde Wanderfans – auch weil die meisten Pensionen kühles Bier und Saunen bieten, die gegen Muskelkater helfen. Genau darin liegt der Charme dieses Ortes zum Ausruhen und Erholen.
Das inmitten von Wald gelegene Dorf gehört zu den schöneren entlang des Weges. Es ist zwar mit seinen vielen hübschen Unterkünften auf Tourismus ausgerichtet, hat sich aber seine entspannte Atmosphäre bewahrt.
Nettere Gastgeber:innen als die Familie im **Hostal Cloud Forest** wird man nicht finden. Die Mutter hat immer ein Lächeln parat, die stets hilfsbereite Tochter spricht perfekt Englisch und der Vater erkundete den Wanderweg als einer der Ersten. Sie alle wissen, was Reisende brauchen: komfortable, preiswerte Zimmer, wärmende Kamine in den Gemeinschaftsbereichen und ein Restaurant.
Das **Black Sheep Inn** ist die nobelste Unterkunft Chugchiláns. Es bietet nicht nur umweltfreundliche Komposttoiletten, sondern auch strohgedeckte Lehmhütten, Schlafsäle, Campingplätze, einen Whirlpool, eine Sauna und Yoga. Absolutes

WEITERE UNTERKÜNFTE IN SIGCHOS & ISINLIVÍ

Hostería San José
Schöne umgebaute Hazienda und Milchviehbetrieb, 2,5 km südlich von Sigchos mit Pool und Pferden zum Ausreiten. **$$**

Hostal Dinos
Freundliche, gemütliche Pension gegenüber dem Markt von Sigchos mit eigenem Restaurant. **$**

Hostal Taita Cristóbal
Entspannte, preisgünstige Option in Isinliví mit verschiedenen Zimmern und herrlichem Talblick. **$**

EINDRÜCKE EINES KÜNSTLERS AUS QUILOTOA

Gustavo Toaquiza, bekannter Maler aus Tigua; Galería Tío Lobo (gustavotoaquiza.com)

Warum empfiehlst du einen Besuch in Tigua? Wegen unserer Menschen, unserer Kultur und Lebensweise. Wegen der Gastronomie und der einzigartigen Andenlandschaft. Und vor allem wegen der Kunst. Hier in Tigua Chimbacuchu leben wir für die Malerei und die Musik.

Was macht die Gegend um den Quilotoa-Loop so besonders? Am Vulkan Quilotoa ändert der See mit jeder Jahreszeit seine Farbe. Es gibt schöne Schluchten und große, mit Andenprodukten bepflanzte Hügel. Der Samstagsmarkt in Zumbahua ist etwas Besonderes!

Was inspiriert dich? Ich ziehe Inspiration aus dem alltäglichen Leben in der Natur, die mich umgibt.

LUDMILA RUZICKOVA/SHUTTERSTOCK ©

i-Tüpfelchen sind die kostenlosen hausgemachten Kekse. Hier leben außerdem schwarze Schafe, die auf der Weide grasen. Eine gute Option ist auch das **Hostal Mama Hilda** mit gemütlicher, feuerbeheizter Lounge, farbenfrohen Wandmalereien und Aussichtspunkten mit Blick ins Tal. Die Zimmer sind modern und komfortabel, vor allem die mit schönem Blick und Kamin.

Unabhängig der Unterkunft sollte man sich, wenn man am nächsten Tag zum See hinauswandert, auf einen langen und anstrengenden, aber unvergesslichen Tag gefasst machen.

Losgehen in Sigchos

Quilotoas traditioneller Ausgangspunkt

Der offizielle Start des Quilotoa-Loops ist die kleine, entspannte Marktstadt **Sigchos** (2850 m), ein recht angenehmer Ort und ein guter Zwischenstopp zum Akklimatisieren, bevor man den fast 4000 m hohen Quilotoa besteigt. Im Zentrum gibt's Restaurants und Cafés mit Blick auf den Platz – ideal, um das gemächliche Treiben hier zu beobachten.

Das **Starlight Inn** liegt in günstiger Lage an dem Wanderweg, der nach Chugchilán und Isinliví führt. Nur 10 Minu-

RESTAURANTS IN SIGCHOS & ISINLIVÍ

Llullu Llama
Belebtes Hotelrestaurant in Isinliví mit Gerichten aus regionalen Zutaten, auch aus dem Bio-Gemüsegarten. **$$**

Hostería San José
Große, jahrhundertealte Hazienda südlich von Sigchos mit Gerichten aus regionalen Produkten vom Bauernhof. **$**

Posada de Tigua
Der Bauernhof stellt Milchprodukte, Quinoa und Brot her; am Feuer genießt man Suppen. **$$**

Laguna Quilotoa (S. 201)

ten Fußweg vom Busbahnhof entfernt bietet dieses herrlich zusammengezimmerte Hostel günstige Zimmer mit Verpflegung und Campingplätze mit weitem Talblick. Es gibt auch einen Mountainbike-Verleih, einen Billardtisch und eine Bar. Außerdem lebt vor Ort das hauseigene Lama Rocky.

Die Ruhe Isinlivís genießen

Wo aus Tagen leicht Wochen werden

Ein angesagter Zwischenstopp auf dem Weg ist die relaxte Stadt Isinliví (2900 m), die zu einem immer beliebteren Ausgangspunkt geworden ist. Hier gibt's nicht viel zu tun, aber genau das macht den Charme aus. Die meisten bleiben nur eine Nacht, bevor sie nach Chugchilán weiterziehen, doch man kann schöne Tageswanderungen unternehmen, z. B. zu den *pucarás* (Präinkahügelfestungen).

Eine der besten Lodges am Rundweg ist das **Llullu Llama** in niederländisch-ecuadorianischem Besitz. Das ehemalige Bauernhaus wurde liebevoll umgebaut und bietet einen Mix aus Schlafsälen und Villen mit Holzöfen, Komposttoiletten und Talblick. Es verfügt über ein Yogastudio, ein Spa und eine Sauna und man kann Trips zu Käsereien und einer Holzschnitzerei buchen. Darüber hinaus werden einheimische Frauen bei ihrer handwerklichen Arbeit unterstützt. Das Personal versorgt dich mit tollen Infos über den Wanderweg.

WOCHENMÄRKTE

In den Dörfern finden die bunten Märkte der Region statt und es lohnt sich, deinen Trip entsprechend zu planen. Meist sind die Orte eher verschlafen und bieten nur wenige Attraktionen, doch am Markttag strömen die Leute herbei, um ihren Wocheneinkauf zu erledigen.

Der Markt in **Saquisilí** am Donnerstagmorgen zählt zu den besten Ecuadors. Sehr beliebt ist auch der Markt am Samstagmorgen in **Zumbahua** am südlichen Fuß des Quilotoa.

Weitere Marktstädte sind **Guantualo** (Mo), **Chugchilán** und **Sigchos** (So), **Latacunga** (Di und Sa) und **Pujili** (Mi und So).

Rund um den Quilotoa-Loop

Abseits touristischer Pfade laden weniger bekannte Vulkane und Wege zur Erkundung ein, bevor es ins unterschätzte Latacunga geht.

UNTERWEGS VOR ORT

Latacunga ist gut zu Fuß zu erkunden, weshalb es sich ideal zum Sightseeing eignet. Der Busbahnhof liegt 15 Gehminuten von der Stadt; ein Taxi dorthin kostet nur ein paar Dollar. Für die Anfahrt zur Reserva Ecológica Los Ilinizas fährt man nach El Chaupi und von dort mit einem Pick-up nach La Virgen (10 $). Zu Fuß geht's dann zum Refugio Nuevos Horizontes (2- bis 3-stündige Wanderung), dem Basislager für die Besteigung der beiden Gipfel.

TOP TIPP

Der frühe Vogel fängt den Wurm: Geh vor dem Frühstück spazieren und genieße den spektakulären Blick auf die Vulkane des zentralen Hochlands.

Da diese Region in der Mitte der Avenida de los Volcanes liegt, ist es keine große Überraschung, dass die Umgebung des Quilotoa mit weiteren Highlights aufwartet.

In der Reserva Ecológica Los Ilinizas befinden sich neben endlosen Wanderwegen durch den *páramo* die Zwillingsgipfel Iliniza Sur und Iliniza Norte, beides verlockende Optionen zum Bergsteigen und eine Alternative zu den bekannteren Vulkanen.

Die entspannte Kolonialstadt Latacunga bietet überraschend viele Sehenswürdigkeiten und Restaurants, weshalb sie zu einem beliebten Zwischenstopp für Wanderbegeisterte geworden ist.

Verschnaufen in Latacunga

Top-Ausgangspunkt zur Erkundung der Region

Wer zur Laguna Quilotoa wandert, wird wahrscheinlich in Latacunga landen. Es empfiehlt sich, die malerischen Straßen, Museen und Gebäude der hübschen Andenstadt mit ca. 64 000 Einwohner:innen zu erkunden, bevor es weitergeht. Latacunga wurde im 18. und 19. Jh. dreimal (!) vom ausbrechenden Cotopaxi zerstört, hat sich aber dennoch sein historisches Flair bewahrt. Obwohl man in Quito wahrscheinlich genug Kirchen und Plätze fürs ganze Leben gesehen hat, ist der **Parque Vicente León** ein idealer Ausgangspunkt. An seinem palmengesäumten Platz liegen die weiß getünchte **Catedral de Latacunga** und ein neoklassischer **Stadtpalast** mit zwei steinernen Kondoren.

Für ein Glas Wein bietet sich das gemütliche **El Gringo y La Gorda** in versteckter Lage in einem schönen Innenhof an. Gleich um die Ecke befindet sich **El Abuelo**, ein beliebter Treffpunkt für Drinks und Gerichte am Abend. Oder gönn dir nach dem Wandern ein Steak im stilvollen **El Alabado**, einem argentinischen Restaurant in einem Gebäude aus dem 17. Jh. mit Blick auf den Parque Bolívar. Von dort gelangt man zum **Mirador de la Virgen del Calvario**. Letzterer kann nicht ganz mit Quitos El Panecillo mithalten, doch dank der weiten Aussicht lohnt sich der Aufstieg. Oben wird man im kleinen **Brew Lab** mit exquisitem Craft-Bier belohnt.

MARK PITT IMAGES/SHUTTERSTOCK ©

Latacunga

In der Stadt kann man in der **Casa de los Marqueses de Miraflores** kulturelle Ausstellungen besuchen, z. B. die des Mama Negra Festivals, eines der berühmtesten Feste Ecuadors (Sept. und Nov.). Ein weißer Mann, der eine schwarze Frau spielt, würde anderswo nicht gut ankommen, doch hier gilt es als Feier der indigenen, spanischen und afrikanischen Wurzeln. In der Nähe kann man die Kirchen **Iglesia Católica La Merced** und **Santo Domingo** besichtigen, bevor man auf dem **Mercado Cerrado** Latacungas Spezialitäten probiert. Von hier aus ist es ein kurzer Spaziergang nach Süden zur **Casa de la Cultura**, einer steinernen Wassermühle aus dem 18. Jh. (um 1766), die heute ein Museum ist und Artefakte und Kunstwerke aus der Präinkazeit ausstellt.

Auf zur Reserva Ecológica Los Ilinizas

Vulkangipfel- und Graslandwanderungen

Cotopaxi, Chimborazo, Quilotoa: Viele Vulkane und Wanderungen buhlen in diesem zentralen Teil der Anden um deine Aufmerksamkeit. Doch wer etwas anderes erleben will, begibt sich zur **Reserva Ecológica Los Ilinizas** mit über

HOSTAL TIANA

Egal, ob du zum Quilotoa, Cotopaxi, Ilinizas oder in die Umgebung reist, das vibrierende **Hostal Tiana** ist *die* Anlaufstelle für Individualreisende. In einem Gebäude aus der Kolonialzeit arbeiten freundliche Angestellte, die dir mit Busfahrplänen, aktuellen Reiseinformationen und regionalen Touren helfen. Es gibt eine Gepäckaufbewahrung (Gäste/Nichtgäste 1/2 US$ pro Tag), Schlafsäle, große Privatzimmer und ein Outdoor-Restaurant, in dem man Reiseerlebnisse austauschen kann. Die Dachterrasse bietet Vulkanblick.

ÜBERNACHTEN IN LATACUNGA

Hotel Cotopaxi
Das Hotel liegt zwar nicht in einem denkmalgeschützten Gebäude, aber dafür direkt im Herzen der Stadt. $

Hotel Rodelu
In bester Lage direkt am Parque Vicente León. Günstige Zimmer in einem umgebauten Kolonialhaus. $

REEC Latacunga
Eine der komfortableren Unterkünfte in einer Stadt, die nicht gerade für ihre Spitzenhotels bekannt ist. $$

WARUM ICH DAS ZENTRALE HOCHLAND LIEBE

Trent Holden, Lonely-Planet-Autor

Ich mag die größeren Städte dieser zentralen Andenregion: Machachi, Latacunga, Ambato und Riobamba. Sie zählen nicht zu den beliebtesten Reisezielen, was aber einen Teil ihres Reizes ausmacht, da sie ein authentischeres Flair bieten. Nie hatte ich so sehr das Gefühl, abseits ausgetretener Pfade zu wandeln! Diese Orte haben die richtige Balance: Sie sind groß genug, um viele Restaurants und Attraktionen zu bieten, aber klein genug, um nicht von Staus und Kleinkriminalität betroffen zu sein. Der Mix aus Bergen, indigener Kultur, kolonialer Architektur und modernem Lifestyle gibt mir das Gefühl, im *echten* Ecuador angekommen zu sein.

Reserva Ecológica Los Ilinizas

150 000 ha *páramo*, Nebelwald, Seen und Tälern. Hier warten viele Wanderwege, aber die meisten Reisenden zieht es zu den Zwillingsgipfeln Iliniza Norte und Iliniza Sur.

Das 55 km südlich von Quito gelegene Schutzgebiet erstreckt sich bis zum nördlichen Teil des Quilotoa-Loops und eignet sich wunderbar zum Bergsteigen und Akklimatisieren. Der weniger technische, jedoch anspruchsvolle **Iliniza Norte** (5126 m) erfordert Erfahrung und Begleitung von Guides. Die Besteigung der Gletscherspitze **Iliniza Sur** (5248 m) ist nur für Erfahrene geeignet und setzt eine Ausbildung und eine komplette Ausrüstung voraus. Beide Wanderwege beginnen an der Berghütte **Refugio Nuevos Horizontes** (4765 m) mit 25 Schlafplätzen – Schlafsack und Proviant mitbringen. Dorthin gelangt man nach zwei Stunden zu Fuß vom Parkplatz der Wallfahrtskirche La Virgen aus, 9 km entfernt vom Dorf **El Chaupi**, dem Hauptzugang zum Park. Das gut gelegene **Hostal La Llovizna** bietet günstige Zimmer und die Option, Guides, Mountainbikes und Ausritte zu buchen. Einen unvergesslichen Aufenthalt erlebt man auch in der **Hostería PapaGayo**, einer 150 Jahre alten Hazienda, 9 km westlich von El Chaupi, die Altes mit Neuem kombiniert.

CUENCA

Wer auf entspannte und freundliche Regionalstädte steht, sollte **Cuenca** (S. 258) nicht verpassen.

Ambato

Wenn dir Quitos pulsierende Kunst- und Gastroszene gefallen hat, wird dir auch Ambato zusagen. Die zehntgrößte Stadt ist nicht so groß und quirlig wie die Hauptstadt, bietet aber eine entspannte Atmosphäre und eine andine Kultur in moderner Umgebung (zudem weniger Staus und Taschendiebstahl).

Ein Großteil der Altstadt Ambatos wurde 1947 bei einem Erdbeben zerstört, doch der Ort wurde wiederaufgebaut und ist heute ein stilvolles, kulturell interessantes Reiseziel. Er bietet ein reiches literarisches Erbe, interessante Museen, mit Wandmalereien verzierte Fassaden, hübsche Plätze und einen botanischen Garten. Zudem gibt's eine lebhafte Studierendenszene, eine wachsende Craft-Bier-Bewegung und viele Lokale, die auch kulinarisch einiges zu bieten haben.

Ambato ist ein Ausgangspunkt für den Parque Nacional Llanganates und das indigene Dorf Salasaca.

UNTERWEGS VOR ORT

Trotz des Uber-Verbots kann man die App nutzen. Alternativ gibt's viele günstige Taxis, die nie weit weg sind. Das Zentrum ist gut zu Fuß erkundbar, aber Vorsicht im und um den Parque 12 de Noviembre, vor allem nachts.

Ambatos kulturelle Attraktionen entdecken

Museen, Parks und Kunstgalerien

Wer nur einen Tag in Ambato verbringt, sollte im Zentrum beginnen, um die prächtigen Plätze, die erhabene Architektur sowie die Theater und Museen zu bewundern. Das monumentale **Museo de Ciencias Naturales** mit Blick auf den Parque Cevallos umfasst eine riesige Sammlung von Tierpräparaten unterschiedlicher Qualität, z. B. eine eindrucksvolle Kolibri-Ausstellung, einen Andenkondor im Flug und die wohl größten Vogelspinnen, die wir je gesehen haben. Neben ausgefallenen Exponaten wie einem zweiköpfigen Kalb gibt's ethnologische Ausstellungsstücke aus dem Amazonasgebiet sowie Inka- und Präinka-Artefakte.

TOP TIPP

Diese Stadt wird meist von Reisenden umfahren, die einen Direktbus zum Quilotoa oder Chimborazo oder nach Cuenca und Baños nehmen, doch da alle Straßen nach Ambato führen, eignet es sich für einen Zwischenstopp.

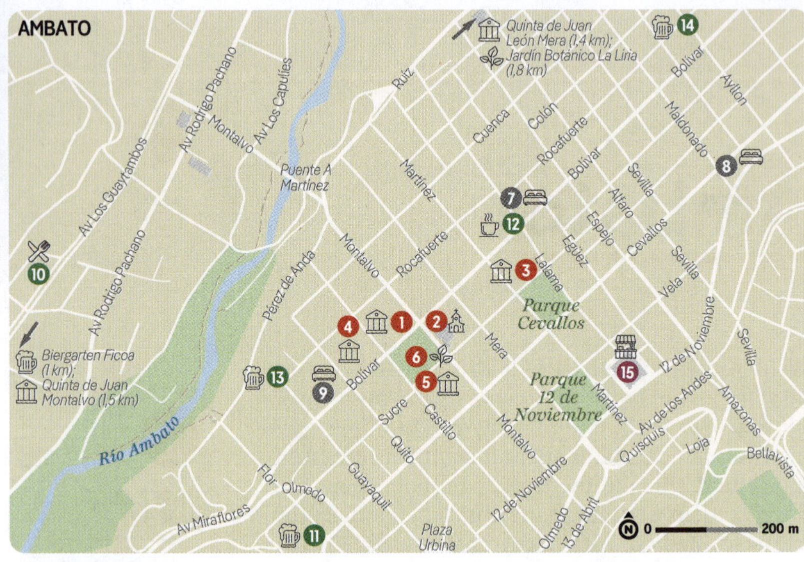

SEHENSWERTES
1 Casa de Juan Montalvo
2 La Catedral
3 Museo de Ciencias Naturales
4 Museo Juan Benigno Vela
5 Museo Provincial Casa del Portal
6 Parque Montalvo

SCHLAFEN
7 Gran Hotel Napoleón
8 Hostal Napoles Emperador II
9 Roka Plaza

ESSEN
10 Los Cuye

AUSGEHEN & FEIERN
11 Kallari Cervecería
12 La Fuente & Cafetería
13 Los Vinitos
14 Mindalae Craft Beer

SHOPPEN
15 Mercado Central

Ein paar Häuserblocks weiter befindet sich der elegante **Parque Montalvo**, eine eingezäunte zentrale Anlage, in der man gut das örtliche Treiben beobachten kann. Er liegt an der Art-déco-Kirche **La Catedral** (die eher einer Moschee ähnelt) und dem prächtigen **Museo Provincial Casa del Portal** mit eindrucksvollen Werken regionaler Kunstschaffender wie Oswaldo Viteri und Luis A. Martinez.

Benannt ist der Park nach dem Schriftsteller Juan Montalvo (1832–1889), einem der „Drei Juans" von Ambato, die im 19. Jh. alle bedeutende Schriftsteller waren. An der Nordseite liegt die **Casa de Juan Montalvo** mit einem Mausoleum und einem Museum über das Leben des Autors. Dem Verfasser des satirischen Werks *Las Catilinarias* (1880) ist auch die **Quinta de Juan Montalvo** gewidmet, ein 200 Jahre altes Landhaus, 3 km südwestlich der Stadt.

In Ambato erinnert das **Museo Juan Benigno Vela** an einen anderen Juan: den Schriftsteller, Anwalt und Journalisten Juan Benigno **Vela**. Um mehr über den dritten Juan zu erfahren, empfiehlt sich ein Trip zum üppigen **Jardín Botánico**

SARAGURO

Wer mehr mit indigenen Gemeinschaften in Kontakt kommen möchte, begibt sich südlich von Cuenca nach **Saraguro** (S. 272), wo man in die Kichwa-sprachige Gemeinschaft mit indigen geführten Pensionen und Restaurants eintauchen kann.

La Liria, 2 km nördlich der Stadt. Dort findet man ruhige, von Palmen gesäumte Gärten mit Kolibris, etwa 200 Pflanzenarten und die **Quinta de Juan León Mera**, das Landhaus (1874) von Juan León Mera, einem Schriftsteller und Politiker, der für den Text der ecuadorianischen Nationalhymne bekannt ist. Es befindet sich am Ufer des von Dschungel gesäumten Río Ambato; hier sollte man sich in den Hauptbereichen aufhalten, da es in der Schlucht Überfälle gegeben haben soll.

Feiern in Ambato

Bars, Clubs und Karaoke

Passend zur kosmopolitischen Atmosphäre findet man in Ambato verschiedene Bars, in denen man wunderbar bei einem Bier entspannen oder die Nacht durchfeiern kann.

Der **Ficoa Beer Garden** ist das Aushängeschild an der Avenida los Guaytambos im wohlhabenden Viertel Ficoa und bietet regionales Craft-Bier sowie Cocktails in einem einladenden Garten. Auch das Essen ist gut.

Im Zentrum liegt das etwas heruntergekommene, bei den Locals beliebte **Los Vinitos**, das für seine günstigen Drinks bekannt ist und die Kunstszene Ambatos anlockt. Wer Bier liebt, sollte im coolen Lokal **Mindalae Craft Beer** vorbeischauen, wo das Bier vom leidenschaftlichen Besitzer gebraut wird und ein striktes Bachata-, Vallenatio- und Reggaetón-Verbot gilt – ganz nach dem an die Wand gekritzelten Motto: „Verzieh dich, wenn du auf diesen Scheiß stehst!“

Einige Häuserblocks weiter südlich geht's dann auf der Avenida Cevallos richtig ab. Am Wochenende wimmelt es von Nachtschwärmenden, die es in die Clubs, Kneipen und Bars zieht. Hier solltest du nachts auf deine Sachen aufpassen und dir ein Uber oder Taxi nach Hause nehmen. Es gibt keine wirklichen Highlights, also guck dich einfach um und schau, was los ist. Für etwas Ruhigeres empfehlen wir die nur von Frauen geführte **Kallari Cervecería**, eine einfache Kneipe mit Nischen und Karaoke.

DAS BESTE ESSEN IN AMBATO

Mercado Central
Bestelle für einen guten Start in den Tag in der Markthalle einen Teller *llapingachos* (frittierte Pfannkuchen aus Kartoffelpüree mit Käse), serviert mit Eiern, Avocado und optionaler Wurst. **$**

La Fuente & Cafetería
Das umweltbewusste Café im Centro ist seit 1976 ein Renner. Hier gibt's guten Kaffee, Sandwiches, *humitas* (Maistaschen) und wiederverwendbare, plastikfreie Strohhalme. **$**

Roka Plaza
Das stimmungsvolle Innenhof-Restaurant ist auf Steaks spezialisiert und bietet überraschend gutes Sushi und leckere Cheeseburger. **$$**

Los Cuye
Wer niedliche Tiere liebt, sollte jetzt wegschauen, denn die Gegend ist für gegrilltes *cuy* (Meerschweinchen) bekannt. Das Los Cuye serviert diese regionale Spezialität seit 1949. **$$**

DIE BESTEN UNTERKÜNFTE

Hotel Roka Plaza
Ambatos nobelste Option ist dieses Boutique-Hotel in einer alten *casona* (großes Haus aus der Kolonialzeit). **$$**

Gran Hotel Napoleón
Zentral gelegenes, günstiges Mittelklassehotel mit Blick auf eine historische Kirche und einen Platz. **$**

Hostal Napoles Emperador II
Was der schlichten Unterkunft an Charme fehlt, macht sie durch Freundlichkeit und günstige Preise wieder wett. **$**

Baños

UNTERWEGS VOR ORT

Das Zentrum kann gut zu Fuß erkundet werden. Für die Umgebung leiht man am besten ein Mountainbike, nimmt einen der öffentlichen Busse oder mietet einen Wagen (ca. 50 US$ pro Tag). Kurze Taxifahrten in der Stadt kosten knapp 1,50 US$.

TOP TIPP

Neben den Aktivitäten in der Umgebung eignet sich Baños als Ausgangspunkt für Tagesausflüge. Von diesem Tor zum Amazonas kann man das berühmte Wildnisgebiet erkunden oder zum Volcán Chimborazo aufbrechen und am frühen Abend auf ein Bier zurück sein.

Der Ferienort Baños (1820 m) bietet mit seiner majestätischen Kulisse aus steilen, bewaldeten Bergen und hübschen Wasserfällen eine atemberaubende Lage. Mit der Stadt selbst ist es jedoch so eine Sache. Einerseits ist sie mit ihren vielen Bars, Restaurants und kitschigen Souvenirläden unglaublich touristisch, andererseits bietet sie eine reiche Geschichte, die bis 1553 zurückreicht, sowie einiges an historischer Pracht.

Die Region ist zum Klettern, Wandern und Mountainbiken sowie für adrenalingeladene Aktivitäten beliebt: Bungee-Jumping, Ziplining, Canyoning, Gleitschirmfliegen, Wildwasser-Rafting, Klettern – was auch immer dein Herz begehrt. Das wohl Extremste an Baños ist die Natur selbst. Der mächtige Volcán Tungurahua (Feuerschlund) erhebt sich bedrohlich über der Stadt, zählt zu den aktivsten Vulkanen Ecuadors und bietet mit seiner perfekten Kegelform einen dramatischen Anblick.

Die Wunder der Schutzpatronin von Baños

Einzigartige religiöse Gemälde und kulturelle Darstellungen

Im Zentrum mit Blick auf den Parque la Basílica steht die beeindruckende **Basílica de Nuestra Señora de Agua Santa**. Die kunstvolle Kirche ist der Virgen de Agua Santa (Jungfrau des heiligen Wassers) gewidmet und beherbergt verschiedene epische Gemälde. Diese stellen die Wunder dar, die Baños' Schutzpatronin beim Ausbruch des Volcán Tungurahua vollbracht haben soll. Das angeschlossene **Museo Fray Enrique Mideros** umfasst religiöse Gemälde von Pater Enrique Mideros und zeigt eine recht willkürliche, exzentrische Ausstellung mit allen möglichen Exponaten – von Matador-Utensilien und Tierpräparaten (einschließlich eines ausgestopften Rottweilers!) bis hin zu großartigen präkolumbischen Artefakten.

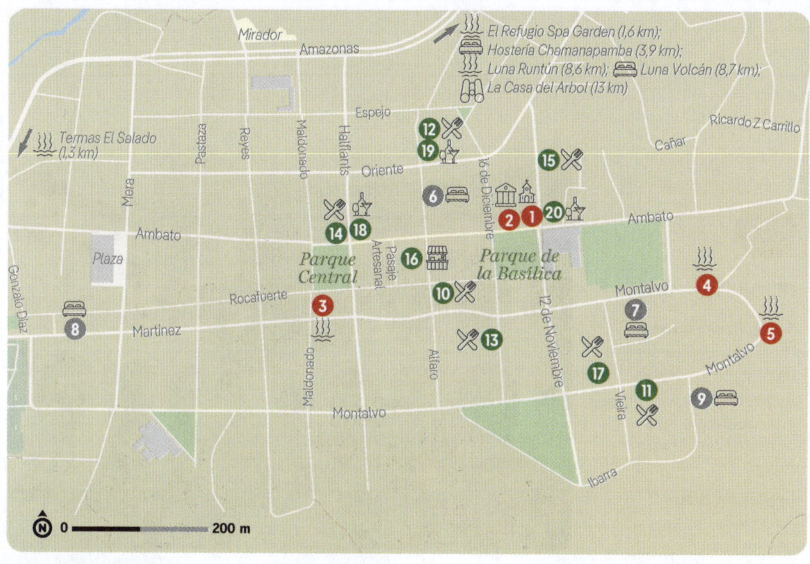

SEHENSWERTES
1 Basílica de Nuestra Señora de Agua Santa
2 Museo Fray Enrique Mideros

AKTIVITÄTEN & TOUREN
3 Huellas Natural Spa
4 Piscinas Termas de la Virgen
5 Termas de la Virgen

SCHLAFEN
6 El Jardín Escondido Hostel
7 Hostal Chimenea
8 Hotel Llanovientos
9 Posada del Arte

ESSEN
10 AlfPasito Cevicheria
11 Café Hood
12 F#ckin' Bueno Burger
13 Good Café
14 Haycha
15 La Tasca
16 Mercado Central
17 Torre de Cristal

AUSGEHEN & FEIERN
18 Crater Rooftop Bar
19 Leprechaun Bar
20 RoofTop Selina
siehe 6 Soma Beer Garden

Auf in die Berge zur schönen Casa del Arbol!

Frische Bergluft, Kolibris und Vulkanblick

Ein beliebter Kurzausflug südlich der Stadt ist die steile Fahrt hinauf zum Aussichtspunkt **La Casa del Arbol**. Das Wetter ist zwar unbeständig und man braucht etwas Glück, doch der Blick über das Tal sucht seinesgleichen. Zu den Attraktionen gehört eine riesige Schaukel, die sich über den Abgrund schwingen lässt. Außerdem kann man verschiedene Kolibriarten beim Trinken des Blumennektars beobachten. Die Hin- und Rückfahrt mit dem Taxi kostet etwa 20 US$, ansonsten wandert man drei Stunden (pro Strecke) oder man versucht sein Glück mit öffentlichen Bussen.

VOLCÁN TUNGURAHUA

Der Stratovulkan **Tungurahua** (5016 m) liegt im Parque Nacional Sangay, der zum Weltnaturerbe gehört. Trotz seiner jüngsten Ausbrüche ist der Tungurahua auch 2024 noch für viele ein verlockendes Ziel. **Andean Summit Adventure** bietet eine zweitägige Gipfelwanderung und **Geotours** Tagestouren zur Schutzhütte; von dort jagt man mit dem Mountainbike die Hänge hinunter.

DIE BESTEN BARS

Soma Beer Garden
Die Craft-Kleinbrauerei bietet eine große Auswahl an hopfigen, goldenen und bernsteinfarbenen Bieren.

Leprechaun Bar
Das große, zweistöckige Lokal ist seit Langem ein beliebter Treffpunkt für alle, die es krachen lassen wollen – teils Kneipe, teils Restaurant, teils rauschende Salsa-Tanzparty.

Crater Rooftop Bar
Einladende Open-Air-Bar auf dem Dach mit guten Cocktails und Speisen; perfekt für einen lauen Abend.

RoofTop Selina
Die klassische Gastrobar auf dem Dach bietet Blick auf den Parque la Basílica und veranstaltet neben anderen sozialen Events jeden Donnerstag um 20 Uhr Salsa-Kurse.

AMMIT JACK/SHUTTERSTOCK ©

Basílica de Nuestra Señora de Agua Santa (S. 212)

Baden in natürlichen heißen Quellen

Heiße Quellen, Schlammbäder und Massagen

Einer der Vorteile, in der Nähe eines der explosivsten Vulkane der Welt zu wohnen, ist der Zugang zu seinem Thermalwasser. In Baños gibt's mehrere Spa-Komplexe, die das mineralhaltige, vulkanische Wasser der natürlichen heißen Quellen nutzen – perfekt nach einer langen Tageswanderung. Doch man sollte nichts allzu Ursprüngliches erwarten; das Ambiente erinnert eher an ein öffentliches Schwimmbad. Die **Termas de la Virgen** (1928) sind die reizvollsten (und beliebtesten). Sie liegen am Fuß eines Wasserfalls und verfügen über Bäder mit unterschiedlichen Temperaturen, von kalt über lauwarm bis zu 42 °C. Allerdings ist hier meist viel los und am Wochenende sollte man das Spa eher meiden. Auch in den **Piscinas Termas de la Virgen** weiter die Straße hinunter kann es hektisch zugehen. Die **Termas El Salado**, 2,5 km südwestlich der Stadt, liegen idyllisch an einer Flussschlucht, aber auch dort herrscht eine trubelige Atmosphäre.

Wer etwas Ruhigeres sucht, kann sich im **Luna Runtún** verwöhnen lassen; es bietet Fünf-Sterne-Anwendungen wie Massagen und Gesichtsanwendungen sowie ein natürliches Thermalbad und einen Infinitypool mit Tungurahua-Blick.

GÜNSTIGE UNTERKÜNFTE

Hostal Chimenea
Zentrale Lage, helle Zimmer, Schlafsäle, Dachcafé mit Tauchbecken und eine Küche. $

El Jardín Escondido Hostel
Eine Nacht in einem Hostel mit Kleinbrauerei kann der Himmel oder die Hölle auf Erden sein; für uns ist es Ersteres. $

Hotel Llanovientos
Entspannte, familiengeführte Pension; eine gute Wahl für alle, die keine Lust auf Baños' Partyszene haben. $

Im **Refugio Spa Garden** wird man zudem kulinarisch verwöhnt. Es gibt zwar kein natürliches warmes Wasser, aber dafür die mit Abstand schönste Aussicht. Das **Huellas Natural Spa** in der Stadt bietet keine Aussicht, steht aber wegen seiner günstigen Massagen und Schönheitsanwendungen mit Schlamm, Schokolade etc. hoch im Kurs.

Die Hauptstadt für Outdoor-Abenteuer

Abenteuer, Action und Adrenalin

Wenn es heißt, man solle „den Sprung wagen" oder sich „kopfüber in etwas stürzen", ist das nirgendwo so wörtlich gemeint wie in Baños. Was gibt's Besseres, als wie ein:e Superheld:in durch Täler zu sausen, von Brücken zu springen oder sich an Wasserfällen abzuseilen? Und das ist nur der Anfang. Die Region ist ein Muss für Adrenalinjunkies, die nach dem Bergsteigen immer noch Lust auf schwindelerregende Höhen haben. Zu den zuverlässigsten, professionellsten und empfehlenswertesten Veranstaltern gehören **Geotours**, **Wonderful Ecuador** und **MTS Adventure**. Sie arrangieren alle möglichen Aktivitäten von der längsten Seilrutsche Ecuadors (mehr als 1 km lang) über Glasbrücken und Tarzan-Lianen bis hin zu Brückenspringen, Felsklettern, Seilbahnfahrten und Radeln in großer Höhe über dem Tal. Wagemutige können sich mit einem Tandem-Gleitschirm in die Lüfte schwingen und von hoch oben einen einzigartigen Blick auf die umliegenden Vulkane genießen.

Darüber hinaus kann man auf dem Río Pastaza, einem Nebenfluss des Amazonas, Wildwasser der Schwierigkeitsgrade III und IV bezwingen. Oder man seilt sich beim Canyoning an 30 m hohen Wasserfällen ab. Wer mehr Lust auf Klettern hat, kann etliche Basaltfelsen erklimmen. Für die ultimative Besteigung eignet sich der Tungurahua (S. 213), ein bekannter Gipfel, der auf der Liste vieler Kletterfans steht.

Zu den entspannteren Optionen gehören Mountainbike-Touren, Wanderungen oder Ausritte durch die grünen Täler rund um die Ruta de las Cascadas.

Erkundung der Ruta de las Cascadas

Mountainbiken und Wasserfälle

An einer aussagekräftig benannten Kreuzung trifft die „Straße der Vulkane" auf die „Route der Wasserfälle" (Ruta de las Cascadas). Von hier geht's zu einer der schönsten Strecken der Region. Der 16 km lange Weg führt östlich von Baños durch die bewaldete Schlucht des Río Pastaza, wo man neben Wasserfällen viele Abenteueranbieter findet, die Ziplining, Brü-

DAS BESTE ESSEN

Haycha
Moderne ecuadorianische Küche in geschmackvollem Lokal mit kreativen Gerichten und originellen Cocktails wie Mayorca Sour oder Zitronenverbene-Negroni. **$$**

La Tasca
Stilvolles, gemütliches spanisches Restaurant mit authentischen Tapas sowie Gerichten wie Paella und galizischem Meeresfrüchteeintopf. **$$**

Café Hood
In dieser Institution in Baños überzeugt die freundliche Gastgeberin Karina Gringos seit Jahren mit ihrer globalen Küche inklusive vegetarischer und veganer Optionen. **$**

Mercado Central
Regional essen und Klassiker der ecuadorianischen Küche wie *llapingachos* und Ceviche probieren. **$**

Torre de Cristal
Influencer:innen werden dieses bizarre, speziell für Selfies gebaute Turmcafé lieben. **$$**

DIE BESTEN HOTELS

Luna Volcán
Luxuriöseste Unterkunft in Baños mit Berglage, atemberaubender Aussicht, Infinitypool und Spa. **$$$**

Hostería Chamanapamba
Einzigartige Option außerhalb von Baños mit unvergesslichen Zimmern im Baumhausstil und Canyonblick. **$$$**

Posada del Arte
Boutique-Pension mit freundlichen Gastgeber:innen und Blick auf den Wasserfall, nicht weit vom Zentrum. **$$**

BEZWINGUNG DES TUNGURAHUA, ABSCHALTEN IN BAÑOS

Elisabeth Gschösser, erfahrene Bergsteigerin und Managerin von Andean Summit Adventure (andeansummitadventure.com)

Was gefällt dir am besten am Tungurahua? Der Blick in den tiefen Krater und der Dampf, der aus den Rissen im Gestein austritt. Die steilen Hänge des Vulkans sind eine echte Challenge.

Ist es sicher, den Vulkan zu besteigen, obwohl er aktiv ist? Ja, die Überwachung ist immer sehr zuverlässig gewesen und ich halte es für sicher.

Wie vertreibst du dir die Zeit in Baños? Es gibt schöne Cafés in der Stadt, darunter mein Favorit: das Café Colibri mit Blick auf die Umgebung. Zum Entspannen besuche ich gern die heißen El-Salado-Quellen (S. 214).

HUGO BRIZARD - YOUGOPHOTO/SHUTTERSTOCK ©

Pailón del Diablo

ckenwanderungen, Seilbahnfahrten und Ähnliches im Programm haben.

Von den rund ein Dutzend Wasserfällen ist keiner so spektakulär wie der **Pailón del Diablo**, dessen Name übersetzt „Teufelskessel" bedeutet. Dieser mächtige, 80 m hohe Wasserfall (der zweitgrößte und wahrscheinlich beste Ecuadors) macht seinem Namen alle Ehre, denn die tosenden Wassermassen stürzen mit großer Wucht aus der Felswand – ein außergewöhnlicher Anblick aus nächster Nähe. Der Zugang zum Wasserfall erfolgt vom Dorf Río Verde aus; von dort gibt's zwei verschiedene Wege hinunter; auf einem sieht man den Wasserfall von oben und auf dem anderen von unten.

Die Unterkünfte hier sind eine entspannte Alternative zum kommerziellen Flair in Baños. Die beste Wahl ist das **Miramelindo** mit liebevoll gestalteten, kunstvollen Zimmern samt Whirlpools, Kaminen und Aussicht sowie netten Besitzer:innen und einem guten Restaurant mit traditioneller ecuadorianischer Küche.

Viele reisen mit einem Privatwagen oder öffentlichen Bussen (günstig und häufig) an, doch seit ein paar Jahren führt hier ein beliebter 25 km langer Mountainbike-Weg entlang, der neben dem Pailón del Diablo zu natürlichen Schwimmlöchern und vielen versteckten Wasserfällen führt.

FÜR EINEN SCHNELLEN HAPPEN

Good Café
Die Anlaufstelle für ein herzhaftes Frühstück sowie Sandwiches, Kaffee und Café-Gerichte. **$**

AlfPasito Cevicheria
Locals schwören, dies sei der beste Ort für *encebollado* (Fischsuppe) und Ceviche in der Stadt. **$**

F#ckin' Bueno Burger
Es stimmt, die Burger hier sind f#ckin' gut! **$$**

Volcán Chimborazo

Der mächtige, von Gletschern gekrönte Volcán Chimborazo (6263 m) bietet alles, was die Anden so magisch macht – schneebedeckte Gipfel, farbenfrohe indigene Kultur, Lamas, Alpakas, *páramo* mit viel Weite sowie hügelige Landschaften – und könnte das Highlight deines Hochlandabenteuers sein.

Dies ist der höchste Berg Ecuadors und das beeindruckende Herzstück der 58 560 ha großen Reserva de Producción de Fauna Chimborazo. Doch er ist noch aus einem anderen Grund bekannt. Wegen der Nähe zum Äquator ist sein Gipfel nicht nur der am weitesten vom Erdmittelpunkt entfernte, sondern auch der der Sonne am nächsten gelegene Punkt – ein Phänomen, das die örtlichen Trekkingveranstalter gern als „den höchsten Berg der Welt" beschreiben.

Auch der benachbarte Volcán Carihuairazo (5018 m) ist zum Bergsteigen beliebt und liegt in dem Naturschutzgebiet, in dem Hunderte Vikunjas (wilde Verwandte des Lamas) leben. Unterwegs kommt man an interessanten indigenen Puruhá-Dörfern vorbei, die schon viele Jahrhunderte vor der Inkazivilisation am Chimborazo lebten.

UNTERWEGS VOR ORT

Am besten erkundet man den Chimborazo auf einer organisierten Tour oder mit einem Privatwagen. Alternativ fährt ein Bus von Riobamba aus, der an der ausgeschilderten Abzweigung (4370 m) zu den *refugios* den Parkeingang passiert. Unterwegs hält er am Pulinguí San Pablo; von dort kann man durch den *páramo* wandern. Oder man geht von der Chimborazo Lodge zum Templo Machay (4700 m) hinauf, einer alten indigenen Opferstätte.

Tagesausflüge zum Chimborazo

Der höchste Punkt Ecuadors

Es gibt zwei Arten von Menschen, die zum Chimborazo kommen: Abenteuersuchende, die den Gipfel erklimmen wollen, und Tagesbesucher:innen, die die Aussicht auf den schneebedeckten Gipfel genießen und die Umgebung erkunden möchten. Letztere sind bei Weitem die größere Gruppe. Viele entscheiden sich für organisierte Touren vom nahegelegenen Riobamba oder von Baños, Latacunga oder Quito aus.

Nimm unbedingt eine Kopie deines Reisepasses mit, denn du musst dich am Parkeingang registrieren, bevor es zum Parkplatz des **Refugio Carrel** (4850 m) geht, dem Bergsteig-Basislager, das über ein Restaurant und einfache Un-

TOP TIPP

Outdoor-Ausrüstung findet man bei Kapak Urco in Riobamba. Erkundige dich vorher, was bei deinem Anbieter inklusive ist, und akklimatisiere dich, bevor du in große Höhen aufsteigst.

DER HÖCHSTE PUNKT DER ERDE?

Als Nietzsche sagte, es gebe keine Tatsachen, nur Interpretationen, hätte er den Chimborazo als Beispiel nehmen können. Vom Meeresspiegel aus betrachtet ist er nicht mal annähernd der höchste Berg der Welt (und nur der 39.-höchste der Anden) und wird um 2586 m vom Everest überragt, doch wegen der Nähe zum Äquator ist er nicht nur der am weitesten vom Erdmittelpunkt entfernte, sondern auch der den Sternen am nächsten gelegene Punkt. Auf diese geografische Besonderheit stützen sich die Leute, wenn sie – etwas gewagt – vom höchsten Berg der Welt sprechen. Wie dem auch sei, falls du diese Frage mal bei einem Kneipenquiz hörst, kannst du sie jetzt beantworten.

terkünfte verfügt. Von hier aus steigt man zum **Refugio Whymper** (5000 m) auf, der höchsten Unterkunft Ecuadors (zum Zeitpunkt der Recherche allerdings geschlossen), benannt nach dem britischen Bergsteiger Edward Whymper, der den Chimborazo 1880 zum ersten Mal bezwang. Es sind nur 150 Höhenmeter, doch die 45-minütige Wanderung hat es in sich.

Ähnlich wie auf dem Cotopaxi bieten viele Veranstalter Mountainbikes für den Abstieg an – eine aufregende Möglichkeit, die Andenlandschaft zu erleben. **Pro Bici** und **Julio Verne Travel** aus Riobamba sind zwei etabliertere Unternehmen. Auf die Gefahr hin, dass wir wie eine kaputte Schallplatte klingen: Wie bei jedem Hochgebirge solltest du dich vorher unbedingt akklimatisieren.

Halte Ausschau nach wilden Vikunjas, den kleineren, zierlicheren Verwandten des Lamas, die einst bis zur Ausrottung gejagt wurden, aber in den 1980er-Jahren mithilfe von Spenden aus Chile und Bolivien wieder angesiedelt wurden.

Den Gipfel stürmen

Den höchsten Gipfel Ecuadors erklimmen

Die Möglichkeit, den am weitesten vom Erdmittelpunkt entfernten Punkt zu besteigen, übt auf Gipfelstürmer:innen einen besonderen Reiz aus.

Allerdings ist das Erreichen des Gletschergipfels des Chimborazo kein leichtes Unterfangen: Es handelt sich um einen technisch anspruchsvollen Aufstieg in großer Höhe mit unvorhersehbarem, oft eisigem Wetter, peitschendem Wind, Schnee und steilen Felshängen, der daher eher für erfahrene Kletternde geeignet ist. Mit ausreichend Vorbereitung können es aber auch Anfänger:innen versuchen, die sich der Herausforderung gewachsen fühlen. Da der Vulkan inaktiv ist (zumindest seit 10 000 Jahren), besteht hier wenigstens nicht die Gefahr eines Ausbruchs.

Du brauchst professionelle Guides und die richtige Ausrüstung, um den Gipfel zu bezwingen. **Julio Verne Travel** mit Sitz in Riobamba ist einer der besten Anbieter nicht nur für den Chimborazo, sondern auch für Aufstiege zum Akklimatisieren im Voraus: Beste und beliebteste Option ist der nahegelegene **Volcán Carihuairazo**.

Der Chimborazo besteht aus vier Gipfeln: Whymper, Veintimilla, Politecnica und Nicolas Martínez. Die mehrtägigen Touren führen zum Whymper-Gipfel, dem höchsten Punkt. Rechne mit acht bis zehn Stunden für den Aufstieg und zwei bis vier Stunden für den Rückweg.

Wie du dir sicher denken kannst, ist die Aussicht vom Gipfel je nach Wetterlage absolut atemberaubend. Von hier aus genießt du nicht nur einen Blick auf die umliegenden Anden, sondern auch auf die Pazifikküste. Und du kannst dich selbst dazu beglückwünschen, es auf den höchsten Berg der Welt geschafft zu haben – oder es zumindest zu Hause im Freundeskreis erzählen!

INDIGENE DÖRFER

In der Region um den Chimborazo gibt's die höchste Konzentration indigener Menschen in Ecuador. Die Puruhá leben schon seit Jahrhunderten hier. In der kleinen indigenen Gemeinde **Pulinguí San Pablo** (3900 m) erlebt man Momente, wie sie nur in Südamerika möglich sind.

Bei einem Aufenthalt in der Casa Cóndor kann man inmitten von Alpakaherden übernachten. Auf dem Weg nach Riobamba liegt die **Comunidad La Moya** mit einfachen Unterkünften und einem kleinen Museum, das *hieleros* (Eismenschen) zeigt, die mit einem Pickel Eis vom Chimborazo ernteten und es auf den Märkten Riobambas verkauften. Im **Palacio Real** liegt das **Museo Cultural de la Llama**, das wohl einzige Lamamuseum der Welt.

ÜBERNACHTEN AM CHIMBORAZO

Casa Cóndor
Erlebe die indigene Andenkultur in dieser unvergesslichen Pension am Fuß des Chimborazo. **$**

Chimborazo Lodge
Atmosphärische Lodge, in der ein typisches Andenerlebnis möglich ist. **$$$**

Refugio Carrel
Die untere der beiden Schutzhütten des Chimborazo, mit Schlafsälen und einem Restaurant. **$**

Rund um den Volcán Chimborazo

Erkunde die kulturell reiche Stadt Riobamba zwischen Ausflügen zu interessanten Dörfern und in die umliegenden Nationalparks.

Die Gegend um den Chimborazo bietet jede Menge Sehenswürdigkeiten und Aktivitäten, für die sich ein Aufenthalt lohnt.

Viele Reisende landen im hübschen Riobamba, dem perfekten Ausgangspunkt für Vulkanbesteigungen und Tagesausflüge ins Schutzgebiet des Chimborazo. In der Stadt gibt's zudem zahlreiche Attraktionen, Restaurants und Bars, weshalb man hier gut ein paar Nächte verbringen kann.

Auf der anderen Seite des Chimborazo liegt das charmante Dorf Salinas, das bei Gourmets und Naturfans immer beliebter wird.

Weiter entfernt findet man den Parque Nacional Sangay, der zum Weltnaturerbe gehört. Hier besteigen Unerschrockene und Fans von Extremsport einen der aktivsten Vulkane der Welt.

UNTERWEGS VOR ORT

Das Zentrum Riobambas ist leicht zu Fuß zu erkunden; alternativ gibt's sichere und günstige Taxis. Alle Dörfer sind mit öffentlichen Verkehrsmitteln erreichbar, doch bei wenig Zeit empfiehlt sich eine Tour, ein Fahrservice oder ein Wagen, um alles an einem Tag zu sehen.

TOP TIPP

Riobamba bietet eine der besten Touristeninformationen des Landes – dank des kompetenten englischsprachigen Personals, der vielen Broschüren über die Stadt und Umgebung und der umfassenden Website (riobamba.com.ec).

Erholung in Riobamba

Andenkultur und Großstadtcharme

Reisende kommen meist wegen des Chimborazo hierher, doch wie viele Andenstädte ist Riobamba besonders lohnenswert, wenn man sich Zeit für die Erkundung nimmt. Die Hauptstadt (115 000 Einwohner:innen) der Provinz Chimborazo war die erste größere Stadt, die 1534 von den Spaniern in Ecuador gegründet wurde, und ist bis heute wichtiger Handelsort mit tollem Samstagsmarkt und großer indigener Gemeinschaft. Der Name kombiniert Spanisch (*río* – Fluss) und Kichwa (*rispampa* – Ebene), was die Verflechtung der Puruhá-Kultur mit dem spanischen Erbe widerspiegelt. Es gibt hier gepflasterte Straßen, begrünte Plätze und Kolonialgebäude, die nach dem Erdbeben (1797) wiederaufgebaut wurden.

Zu den Highlights zählt der **Parque Maldonado** mit der barocken **Kathedrale**, deren kunstvolle Reliefs sowohl indigene als auch spanische Szenen abbilden. Am anderen Ende der Stadt liegt in einem neoklassizistischen Gebäude das **Museo de la Ciudad**, dessen Touren (auf Spanisch und Englisch) einen tiefen Einblick in die Vergangenheit der Stadt geben.

Zwei Häuserblocks weiter nordwestlich befindet sich der **Parque Sucre** mit dem König-Neptun-Brunnen von 1913, dem Jahr, in dem Riobamba erstmals mit Wasser versorgt wurde. Dort gibt's auch ein kunstvolles Theater und eine monumentale neoklassizistische Fakultät. Das **Museo de Arte Reli-**

SL-PHOTOGRAPHY/SHUTTERSTOCK ©

Riobamba

gioso ist in einem Kloster aus dem 18. Jh. untergebracht, in dem noch 13 Nonnen leben, und verfügt über eine der besten ecuadorianischen Sammlungen religiöser Kunst aus dem 17. und 18. Jh. Bemerkenswert ist das Gemälde *La Flagelación de Jesús* eines indigenen Künstlers aus dem 17. Jh., auf dem spanisch gekleidete Männer Jesus auspeitschen – ein nicht ganz so diskreter Kommentar zur Misshandlung der Einheimischen durch die Besatzer.

Nördlich des Zentrums erstreckt sich der **Parque 21 de Abril** mit seinem grandiosen Obelisken und einem Mosaikwandbild; von hier aus genießt man einen 360-Grad-Blick über die Berge und die Iglesia San Antonio.

Der **ehemalige Bahnhof** Riobamba (der vielleicht bald wieder in Betrieb genommen wird) wurde in einen Kunsthandwerksmarkt umgewandelt; hier gibt's Kaffee zwischen den Souvenirständen und Craft-Bier im **El Brekero**. In der Nähe liegt der **Tagua Workshop** mit der besten Auswahl an *tagua*-Produkten Riobambas; Letztere werden aus Palmnuss geschnitzt und gehen auf eine 100-jährige Tradition zurück. Von dort aus gelangt man zu Riobambas modernerer Restaurant- und Barmeile im westlichen Stil mit dem **Gas Plaza** und **La Leyenda Beer Co** – beides bei jungen Locals sehr beliebte Adressen für Bier, Cocktails und Kneipengerichte.

GUT ESSEN & FEIERN

El Delirio
Traditionelle ecuadorianische Küche in stimmungsvoller Hazienda mit Kamin, wo Simón Bolívar in einer Nacht sein berühmtes Gedicht geschrieben haben soll. **$$**

Mercado La Merced
Günstiges, traditionelles und leckeres Marktessen sowie frische Säfte. **$**

Casa Ruibo Cayfruits
Einladendes Café, beliebt für seine Empanadas, Gerichte, Kaffeevarianten, Biere und Cocktails. **$$**

Fateh Café
Abgesehen vom Stacheldrahtzaun ist dies das modernste und stilvollste Café Riobambas. **$**

Beer Brothers
Die von drei Brüdern betriebene Kleinbrauerei mit Burgern u. Ä. macht ihrem Namen Ehre. **$$**

ÜBERNACHTEN IN RIOBAMBA

Villa Bonita Hostel
Ein freundliches Ehepaar betreibt dieses Backpacker-Hostel in einem alten Kolonialhaus. **$**

Hostal Oasis
Das künstlerische Hostel mit regionalem Flair wird von einer sehr sympathischen jungen Familie geführt. **$**

Mansión Santa Isabella
Restauriertes Herrenhaus mit Boutique-Zimmern, Spa-Anwendungen, Whirlpool und Cocktails. **$$$**

DIE TEUFELSNASE ERKLIMMEN

Ecuadors malerische Zugstrecke **La Nariz del Diablo** (Teufelsnase) ist seit dem Konkurs von Tren Ecuador im Jahr 2020 nicht mehr in Betrieb, aber Ende 2023 gab die Regierung bekannt, dass die legendäre Strecke wieder befahren werden soll. Die aufregende 2½-stündige Hin- und Rückfahrt beginnt südlich von Riobamba in Alausí, einem malerischen Dorf, das bei den Erdrutschen 2023 schwer beschädigt wurde. Der Zug fährt im Zickzack über eine unglaublich steile Serpentinenstrecke nach Sibambe – ein technisches Wunder, das eine 765 m hohe Felswand überwindet.

Aus Riobamba kommend, passiert man die farbenfrohe indigene Stadt Guamote, in der donnerstags einer der faszinierendsten Märkte des Hochlandes stattfindet.

AMMIT JACK/SHUTTERSTOCK ©

Regionale Produkte in Salinas probieren

Ein Ziel für Gourmets im zentralen Hochland

Versteckt an der Westseite des Chimborazo befindet sich das abgelegene, aber quirlige Andendorf **Salinas** (3550 m). Es fühlt sich so an, als sollte es eins der bestgehüteten Geheimnisse Ecuadors sein, aber dieses malerische Städtchen (auch Salinas de Guaranda) ist erstaunlich gut auf Tourismus eingestellt, und zwar nicht nur wegen der atemberaubenden Lage inmitten eines *páramo*-Tals, sondern auch wegen der Initiativen der Locals, die den Ort zu einem Ziel für Gourmets gemacht haben. Neben Kooperativen für Schokolade und Wolle ist Käse ein besonders wichtiger Wirtschaftszweig (dank eines italienischen Priesters, der hier in den 1970er-Jahren lebte), zudem gibt's viele gute Pizzerias wie die **Pizzeria Casa Nostra**. Die **Tienda El Salinerito** lockt mit einer beeindruckenden Auswahl regionaler Produkte, darunter flauschige Wollpullover, Schokolade, Bier, Marmeladen und natürlich Käse. Ecuadorianische Küche und eine passende, interessante Auswahl an Bieren bietet die Mikrobrauerei **Tayta Beer**. Großartige Wandertouren und Ausritte werden von der Touristeninformation oder dem **Hostal La Minga** arrangiert.

ÜBERNACHTEN IN SALINAS

Hostal La Minga
Salinas beste Option ist dieses bunte Backpacker-Hostel mit freundlichem, hilfsbereitem Personal. **$**

El Refugio Hostal
Gemütliche Hütte mit Kamin, Thermodecken und Zimmern mit Aussicht. **$$**

Kachi Yaku
Einladende Pension mit Bergblick. **$$**

Parque Nacional Sangay

Die Wildnis des Parque Nacional Sangay erkunden

Die abgelegene Wildnis eines Weltnaturerbes

Der Sangay-Nationalpark ist Teil des UNESCO-Welterbes und erstreckt sich auf 5177 km² unberührter Wildnis mit einer unglaublichen Vielfalt an Hochlandlebensräumen. Er umfasst gletscherbedeckte Vulkane, Nebelwälder, tropischen Dschungel sowie weite *páramo*-Landschaften und beherbergt ganze 586 endemische Pflanzenarten, darunter ca. 50 Orchideenarten, die nirgendwo sonst auf der Welt vorkommen. Der größte Teil dieser riesigen Region ist jedoch schwer zugänglich und wird nur selten von Menschen besucht – abgesehen zur Besteigung drei der mächtigsten Vulkane Ecuadors. Zu den Bergen zählen der **Tungurahua** (S. 213) im Norden, der erloschene **El Altar** (5320 m, der fünfthöchste Vulkan Ecuadors) und der berüchtigte **Sangay**, einer der aktivsten Vulkane der Welt, der wegen Lavaströmen nicht mehr betreten werden darf (Stand 2024).

Mit seinen neun zerklüfteten Gipfeln und dem jadefarbenen Kratersee ist der eisbedeckte El Altar einer der malerischsten Berge Ecuadors. Am besten erreicht man ihn über die im Ranchstil gehaltene **Hacienda Releche**, die 36 km östlich von Riobamba liegt. Zu ihr gehört auch das private, strohgedeckte *refugio* in der Collanes-Ebene, das von Wandernden für Besteigungen genutzt wird.

SEHENSWERTES BEI RIOBAMBA

Nur 8 km nördlich von Riobamba liegt die Stadt **Guano**, die am ehesten für ihr Museo de la Momia bekannt ist. Zu den Exponaten zählen die mumifizierten Überreste eines Franziskanermönchs aus dem 16. Jh. Nebenan befinden sich die atmosphärischen Ruinen eines Klosters aus den 1660er-Jahren.

Etwa 22 km südwestlich von Riobamba steht **La Balbanera**, die älteste Kirche Ecuadors (1534), die nach dem Erdbeben von 1797 größtenteils wiederaufgebaut wurde. Hier findet man auch die **Laguna de Colta**, ein bei den Locals beliebtes Ausflugsziel.

Oben: Montañita (S. 238); gegenüber: Ayampe (S. 246)

Südküste

NATURPARKS, PRÄHISPANISCHE GESCHICHTE & ATEMBERAUBENDE KÜSTENSTRICHE

Guayaquileños treffen auf Traveller an der Küste, Freiluftrestaurants servieren frische Meeresleckereien und Naturschutzprojekte schützen nistende Meeresschildkröten an nahen Stränden.

Der früher als Ruta del Sol (Sonnenstraße) bekannte und oft Ruta del Surf genannte Küstenabschnitt zwischen Guayaquil und dem Nationalpark Machalilla ist mit hübschen Strandorten, winzigen Fischerdörfern und Inseln gesprenkelt, die zum Erkunden einladen.

Ecuadors Südküste umfasst drei Provinzen – die Guayas, Santa Elena und Manabí – und beherbergt die ältesten Menschheitsspuren des Landes. Die Valdivia waren Ecuadors erste bekannte indigene Gruppe und gefundene Artefakte wurden auf mindestens 3500 v. Chr. datiert. Mehrere Museen geben Einblick in die prähispanische Geschichte der Region.

Naturfans verlieben sich in die ursprünglichen Mangrovenflüsse, gepflegten Strände und herrlichen Regenwaldwanderungen (die Region rühmt sich mehrerer Tausend Quadratkilometer Grünland) und Adrenalinjunkies kommen beim Surfen auf den erstklassigen Wellen, beim Tauchen mit riesigen Mantarochen und beim Paragliding von den Klippen auf ihre Kosten.

Von relaxten Clubs in Playas bis zu Miami-Beach-Vibes in Salinas: Mit Anbruch der Dunkelheit beginnt die Partystimmung. Das Kronjuwel ist jedoch das Backpacker-Paradies Montañita, dessen Strandclub Lost Beach regelmäßig zu den besten 100 Clubs der Welt gehört.

Ob der Sinn nun nach Tierbeobachtungstouren und ruhigen Nächten steht oder das Motto „Surf, Party, Sleep and Repeat" regiert: Die tropische ecuadorianische Küste erfüllt alle Wünsche.

DIE WICHTIGSTEN ZIELE

GUAYAQUIL
Ecuadors größtes Ballungsgebiet.
S. 230

SALINAS & PLAYAS
Wildwest- oder Miami-Beach-Stimmung.
S. 234

OLÓN & MONTAÑITA
Surf- und Party-Hotspot und seine kleine Hipster-Schwester.
S. 238

AYAMPE & PUERTO LÓPEZ
Verlassene Strände und unberührte Natur.
S. 246

Erste Orientierung

Die langen Küstenstraßen sind von winzigen Strandorten unterbrochen, die man am einfachsten mit dem Auto, dem Motorrad oder den günstigen, häufig verkehrenden Bussen erreicht. Taxis sind teurer und das Trampen ist bei Rucksackreisenden und Locals gleichermaßen üblich.

Olón & Montañita, S. 238

Ein Zentrum des Adrenalinsports, wo man surfen, tauchen, paragliden und bis zum Sonnenaufgang feiern kann – um dann aufzuwachen und das Ganze zu wiederholen.

Ayampe & Puerto López, S. 246

Schließ dich den Surfer:innen, Yogis und Aussteiger:innen an und genieße lange Tage an leeren Stränden, Wanderungen durch geschützte Parks, Whale-watching-Ausflüge und das frischeste Ceviche, das du je gegessen hast.

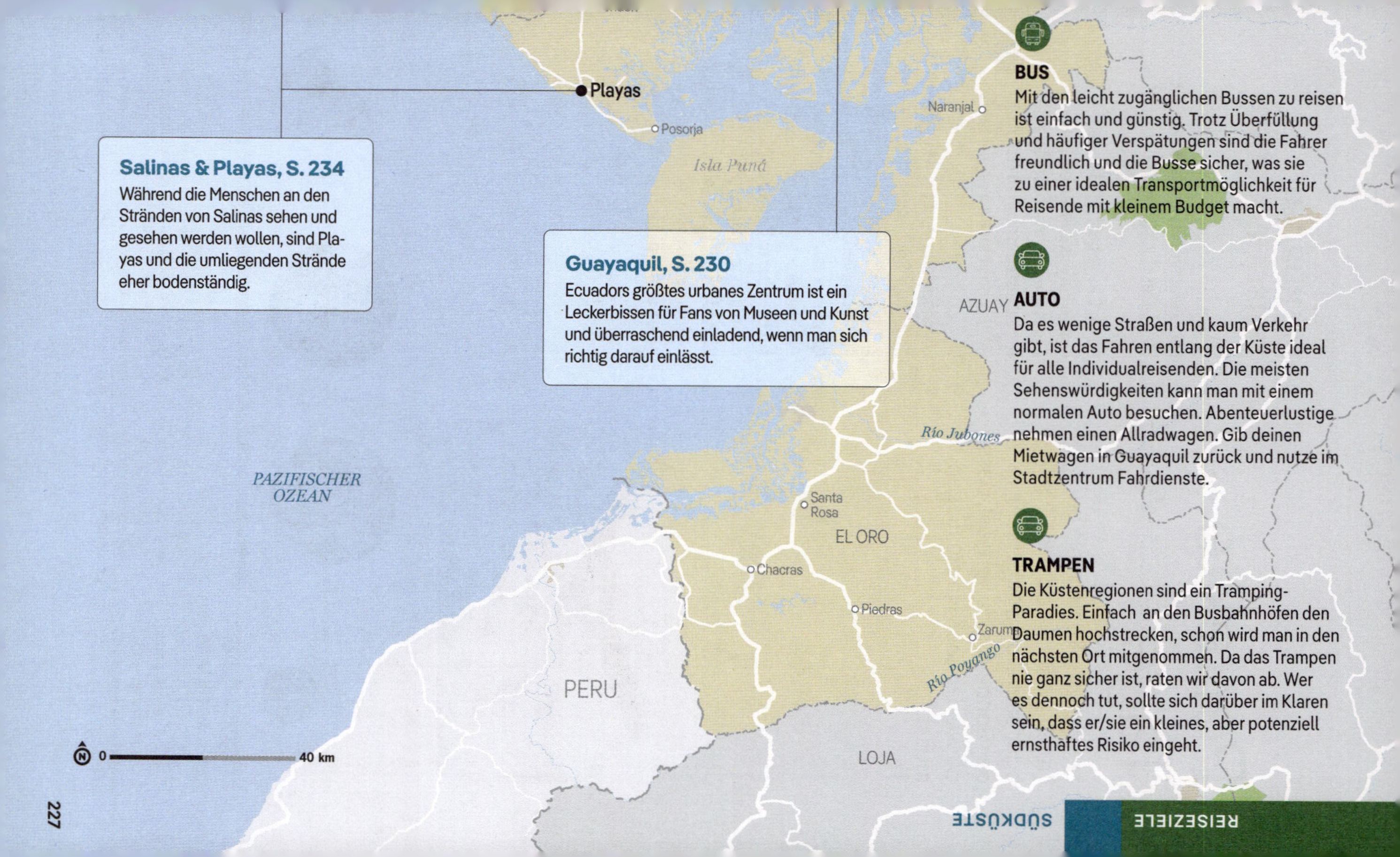

Salinas & Playas, S. 234
Während die Menschen an den Stränden von Salinas sehen und gesehen werden wollen, sind Playas und die umliegenden Strände eher bodenständig.

Guayaquil, S. 230
Ecuadors größtes urbanes Zentrum ist ein Leckerbissen für Fans von Museen und Kunst und überraschend einladend, wenn man sich richtig darauf einlässt.

BUS

Mit den leicht zugänglichen Bussen zu reisen ist einfach und günstig. Trotz Überfüllung und häufiger Verspätungen sind die Fahrer freundlich und die Busse sicher, was sie zu einer idealen Transportmöglichkeit für Reisende mit kleinem Budget macht.

AUTO

Da es wenige Straßen und kaum Verkehr gibt, ist das Fahren entlang der Küste ideal für alle Individualreisenden. Die meisten Sehenswürdigkeiten kann man mit einem normalen Auto besuchen. Abenteuerlustige nehmen einen Allradwagen. Gib deinen Mietwagen in Guayaquil zurück und nutze im Stadtzentrum Fahrdienste.

TRAMPEN

Die Küstenregionen sind ein Tramping-Paradies. Einfach an den Busbahnhöfen den Daumen hochstrecken, schon wird man in den nächsten Ort mitgenommen. Da das Trampen nie ganz sicher ist, raten wir davon ab. Wer es dennoch tut, sollte sich darüber im Klaren sein, dass er/sie ein kleines, aber potenziell ernsthaftes Risiko eingeht.

Perfekte Tage

Erkunde die Küste in ein paar Tagen zwischen deinen Flügen oder aale dich wochenlang in der Sonne, bis du vergisst, dass du wieder nach Hause fliegen musst.

EIN KURZER ZWISCHENSTOPP

● Wer nur ein oder zwei Tage Zeit hat, bleibt am besten nahe der Stadt. Geschichts- und Kunstfans machen einen Spaziergang durch **Guayaquil** (S. 230) – auf keinen Fall verpassen darf man das **Museo Antropológico y de Arte Contemporáneo (MAAC)** (S. 231), das **Museo Nahim Isaías** (S. 231) sowie einen Spaziergang zum höchsten Punkt von **Las Peñas** (S. 231) bei Sonnenuntergang. Am 2. Tag gesellst du dich zur *costeño*-Elite in **Salinas** (S. 234) (Playa de Chipipe und Punta Carnero sind die beliebtesten Strände) oder besuchst **Puerto Engabao** (S. 234), ein indigenes Fischerdorf mit einem Skatepark mit Ozeanblick und frei laufenden Schweinen auf den staubigen Straßen.

ZIEN/SHUTTERSTOCK ©

Buckelwal

Beste Reisezeit

Ecuadors Südküste ist ein Ganzjahresziel, doch verschiedene Jahreszeiten sind für verschiedene Aktivitäten ideal.

FEBRUAR

Highlight der Hochsaison ist der Karneval – zelebriert in allen Küstenorten, aber besonders in Montañita.

MAI

Montañitas Schutzheiliger San Isidro Labrador wird mit einem einwöchigen Festival, einer *vaca loca* (verrückten Kuh) und Feuerwerk gefeiert.

JUNI

Jedes Jahr zwischen Juni und September zieht es migrierende Buckelwale an Ecuadors Südküste.

ECUADORPOSTALES/SHUTTERSTOCK ©, ZODAR/SHUTTERSTOCK ©, ALBERTO LOYO/SHUTTERSTOCK ©

EINE WOCHE ABENTEUER

● Dank der gut erschlossenen Küste reicht eine Woche vollkommen aus, um die Highlights der Region zu erkunden. Beginne dein Abenteuer in **Montañita** (S. 238), der Surf- und Partyhochburg der Südküste, besuche die farbenfrohen Wandmalereien von **La Entrada** (S. 244) und verbringe anschließend ein paar Nächte in **Las Tunas** (S. 246), einem Traumort für Alltagsflüchtige. Auf dem Weg nach **Puerto López** (S. 246), dem Tor zum **Parque Nacional Machalilla** (S. 240), solltest du unbedingt am **Mirador de Salango** (S. 245) Halt machen. Vor der Küste können zwischen Juni und September Buckelwale beobachtet werden und auch ein Tagesausflug auf die **Isla de la Plata** (S. 250) alias „das kleine Galapagos" lohnt sich.

BLEIB EINE WEILE

● Der gemächliche Lebensrhythmus an Ecuadors tropischer Südküste lädt Reisende dazu ein, sich zu entspannen und eine Weile zu bleiben. Orte wie **Olón** (S. 238) und **Ayampe** (S. 238) sind ideale Basen fürs Surfen, digitales Nomadenleben und Slow Traveller. Nimm täglich Yogastunden in der Casa del Sol (S. 240) oder bei **Otra Ola** (S. 246), mach deinen Tauchschein im **Native Diving Center** (S. 242) und staune über die unglaubliche Artenvielfalt unter Wasser, investiere in einen Sprachkurs bei **Outdoor Ecuador** (S. 239) oder genieße einfach nur faule Vormittage an einem der atemberaubenden Strände und relaxte Nachmittage in der Hängematte.

JULI

Der Juli ist der Feiermonat schlechthin – mit traditionellen Festen wie den Fiestas de Santa Elena und de Guayaquil.

AUGUST

Ecuadors größtes Filmfestival FestiCineGye findet jedes Jahr im August statt und präsentiert Filmschaffende aus dem ganzen Land.

OKTOBER

Guayaquils Unabhängigkeitstag wird stilecht begangen; das Festival de la Balsa Manteña in Salango ist sehenswert.

DEZEMBER

Die Fiestas de Salinas feiern die Stadtgründung, während die Neujahrsfestivität in Montañitas Lost Beach ein unvergessliches Spektakel ist.

Guayaquil (Santiago de Guayaquil)

UNTERWEGS VOR ORT

Obwohl die Stadt ziemlich chaotisch scheint, findet man sich in den geschäftigen Straßen leicht zurecht. Guayaquil ist zwar nicht so sicher wie andere Teile Ecuadors, doch dank einer ständigen Polizeipräsenz kann man in den Touristenzonen problemlos umherlaufen. Flughafen und Hauptbusbahnhof liegen nur wenige Minuten auseinander, sind etwa 5 km von der Innenstadt entfernt und leicht und preiswert zu erreichen.

TOP TIPP

Guayaquil erwacht nach Sonnenuntergang zum Leben. Tagsüber bleiben die meisten Ansässigen wegen der erdrückenden tropischen Hitze lieber drinnen, doch sobald es sich abkühlt, machen Locals in Bars, Restaurants und Nachtclubs die Nacht zum Tag.

Während viele Reisende nur Guayaquils (offiziell Santiago de Guayaquil) Flughafen oder Busbahnhof sehen, finden alle, die länger bleiben, eine ausgedehnte Metropole mit familienfreundlichen Vibes und einer Künstlerseele vor.

Dies ist das kommerzielle Herz des Landes und seine „zweite Hauptstadt" in Bezug auf Größe und Wirtschaftskraft. Zunächst vom Spanier Francisco de Orellana 1538 gegründet (und aufgrund von Bränden dreimal verlegt), wurde Guayaquil von Piraten geplündert, von England überfallen und in der Folge von einer Gelbfieberepidemie gerettet, bevor es sich erst von Spanien und später von Peru befreite.

Heute beherbergt die Metropole am Fluss einige eindrucksvolle Museen, interessante Kunstgalerien, wunderschöne Theater und ausgedehnte Parks neben riesigen Märkten mit erstklassigen Meeresfrüchten.

Sie mag zwar nicht die schönste Stadt der Welt sein, doch wer tiefer blickt, versteht schon bald, warum hier zwei Millionen *Guayaquileños* gern zu Hause sind.

Eine Tour durch Guayaquil

Deine Stadt, dein Rhythmus

Beginne den Tag in der **Catedral Metropolitana**, einer neugotischen Kathedrale aus den frühen 1920er-Jahren an dem Ort, wo eine der ersten Kirchen Guayaquils von 1547 niederbrannte. Ihre 126 Buntglasfenster sind täglich zwischen 9 und 17 Uhr zu bewundern. Anschließend wanderst du hinüber zum **Parque Seminario** auf der anderen Straßenseite, einem kleinen Stadtpark, der für seine Leguan-Gangs bekannt ist. Mit den Reptilien kannst du hier auf Tuchfühlung gehen, doch Vorsicht beim Picknick im Gras: Guayaquils Leguane sind alles andere als schüchtern und schnappen sich ihre Snacks auch unaufgefordert.

HIGHLIGHTS
1 Museo Antropológico y de Arte Contemporáneo (MAAC)

SEHENSWERTES
2 Asociación Cultural Las Peñas
3 Catedral Metropolitana
4 Malecón 2000
5 Museo Nahim Isaías
6 Parque Seminario

UNTERHALTUNG
7 Estúdio Paulsen
8 Safari Xtreme

SHOPPEN
9 Mercado del Río

Danach geht's zum **Museo Nahim Isaías**, wo über 2000 Werke hauptsächlich kolonialer und religiöser Kunst warten, darunter das Freiheitszertifikat von María Chiquinquirá, einer berühmten afroecuadorianischen versklavten Frau, die ihre Freiheit 1794 vor Gericht einklagte. Das gut organisierte Museum umfasst auch zwei Sonderausstellungssäle und ist von Montag bis Samstag zwischen 9 und 17 Uhr geöffnet. Der Eintritt ist frei, doch der Ausweis muss vorgelegt werden. Eine Stärkung gibt's auf dem **Mercado del Río**, einem Essensmarkt am Flussufer mit einem Dutzend leckerer Imbissstände. Er liegt am **Malecón 2000**, einer 2,5 km langen, familienfreundlichen Uferpromenade mit Parks, Spielplätzen und Gärten, einem altmodischen Segelschiff und dem Mini-Vergnügungspark **Safari Xtreme** mit gigantischem Riesenrad und Achterbahn.

Kunst- und Archäologiefans werden das **Museo Antropológico y de Arte Contemporáneo (MAAC)** lieben. **Las Peñas** ist das historische Hafenviertel mit farbenfrohen Häusern und Galerien. Sehenswert sind die außergewöhnliche Kunst in der **Asociación Cultural Las Peñas** und eine Theateraufführung im **Estúdio Paulsen**, einem schönen historischen Wohnhaus, das heute eine Theaterschule beherbergt.

MERCADO MUNICIPAL CARAGUAY

Der **Mercado Municipal Caraguay** ist der größte Fischmarkt des Landes. Von seinen 806 Ständen verkaufen 315 ausschließlich Fisch und Meeresfrüchte. Er ist von Montag bis Samstag von 3 bis 7 Uhr sowie 20 Uhr bis Mitternacht geöffnet und bietet außerdem Obst, Gemüse und andere Marktwaren. Die wahre Attraktion sind hier jedoch die Essensstände mit leckeren Gerichten wie *cangrejo criollo* (kreolischen Krebs), *arroz marinero* (Meeresfrüchtereis) und *encebollado* (Fisch- und Meeresfrüchtesuppe). Nur ein Gericht ist anderswo besser: Das beste Ceviche der Stadt gibt's auf dem kleineren Fischmarkt **Mercado Sauces 9**.

GUAYAQUILS BESTE NACHTCLUBS

Wie die meisten tropischen Städte erwacht auch Guayaquil nachts zum Leben. In diesen Clubs kannst du bis zum Morgengrauen tanzen.

Monovox Club
Monovox ist ein relaxtes, inklusives Tanzparadies, in dem Elektro, Reggaeton und sogar Disco gespielt werden.

Living Club
Halb formeller Nachtclub mit einer Livemusikbühne und einer langen Cocktailkarte.

Bunker Discoteca Guayaquil
LGBTIQ+-Nachtclub mit Themenpartys, eindrucksvollen Dragshows und Open-Bar-Nächten.

ATOSAN/SHUTTERSTOCK ©

Catedral Metropolitana (S. 230)

Zu guter Letzt geht's hinauf zum **Cerro Santa Ana** oberhalb von Las Peñas, dessen Leuchtturm und Kirche einfach zu hübsch sind, um sie nicht zu besuchen. Hier gibt's zum Sonnenuntergang die beste Aussicht auf die Stadt – das Ende eines perfekten Tages in Guayaquil.

Erlebe einen Clásico

Immer Platz für mehr Fans

Das **Estádio Monumental** ist das Heimstadion von Guayaquils heiß geliebtem Barcelona SC und das Kronjuwel des ecuadorianischen Fußballs. Bei seiner Eröffnung 1987 betrug die offizielle Kapazität knapp 60 000 Plätze, doch schnell wurde bewiesen, dass auch 75 000 Fans locker reinpassen und 1997 bei einem Spiel der Rekord mit 91 230 gebrochen, was es zu einem der größten Stadien Südamerikas machte. Es liegt in einem Arbeiterviertel in Nord-Guayaquil und für einen Besuch sind gute Spanischkenntnisse oder ein lokaler Guide nützlich. Bei einem „Clásico del Astillero" zwischen dem Barcelona SC und seinem Rivalen Embelec trägt man zur Unterstützung der Heimelf besser Gelb.

ÜBERNACHTEN IN GUAYAQUIL

Pepe's House Guayaquil
Hostel-Vibes mit hotelwürdigen Zimmern und eigenständigem Check-in in zentraler Lage. $$

Hostel Nucapacha
Relaxtes Hostel in einer sicheren Wohngegend mit einem Pool und kostenfreien Stadtrundgängen. $

Iguanazú Hotel
Boutique-Hotel abseits des Zentrums mit herrlichen Gärten und Blick auf die Stadt. $$$

Rund um Guayaquil

Raus aus der Stadt bedeutet rein in die Natur, und dafür gibt's zum Glück jede Menge Möglichkeiten.

Unweit von Guayaquil gibt's zahlreiche wunderschöne Orte für Naturbegeisterte, die für Wanderungen, Tierbeobachtungen und zum Süßwasserplanschen ideal sind. Guayaquil wurde am Flussufer errichtet, daher überrascht es kaum, dass viele Naturziele am Wasser liegen. Etwas weiter weg finden sich jedoch auch entspannende heiße Quellen, unglaubliche Vogelbeobachtungsrouten und Wasserfälle, um die tropische Hitze wegzuwaschen. Wer zwischen Flügen etwas Zeit hat oder nur eine Alternative zum Stadtleben sucht, kann einige Optionen außerhalb Guayaquils ausprobieren und statt in die Stadt glückselig in die Natur eintauchen.

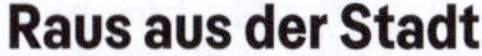

Raus aus der Stadt

Naturschönheiten nahe der Stadt

Leih dir ein Fahrrad und überquere die Brücke (oder nimm ein Boot über den Río Guayas) zur **Isla Santay** und besuche das grüne, autarke Inseldorf.

Danach begibst du dich auf die andere Seite der Stadt und zum **Bosque Protector Cerro Blanco**, wo du wandern, Dirt Bike fahren, Vögel beobachten und unter den Sternen campen kannst. Der Eintritt in den Wald ist günstig und enthält je nach gewähltem Weg Wanderkarten. Freu dich auf imposante Stadtaussichten, bedenke aber, dass Besuche vorher angemeldet werden müssen.

Wer etwas weiter raus möchte, macht sich schnurstracks auf den Weg zur **Reserva Ecológica Manglares Churute** nur 45 Min. von Guayaquil entfernt. Staune über die Brüllaffen und Dutzende heimische Vogelarten auf einer entspannten (und informativen) Kanutour durch die Mangroven, bevor du den tropischen Trockenwald zu Fuß erkundest. Nimm einen Guide, den du entweder schon vorher oder im Park anheuerst, und bringe deine Badesachen mit, denn einer der Wege endet an einem spektakulären Wasserfall.

Nach dem Abtrocknen legst du einen Stopp in der **Hacienda Cacao y Mango** ein, wo du eine aktive Kakaoplantage erlebst, mehr über die Schokoladenherstellung erfährst und eine köstliche Schokoladenverkostung genießt, bevor es in die Stadt zurückgeht.

THERMALBÄDER & WASSERFÄLLE

Etwas entfernter ist die **Comunidad Shuar** in Naranjal. Das indigene Dorf erneuerte kürzlich zur Freude einheimischer und internationaler Gäste sein Freiluft-Thermalbad und den Sieben-Wasserfälle-Trail. Die Gemeinde nutzte die Touristenflaute während der Pandemie, um in ihre Anlagen zu investieren, und bietet heute Thermalbecken, leckere lokale Spezialitäten, Kunsthandwerk und sogar Massagen. Möglichst an einem Wochentag kommen, an Wochenenden und in den Ferien wird es voll.

TOP TIPP

Im Gegensatz zu Ecuadors Gebirgsregionen ist Guayaquil heiß, feucht und insektenreich, weshalb Sonnencreme, Insektenspray und viel Wasser unerlässlich sind.

Salinas & Playas

UNTERWEGS VOR ORT

Von Guayaquil ist es eine kurze Fahrt mit dem Mietauto oder Bus vom zentralen Busbahnhof nach Salinas und Playas. In Playas fahren Linienbusse zwischen den Orten (nach Puerto Engabao sind es 10 Fahrminuten) oder man zahlt ein paar Dollar für ein Taxi und besucht abgelegenere Strände wie El Pelado.

Einen markanten Gegensatz zur dschungelgesäumten Westküste bildet die Südküste der Halbinsel Santa Elena: Sie ist trocken, bekommt das ganze Jahr über mehr Sonne ab und ist vor allem für ihre Partyatmosphäre in Orten wie General Villamil Playas (besser bekannt als Playas) und Salinas, Ecuadors Antwort auf Miami Beach, berühmt.

Dank ihrer Nähe zur Großstadt sind diese Orte bei Einheimischen sehr populär, die am Wochenende und in den Ferien jeden freien Zentimeter Strand einnehmen. Außerhalb der Hochsaison warten vielfältige Landschaften, diverse Mangroven und heimische Tiere und Pflanzen sowie eine einzigartige indigene Geschichte und Handwerkskunst auf Entdeckung.

Tanze also bis morgens mit Ecuadors Elite in Salinas, flüchte an den ruhigen Strand El Pelado oder spaziere bei Sonnenaufgang zum Leuchtturm von Puerto Engabao und lass dich vom Anblick Hunderter blau-weißer Fischerboote verzaubern, die bei Tagesanbruch gemeinsam hinausfahren.

TOP TIPP

Größere Enklaven wie Playas und Salinas sind an Wochenenden und in den Ferien proppenvoll – Playa de Chipipe ist ideal für alle, die gesehen werden wollen, Punta Carnero und Mar Bravo sind perfekt zum Surfen, Playas für relaxte Freundes- und Familiengruppen.

Surfen & Skaten in Puerto Engabao

Fischfang, Surfen und zu viele Schweine

In einem indigenen Fischerdorf, das vor wenigen Jahren nicht mehr als ein paar staubige Straßen mit mehr Schweinen als Fußgängern hatte, stechen neben einem rot-weißen Leuchtturm jeden Morgen zu Sonnenaufgang jede Menge blau-weißer Fischerboote in See.

Dank seiner Nähe zu Playas und einem in der Surfszene beliebten rechtsseitigen Point Break vergrößerte sich der Ort und beherbergt heute eine Handvoll Restaurants und Hostels für Wochenendausflügler und Surfbegeisterte. Wer die Wellen der Gegend kennenlernen möchte, übernachtet im **Hostel Puerto Engabao Surf Shelter**. Mit Inhaber Daniel als Guide bist du in jedem Line-up willkommen.

Während der Pandemie riefen engagierte Köpfe des Engabao Surf Clubs zahlreiche Gemeinschaftsprojekte ins Leben, um den Kindern des Orts – vor allem den Mädchen – Zugang zu Outdoor-Aktivitäten zu ermöglichen. Ausrüstung und Unterricht bei lokalen Sportgrößen wurden gesponsert und der Club setzte sich mithilfe der Gemeinde für den Bau des **Miranda Skate Park** ein, einen gemeindebetriebenen, von Europäern gebauten Park, der ein paar Schritte vom Meer ein Skater-Traum ist. Auch wenn der staubige Ort noch voller freier Schweine ist, mausert er sich zu einer Surferenklave mit Wildwest-Charme.

Eine Liebesgeschichte für die Ewigkeit

Zwei Liebende in ewiger Umarmung

Die 5000 bis 7000 Jahre alten präinkaischen Liebenden von Sumpa aus der Kultur der Las Vegas entdeckten archäologische Grabungen in einem Gruppenfriedhof nahe dem Fluss Las Vegas. Das etwa zwanzigjährige Paar in einem von 192 Gräbern ist so berühmt, weil es in einer ewigen Umarmung begraben wurde.

Die Liebenden inspirierten zahlreiche kulturelle Werke, darunter Gedichte von Iván Carvajal Aguirre und Jorge Enrique Adoum sowie eine Skulptur von Yela Loffredo und sogar eine folkloristische Ballade von Juanita Córdova.

Sie sind die Hauptattraktion des gleichnamigen **Museo los Amantes de Sumpa** in Salinas, das die Geschichte der prähispanischen Volksgruppen auf der Halbinsel Santa Elena erzählt. Das Museum umfasst ein traditionelles Haus, eins der originalen Balsaflöße, die an der Küste genutzt wurden, und

LA CHOCOLATERA

Der westlichste Punkt des südamerikanischen Festlands ist ein beliebter Touristenspot mit atemberaubenden Aussichten und einer richtigen Ende-der-Welt-Stimmung, vor allem bei Wind. Auf dem Gelände des Marinestützpunkts von Salinas (Ausweis vorzeigen) und innerhalb der Reserva de Producción de Fauna Marino Costero Puntilla liegt **La Chocolatera**, benannt nach der schokoladenbraunen Farbe des Wassers, die aufgrund der ständigen Kollision von Wellen und Felsen entsteht (lädt nicht gerade zum Baden ein). Die raue Natur von La Chocolatera macht den Küstenstrich zu einem perfekten Ort, um über die Weite des Ozeans zu sinnieren und Meeresvögel zu beobachten.

DAS BESTE ESSEN

La Casa de Marie y Gabriel (Playas) Anheimelnder Süßwarenladen, in dem Marie ihre Kuchen und Kekse und ihr Sohn Daniel Ampuero handgemachte Schokolade verkauft. **$**

Claudio y Alberto Bistró & Coffee (Salinas) Restaurant im Retrostil unter der Leitung richtiger Foodies – Claudios köstliche selbst gemachte Desserts sind ein Muss. **$$$**

El Delfín (Puerto Engabao) Die typische Cafeteria an der Hauptstraße nahe dem Strand serviert liebevoll zubereitete Mittagsgerichte mit Fisch und Meeresfrüchten. **$**

El Algarrobo Crepería (Playas) Süße und herzhafte Crêpes aus lokalem Johannisbrotkernmehl in einem niedlichen Eckcafé unweit des Meeres. **$$**

Strand von Salinas

verschiedene Artefakte der Valdivia, Las Vegas und Guangala sowie einen Vergleich der prähispanischen und modernen Bestattungstraditionen. Der Eintritt ist frei, doch die Ausstellung ist komplett auf Spanisch.

Flucht an einsame Ufer

Weißer Sand fernab des Trubels

Die **Playa El Pelado** ist ein Sandstrand vor einer trockenen Wüstenlandschaft und beeindruckt vor allem durch ihre Leere. Am östlichen Ende stehen einige Häuser, darunter Pensionen und ein oder zwei Strandbars mit dringend benötigten Erfrischungen und Schutz vor der Sonne. Das Meer ist bei El Pelado üblicherweise ruhig und flach und der Strand ist ganzjährig ideal zum Schwimmen. Aber die Gezeiten sind im Auge zu behalten: Bei großen Wellen wandelt er sich zu einem der beliebtesten Surfspots Ecuadors, wo die ecuadorianische Surfgemeinde und andere Profis auf Wellen von Weltklasse warten. Bei gemächlicher Brandung kann man wunderbar auf der Landzunge entspannen und einen der saubersten, hübschesten Strände der Gegend genießen.

ÜBERNACHTEN

Hostería Ecológica El Faro (Salinas) Herrliche Aussichten und zutrauliche Wildtiere bei dieser komfortablen Pension. **$$**

Hostel Puerto Engabao Surf Shelter (Puerto Engabao) Ein Hostel für Surfer:innen von Surfer:innen, das Surfstunden bietet. **$**

Un Dia Boutique Resort (El Pelado) Strandboutique mit freundlichem Personal, gutem Essen und Bar mit Livemusik. **$$**

Rund um Salinas & Playas

Ob Klettern und Mountainbiken oder unberührte Mangroven und relaxte Bootsfahrten – die Gebiete rund um Salinas und Playas haben das Richtige.

Anderthalb Stunden von Guayaquil – oder 20 Autominuten von Playas – entfernt liegen der kleine Ort El Morro und seine noch kleinere Schwester Puerto El Morro.

Diese Zwillingsorte sind die jeweiligen Ausgangspunkte für den Cerro del Muerto, ein Paradies für Outdoor-Abenteuer, und ein Mangrovenschutzgebiet mit wunderbaren Tierbeobachtungen.

Ebenso in der Gegend zu Hause ist eins der wundersamsten Paradoxe des Landes – ein Weingut, das hochwertigen Wein am Äquator produziert.

Entdeckungen in der freien Natur

Eine Oase für Outdoor-Abenteuer

Beginne den Tag mit einer Bootstour durch das **Refugio de Vida Silvestre Manglares El Morro**, geschützte Mangroven, in denen zahlreiche Land- und Meerestiere zu Hause sind. Stars der Show sind die stets freundlichen Großen Tümmler.

Du nimmst die Straße nach Puerto El Morro bis zu ihrem Ende, denn an den Fischereidocks beginnt dein Abenteuer auf dem Wasser. Reservierungen sind nicht nötig, da die anderthalbstündigen Touren ablegen, wenn das Boot voll ist. Gegen Aufpreis geht's auch sofort los.

Neben der Fahrt durch die beeindruckenden Mangroven und Zeit, um Delfine beim Spielen zu beobachten, halten die Touren auch an einer kleinen Insel, wo eine kurze Wanderung zu einer riesigen Fregattvogelkolonie führt.

Zurück an Land machst du dich nach einem Mittagessen aus frischem Fisch und Meeresfrüchten auf zum **Cerro del Muerto** (Berg des Toten), drei 100 m hohen Hügeln, die vom Meer aus betrachtet die Silhouette eines liegenden, scheinbar toten Menschen bilden.

Die Gegend ist zum Klettern, Campen, Dirt Biken und Wandern beliebt. Die meisten Traveller reisen von Playas oder Guayaquil aus mit eigener Ausrüstung an. Zum Klettern gibt's Trips des **Max Climbing Club** aus Guayaquil oder Infos beim **Wall Climbing Gym**.

WEINGUT DOS HEMISFERIOS

Die besten Trauben wachsen in Ländern mit vier Jahreszeiten und idealerweise in gemäßigten Klimazonen der Erde – was Wein aus Ecuador unmöglich machen würde, da hier die zwei Hemisphären aufeinandertreffen. Zumindest galt das als zutreffend, bis die Inhaber der **Bodega Dos Hemisferios** (doshemisferios.com) vor über einem Jahrzehnt das wunderbare Paradox von hochwertigem ecuadorianischem Wein entdeckten. Besuche das Weingut für eine Tour mit Verkostung und einem extravaganten Drei-Gänge-Mittagessen mit passenden Weinen.

TOP TIPP

Wer sich zur Delfinbeobachtung in die Mangroven aufmacht, sollte früh aufbrechen, denn die Tiere sind vor der Hitze des Tages am aktivsten.

Olón & Montañita

UNTERWEGS VOR ORT

Direktbusse nach Montañita fahren von Guayaquils zentralem Busbahnhof ab. Einmal angekommen, ist die Fortbewegung leicht: Sowohl Montañita als auch Olón sind prima zu erlaufen. Von einem zum anderen Ort gelangt man mit dem grünen Pendelbus für weniger als einen Dollar pro Fahrt. Taxis sind eine Option, auch wenn sie meist das Doppelte kosten, und vor allem die praktischere Wahl, wenn man sich bei Tía (dem großen Supermarkt in Montañita) mit Lebensmitteln eindeckt.

TOP TIPP

Mit der Migration aus Montañita wurde Olón das neue Epizentrum der lokalen Gemeinde. Der Ort ist toll für längere Aufenthalte, digitales Nomadentum und alle, die ins lokale Leben eintauchen möchten.

Vor Jahren war Montañita ein kleiner Hippie-Ort an der ecuadorianischen Küste, der erste Stopp an der Ruta del Sol. Ein sauberer, rechter Point Break lockte Surfbegeisterte an sein schwarzsandiges Ufer, Backpacker und Hippies auf der Suche nach dem nächsten Shangri-La folgten.

Mit der Zeit wurde Montañitas Beliebtheit jedoch zur Last und das verschlafene Nest verwandelte sich zu einem Ort nächtlicher Exzesse. Das ist es auch heute noch: die Partyzentrale der Küste, bekannt für tolle Wellen, Discos und Cocktails. Einheimische mit dem Wunsch nach einem ruhigeren Leben zogen nach La Punta vor Montañitas Hauptwelle, einen 15-minütigen Strandspaziergang entfernt, andere verschlug es auf die gegenüberliegende Seite der Landzunge nach Olón, einem Expat-Ort, wo ehemalige Montañita-Ansässige leben. Olón ist ein Surf-Hipster-Eden mit Annehmlichkeiten, aber ohne Schnickschnack, seine leicht begehbaren Straßen bieten endlose Optionen mit internationaler Küche und chilligem Nachtleben.

Eine Nacht im hippen Party-Hotspot Montañita ist ein Muss. Gönn dir einen Drink auf der treffend benannten **Calle de los Cócteles** (Cocktailstraße) voller Cocktailstände oder genieß ihn bei umwerfender Aussicht auf der Terrassenbar des **Nativa Bambu**. Dann verwöhnst du deinen Magen bei einem Zwischenstopp im **Tiki Limbo** zu einem Craft-Bier oder tropischen Cidre (Mango und Passionsfrucht) von der **Montañita Brewing Company**. Zum Tanzen zieht es Latin-Fans ins **Alcatraz** oder den **Caña Grill**, wo jede Woche vor der Party Salsa unterrichtet wird.

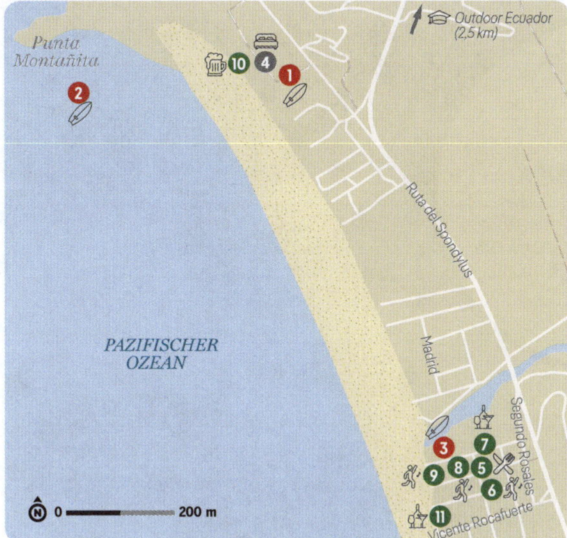

KURSE & TOUREN
1 Balsa Surf Camp
2 La Punta
3 Montañita Surf & Dive

SCHLAFEN
4 Casa del Sol

ESSEN
5 Tiki Limbo

AUSGEHEN & FEIERN
6 Alcatraz
7 Calle de los Cócteles
8 Caña Grill
9 Lost Beach
10 Montañita Brewing Company
11 Nativa Bambu

Wer elektronische Musik bevorzugt, darf auf keinen Fall den nach der TV-Serie *Lost* benannten **Lost Beach** verpassen, Montañita's berühmtesten Club. Die zweistöckige Stranddisco eröffnete 2001 ursprünglich als Kulturzentrum und entwickelte sich in den folgenden zehn Jahren zum Lost Beach Club, nachdem der Inhaber und Unternehmer Kami Tadayon das wohl größte Funktion-One-Soundsystem der Welt angeschafft hatte. Viele der bekanntesten Techno-DJs haben bereits auf einer der fünf Tanzflächen des Lost Beach aufgelegt und das *DJ Magazine* listet ihn regelmäßig als einen der Top 100 Nachtclubs der Welt. Sein Open-Air-Vibe direkt am Strand bildet einen starken Kontrast zur typischen Elektro-Höhle und macht es zum perfekten Ort für Partys bis zum Sonnenaufgang.

Surfen in La Punta

Ein denkwürdiger Point Break

Seine frühe Berühmtheit verdankte Montañita vor allem dem rechten Weltklasse-Point-Break von Oktober bis April. **La Punta** liegt nur 15 Gehminuten vom Ortszentrum und eine kurze Fahrt um die Landzunge von Olón entfernt. Die legendäre Welle ist Teil des nationalen Surf-Circuits und Austragungsort einiger Wettkämpfe der World Qualifying Series. Am besten lässt sie sich vor oder nach der Flut reiten und ist besonders bei hohem Wellengang sehr beliebt. Außerhalb der Saison wird sie weniger regelmäßig und gibt Fortgeschrittenen die Chance, ihre Take-offs zu üben. Auch wenn du nicht zur Weltklasse gehörst, gibt's hier jede Menge Gelegenheiten zur Wellenjagd, entweder an Montañitas Beach Break oder der ruhigeren Brandung vor Olón.

¿HABLAS ESPAÑOL?

Man kann Ecuador ohne Spanischkenntnisse besuchen, wird jedoch einiges verpassen. Zum Glück gibt's jede Menge Möglichkeiten, um deine *holas* zu üben, und *Olón* bietet eine der besten Optionen an der Küste. Die Leute von **Outdoor Ecuador**, wo auch Surfunterricht, Unterkunft und Touren zu buchen sind, zählen zu den engagiertesten Anbietern von Spanischunterricht an der Küste. Sie organisieren Gruppensurftrips, Abendessen und gemeinsame Ausgehabende mit reichlich Gelegenheiten, außerhalb des Klassenzimmers zu üben.

SURFEN UND YOGA

An Ecuadors Küste gehen Surfen und Yoga Hand in Hand. Wer in den Norden weiterzieht, kann auch bei **Otra Ola** in Ayampe (S. 246) täglich üben.

FOTOGRIN/SHUTTERSTOCK ©

Montañita

FÜR HUNGRIGE SURFENDE

Nopal Mexican (La Punta)
Tex-Mex-Lokal mit frischem Fisch und Meeresfrüchten und einer hauseigenen Craft-Bier-Brauerei mit Livemusik. **$$**

South Indian (Olón)
Überraschend authentische südindische Küche an Olóns Strandpromenade. Schärfelevel werden ernst genommen. **$$**

The Wave (Montañita)
Leckeres aus diesem Café und Grill gibt's auf Montañitas Hauptstraße. **$$**

Olón Espresso
Hipster-Café mit dem besten Flat White der Küste und einem Brunch, der Augen und Gaumen gleichermaßen verwöhnt. **$$**

Für Novizen bietet Christian im **Montañita Surf & Dive** Kurse und Bretter im Langzeitverleih. Er hat einige der besten Boards der Gegend, die sonst in Ecuadors aufstrebender Surfszene schwer zu finden sind. Gebrauchte Bretter sind selten und einige Surfbrett-Bauer vor Ort spezialisieren sich auf traditionelle Balsa-Boards. Im **Balsa Surf Camp** in La Punta kannst du sie stundenweise probereiten, bevor du dein eigenes in Auftrag gibst.

Nach dem Surfen ist Ausstrecken angesagt, und das geht am besten in der **Casa del Sol**, einem holistischen Hotel mit den besten Yogakursen in der Region. Das Studio bietet zudem Tauchbäder, Retreats und Training für Ansässige und Gäste an. Die täglichen Kurse variieren im Stil, sind jedoch bei allen Coaches von gleichbleibender Qualität und Tiefe. Es gibt Einzelkurse oder Pakete mit kombiniertem Yoga- und Surfunterricht.

ÜBERNACHTEN

Casa Barona (La Punta)
Moderne Apartments nahe dem Strand im Besitz der Familie der ecuadorianischen Surferin Mimi Barona. **$$**

Hotel Kundalini (Montañita)
Modernes Strandhotel wenige Gehminuten vom Zentrum Montañitas. Die Suiten mit Meerblick lohnen sich. **$$$**

Samai Lodge (Olón)
Rustikaler Rückzugsort auf dem Hügel, 15 Fahrminuten außerhalb Olóns; atemberaubende Aussichten aus allen Zimmern. **$$$**

Rund um Olón & Montañita

Die Unterwasserwelt vor Ecuadors Küste wimmelt von Meereslebewesen. Für Abenteuerlustige ist ein Blick unter die Wasseroberfläche ein Muss.

In diesem Teil der Welt dreht sich alles ums Wasser und unter der Oberfläche wartet ein ganzes Universum. Dank der vielen Schutzgebiete ist die Küste Ecuadors reich an Meereslebewesen und ecuadorianische Profis mit jahrzehntelanger Taucherfahrung geleiten dich sicher unter Wasser.

Obwohl die besten Tauchgebiete des Landes vor den Galapagos liegen, buhlen einige Spots an der Südküste um den zweiten Rang und bieten Spaßtauchgänge für Neulinge. Die Region ist auch ein toller Ort, um sich zertifizieren zu lassen oder vor größeren Vorhaben die Kenntnisse aufzufrischen. Wer lieber in Ufernähe bleibt, findet einen tollen Ort fürs Schnorcheln, Schwimmen und Freitauchen.

Auf Tauchgang

Erkunde das Leben unter der Oberfläche

Tauchen vor Ecuadors Südküste ist eine erstaunliche Erfahrung voller Begegnungen mit der Unterwassertierwelt. Hier bekommst du deine Tauchkicks:

Nur eine kurze Bootsfahrt von der Ayangue-Bucht südlich von Montañita entfernt liegt eine kleine Felszunge namens **El Pelado**, einer der kurzweiligsten Tauchspots der Gegend. Über Wasser tummeln sich Pelikane, Möwen und ein paar Blaufußtölpel und unter Wasser entzückt eine Vielzahl an Meereslebewesen.

Ein skulpturenhaftes Inselchen ist von Ayampe und Las Tunas aus zu sehen und bietet Tauchspaß unweit der Küste. Das dreigezackte Felsgebilde **Los Ahorcados** beherbergt ein unglaubliches Korallenriff mit farbenfrohen Fischen und andere Meerestieren.

TOP TIPP

Wer bereits Basiszertifikate hat, sollte einen Nacht-Tauchgang wählen. Spezielle UV-Lampen bringen ansonsten unsichtbare Farben in den Korallen und Fischen zum Leuchten.

WASSERFALL DOS MANGAS

Man nehme Brüllaffen und Tukane, füge eine Dschungelwanderung und einen kühlen Süßwasser-Wasserfall hinzu und erhält die perfekte Nachmittagsexkursion, um der drückenden Hitze an der Küste zu entfliehen. Der Eingang befindet sich nahe dem Ort **Dos Mangas** und der Weg von dort bis zum Wasserfall Dos Mangas lässt sich entweder zur Hälfte reitend oder ganz zu Fuß zurücklegen. Touren werden angeboten, doch wer ein Taxi zum Parkeingang in Dos Mangas nimmt und dort einen Guide anheuert, spart Geld. Auf jeden Fall sollte man ausreichend Wasser, Insektenspray und Proviant für die vierstündige (fast ausschließlich ebene) Wanderung dabeihaben.

INGA LOCMELE/SHUTTERSTOCK ©

Isla de la Plata

Zwanzig Seemeilen vor der Küste liegt **Bajo Cope**, ein Tauchspot mit kristallklarem, warmem Wasser und einer riesigen Artenvielfalt. Neben Meeresschildkröten und Tintenfischen sind wunderschöne Korallen und bunte Fische zu beobachten. Die Stars der Show sind jedoch die Riesenmantas, die hier jedes Jahr zwischen Juni und Oktober Halt machen.

Die **Isla de la Plata** ist eine Art Galapagos im Kleinformat und zieht fast die gleichen Meeresspezies an, die beim Tauchen an den größeren Inseln zu sehen sind. Sie umfasst fünf große Tauchspots, jeder mit weitläufigen Korallenriffen und je nach Saison der Chance, Rochen, Buckelwale, Meeresschildkröten, Haie und Delfine zu beobachten. Zu Ausflügen auf die Insel selbst siehe S. 250.

TAUCHANBIETER

Native Diving Center
PADI-zertifiziertes Tauchzentrum in Puerto López, organisiert Gerätetauchzertifikate und Spaßtauchgänge an der Küste.

Exploramar Diving
PADI-Fünf-Sterne- und IDC-Tauchzentrum mit 20 Jahren Erfahrung im Nationalpark Machalilla und auf den Galapagos.

Apnea Guayaquil
Freitaucher kontaktieren Apnea Guayaquil für Tauchgänge.

JAVIER FROIDEVAUX/SHUTTERSTOCK ©

Steinfisch, Isla de la Plata

ROADTRIP

Ruta de Spondylus

Die früher Ruta del Sol genannte Küstenstraße zwischen Peru im Süden und der Grenze zu Kolumbien im Norden wurde nach einem ikonischen, farbenfrohen einheimischen Weichtier in Ruta de Spondylus umbenannt, dessen Gehäuse in prähispanischer Zeit die erste Währung der Region war. Ob der Sinn nach Wellen, Geschichte oder einer Entdeckungstour steht – ein Roadtrip auf der Ruta ist eine tolle Art, diesen unglaublich schönen Küstenstrich zu erkunden.

1 Valdivia

Die Valdivia ist die älteste bekannte ecuadorianische Kultur, die bis in die Zeit um 3500 v. Chr. zurückgeht. Als erste Keramikkünstler Südamerikas, berühmt für ihre Venus-von-Valdivia-Figuren, lebte diese Küstenkultur nahe der passend benannten modernen Stadt Valdivia, wo zwei Museen – das **Museo Las Calaveras** und das **Museo Venus de Valdivia** – ihre Geschichte erzählen.

Die Fahrt: Die (sehr) kurze Fahrt nach Simón Bolívar passiert Mangalar Alto und die atemberaubenden Klippen, wo **Ecuador Parapente** (Paragliding Ecuador) seine Flüge startet.

2 Simón Bolívar

Der Ort Simón Bolivar ist zweifellos der beste Souvenirstopp an der Route. Gut sortierte Geschäfte säumen die Hauptstraße und bieten Handgemachtes und Kunsthandwerk. Zu den Highlights gehören Produkte aus regionalen *toquilla*-Fasern, darunter Montecristi-Panamahüte und handgeflochtene Körbe. Fans der Hängemattenkultur nehmen hier wahrscheinlich ihre eigenes kleines Stück hängendes Paradies mit.

Die Fahrt: La Entrada liegt 25 Min. küstenaufwärts hinter den überfüllten Orten Montañita und Olón und einigen sehr schlecht markierten, durchrüttelnden Bremsschwellen.

3 Strand von La Entrada

Bunte Häuser mit unglaublich schönen Wandmalereien, das Ergebnis des lokalen urbanen Revitalisierungsprojekts **Casitas de Colores**, bilden einen Kontrast zum dschungelreichen Umland. Mit Geld, das von einem Crowdfunding-Pro-

Mirador de Salango

jekt zum Wiederaufbau der Kirche übrig blieb, lud die Gemeinde ecuadorianische Kunstschaffende ein, auf jede leere Mauer im Ort Wandbilder zu malen. La Entradas Straßen gleichen heute einer Freiluftgalerie. Nach ihrer Besichtigung gibt's ein Stück traumhaften Cheesecake im landesweit bekannten **Dulces de Benito**.

Die Fahrt: Die Straße zwischen La Entrada und La Rinconada ist sattgrün, kurvig und bergig und eine Freude für Autobegeisterte. Vorsicht vor Schlaglöchern, herabgefallenen Ästen und sogar Pferden hinter unübersichtlichen Kurven.

4 La Rinconada

Die kleine Bergenklave ist leicht zu übersehen – zum Nachteil aller, die sie verpassen. Eine windige, abschüssige Straße mit atemberaubenden Aussichten endet in einem winzigen Ort, dessen zementierter Fußballplatz auch als Park- und Hauptplatz dient und von ein paar Restaurants gesäumt ist. Die Treppe an den Klippen führt zum dramatischen Strand, dessen klares blaues Wasser bei Wellengang der Surfgemeinde bestens bekannt ist.

Die Fahrt: Nördlich von la Rinconada ist die Landschaft lebendiger und weniger bebaut, mit Straßen durch Dschungel und unberührten Stränden in der Ferne. Langsam fahren – es gibt eine Reihe autoschluckender Schlaglöcher.

5 Mirador de Salango

Der über eine Schotterpiste erreichbare Aussichtspunkt bietet die besten Ausblicke der Küste. Staune über die geschützte Bucht von Puerto López im Norden und die verlassenen Strände im Süden oder genieße einfach den Sonnenuntergang. Zelten ist eine Option auf dem Campingplatz **Mirador Isla Salango Camping**, wo man zu spektakulärer Pazifikaussicht aufwacht. Wer kein Campingzubehör dabeihat, optiert für eine der Hütten.

Ayampe & Puerto López

UNTERWEGS VOR ORT

Ayampe und Puerto López liegen an der Ruta de Spondylus. Von Guayaquils zentralem Busbahnhof fährt ein Bus nach Montañita oder Olón, den Rest der Strecke legt ein Lokalbus zurück. Wer mit Auto anreist, kann gut zwischen den verschiedenen Orten pendeln, muss aber auf Schlaglöcher und große unmarkierte Bremsschwellen achten. Die Orte sind leicht zu Fuß zu erkunden, sogar das geschäftige Puerto López. Nimm ein Taxi, einen Linienbus oder trampe von Ort zu Ort.

TOP TIPP

Erkunde die unberührten Strände an der Küste mit einem Mietauto. Verlasse die Hauptstraße durch die kleinen Orte und folge der Schotterpiste bis zu unglaublich malerischen Strandabschnitten, die du wahrscheinlich ganz für dich alleine hast.

Die Küste zwischen Ayampe und Puerto López rühmt sich ihrer unberührten Strände vor üppigem Regenwald, die an hektarweise geschützte Parkgebiete mit idealen Konditionen für eine gedeihende heimische Flora und Fauna grenzen.

Ayampe selbst ist ein ruhiger, gesundheitsbewusster Drei-Straßen-Ort, der dank des leeren, dschungelgesäumten Strandes mit ständiger Brandung und ohne Menschenmengen gelassene Expats aus der ganzen Welt anlockt. Der Strand zieht sich bis ins noch kleinere Las Tunas mit einem brandneuen Skatepark und passiert das kleine Fischerdorf Salango auf dem Weg nach Puerto López, einer trubeligen Hafenstadt, wo Boote zu den Inseln und zu Walbeobachtungstouren ablegen. Das Städtchen ist außerdem der Eingang zum Natur- und Meeresschutzgebiet Parque Nacional Machalilla.

Diese zwei attraktiven Orte – und die Stopps dazwischen – inspirieren Reisende oft dazu, ihren Aufenthalt ein klein wenig zu verlängern.

Ein Tag im Leben von Ayampe

Shangri-La für Aussteiger

Das winzige Ayampe ist ein ruhiger Ort für Alltagsflüchtige an einem schwarzsandigen Strand vor einer Dschungelkulisse. Hier geht's gemächlich zu: Auf das morgendliche Yoga bei **Otra Ola** (eine Surf-, Sprach- und Yogaschule für Traveller) folgen Surfunterricht mit der **El Point Surf School,** Mittagessen bei **Ayampe Tacos**, einige Stunden Entspannung in der Hängematte, noch eine Surfsession und vielleicht Beachvolleyball zu Sonnenuntergang vor einem leckeren Fusion-Dinner im **Mulata**. Für Abwechslung sorgen Dschungelwanderungen auf der **Ruta Colibrí**, Kajaktrips auf dem Río Ayampeor und ein Massagestopp im **Mauli Spa**. Eine kleine, aber aktive Ortsgemeinschaft organisiert Events, von Livemusik auf der **Plaza Madre Tierra** bis zu Garagenverkäufen und Flohmärkten.

Der geschäftige Hafen Puerto López

Fritz der Wal

Nach Aufenthalten in nahen Dörfern fühlt sich Puerto López wie eine Großstadt an – komplett mit einer Ampel! Doch das Kleinstadtfeeling kehrt zurück, sobald du über den *malecón* (Uferpromenade) spazierst und mit Einheimischen ins Gespräch kommst. Obwohl der Ort als Tor zum Nationalpark Machalilla oder Startpunkt für Trips zu Inseln gilt, ist Puerto López auch ein Ziel an sich: Besuche den Hafen mit altmodischen Fischerkähnen, mach Fotos mit den 3 m hohen Fischerskulpturen, koste das beste Ceviche der Küste an einem der Strandstände (**La Cabaña D'Chuky** ist ein Favorit) und gönn dir ein Sweet

WHALEWATCHING

Von Juni bis September migrieren Buckelwale an Ecuadors Küste entlang und können vom Ufer aus oder hautnah bei einer Walbeobachtungstour bestaunt werden. Touren beginnen am Hafen in Puerto López und können übers Hotel oder bei Ankunft im Ort gebucht werden. Viele Veranstalter konkurrieren um die Gunst der Gäste und bieten Guides mit verschiedenen Sprachkenntnissen und/oder Hintergrund in Meeresbiologie, weshalb man vorher mit einigen sprechen sollte, um den besten Guide für die eigene Gruppe zu finden. Die einheimischen Gemeinden lieben die gigantischen Biester. In Salango wird beispielsweise jedes Jahr im Juni das Buckelwalfest gefeiert.

ÜBERNACHTEN

Onda Hostel (Las Tunas)
Sauberes, relaxtes und freundliches Hostel am Meer; moderne Ausstattung, tolles Essen und Gemeinschaftsatmosphäre. **$$**

Alta Selva (Ayampe)
Zwei mit deutscher Ingenieurskunst gebaute, wunderschöne Robinson-Crusoe-Bambushäuser mit weiten Aussichten. **$$$**

Hostería Mandala (Puerto López)
Künstlerischer Touch an einem ruhigen Abschnitt der Uferpromenade nur einen kurzen Weg vom Ort entfernt. **$**

SKATEPARK MIT AUSSICHT
Der Las-Tunas-Skatepark wurde von derselben Ingenieurgruppe gebaut, die im Auftrag des Puerto Engabao Surf Club den **Skatepark** (S. 234) des kleinen Fischerdorfes anlegten.

CAMILA FRANCO E/SHUTTERSTOCK ©

Strand von Salango

SKATEPARK LAS TUNAS

Ein brandneuer Skatepark an der Hauptstraße des verschlafenen Las Tunas sorgt für Menschenaufläufe auf den sonst eher leeren Straßen. Er wurde von einer europäischen Ingenieurgruppe mit Fokus auf Skateparks angelegt, die hier zu Besuch war, und durch Spenden der Gemeinde finanziert. Verwaltet wird er vom Baja Manabí Skate Club, der auch Aktivitäten organisiert sowie Unterricht für alle Level und einen (beschränkten) Ausrüstungsverleih bietet.

Bread aus der Bäckerei, bevor du am Strand nach Norden läufst und nahe dem **Café Madame** das Skelett von **Fritz dem Wal** begutachtest, das für Unterrichtszwecke genutzt wird. Unbedingt sehenswert ist **Pacha Chocolates**, eine Schokoladenmanufaktur, in der du alles über die Schokoladenherstellung erfährst und ecuadorianische Leckereien aus Biokakao probieren kannst.

Ein Küstenspaziergang in Salango

Fischerdorf mit jeder Menge Charme

Südlich von Puerto López liegt der kleine Ort **Salango**, ein hübsches Fischerdorf mit erstklassigen Aussichten – und frischen Meeresfrüchten. Archäologiefans werden das **Museo Arqueológico de Salango** lieben, ein kleines, aber gut organisiertes Museum, das die Geschichte der prähispanischen Kulturen der Region anhand von Artefakten, Bildern und Dioramen mit spanischen Erklärungen erzählt. Dann schau aufs Meer und die nahe **Isla de Salango**. Bootstouren zur Insel legen gewöhnlich in Puerto López ab, die Halbtagestrips eignen sich perfekt zum Schnorcheln und beinhalten Stopps am Seelöwenfelsen, Schnorchelzeit und Snacks oder ein Picknick (oft kombiniert mit saisonaler Tierbeobachtung). In Salango lohnt ein Besuch des **Centro de Rehabilitación de Fauna Marino Costera** – das Rettungszentrum für Meeresschildkröten gründete der Tierarzt Rubén Alemán 2012 und wird von WildAid Latin America unterstützt –, bevor du zum Sonnenuntergang einen Strandspaziergang machst. Den abenteuerlichen Tag beendet ein authentisches Gericht mit Fisch und Meeresfrüchten an einer der Fischerhütten.

Rund um Ayampe & Puerto López

Unmittelbar nördlich von Puerto López schützt der Nationalpark Machalilla jede Menge Flora und Fauna, eine indigene Gemeinschaft und zwei Inseln mit außergewöhnlich reicher marine Artenvielfalt.

Der 1979 gegründete **Nationalpark Machalilla** umfasst tropische Trockenwälder, archäologische Stätten, unberührte Strände und Nistplätze von Meeresschildkröten sowie Insellebensräume und ihre zugehörigen Meeresabschnitte.

Einst das Zuhause der Manteno-Kultur, wurde der Park etabliert, um gefährdete natürliche Lebensräume und historisch bedeutende Orte an Land sowie die Brutstätten der Buckelwale zu schützen und die mannigfaltige Meeresfauna vor illegalem Fischfang zu bewahren.

Gäste im Park werden von den wichtigen Stätten begeistert sein, darunter der Strand Los Frailes, die indigene Gemeinde Aguas Blancas und die Inseln Isla Salango und Isla de la Plata – alias „Klein-Galapagos".

Die Hauptbereiche

Auf ins Parkleben

Der Tag beginnt am **Los Frailes**, den viele für den schönsten Strand Ecuadors halten. Das beliebte Ausflugsziel hat ein gut organisiertes Zugangssystem: Parkwachen vor Ort achten darauf, dass keine Lebensmittel, Plastikspielzeug oder Einwegartikel ins Schutzgebiet gelangen. Der Strand ist vom Haupteingang aus mit dem Auto (2 US$ Parkgebühr) oder über einen 4 km langen Rundwanderweg zugänglich, der an einem atemberaubenden Aussichtspunkt einige Hundert Meter vom Wasser entfernt endet.

Nach ausgiebigem Sonnenbaden geht's in die **Comuna Agua Blanca**, eine indigene Gemeinde, die anthropologische Einsichten in die Lebensweisen sowohl antiker und moderner indigener Völker bietet. Die kleine Eintrittsgebühr gewährt neben einer Tour durch das archäologische Museum und einer Führung durch die Anlagen auch ein erfrischendes Bad im Heilwasser des smaragdgrünen Schwefelsees der Gemeinde.

UNTERWEGS VOR ORT

Zwischen den Hauptabschnitten des Parks sind Räder erforderlich und in einigen Fällen sogar ein Boot. Puerto López ist der Ausgangspunkt für die Inseln, ob mit Muskelkraft oder motorisiert. Die Isla de la Plata ist jedoch nur mit einer lizenzierten geführten Tour zugänglich. Stätten wie der Strand Los Frailes oder Agua Blanca auf dem Festland sind am einfachsten mit Taxi oder Leihauto zu erreichen, aber auch Busse zwischen Puerto López und Puerto Cayo können Passagiere nahe den Eingängen absetzen.

TOP TIPP

Für den gesamten Parque Nacional de Machalilla und seine Attraktionen sollte man zwei oder drei Tage einplanen.

PALO SANTO

Der **Nationalpark Machalilla** schützt ein großes Gebiet tropischen Trockenwaldes, den natürlichen Standort eines volkstümlich als *palo santo* bezeichneten Baums. *Palo santo,* das „heilige Gehölz“ oder „Holz der Heiligen“, ist eine aromatische, in Ecuador und Peru beheimatete Baumart, die schon seit Inkazeiten in indigenen Ritualen zum Einsatz kommt. Der Geruch von *palo santo* ist an der Küste allgegenwärtig, denn neben bösen Geistern vertreibt der Rauch der brennenden Holzscheite auch Mücken.

CHAMSKI/SHUTTERSTOCK ©

Los Frailes (S. 249)

Das Kronjuwel des Parks ist einen ganzen Besuchstag wert: Die **Isla de la Plata** (Silberinsel) vor der Küste, wegen ihrer ähnlichen Artenvielfalt oft als „Klein-Galapagos“ bezeichnet, liegt nur eine kurze Bootsfahrt von Puerto López entfernt und kann auf Touren von der Küstenstadt aus besucht werden. Benannt nach einem mythischen, von Sir Francis Drake hier vergrabenen Schatz, beheimatet Isla de la Plata Blaufuß-, Rotfuß- und Nazcatölpel, Fregattvögel, Albatrosse, Pelikane und eine Menge anderer endemischer Vogelarten sowie eine unglaubliche Vielzahl an Meereslebewesen in den Riffen der Insel. Nach einer Wanderung über die Insel schnorchelst du in kristallklaren Wassern und lässt dir ein Picknick in der Sonne schmecken, bevor das Boot zurück zum Festland bringt.

KSENIA RAGOZINA/SHUTTERSTOCK ©

Blaufußtölpel

Cuenca & Südliches Hochland

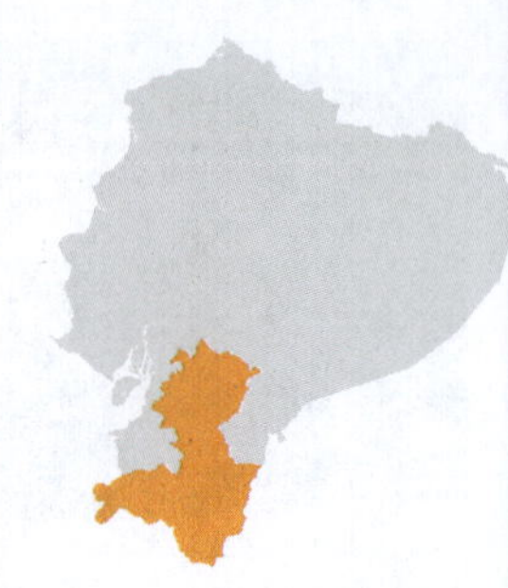

ARCHITEKTUR, GESCHICHTE & GEHEIMNISVOLLE BERGE

Von trubeligen Kolonialstädten zu abgelegenen Bergdörfern mit indigener Kultur und unberührten Naturschutzgebieten hoch oben in den Anden.

Traditionell, entspannt und atemberaubend schön ist das südliche Hochland der ecuadorianischen Anden mit hübschen Kolonialstädten inmitten majestätischer Gipfel und winzigen Bergdörfern mit lebendiger indigener Kultur.

Der Ort, der die faszinierende Geschichte und den Mix der Kulturen am besten repräsentiert, ist zweifelsohne die geschäftige regionale Hauptstadt Cuenca, die Reisende mit einer der charmantesten Altstädte Südamerikas in ihren Bann zieht. Die bezaubernde kosmopolitische Stadt mit einer stolzen, gebildeten Einwohnerschaft ist ein Muss auf der Reise durch diese Region.

Rund um Cuenca führt ein Netz ruhiger Straßen in kleine Städte, deren bekannte Kunsthandwerkstraditionen über Generation weitergegeben wurden, und weiter zu geheimnisvollen Ruinen der Cañari und Inka.

Weiter südlich liegt die Heimat der indigenen Saraguro, wo Kichwa-Gemeinden die fruchtbaren Böden wie seit Jahr und Tag bewirtschaften, die charmante Kaffeestadt Loja, in deren Umgebung die besten Arabica-Bohnen Ecuadors angebaut werden, und der esoterische Hippie-Magnet Vilcabamba.

Die Berge rundum beherbergen einige der ursprünglichsten Naturgebiete des Landes, von nebelverhangenen Wäldern und Moorgebieten bis zu hügeligen Ausläufern in dichtem Dschungel. Diese vielfältigen Ökosysteme werden von einem Netzwerk von Nationalparks und privaten Naturschutzgebieten geschützt und beheimaten Hunderte Vogelarten, Tausende Pflanzen und viele großartige Säugetiere.

DIE WICHTIGSTEN ZIELE

CUENCA
Quirlige historische Stadt mit jeder Menge Kultur.
S. 258

SARAGURO
Traditionelles Zentrum der Andenkultur.
S. 272

LOJA
Koloniales Tor zu spektakulärer Natur.
S. 275

VILCABAMBA
Kleines Dorf mit internationalem Flair.
S. 280

IRENEUKE/SHUTTERSTOCK ©

Gegenüber: Calle Lourdes, Loja (S. 276); oben: Traditionelle Tänze, Cuenca (S. 258)

Erste Orientierung

Die meisten Sehenswürdigkeiten im südlichen Hochland sind nur wenige Autostunden von Cuenca oder Loja entfernt, wo sich die Verkehrsflughäfen der Region befinden. Busse verkehren häufig zwischen den Städten und die erschwinglichen Taxis können für den Besuch von Attraktionen in den Außenbezirken genutzt werden.

Cuenca, S. 258
Cuenca ist eine der reizvollsten Städte Ecuadors und verfügt über ein atemberaubendes historisches Zentrum mit erstklassigen Museen, Einkaufsmöglichkeiten und Restaurants, das man am besten zu Fuß erkundet.

Saraguro, S. 272
Umgeben von grünen Bergen, die uralte Kichwa-Gemeinden beherbergen, ist das bezaubernde Saraguro der perfekte Ausgangspunkt, um in die traditionelle Andenkultur einzutauchen.

PERU

Piedras

Zaruma

Río Poyango

ZAMORA CHINCHIPE

LOJA

Catamayo

Loja

Zamora

Río Bombuscaro

Malacatos

Vilcabamba

Las Orquídeas

Macará

Parque Nacional Podocarpus

PERU

Loja, S. 275

Diese oft übersehene südliche Stadt mit ihrer reichen Geschichte und ihrem sorgfältig restaurierten kolonialen Zentrum ist die Heimat einer herrlichen Bergwildnis und des besten Kaffees des Landes.

Vilcabamba, S. 280

Erhol dich in der frischen Bergluft des kleinen Vilcabamba, Ecuadors Stadt der ewigen Jugend und Magnet für Expats, Reisende und Naturfans gleichermaßen.

BUS

Recht komfortable, klimatisierte Busse verkehren häufig auf der Panamericana von Cuenca über Saraguro nach Loja und sind die einfachste Möglichkeit, zwischen den größeren Orten der Region zu reisen. Weniger bequeme, aber ebenfalls regelmäßig fahrende Regionalbusse verbinden die größeren Städte mit den umliegenden Ortschaften.

TAXI

Taxis sind nicht nur die einfachste Art, sich in den Städten fortzubewegen, sondern können auch für Expressfahrten zu Sehenswürdigkeiten auf dem Land oder sogar für einen ganzen Tag Sightseeing zu günstigen Preisen angemietet werden, wobei vor der Abfahrt immer ein Gesamtpreis vereinbart werden sollte.

MIETWAGEN

Aufgrund der kurzen Entfernungen, der guten Straßenverhältnisse und der allgemein sicheren Gegend eignet sich das südliche Hochland hervorragend zum Selbstfahren. Die besten Angebote findet man in Cuenca, wo es mehrere große Autovermietungen gibt.

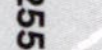

0 — 40 km

Perfekte Tage

Die meisten Reisen durchs südliche Hochland starten in Cuenca. Viele sehen nur die Hauptstadt der Provinz Azuay, doch die Umgebung lohnt einen Besuch, um faszinierende ländliche Gemeinden inmitten spektakulärer Berglandschaften zu entdecken.

NIK WALLER PRODUCTIONS/SHUTTERSTOCK ©

Cuenca (S. 258)

EIN KURZER ZWISCHENSTOPP

● Fliege nach **Cuenca** (S. 258), besichtige die Museen und historischen Gebäude der Altstadt und genieße die exzellenten internationalen Restaurants und quirligen Bars.

● Mache einen Tagesausflug zum Parque Nacional **Cajas** (S. 266), um entlang schimmernder Bergseen und durch sanfte *páramo*-Ebenen zu wandern, und entspanne danach deine müden Muskeln im mineralhaltigen Wasser der Thermalquellen von **Baños** (S. 264).

● Am letzten Tag geht's früh zu den Cañari- und Inkaruinen bei **Ingapirca** (S. 268), wo der imposante Sonnentempel auf einem grasbewachsenen Hügel inmitten von Bergen thront.

Beste Reisezeit

Meist sind die Temperaturen in den Städten der südlichen Anden das ganze Jahr über recht angenehm, von Februar bis Mai kann es viel regnen.

MÄRZ/APRIL

Überall in Cuenca finden in der Heiligen Woche vor Ostern Feierlichkeiten mit täglichen Prozessionen und speziellen Speisen statt.

MAI

Rund um Loja beginnt die Kaffee-Ernte, interessante Führungen durch Kaffeeplantagen zeigen den Prozess hautnah.

JUNI

In Saraguro wird die Sommersonnenwend-Ernte beim Inti Raymi mit Tanz- und Musikaufführungen in der Stadt Las Lagunas gefeiert.

IRENEUKE/SHUTTERSTOCK ©, FRANJMONTERO/SHUTTERSTOCK ©, FOTOS593/SHUTTERSTOCK ©

EINE WOCHE IN DEN BERGEN

Nach ein paar Tagen in Cuenca, um die historische Altstadt zu besichtigen, und einem Besuch im Parque Nacional Cajas geht's nach **Saraguro** (S. 272) in eine Lodge in den Bergen mit Blick auf die Stadt.

Einen Tag lang wanderst du zu Wasserfällen und traditionellen Handwerksbetrieben, dann übernachtest du im magischen Dorf **Gera** (S. 273) mit Blick auf eine atemberaubende Schlucht. Schließlich geht's nach **Loja** (S. 275) im Süden, um durch gut erhaltene Kolonialstraßen zu farbenfrohen Plätzen zu schlendern.

Zum Abschluss trinkst du Lojas berühmten Kaffee und wanderst durch die unberührten Wälder des **Parque Nacional Podocarpus** (S. 278).

10 TAGE IM SÜDEN

Besuche in den ersten Tagen die Museen und historischen Gebäude von Cuenca und die Sehenswürdigkeiten in der Umgebung wie die Marktstädte **Gualaceo** (S. 269) und **Chordeleg** (S. 269).

Dann geht's nach Saraguro und Loja im Süden mit etwas Zeit für Wanderungen in den Bergen, danach nach **Vilcabamba** (S. 280), wo Wasserfälle, Aussichtspunkte und tolle Ausritte warten. Zurück in Loja fährt ein Bus auf der spektakulären Straße nach **Zamora** (S. 279), einer hübschen Stadt inmitten des nassen Regenwaldes.

Empfehlenswert sind auch ein Ausflug ins Tiefland des **Parque Nacional Podocarpus** (S. 278) und ein Tubing-Abenteuer auf dem spektakulären **Río Bombuscaro** (S. 279).

JULI
Das meist trockene Wetter sorgt für gute Wandermöglichkeiten in den hoch gelegenen Nationalparks.

AUGUST
In Loja wird eines der größten und farbenprächtigsten religiösen Feste des Landes zu Ehren der Virgen del Cisne gefeiert.

NOVEMBER
Nebensaison, aber generell nicht zu nass, weniger Menschenmassen und gute Unterkunftsangebote.

DEZEMBER
Vogelbeobachtungs-Aficionados halten nach seltenen Spezies in den Regenwäldern um Zamora Ausschau.

Cuenca

UNTERWEGS VOR ORT

Cuencas neue Straßenbahnlinie fährt zwischen dem Flughafen/Busbahnhof und der Altstadt. Die Innenstadt lässt sich am besten erlaufen, doch Taxis sind eine erschwingliche Möglichkeit, um von einer Seite der Stadt zur anderen zu gelangen. Normalerweise kann man Taxis auf der Straße anhalten, aber während der Stoßzeiten lohnt sich die Azutaxi-App, um eine Fahrt zu buchen.

TOP TIPP

Cuenca ist etwas teurer als andere Reiseziele im Süden Ecuadors, aber man kann die Stadt auch mit kleinem Budget besuchen. Viele Hotels bieten vor Ort deutlich günstigere Preise als bei Online-Buchungen und das Essen auf den lokalen Märkten ist eine kulturelle und preiswerte Erfahrung.

Das fruchtbare Tal des Río Tomebamba mit angenehmem Klima und reizvoller Landschaft ist seit Langem beliebt. Schon die Inka wählten es als Standort für die nördliche Hauptstadt ihres Reiches und die spanischen Kolonisten bauten in Cuenca eine ihrer wichtigsten Städte. Heute bezaubert die Region Auswärtige, und Cuenca zieht Scharen von Reisenden an, die durch die historischen Straßen schlendern, die ausgezeichneten Museen besuchen, die köstliche regionale Küche genießen oder einfach nur auf den vielen begrünten Plätzen entspannen möchten.

Nach Quito ist Cuenca Ecuadors bedeutendste Stadt aus der Kolonialzeit. Das historische Zentrum aus dem 16. Jh. ist eine UNESCO-Welterbestätte mit einer markanten Skyline aus mächtigen Kuppeln und hohen Türmen. Doch im Gegensatz zur Hauptstadt sind Cuencas enge Gassen voller Leben und bei Tag und Nacht sicher; hier kann man in die Kultur des ecuadorianischen Hochlandes eintauchen.

Das historische Cuenca

Eine Stadt voller Kirchen und Plätze

Im kolonialen Herzen Cuencas gibt's gefühlt an jeder Ecke eine beeindruckende Kirche oder einen hübschen Platz mit alten Bänken. Die schönste Plaza markiert den Westrand des historischen Zentrums, wo die **Plaza San Sebastián** von der weiß getünchten **Iglesia de San Sebastián** aus dem 19. Jh. dominiert wird, deren asymmetrisches Design sie von anderen Kirchen in Cuenca unterscheidet.

Die im Kolonialstil errichtete **Iglesia de San Francisco** mit barocken Elementen überblickt einen weitläufigen Platz mit farbenfrohen, alten Gebäuden und Arkaden. Im Inneren gibt's einen prächtigen blattgoldüberzogenen Altar aus dem 17. Jh.

Um die Ecke bildet die ziemlich nüchtern wirkende weiße **Iglesia El Carmen de la Asunción** einen auffälligen Kontrast zum farbenfrohen Blumenmarkt, der jeden Morgen vor der Kirche stattfindet.

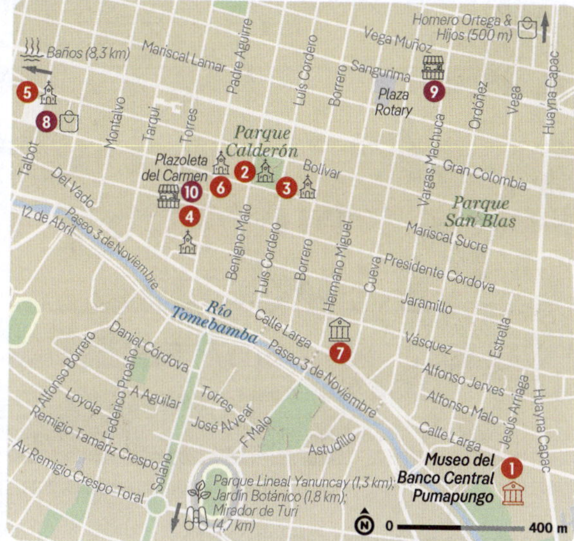

HIGHLIGHTS
1 Museo del Banco Central Pumapungo

SEHENSWERTES
2 Catedral de la Inmaculada Concepción
3 El Sagrario
4 Iglesia de San Francisco
5 Iglesia de San Sebastián
6 Iglesia El Carmen de la Asunción
7 Museo de las Culturas Aborígenes

SHOPPEN
8 Maki
9 Mercado de Artesanías Rotary
10 Mercado Plaza de San Francisco

Die riesige **Catedral de la Inmaculada Concepcíon** wird auch „Neue Kathedrale" genannt und ist ein Wahrzeichen der Stadt mit blauen Kuppeln, die in ganz Cuenca zu sehen sind. Sie steht am Westrand des eleganten **Parque Calderón** mit vielen Bäumen, Cuencas größte Plaza und ein Haupttreffpunkt.

Die Türme der Kathedrale wirken nicht nur etwas gedrungen, sondern sind es tatsächlich: Wegen eines Konstruktionsfehlers hätte die ursprünglich geplante Höhe die Statik des Hauptbaus überfordert. Wer genau hinsieht, erkennt den großen Riss, der entstand, als eine schwere Statue über dem Haupteingang aufgestellt wurde.

Steige die 165 Stufen in einem der Türme zur Terrasse mit Blick über die Dächer der Stadt hinauf. Die Größe der Kathedrale kannst du nebenan im zweiten Stock des **Seminario San Luis** erfassen, einem liebevoll restaurierten kolonialen Herrenhaus.

Auf der anderen Parkseite erhebt sich die weiße Kathedrale **El Sagrario**, bekannt als die „alte Kathedrale" von 1557, dem Gründungsjahr der Stadt. 1739 verwendete La Condamines Expedition ihren Turm zur Messung der Erdgestalt. Die säkularisierte Kathedrale dient heute als religiöses Museum. Im Hof hinter der Kirche hängen historische Fotografien Cuencas.

ECUADORS KOLONIALE VIERTEL

Mehr Kolonialarchitektur gibt's im historischen Zentrum von **Quito** (S. 52) und in der Stadt **Loja** (S. 275) im Süden, sechs Autostunden von Cuenca entfernt.

ÜBERNACHTEN IN CUENCA

Pepe's House Hostel
Farbenfrohes Hostel mit tollen Schlafsälen, großen Gemeinschaftsbereichen und großartigem Café. **$$**

Mansión Alcázar
Cuencas bestes gehobenes Hotel, komfortable Zimmer mit kunstvoller Einrichtung und prächtiger Garten. **$$$**

Nass Casa de Águila
Ein hübsches Kolonialgebäude im Stadtzentrum mit freundlichem Personal und ruhigem Innenhof. **$$**

DAS BESTE TRADITIONELLE ESSEN IN CUENCA

Tres Estrellas
Das alteingesessene Restaurant ist auf gegrilltes *cuy* (Meerschweinchen) spezialisiert, aber es gibt auch Rindfleisch und Hühnchen. **$$**

Guajibamba
Auf der kleinen Karte stehen liebevoll zubereitete traditionelle Gerichte wie *seco de chivo* (Eintopf mit geschmortem Ziegenfleisch) und köstliche *fritada* (gebratenes Schweinefleisch mit Maisbrei, Avocado und anderen Beilagen). **$$**

Raymipampa
Kulinarisch bewegt man sich hier zwischen traditionellen Gerichten aus Cuenca und Ecuador und internationalen Aromen. Diese Institution ist bei Einheimischen und Travellern gleichermaßen beliebt. **$$**

JOLYN CHUA/SHUTTERSTOCK ©

Iglesia de San Sebastian (S. 258)

Spaziergang durch Geschichte

Großartige Museen und majestätische Ruinen

Für eine Stadt von solch historischer Bedeutung überrascht es nicht, dass in Cuenca einige der besten Museen des Landes stehen, die meisten nur wenige Gehminuten voneinander entfernt.

Wer nur ein einziges Museum besucht, sollte das faszinierende **Museo del Banco Central Pumapungo** wählen. Im Erdgeschoss gibt's wechselnde Kunst- und Archäologieausstellungen sowie eine Dauerausstellung präkolumbianischer Artefakte, darunter kunstvoll verzierte Töpferwaren und Pfeilspitzen. Das Highlight des Museums ist der erste Stock, wo eine faszinierende Reise durch verschiedene indigene Kulturen wartet. Die Geschichten der Ureinwohner werden erzählt anhand farbenfroh animierter Dioramen und Rekonstruktionen typischer Wohnhäuser der Afro-Ecuadorianer aus der Provinz Esmeraldas, der cowboyartigen *montubios* (Küstenbauern) des westlichen Tieflands, verschiedener Regenwald-Ethnien und aller großen Hochlandstämme. Das Finale bilden seltene gruselige *tzantzas* (Schrumpfköpfe) der Shuar-Kultur aus dem südlichen Oriente.

Im Eintrittspreis enthalten ist der **Archäologische Park** hinter dem Haus. Dort kann man weitläufige Gebäuderuinen erkunden, die Teil der alten Inkastadt Tomebamba sein sollen. Spanische *conquistadores* transportierten die meisten Steine zum Bau von Cuenca ab, aber die Fundamente, Kanäle und

ÜBERNACHTEN IN CUENCA

Hostal Yakumama
Geräumiges Hostel in zentraler Lage mit hellen Zimmern und einladendem Aufenthaltsbereich im Hof. **$**

Hostal Posada del Angel
In einem kolonialzeitlichen Haus mit eleganten, komfortablen Zimmern um einen Innenhof. **$$**

Hotel Victoria
Das Hotel befindet sich in einem Prachtbau aus dem 17. Jh. über dem Río Tomebamba. **$$$**

Terrassen am Hang sind immer noch ein beeindruckender Anblick. Der Park eignet sich gut für einen Spaziergang und zum Nachsinnen über die unglaubliche Geschichte dieser Region.

Das **Museo de las Culturas Aborígenes** informiert über die indigenen Völker mit über 5000 archäologischen Artefakten von 20 prähispanischen Völkern Ecuadors, manche gehen bis auf 13 000 v. Chr. zurück. Informationskarten erklären so bemerkenswerte Alltagsgegenstände wie Obsidianspiegel und ausgefeilte Kochgeräte.

Falsch bezeichnete Hüte aus Ecuador

Einen echten Panamahut kaufen

Patriotische Ecuadorianer müssen frustriert hinnehmen, dass die Welt ihren berühmtesten Export fälschlicherweise als „Panamahut" bezeichnet. In Ecuador wird der schicke Fedora aus Toquillastroh *sombreros de paja toquilla* oder einfach Montecristi genannt, nach der kleinen Küstenstadt, wo der Hut erfunden wurde. Heute ist das Zentrum der Industrie jedoch Cuenca, wo mehr *sombreros de paja toquilla* hergestellt werden als irgendwo sonst.

Die vier allgemeinen Qualitätskategorien Standard, Superior, *fino* (fein) und *superfino* (superfein) basieren auf der jeweiligen Gewebedichte. Im Gegenlicht dürften echte *superfino* theoretisch keinerlei Löcher aufweisen und die besten Exemplare sind wasserdicht. Wer den Unterschied sehen möchte, geht zum Hutladen **Homero Ortega & Hijos** nahe dem Busbahnhof mit einem Museum, das die Geschichte des Hutes und seiner Herstellung erzählt. Hier lässt sich jeder Schritt des Produktionsprozesses verfolgen.

Cuencas kuriose Märkte

Von Liebestränken bis zu Kunsthandwerk

Als wichtigstes Verkehrs- und Handelszentrum im Süden sind Cuencas Märkte voller Kunsthandwerk, traditioneller Kleidung, filigranen Schmucks und kurioser und toller Souvenirs. Auch wer nichts kaufen möchte, kann den ganzen Tag damit verbringen, die Auslagen, Geräusche und Gerüche der vielen Märkte in der Stadt zu genießen, auf denen moderne und traditionelle Waren angeboten werden, oft an demselben Stand.

Der **Mercado Plaza de San Francisco**, der lange das Handelszentrum der Stadt war, hat ein neues Gesicht bekommen. Geschäfte, die sich früher über den gesamten Platz verteilten, sind jetzt in eigens dafür errichteten Modulen untergebracht, in denen man unter anderem traditionelle

EIN PERFEKTER TAG IN CUENCA

Jota Correa Palacios ist ein Pionier des Abenteuersports.

Mein perfekter Tag in Cuenca beginnt frühmorgens in den Thermalbädern im **El Riñon**, wo ich gerne entspanne und den Sonnenaufgang beobachte, gefolgt von einem Frühstück mit *humitas*, *quimbolitos* oder *tamales* im **Aroma de Café**.

Danach ein Spaziergang durch die Straßen des Centro Histórico, um Hunger zu bekommen, bevor ich im **Cafe del Parque** etwas esse. Unbedingt noch Platz für eine der berühmten Eiskreationen von **Helados de la Tienda** lassen.

Am Nachmittag besuche ich gerne eines der vielen großartigen Museen der Stadt, bevor ich auf der Terrasse von **Aya Uma Cervecería Artesanal** ein Bier mit Blick auf die Stadt genieße.

ESSEN IN CUENCA

Tiestos Café Restaurant
Ein intimes Gourmet-Erlebnis im historischen Zentrum mit internationalen Gerichten mit ecuadorianischem Touch. **$$$**

Moliendo
Günstig und sättigend: Mittagsmenüs und *arepas* (Maispfannkuchen) mit allen möglichen leckeren Zutaten. **$**

Good Affinity
Es ist ein Stück zu Fuß, aber die asiatisch-vegetarischen Gerichte bieten ein tolles Preis-Leistungs-Verhältnis. **$**

SPAZIERGANG DURCHS ALTE CUENCA

Start ist im Westen an der Plaza San Sebastián, wo das **1 Museo de Arte Moderno** eine renommierte Sammlung lateinamerikanischer Kunst in einer früheren Anstalt für Alkoholkranke zeigt. Die Guillermo Tálbot führt Richtung Süden nach **2 El Vado**, einem der ältesten Viertel Cuencas mit tollem Blick über die neuen Stadtteile und bis zu den Bergen dahinter. Im jahrhundertealten Wohnhaus **3 Casa Lira** mit freigelegten Bewässerungskanälen legt man einen Zwischenstopp ein.

Nach Osten bringt die Calle Larga zum **4 Museo Remigio Crespo Toral**, einem riesigen Herrenhaus von Anfang des 20. Jhs. voller Antiquitäten und Kunstwerke, das typisch für El Barranco ist. Dieses Viertel ist eine Ansammlung imposanter Häuser, die sich an den steilen Hang hinab zum Río Tomebamba schmiegen. Ein kurzes Stück östlich führt die **5 La Escalanita** genannte breite Treppe zum Paseo 3 de Noviembre hinab, wo ein Wander- und Radweg entlang des schattigen Flussufers verläuft. Folge dem Fluss östlich bis zur **6 Puente Roto**, wo mehrere beeindruckende Steinbogen einer weggeschwemmten Brücke nun eine schöne Plaza überragen.

Dann geht's die Bajada de Todos Los Santos hinauf und nach Westen bis zur Hermano Miguel, wo das 1599 gegründete **7 Convento de la Inmaculada Concepcíon** steht. Ein Museum in der früheren Krankenstation bietet Einblicke in das nüchterne Leben klösterlicher Nonnen. Nach Norden geht's zur Mariscal Sucre und dann links zum **8 Corte Provincial de Justicia**, einem von Cuencas ikonischen Gebäuden. Im Inneren ist der Hof mit Arkaden zu sehen. Am Ende bringt die Benigno Malo nördlich bis zum **9 Museo de la Ciudad**, einem der am besten erhaltenen Kolonialgebäude mit Kunstausstellungen.

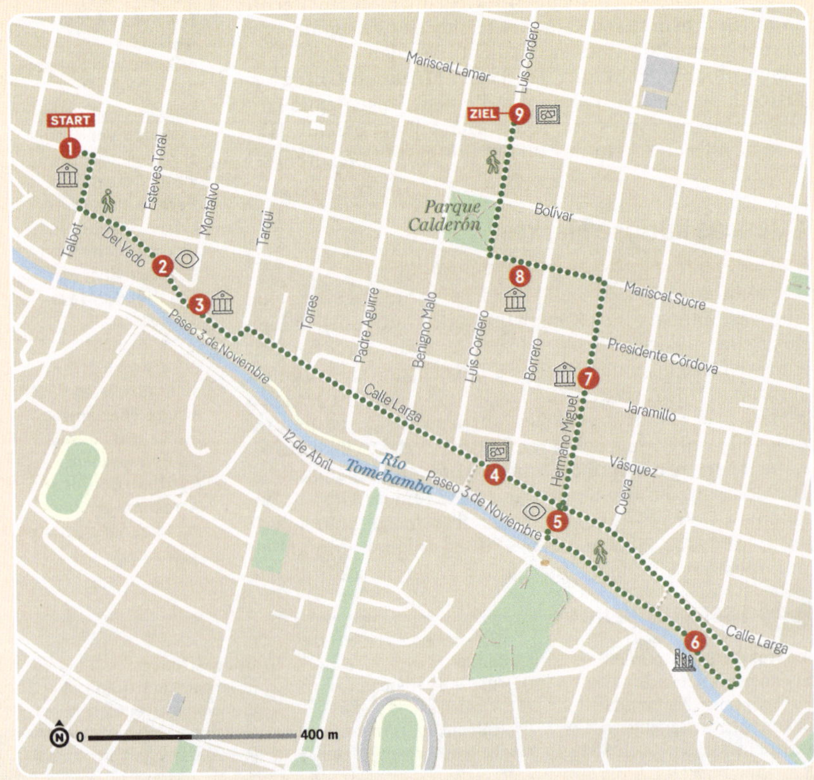

Markt, Plaza de San Francisco

Kleidung kaufen kann. Der beste Ort für Souvenirs befindet sich an der Westseite der Plaza am **Cenumart,** wo über 100 Kunsthandwerksstände handgemachte Musikinstrumente, bestickte Bekleidung, Schmuck und Körbe feilbieten. Die Auswahl und Kreativität sind groß, viele Kunstschaffende verkaufen ihre Produkte selbst.

Auf dem netten, entspannten Markt **Mercado de Artesanías Rotary** unter freiem Himmel kann man liebevoll hergestelltes Kunsthandwerk, aber auch viel massenproduzierten Plastikkitsch sowie das beste Souvenir, einen Grill für Meerschweinchen mit ausgestreckten Gliedmaßen, erstehen.

Ein toller Ort, um guten Gewissens Souvenirs zu kaufen, ist **Maki**. In dem Fair-Trade-Laden bekommt man traditionelles Kunsthandwerk aus der ganzen Region, hochwertige Stoffe, Körbe, Kleidung und mehr.

DIE BESTEN SPANISCH-SCHULEN

Wegen des angenehmen Klimas und der entspannten Atmosphäre ist Cuenca ein idealer Ort, um Spanisch zu lernen.

Sampere Eine beliebte und sehr empfehlenswerte Schule in der Nähe des Flusses.

Yanapuma Preiswerte Kurse in Einzel- und Kleingruppen in einem historischen Gebäude; es gibt auch spezielle Kurse für junge Leute.

Spanish Institute Eine freundliche Schule mit entspannter Atmosphäre nur ein paar Blocks von der zentralen Plaza entfernt mit flexiblem Lernangebot.

Center for Interamerican Studies Eine gemeinnützige Einrichtung mit immersiven Sprachprogrammen und Unterbringung bei einheimischen Gastfamilien.

KAFFEE TRINKEN IN CUENCA

Ñucallacta
Hübsches Café im historischen Zentrum mit köstlichem Kaffee aus Bohnen aus der Region. $

Sinfonía
Das moderne Café auf der anderen Flussseite legt großen Wert auf die Zubereitungsarten. $

Café Austria
Das alteingesessene Café in Ecklage bietet typisch europäisches Ambiente und guten Kaffee. $

SEMANA SANTA IN CUENCA

Die Osterwoche ist in Cuenca eine große Sache, die Prozessionen der Semana Santa (Heilige Woche) füllen die Straßen ab Palmsonntag. Von Gründonnerstag an steigert sich die Atmosphäre, wenn Gläubigen alle sieben wichtigen Kirchen der Stadt besuchen. Unterkünfte weit im Voraus buchen. Gläubige stärken sich mit speziellen Speisen, darunter *empanadas del viento* und Cuencas Variante der reichhaltigen ecuadorianischen Ostersuppe *fanseca* mit Kabeljau, Kürbis und einem Dutzend Bohnen- und Getreidesorten. Darauf folgt oft Milchreis mit Zimt.

Die beruhigenden Thermalquellen von Baños

In kochend heißen Quellen entspannen

Auf einem Hügel südwestlich von Cuenca liegt das Dorf Baños (nicht zu verwechseln mit der Stadt Baños in der Nähe von Ambato), heute so etwas wie ein Vorort der Stadt und die Heimat mehrerer Thermalbäder, die den Muskelkater nach einer Wanderung wunderbar lindern können. Die preisgünstigste und beliebteste Option ist **El Riñon** direkt über der vulkanischen Quelle und mit dem heißesten Wasser. Es ist nicht der ansprechendste Ort, aber die Einheimischen schwören, dass sein Wasser die größte Heilkraft hat. Das **Aquanova** gleich nebenan ist mit Steinmauern, Grünflächen und Liegestühlen gehobener und selten überlaufen. Das eleganteste von allen ist **Piedra de Agua** mit einem großen Angebot an Spa-Anwendungen, auch wenn das Wasser oft eher lauwarm als kochend heiß ist.

WEITERE THERMALBÄDER

Es gibt zahlreiche weitere schöne Thermalbäder im ganzen Land, darunter die berühmten Becken im anderen **Baños** (S. 264) bei Ambato und das luxuriösere Spa in **Papallacta** (S. 164) hoch in den Anden nahe Quito.

Jardín Botánico

Eine andere Seite von Cuenca

Eine Reise in die Neustadt

Der kleine, üppig grüne **Jardín Botánico** liegt am Zusammenfluss zweier Wasserläufe und ist ein schöner Rückzugsort vom Trubel der Altstadt. Gut gepflegte Wege und erhöhte Stege schlängeln sich durch das Gelände, vorbei an beschilderten Pflanzen und Bäumen aus unterschiedlichen ecuadorianischen Ökosystemen.

Von den Gärten aus flussabwärts am Río Yanuncay entlang stößt man auf den **Parque Lineal Yanuncay**, einen idyllischen Park am Flussufer, perfekt zum Lesen oder für ein Picknick.

Weiter südlich, auf den Hügeln über der Stadt, bietet der **Mirador de Turi** von einer schmucklosen Kirche eine tolle Aussicht auf das romantische Stadtbild Cuencas. Am besten kommt man zum Sonnenuntergang, genießt die Aussicht bei Tageslicht und dann die Lichter der Stadt. Die Fahrt mit dem Taxi vom historischen Zentrum kostet etwa 4 US$.

DIE BESTEN BARS & BRAUEREIEN

Jodoco Belgian Bistro
Zu Recht sehr beliebt; es gibt tolles Craft-Bier und leckere europäische Bistrogerichte im stimmungsvollen Innenraum oder draußen auf der Plaza San Sebastián. Hier gibt's wahrscheinlich die besten Pommes in ganz Ecuador.

Wunderbar
Die tolle Atmosphäre macht die klassische Bar an der Treppe von der Calle Larga hinab zum beliebten Treffpunkt für Expats und Einheimische gleichermaßen.

La Compañia
Cuencas erste Mikrobrauerei ist sehr beliebt bei Studierenden wegen der günstigen Biere vom Fass und der Rockmusik.

Rund um Cuenca

Rund um Cuenca liegen dramatische Berge mit zeitlosen Kunsthandwerksdörfern, antiken Ruinen und tollen Wanderwegen durch windgepeitschte andine Landschaften.

UNTERWEGS VOR ORT

Zum Parque Nacional Cajas fahren täglich acht Busse (1 Std.) vom Terminal Terrestre in Cuenca über Laguna Llaviucu bis nach Laguna Toreadora. Für die Rückfahrt am Highway einen beliebigen Bus in Richtung Süden anhalten.

Ein Direktbus von Coperative Cañar fährt täglich um 9 Uhr vom Busbahnhof zu den Ruinen von Ingapirca und kehrt gegen 13.30 Uhr zurück. Alternativ einen beliebigen Bus nach Cañar nehmen, wo lokale Busse oft zu der Stätte fahren.

☑ TOP TIPP

Gemeindetourismus ist rund um Cuenca gut etabliert; das Heuern lokaler Guides und der Einkauf von Kunsthandwerk direkt an der Quelle unterstützen die ländliche Wirtschaft.

Mit quirligen Marktstädten, geheimnisvollen Ruinen, traditionellen Handwerksbetrieben und riesigen Naturschutzgebieten bietet die bergige Landschaft rund um Cuenca reichlich Gelegenheiten für Abenteuer. Gute Straßen, kurze Entfernungen und regelmäßige öffentliche Verkehrsmittel sorgen für stressfreie Tagestrips oder Übernachtungsausflüge zu Sehenswürdigkeiten. Shopping ist besonders im Osten gut, wo in den kleinen Städten Gualaceo, Chordeleg und Sigig einmaliges Kunsthandwerk und typische lokale Gerichte warten.

Im Westen findet man unberührte Natur zwischen malerischen Bergseen des nebligen Parque Nacional Cajas und im Norden sind die mystischen Ruinen in Ingapirca Ecuadors wichtigste archäologische Inkastätte.

Wandern im Parque Nacional Cajas

Kühle Gebirgswildnis

Der magische Parque Nacional Cajas ist eines der schönsten Naturschutzgebiete im Süden Ecuadors mit windgepeitschten Mooren, nebligen, dichten Wäldern und funkelnden Bergseen. Der Park liegt weniger als eine Autostunde von Cuenca entfernt und schützt fast 3000 km² Ebenen und Feuchtgebiete auf Hochlagen zwischen 3000 bis 4300 m. Das empfindliche, feuchte Ökosystem speist viele Flüsse in der Provinz Azuay und ist ein wichtiges Schutzgebiet für Vögel, Säugetiere und Pflanzen.

Wer gerne wandert, fotografiert oder Vögel beobachtet, für den sind die unwirklichen Landschaften ein Traum. Die Hauptattraktion sind die mehr als 700 Seen und Teiche, die vor dem gold-grünen *páramo* wie Juwelen funkeln. Das kühle Bergwasser ist so klar, dass schon von fern Unterwasserwälder aus Algen und Wasserpflanzen in der Tiefe erkennbar sind. Ein weiteres Highlight sind die Polylepis-Zwergwälder mit gewundenen Ästen, die wie aus einem Märchenbuch wirken.

Parque Nacional Cajas

Es gibt drei Haupterholungsgebiete mit Rangerstationen und ausgeschilderten Trails für jeden Schwierigkeitsgrad. Vor dem Betreten des Parks muss man sich mit der geplanten Route bei einer der Rangerstationen anmelden. Gruppen von acht oder mehr Personen benötigen einen Guide.

Selbst für kurze Wanderungen ist warme, wasserdichte Kleidung unerlässlich, da sich die Wetterbedingungen sehr schnell verschlechtern können. Man kann im Park übernachten, muss aber Zelt und Schlafsack mitbringen; offenes Feuer ist verboten.

Meisten wird **Laguna Toreadora** angesteuert, ein spektakuläres Gebiet zwischen hohen Gipfeln, wo Wasser entlang kristallklarer Bäche von einem See zum anderen fließt. Etwas näher an Cuenca am selben Highway gibt's einen weiteren Eingang bei **Laguna Llaviucu (Zorrocucho),** wo ein guter Wanderweg durch ein tiefes Tal führt. Die abgelegenen südlichen Ausläufer des Parks erreicht man über das kleine Dorf **Soldados**, eine Autostunde von Cuenca entfernt, über eine holperige Straße. Die Trails hier werden selten genutzt und eignen sich nur für Wandererfahrene.

ÜBERNACHTEN IN NATIONALPARKS

In vielen der Nationalparks im südlichen Hochland kann man übernachten, aber neben Rangerstationen gibt's keine Einrichtungen vor Ort, also wird folgende Ausrüstung benötigt:

Zelt Es ist windig und es gibt wenig Schutz in den *páramo*, daher ist ein gutes, robustes und wasserdichtes Zelt unerlässlich.

Matratze und Schlafsack Die Temperaturen können schnell gefährlich sinken, daher braucht man eine wärmende Schlafausrüstung.

Wasseraufbereiter Saubere Wasserquellen sind in den meisten Parks reichlich vorhanden, aber man sollte trotzdem einen Filter dabeihaben.

Klappschaufel Es gibt keine Toiletten an den Wanderwegen, und die Ranger empfehlen, seine Hinterlassenschaften zu vergraben.

Gasherd Offenes Feuer ist im Park verboten, daher muss man ein Kochgerät mitbringen.

ÜBERNACHTEN IM PARQUE NACIONAL CAJAS

Hostería Dos Chorreras Schicke Unterkunft in den Bergen in einem herrlich grünen Tal außerhalb des Parks. **$$$**

Molino del Puente Hübsche Unterkünfte auf einem ländlichen Anwesen mit rauschendem Bach nahe dem Abzweig nach Llaviucu. **$$$**

Estancia Buganey Stylishes, modernes Hotel im Chalet-Stil nahe dem abgelegenen Erholungsgebiet bei Soldados im Süden. **$$**

AUSWAHL DER RICHTIGEN TOUR

Das Angebot von Touren zu Sehenswürdigkeiten rund um Cuenca weist große Qualitätsunterschiede auf.

Die Gruppengröße ist einer der wichtigsten Faktoren bei der Auswahl einer Tour. Eine kleinere Gruppe bedeutet mehr Interaktion mit dem Guide und weniger Wartezeit am Ende. Viele Tourunternehmen bieten zweisprachige Guides, mischen aber spanisch- und englischsprachige Teilnehmende und es gibt einen ständigen Wechsel zwischen beiden Sprachen. Man sollte vor dem Buchen nachfragen, ob die Tour ausschließlich in der eigenen Sprache stattfindet.

Ein weiterer Unterschied besteht in der Art des Transports. Die besten (und teuersten) Touren beinhalten komfortable Geländewagen, billigere Optionen dagegen in der Regel weniger luxuriöse Minivans.

Ingapirca

Das Geheimnis von Ingapirca entschlüsseln

Ecuadors am besten erhaltene prähispanische Ruinen

Die beeindruckenden Ruinen von **Ingapirca**, zwei Autostunden nordöstlich von Cuenca, sind Ecuadors wichtigste präkolumbische archäologische Stätte und für Geschichtsinteressierte ein Muss.

Von den Cañari ursprünglich als Observatorium erbaut, übernahmen die Inka den Ort und erweiterten ihn im 15. Jh. zu einem Hügelkomplex. Leider wurden viele Steine während der Kolonisierung zum Städtebau entfernt und es sind nur noch die Grundmauern vieler Originalbauten sichtbar.

Glücklicherweise blieb der ikonische, festungsartige **Sonnentempel** weitgehend unversehrt, was vielleicht auf die robusten Bautechniken der Inka zurückzuführen ist. Der große ovale Tempel wurde aus goldenen Steinblöcken erbaut, die in der Nachmittagssonne funkeln, und thront über rituellen Bädern und terrassenförmigem Land, die von herrlich grünen Hügeln gerahmt werden. Von den erhöhten Aussichtsplattformen des Tempels sind frei laufende Lamas zu sehen, die neben rituellen Bädern grasen, wo einst Jungfrauen geopfert wurden.

Der Eintrittspreis beinhaltet auch eine Führung, die zu festen Zeiten beginnt. Wer zu früh da ist, schaut ins angrenzende **Museum**, das einen faszinierenden Einblick in den Komplex und die Kultur der Cañari bietet.

ÜBERNACHTEN IN INGAPIRCA

Posada Ingapirca
Einen kurzen Fußweg von Ingapirca bergauf liegt diese einstige *hacienda* mit hübschem Garten und Kaminen. **$$**

Hospedaje El Castillo
Eine preiswerte Unterkunft direkt vor den Ruinen mit gemütlichen, beheizten Zimmern. **$**

Hostería La Condesa
Hübsche Lodge in einem eleganten historischen Gebäude nahe Baños de Inca in Coyoctor. **$$**

Auf den Spuren der Inka

Ecuadors kaum bekannter Inkapfad

Die dreitägige Wanderung entlang des **Qhapac Ñan** (manchmal auch Camino del Inca genannt) nach Ingapirca ist eine wunderbare Tour durch eine abgelegene Bergwildnis voller hoch gelegener Seen und Geschichte und verzeichnet nur einen Bruchteil der Besucherzahl des Inkapfads nach Machu Picchu in Peru.

Vom Dorf **Achupallas** folgt der Trail 40 km lang der Qhapac Ñan (Anden-Hauptstraße), die Cuzco einst mit Tomebamba (Cuenca) und Quito verband. Man sollte einen Guide anheuern, um mehr über die faszinierende Geschichte des Weges zu erfahren, es ist aber nicht vorgeschrieben. Bei Trips auf eigene Faust unbedingt Wasserfilter, Verpflegung, Zelt, wasserfeste Wanderschuhe und Kleidung für kaltes Wetter mitnehmen – der Weg führt hoch in die Anden, wo das Wetter schnell umschlagen kann.

Am ersten Tag der Wanderung geht's 12 km lang stetig bergauf, entlang der Talsohle neben dem **Río Azuay** bis zum Ufer der **Laguna Yaunavi**, wo es einen Zeltplatz am Ufer gibt. Am zweiten Tag führt die Wanderung etwa 3 km hinauf nach **Las Tres Cruces**, wo verschiedene Wege des Qhapac Ñan zusammenkommen, bevor man den höchsten Punkt der Wanderung erreicht, ein 4458 m hoher Gipfel mit Blick auf die **Laguna Sontzahuin**. Ab hier wird der Weg schmaler und führt steil bergab ins Tal des **Río Sontzahuin**, bevor er sanft zur archäologischen Stätte von **Paredones** ansteigt, wo noch einige alte Steinmauern stehen.

Der letzte Wandertag ist der längste, aber auch der am wenigsten anstrengende. Es geht hauptsächlich abwärts auf der 10 km langen Strecke zum kleinen Dorf **San José de Culebrillas** und dann weitere 7 km bergab nach **Ingapirca**.

WANDERUNGEN IN DEN ECUADORIANISCHEN ANDEN

Großartige Wanderungen im Andenhochland warten im **Parque Nacional Cayambe-Coca** (S. 166) nördlich von Papallacta, im **Parque Nacional Cotopaxi** (S. 196) und in der **Reserva Producción de Fauna Chimborazo** (S. 217).

Ein Streifzug durch Marktdörfer

Einzigartiges Kunsthandwerk einkaufen

Die Bergstädte östlich von Cuenca sind berühmt für ihr Kunsthandwerk und selbst kleine Dörfer sind auf ein besonderes Kunsthandwerk spezialisiert. Neben farbenfroher Kleidung finden sich auf den Märkten der Region auch Flechtkörbe, filigraner Gold- und Silberschmuck, Holzarbeiten, Töpferwaren, Musikinstrumente und *ikat*-Textilien in einer präkolumbischen Webtechnik.

ZEITLOSER LOOK

Rund um Cuenca bietet die aufwendig verzierte Kleidung der indigenen Frauen einen beeindruckenden Anblick. Während die meisten Männer inzwischen auf die klassische Tracht verzichten, tragen viele Frauen ihre immer noch täglich. Die markanten bestickten Säume der etwa knielangen *polleras* (Röcke) geben Aufschluss über die Herkunft der jeweiligen Trägerin. Ebenso wichtig ist der *paño*, ein Fransenschal, der mit vielen verschiedenen Mustern hergestellt wird.

Die meisten Frauen tragen ihr Haar in zwei Zöpfen, ein individueller Strohhut und dicke Metallohrringe (*zarcillas*) vervollständigen diesen zeitlosen Look.

ESSEN RUND UM CUENCA

Mercado de Gualaceo
Der quirlige Markt ist eine zentrale Anlaufstelle für traditionelle ländliche Gerichte. $

Parador de la Montaña
Nach einer Wanderung im Parque Nacional Cajas gibt's hier leckere Sandwiches, herzhafte Gerichte und Heißgetränke. $

Casa Vieja
Kleines, familiäres Lokal an der Straße nach Cajas mit liebevoll zubereiteten traditionellen Gerichten. $

IRENEUKE/SHUTTERSTOCK ©

Traditionelles Weben eines *sombrero de paja toquillo,* Sigsig

Das Städtchen **Gualaceo** an einem hübschen Fluss ist der Ort für *ikat*-Weberei, die oft zu stylishen *makanas* (elegante Schals mit Makramee-Fransen) verarbeitet werden. Die meisten *makanas* werden im Dorf Los Olivos an der Straße in die Stadt hergestellt. Dort befindet sich das exzellente **Casa Museo de la Makana**, das vom sympathischen José Jiménez, einem Webermeister in fünfter Generation, geleitet wird. Auf dem geschäftigen Marktplatz im Zentrum von Gualaceo gibt's traditionelle ländliche Speisen zu probieren.

Rund 10 km südlich von Gualaceo ist die Bergstadt **Chordeleg** seit Präinkazeiten ein Zentrum der Schmuckherstellung. Die Spezialität des Ortes sind kunstvolle filigrane Ohrringe, Ketten und Armbänder. Doch Vorsicht vor Fälschungen, daher vor größeren Käufen eine Expertenmeinung einholen.

Das südlichste und kleinste der drei Marktstädtchen **Sigsig** ist für handgefertigte *sombreros de paja toquilla* bekannt. Im Dorf sieht man ältere Frauen Hüte weben, aber der beste Ort, um Kunstschaffende bei der Arbeit zu sehen und einen Hut zu kaufen, ist die **Asociación de Toquilleras María Auxiliadora** im ehemaligen Krankenhaus im Süden der Stadt – an Wochenenden unbedingt vorher anrufen.

KRÄUTER FÜR JEDE GELEGENHEIT

Auf den Märkten im südlichen Hochland verkaufen Stände Bündel mit frischen Kräutern, die wichtige Bestandteile der traditionellen Andenmedizin sind. Neben den Blättern, Ästen und Rinden gibt's auch bunte Flaschen mit vorgefertigten Heilmitteln mit schönen Etiketten und wunderbaren Namen.

In Cuenca ist der beste Ort für alle möglichen Heilmittel, vom Kater über Rückenschmerzen bis zum Liebestrank, der zweite Stock des **Mercado 10 de Agosto,** der mit dem Duft von Wildkräutern begrüßt, die hoch in den Anden und den Dschungeln darunter wachsen. Aber Vorsicht: Wer an einer Reinigung teilnimmt, wird oft mit Kräuteressenzen bespuckt.

EINE AUTOFAHRT IN DIE BERGE

Raus aus der Stadt und hinein in die grünen Hügel nördlich von Cuenca zu selten besuchten Städte und abgelegenen, zeitlosen Dörfern, die das Zentrum der traditionellen südlichen Hochlandkultur bilden.

Von Cuenca geht's nach Osten auf dem Highway 40 bis **1 El Cabo** nach der Überquerung der Puente Europa – das Dorf ist berühmt für seine Küche und ein toller Ort für ein reichhaltiges Frühstück. Dann führt der Highway am Fluss entlang Richtung Norden nach **2 Paute**, ein hübscher kleiner Ort inmitten spektakulärer Berge mit einem schönen Platz und einem windigen Park am Flussufer. Er ist das Abenteuersportzentrum der Region und die Hügel ringsum durchziehen Rad- und Wanderwege. Von Paute fährt man nördlich vorbei an den Meerschweinchenfarmen an der Avenida Antonio Mancilla bis zum Highway nach **3 Azogues**, der geschäftigen Hauptstadt der Provinz Cañar, über der die beeindruckende Santuario de la Virgen de la Nube mit zwei Türmen thront. Vor der Kirche ist ein lebhafter Platz mit tollem Blick über die Stadt.

Der Highway 35 bringt nach einer kurzen Fahrt Richtung Nordwesten nach **4 Biblián,** wo sich die schöne neugotische Steinkirche Santuario de la Virgen del Rocío an die Seite des Monte Zhalao klammert. Die Panoramaaussicht über die umliegende Landschaft ist den Aufstieg über die steile Treppe hinter dem Tempel wert. Weitere 30 Minuten nördlich liegt die staubige Stadt **5 Cañar**, deren Ansässige stolz ihre traditionellen Trachten, weiße Wollhüte und typische *chumbis* (gewobene Gürtel) tragen. Diese gibt's auf dem Markt auf der Plaza Atahualpa zu kaufen.

Saraguro

UNTERWEGS VOR ORT

Von der Ecke des Platzes fahren regelmäßig zwei Busse zu den Ortschaften rund um Saraguro. Sie sind nicht gekennzeichnet, also Einheimische nach dem richtigen Bus fragen. Nach Gera fahren unregelmäßig Sammeltaxis vom Parque de las Culturas ab, zwei Blocks westlich der Plaza.

Alle umliegenden Gemeinden sind mit dem Taxi zu sehr vernünftigen Preisen zu erreichen, was das Warten auf den Bus erspart. Lass dir die Telefonnummer des Fahrers für die Rückfahrt geben, in den Dörfern selbst gibt's kaum Taxis.

TOP TIPP

Ein paar Worte Kichwa zu lernen ist ein guter Weg, um Türen zu öffnen und Freunde in den traditionellen Dörfern um Saraguro zu finden. Einige Gemeinden bieten Kurse an, danach fährt man über Land und übt. Auch wenn das Vokabular begrenzt ist, wissen Einheimische die Bemühung zu schätzen.

Inmitten von grünen Hügeln, welche die Kichwa-Gemeinden beherbergen, ist das winzige Städtchen Saraguro ein wunderbarer Ort, um ein paar Tage in die traditionelle Andenkultur einzutauchen. Das stolze Volk lebte ursprünglich nahe dem Titicacasee in Peru, doch landete infolge der Umsiedlungspolitik des Inkareiches (*mitmaes*) in den 1470er-Jahren hier.

Saraguro ist ein entspannter und einladender Ort, um etwas zu verweilen, aber das wahre Highlight sind die umliegenden Berge. Die Landschaft hat sich seit Jahrhunderten nicht verändert, ihre Lehmziegelhäuser sind von winzigen Getreide- und Gemüseparzellen umgeben, die von Selbstversorgern liebevoll bestellt werden. Jenseits der Dörfer bieten die zerklüfteten Berge zahllose Abenteuer, malerische Wasserfälle und Aussichtspunkte sowie die Chance, den größten fliegenden Vogel Amerikas zu sehen.

Die Dörfer rund um Saraguro

Reise durchs faszinierende Kernland der Anden

Saraguros innovative gemeindebasierte Tourismusprojekte werden in ganz Ecuador für ihre Authentizität und Nachhaltigkeit gerühmt. Es gibt in Südamerika nur wenige bessere Orte, um ausgetretene Pfade zu verlassen und traditionelle Hochlandkultur zu erleben.

Alle Kichwa-Dörfer rund um Saraguro haben eine ganz eigene Identität. Einige halten standhaft an indigenen Traditionen fest und erlauben es Außenstehenden nicht, in die Gemeinschaft einzuheiraten, während andere offener sind. Reisende sind meist herzlich willkommen, die Kichwa-Kultur kennenzulernen, und in einigen Dörfern gibt's auch einfache Unterkünfte. Die *saragureros* sind so stolz auf ihre Kultur, dass sogar eine wachsende Zahl von Dorf-YouTubern einzigartige Einblicke in das tägliche Leben liefert.

Unweit von Saraguro entfernt liegt die Gemeinde **Las Lagunas,** die für ihre traditionellen Stoffe bekannt ist – der Herstellungsprozess kann am Dorfwebstuhl beobachtet werden. In den Bergausläufern stellt Sombreros Sarango in **Tuncarta** erstklassige Saraguro-Hüte her. Hier kann man uralte Verfahren beobachten und einen perfekt passenden Hut mit nach Hause zu nehmen. Das Dorf **Gera** ist schwieriger zu erreichen, ist aber die Mühe wert. Es ist eine der traditionellsten Gemeinden der Region und liegt am Rande einer atemberaubenden Schlucht. Die Häuser sind meist traditionell mit Lehm und gebrannten Ziegeln gebaut und die schön terrassierten Ackerflächen unterhalb der Stadt gehen bis auf voreuropäische Zeiten zurück. Man kann hier übernachten und uralten Trails zu vorinkazeitlichen Ruinen folgen oder majestätische Andenkondore in thermischen Winden schweben sehen.

Wer es nicht raus aufs Land schafft, wirft an einem Sonntag in Saraguro einen Blick auf die traditionelle Kultur, wenn Menschen aus den Dörfern der Region – dem Anlass entsprechend elegant gekleidet – für den Markt in die Stadt kommen.

ZEITLOSER LOOK

Selbst in anderen Teilen Ecuadors sind die *saragureros* leicht an ihrer unverwechselbaren traditionellen Kleidung zu erkennen, die viele Mitglieder der Gemeinde auch dann tragen, wenn sie in größeren Städten und wärmerem Klima leben. Frauen tragen schwarze oder weiße Hüte mit breiten Krempen, lange Faltenröcke, kunstvolle Anstecknadeln *(tupus)* und aufwendige Perlenkragen *(chakiras)*. Männer tragen Fedora-artige schwarze Hüte, schwarze Ponchos und schwarze Kniehosen – teilweise auch kleine weiße Schürzen und zweiteilige Schultertaschen *(alforjas)*. Dieser Stil hat die Zeiten überdauert – jeder Teil der Kleidung ist von großer traditioneller und kunsthandwerklicher Bedeutung und viele werden in den Gemeinden um Saraguro handgefertigt.

ESSEN IN SARAGURO

Tupay
Entspanntes Restaurant an der Plaza mit frische Biozutaten in herzhaften Gerichten. $

ShamuiCo
Eine Überraschung im winzigen Saraguro: Das gehobene Lokal gibt traditionellen Aromen einen Gourmet-Touch. $$

Quesos Saraguros
Im alteingesessenen Lokal gibt's unzählige Käsesorten direkt von den Bauernhöfen und Pizza. $

WIESO ICH SARAGURO LIEBE

Alex Egerton, Lonely-Planet-Autor

In einer Welt mit immer mehr Pauschaltourismus ist Saraguro wie ein Hauch frischer Bergluft. Nirgendwo sonst im Land fühle ich solch eine Verbindung mit der reichen andinen Geschichte wie in den ruhigen Straßen dieses charmanten Städtchens. Es gibt keine Sehenswürdigkeiten, die Attraktion ist die Stadt selbst, oder besser gesagt ihre liebenswerten Menschen. Ob man frischen Saft auf der Plaza trinkt oder auf dem farbenfrohen Markt einkauft, in Saraguro ist das kulturelle Erbe allgegenwärtig.

BOYD HENDRIKSE/SHUTTERSTOCK ©

Saraguro

Abenteuer in den Bergen abseits ausgetretener Pfade

Wasserfälle, Aussichtspunkte und spektakuläre Gipfel

Die Landschaft um Saraguro ist nicht nur eine erstklassige Kulturdestination, sondern bietet auch außergewöhnliche Natur.

Östlich des Ortes liegt an der Panamericana **Baños del Inka** mit kalten Wasserfällen und hübschen Felsformationen. Noch spektakulärere Wasserfälle befinden sich einen kurzen Fußweg von Oñacapac entfernt, wo die mächtigen **Cascada Virgen de Agua Santa** und **Cascada Sarashi** direkt nebeneinanderliegen. Erstere ist für eine wundersame Erscheinung bekannt, aber die Strömung ist zu stark zum Schwimmen, während Letztere ein eiskaltes Schwimmbecken hat.

Rund um die Stadt kann man super wandern. Der **Bosque Protegido Washapamba** südlich des Ortes ist ein gemeindebetriebenes Naturschutzgebiet, das einige der unberührtesten Andenwälder der Region schützt und über großartige Trails verfügt. Unerschrockene fahren mit einem Mietwagen nach Westen zum selten besuchten **Cerro de Arcos** mit bogenförmigen Felsformationen, einem der höchsten Berge in Südecuador. Von Saraguro führen Wege zu einer Reihe schöner Aussichtspunkte. Nordwestlich des Zentrums bieten der **Mirador Yucucapac** großartige Stadtaussichten und das **Centro Turística El Gavilan** neben einer Riesenschaukel einen grandiosen Panoramablick über die Landschaft.

GEMEINDETOURISMUS

Unterschiedliche Kichwa sprechende Gemeinden, die ein gemeinsames Erbe mit denen des südlichen Hochlands teilen, liegen entlang des Ufers des **Río Napo** (S. 175) in der dschungelbedeckten Region Oriente.

Loja

Die südlichste ecuadorianische Großstadt Loja hat ein attraktives koloniales Zentrum; abseits der Hauptreiserouten ist sie eine authentische, entspannte Basis für die Erkundung der majestätischen Landschaften im südlichen Hochland.

Als Hauptstadt der gleichnamigen Provinz war sie nicht immer ein abgelegenes Reiseziel – von Loja machten sich früher die spanischen *conquistadores* zu Expeditionen in die riesigen Dschungel des Amazonas auf der anderen Seite der östlichen Berge auf. Ihre Nähe zu unberührter Natur ist bis heute Lojas Trumpfkarte. Sie ist der Ausgangspunkt zum Hochlandteil des wunderbaren Parque Nacional Podocarpus, einem der malerischsten und am wenigsten besuchten in Ecuador, sowie zu abenteuerlichen Wanderwegen in den umliegenden Bergen. Sie ist auch das Zentrum der Kaffeeindustrie des Landes und somit der ideale Ort, um einige von Ecuadors besten Kaffeebohnen zu probieren.

UNTERWEGS VOR ORT

Lojas Altstadt mit den meisten Attraktionen kann man gut zu Fuß erkunden. Taxifahrten sind recht preisgünstig und die einfachste Option, um zu abgelegeneren Sehenswürdigkeiten oder zum Busbahnhof 4 km nördlich des Zentrums zu kommen. Entweder hält man eins der vorbeifahrenden Taxis an oder bittet das Hotel, eins zu rufen.

Ein Spaziergang durch das historische Zentrum

Elegante Architektur

Lojas kompakte historische Altstadt besteht aus einem übersichtlichen Netz enger Straßen mit Kolonialhäusern und zahlreichen grünen Plazas mit eleganten alten Kirchen. Trotz des Verkehrs lädt das gemächliche Tempo zu angenehmen Spaziergängen durch die Stadt ein.

Am besten beginnt man die Tour am beeindruckenden Stadttor **Puerta de la Ciudad**. Dieses ansehnliche Schloss am Río Zamora hat einen großen Bogen, der die Sucre überspannt, eine geschäftige Straße ins Zentrum. Im Inneren gibt's wechselnde Kunstausstellungen und Treppen zu mehreren Aussichtspunkten mit Blick über die Stadt bis zu den Bergen dahinter.

Folgt man der Sucre Richtung Süden, gelangt man zum **Parque Central**, einer weitläufigen Plaza mit vielen Bäu-

TOP TIPP

Loja liegt nicht auf vielen Reiserouten, aber während der Osterfeierlichkeiten, zum Fest der Virgen del Cisne im August und zum Unabhängigkeitstag im November sind die Hotels in der Stadt ausgebucht. Zu diesen Zeiten sollte man sehr früh buchen, um ein Zimmer in der Altstadt zu ergattern.

SEHENSWERTES
1 Calle Lourdes
2 Museo de la Cultura Lojana
3 Museo de la Musica
4 Museo del Monasterio de Madres Concepcionistas
5 Parque Central
6 Parque Pucara
7 Plaza de la Independencia
8 Plaza Santo Domingo
9 Puerta de la Ciudad

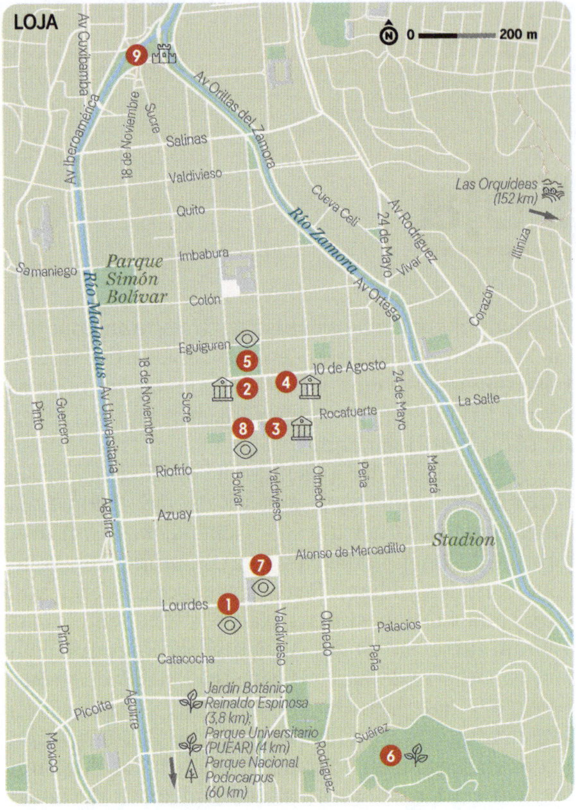

LA VIRGEN DEL CISNE

In ganz Ecuador sind Schreine und Amulette der Virgen del Cisne (Jungfrau des Schwans) gewidmet, aber nirgendwo ist die Hingabe so groß wie in Loja. Der Legende nach stand die Jungfrau Maria einem mittelalterlichen Ritter bei, der vor seiner Geliebten in einem schwanenförmigen Boot erschien. Die Galanterie des Ritters begeisterte Franziskanermönche so sehr, dass sie Skulpturen der „Virgen del Cisne" in ganz Europa aufstellten. Eine dieser Statuen wurde später vom Franziskanerorden nach Ecuador gebracht. Dort schreibt man ihr seitdem manches Wunder zu. Die Jungfrau steht in einer neogotischen Kathedrale in der Kleinstadt El Cisne, 70 km westlich von Loja. Während eines der größten religiösen Feste im August tragen Pilgernde die Statue in die Provinzhauptstadt.

men und einigen hübschen Kolonialvillen, die sich mit weniger eleganten modernen Bauten abwechseln. Der Platz ist das Zentrum der Stadt und ein guter Ort, um von einer Bank aus das Alltagsleben zu beobachten. Zwei Blocks entfernt steht an der kleinen **Plaza Santo Domingo** die große helle **Iglesia Santo Domingo**, die etwas groß für die Umgebung wirkt. In ihrem goldenen und blassblauen Inneren stellen Wandmalereien die Geheimnisse des Rosenkranzes dar.

Lojas schönster Platz liegt im Süden der Stadt, wo die **Plaza de la Independencia** von kolonialzeitlichen Gebäuden mit Säulenvorbauten und geschlossenen Holzbalkons umgeben ist. Die Mitte des Platzes nimmt ein 32 m hoher Uhrenturm ein, während die prächtige hellgelbe **Iglesia de San Sebastián** über der Südseite thront. Direkt um die Ecke befindet sich die schmale **Calle Lourdes**, Lojas älteste Gasse aus der Kolonialzeit, die von farbenfrohen alten Häusern gesäumt ist.

Eine Hauptstadt der Kultur

Musik, Anwesen und Klöster

Die historische Bedeutung Lojas spiegelt sich in den ausgezeichneten Museen wider, die alle nur einen kurzen Spaziergang voneinander entfernt im Zentrum liegen.

Das unterhaltsame **Museo de la Musica** in einem alten renovierten Schulgebäude beleuchtet die Lebensgeschichten berühmter Musikschaffender aus Loja. Die meisten von ihnen feierten ihre größten Erfolge in den Goldenen Jahren von 1890 bis 1940. Neben Fotos von makellos gekleideten Schnulzensängern gibt's alte Musikinstrumente sowie Notenblätter, die über mehrere Räume um einen hübschen Innenhof verteilt sind.

Gleich um die Ecke beherbergt ein imposantes Gebäude aus republikanischer Zeit das **Museo de la Cultura Lojana** mit einer ausgezeichneten Ausstellung zu lokaler Kunst, Archäologie und Ethnografie und wundervollen alten Fotos von Loja. Auf Fans religiöser Kunst wartet das **Museo del Monasterio de Madres Concepcionistas** mit zwei Stockwerken voller Kostbarkeiten aus dem 16. bis 18. Jh.

Erkundung von Lojas grünem Tal

Raus aufs Land

Von Loja aus ist es nicht weit bis in die Natur. Südlich der Stadt führt vom **Parque Pucara** ein Weg über einen kieferbewachsenen Hang hinauf zum El Mirador, der eine tolle Aussicht über die Dächer der Stadt bietet. Am besten in einer Gruppe gehen, da Überfälle nicht ungewöhnlich sind. Längere Trails durch abgelegenere Gebiete findet man im **Parque Universitario (PUEAR)** südlich des Zentrums an der Straße nach Vilcabamba. Auf der anderen Seite des Highways liegt der **Jardín Botánico Reinaldo Espinosa**, Ecuadors ältester botanischer Garten mit vielen Pflanzen, einem Bonsai-Garten und einem Labyrinth.

LOJAS BESTE RESTAURANTS

El Tamal Lojano
Die lokale Institution serviert traditionelle Snacks wie *quimbolitos, humitas, empanadas de verde* und *tamales lojanos*. **$**

Mama Lola
Der Weg mit einem Taxi lohnt sich für die großen Portionen von köstlich zubereiteten ecuadorianischen Spezialitäten. **$$**

Riscomar
Eins der besten Meeresfrüchtelokale in Loja mit elegantem Ambiente. **$**

Equantiva
Dieses winzige Café serviert köstliches Gebäck und den besten Kaffee weit und breit aus hochwertigen Loja-Bohnen. **$**

Zarza Brewing Company
Leckere Rippchen und mexikanische Gerichte zu köstlichen Produkten der Mikrobrauerei. **$$**

ÜBERNACHTEN IN LOJA

Grand Victoria Boutique
Lojas einziges Boutique-Hotel mit komfortablen Zimmern, charmanten Gemeinschaftsbereichen und Topservice. **$$$**

Zamora Real
Das Business-Hotel ist modern und gepflegt und erfüllt sämtliche Erwartungen im Stadtzentrum. **$$**

Hotel Floys Internacional
Gutes Preis-Leistungs-Verhältnis. Große, saubere und schön eingerichtete Zimmer im Stadtzentrum. **$**

Rund um Loja

Herrliche Landschaften und geringe Besucherzahlen machen die ländlichen Gebiete der Provinz Loja zum idealen Naturreiseziel.

UNTERWEGS VOR ORT

Von Loja bringt jeder Bus Richtung Vilcabamba zum Kontrollpunkt Cajanuma des Parque Nacional Podocarpus, doch von der Straße zur Rangerstation mit dem Ausgangspunkt der Trails ist es ein strammer zweistündiger Fußmarsch. Ein Taxi zur Rangerstation kostet ca. 6 US$, zum Ausgangspunkt der Wanderung ca. 15 US$, aber nicht alle Fahrer fahren über die holprige Straße.

Busse von Loja nach Zamora fahren regelmäßig vom Busbahnhof ab. Von Zamora kostet ein Taxi zum Bombuscaro-Parkplatz etwa 4 US$; von dort ist es ein leichter 15-minütiger Spaziergang zur Rangerstation.

TOP TIPP

Die Naturtrails um Loja sind abgelegen und wenig benutzt, daher in Gruppen wandern und das Hotel über die geplante Route informieren.

Außerhalb Lojas bedeckt der Parque Nacional Podocarpus weite Gebiete mit atemberaubender Wildnis an der Ostflanke der Anden. Nördlich des Parks ist die kurvenreiche Hauptstraße von Loja zur kleinen Stadt Zamora hinunter eine der landschaftlich reizvollsten Fahrten im Süden Ecuadors. Die Landschaft wechselt schnell von windgepeitschten Bergen mit Nebelwald zu dschungelbedeckten Ausläufern und passiert unterwegs unzählige spektakuläre Wasserfälle.

An der Grenze der artenreichen Ausläufer zwischen dem südlichen Hochland und den Dschungeln des Amazonas gelegen, ist Zamora ein Traum für alle Naturbegeisterten und ein touristischer Hotspot, der auf Entdeckung wartet. Neben großartigen Wanderungen, Vogelbeobachtungen und Radtouren gibt's auch herrliche Badestellen und malerisches Fluss-Tubing.

Parque Nacional Podocarpus

Zwei Parks in einem

Der riesige Podocarpus ist einer der spektakulärsten und artenreichsten Nationalparks Ecuadors und umfasst sowohl andine Wälder als auch weite Bereiche feuchten tropischen Regenwalds. Dank der gewaltigen Höhenunterschiede von ca. 900 m bis über 3600 m rund um die Andengipfel ist die Vielfalt der hier vorkommenden Pflanzen und Tiere erstaunlich. Es wurden mehr als 3000 Pflanzen- und 600 Vogelarten dokumentiert, unter den seltenen Säugetieren sind Pumas, Tapire und Brillenbären.

Das Hochland des Parks ist vom **Cajanuma**-Kontrollpunkt 10 km südlich von Loja zugänglich, wo eine unbefestigte Piste (8,5 km) bergauf zur Rangerstation und dem **Refugio** mit einer Übernachtungsoption für nur 3 US$ führt; Verpflegung und Schlafsack sind mitzubringen. Hier beginnen mehrere Trails für Nebelwaldwanderungen auf eigene Faust, darunter der malerische, 5 km lange, vierstündige Rundwanderweg **Los Miradores** bergauf in die windigen *páramo*-Moore. Hartgesottene nehmen die dreitägige Wanderung zu den abgelegenen Seen von **Lagunas del Compadre** in Angriff.

Den Kontrast zu den nebelverhangenen Ebenen des Hochlands liefert der Tieflandbereich mit feuchtem Dschungel, rauschenden Bächen und mächtigen Wasserfällen. Der Zugang erfolgt 6 km südlich von Zamora über den Checkpoint **Bombuscaro**, wo mehrere kurze und gewartete (aber mitunter schlammige) Pfade in den Wald und zu einfachen Übernachtungsmöglichkeiten führen. Der einfachste und populärste Pfad führt zu den **Cascada Poderosa** und **Cascada Chismosa**, zwei wunderschönen Wasserfällen vor grünen Laubwänden. Der längere **Los-Higuerones**-Trail führt zu Primärwald, der kurze, steile **El Mirador**-Trail zu einem spektakulären Aussichtspunkt.

Abenteuer abseits der ausgetretenen Pfade

Zamoras natürliches Wunderland

An der Grenze zwischen den Bergen des südlichen Hochlands und dem Tiefland des Oriente gelegen, sieht das kleine **Zamora** nicht viele Reisende, ist jedoch vielleicht eines der bestgehüteten Geheimnisse Ecuadors.

Zamora ist als „Stadt der Wasserfälle und Vögel" bekannt und von beiden gibt's jede Menge. Die einzigartige Verschmelzung von Ökosystemen bedeutet, dass unweit der Stadt eine beeindruckende Anzahl von Hochland- und Tieflandvogelarten zu finden sind. Und es gibt so viele spektakuläre Wasserfälle, dass die meisten Einheimischen noch nicht alle gesehen haben. Sehenswert ist die gewaltige **Cascada El Aventurero** an der Straße nach Timbara mit einem erfrischenden Becken und die gewaltige **Cascada La Rosa**, die in zwei Stufen über eine Felswand mit Farn, Moos und Bromelien stürzt.

Mit wenig Verkehr und spektakulärer Landschaft hinter jeder Kurve lässt sich die Gegend hervorragend auf zwei Rädern erkunden. Mietfahrräder gibt's beim sehr hilfsbereiten Tourenanbieter **Adventure Zamora** am Fluss – und auch Schwimmreifen für Zamoras ultimatives Outdoor-Abenteuer: zu spektakulären Aussichten und Dschungelgeräuschen den **Río Bombuscaro** über Stromschnellen hinuntersausen.

Eine tolle Aussicht über die Stadt hat man auch vom **Mirador Doña Dorita** westlich des Zentrums oder nach dem anstrengenden Aufstieg zum **Mirador Tres Cruces** in den hohen Bergen südlich der Plaza.

DER ABGELEGENE RÍO NANGARITZA

Im selten besuchten Tiefland östlich von Zamora passiert der Río Nangaritza nahe der peruanischen Grenze die weite Cordillera del Cóndor, eine höchst artenreiche und wunderschöne Region. Die Anreise per Boot erfolgt über Schwarzwasserflüsse, vorbei an seltsamen Felsformationen, hübschen Wasserfällen und Klippen voller Orchideen. Es gibt auch Höhlen und Schluchten, in denen Fledermäuse und Fettschwalme leben.

Mehrere Busse fahren täglich von Loja zum Flusshafen von **Las Orquídeas**, wo die Bootstouren starten. Aufgrund der großen Entfernungen sollte man mindestens eine Nacht in der Region bleiben. Eine gute Option sind die familiengeführten **Cabañas Yankuam**, die auch Touren anbieten.

ÜBERNACHTEN IN ZAMORA

Hotel Samuria
Viel Komfort zum günstigen Preis, große Zimmer mit Klimaanlage, viele Kissen und moderne Bäder. **$**

Copalinga
Ein Vogelbeobachtungsparadies am Río Bombuscaro unweit der Stadt. Im Voraus reservieren. **$$$**

Hotel Betania
Einladendes und preiswertes Hotel mit großzügigen Zimmern und ordentlichen Betten. **$**

Vilcabamba

UNTERWEGS VOR ORT

Vilcabamba ist sehr klein und die meisten Sehenswürdigkeiten sind weniger als 10 Minuten zu Fuß vom Hauptplatz entfernt. Am Hauptplatz steht eine Taxiflotte und fährt zu festen Preisen zu Orten außerhalb der Stadt einschließlich verschiedener Wanderwege. Für die Rückfahrt eine feste Zeit ausmachen oder über die Nummer des Fahrers mit einer kurzen Nachricht ein Taxi bestellen.

TOP TIPP

Da Vilcabamba ein New-Age-Hotspot ist, gibt's ein großes Angebot spiritueller Retreats, viele mit *ayahuasca*-Zeremonien. Die psychotrope Pflanze setzen Amazonaskulturen bei Ritualen ein. Nur indigene Schamanen sollten *ayahuasca* zubereiten und verabreichen, um gefährliche Nebenwirkungen zu vermeiden, die den Trip verderben könnten.

Die winzige Stadt Vilcabamba unter hoch aufragenden Bergen im tiefen Süden Ecuadors ist aufgrund der hohen Anzahl Hundertjähriger als Ciudad de la Eterna Juventud (Stadt der ewigen Jugend) bekannt. Ob wegen der lauen Luft, entspannten Atmosphäre oder des frischen Gebirgswassers, dieser magische Ruf zieht viele Auswanderer an, vor allem Rentner auf der Suche nach einem gesunden Klima, um ihre Rente länger genießen zu können. So gibt's auf den Hügeln viele neue Häuser und in der Stadt viele Expat-Betriebe.

Vilcabamba lockt auch künstlerische und New-Age-Gemeinschaften an, die den barfüßigen Lebensstil fernab des Trubels attraktiv finden. Dieser Zustrom führte zu Spannungen, besonders in Bezug auf Grundstücks- und Lebenshaltungskosten, schuf aber auch viele Arbeitsplätze, verleiht der Stadt eine einmalige internationale Atmosphäre und macht sie zu einer tollen Basis für Erkundungen der spektakulären Umgebung.

Wandern in magischer Bergluft

Wasserfälle und windumtoste Gipfel

Herrliche Berge und das meist trockene, frühlingshafte Klima machen Vilcabamba zu einem der besten Wanderziele im Süden Ecuadors. Von der Stadt führen Trails in alle Richtungen, sowohl kurze, landschaftlich schöne als auch abenteuerliche, längere Strecken. Die meisten Hotels und Hostels verteilen Wanderkarten, manche haben sogar eigene Wege. Einige Routen queren Privatgrundstücke und kosten eventuell eine Gebühr.

Ein leichter Einstieg ist der Weg vom nordwestlichen Stadtrand zur kleinen Naturquelle **Agua de Hierro**. Näher am Zentrum liegt **Rumi Wilco**, ein privates Naturschutzgebiet an einem Hang des Río Chamba mit einem Wegenetz. Eine anstrengendere Tour zum malerischen 30 m hohen Wasserfall **Cascada El Palto** führt am Río Yambala entlang. Von der

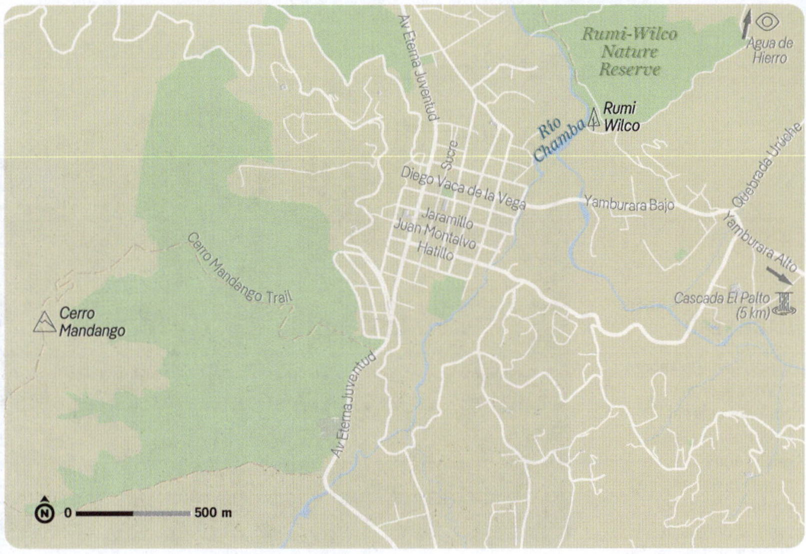

Stadt ist es eine fünfstündige, 15 km lange Rundwanderung, die ein Taxi zum Ausgangspunkt an der Betonbrücke in Yamburara Alto auf die Hälfte verkürzen kann. Vorsicht auf dem letzten Stück zum Wasserfall hinab, denn der Weg ist steil und kann rutschig sein. Jenseits des Wasserfalls führt der Trail hinauf in entlegene Gebiete des Parque Nacional Podocarpus, aber die Parkbehörden raten von ihm ab, da er sehr zugewachsen und das Gebiet weitab von jeglichen Einrichtungen ist. Wer den Park trotzdem hier betreten möchte, braucht einen lokalen Guide und muss die Route vorab mit dem Umweltministerium in Loja abklären.

Die Wanderung mit der schönsten Aussicht führt auf den **Cerro Mandango**, dem Wahrzeichen Vilcabambas, der einem sonnenüberfluteten Steinpalast auf dem Gipfel eines steilen, grünen Berges gleicht. Viele wandern nur die erste Etappe, den einstündigen Aufstieg zu einem *mirador* (Aussichtspunkt) mit einem leicht psychedelisch verspiegelten Kreuz und Panoramablicken über Stadt und Berge. Die zweite Etappe zum felsigen Gipfel dauert eine weitere Stunde und sollte bei Wind vermieden werden. Man muss steile Felswände an Stahlseilen erklimmen, aber wer es auf den Gipfel schafft, wird mit einer noch atemberaubenderen Aussicht belohnt.

DIE VÖGEL VON VILCABAMBA

Vilcabamba bietet gute Möglichkeiten zur Vogelbeobachtung in der Stadt, in den umliegenden Bergen und im Naturschutzgebiet Tapichalaca.

Peruzwergkauz
Der hellbraune bis graue Vogel ist eine der kleinsten Eulenarten und wiegt nur 60 g.

Olivmantelspecht
Ein eleganter Specht mit goldenem Gefieder und einem roten Fleck am Hinterkopf.

Schwarzflügel-Trupial
Wird häufig in der Stadt gesichtet, mit leuchtend gelben und schwarzen Federn.

ÜBERNACHTEN IN VILCABAMBA

Hostal Jardín Escondido
Hinter hohen Mauern nur einen Block von der Plaza entfernt liegt der große und ruhige Garten. $

Hostal Las Palmas
Gute Budgetoption mit komfortablen Zimmern und einem schönen Pool. $

Avalon B&B
Einfache, aber hübsche Unterkunft mit guter Küche, schönem Garten und tollem Blick auf die Berge. $

DIE BERGSTRASSE NACH PERU

Viele Traveller kehren in Vilcabamba um, aber auf einer anstrengenden Tagesreise kann man mit dem Bus entlang des Andenrückens Richtung Süden nach **Zumba** und weiter zur peruanischen Grenze fahren. Während der ecuadorianisch-peruanischen Kriege (1940er- und 1990er-Jahre) war Zumba ein wichtiger Militärstützpunkt. Heute ist der Ort ein verschlafenes Nest mit wenigen Sehenswürdigkeiten.

Von Zumba aus rollen *colectivos* (Kombis) zur Grenzstation **La Balsa**. Jenseits der „internationalen Brücke" fahren Sammeltaxis in die peruanische Stadt **San Ignacio**, wo man vor der Weiterreise ins Landesinnere eine Nacht verbringen sollte.

ALEJANDRO VIVANCO/SHUTTERSTOCK ©

Abenteuer hoch zu Ross

Ritt in die Berge

Einige der besten Optionen für Ausritte im Süden Ecuadors bieten die zerklüfteten Berge rund um Vilcabamba mit vielen ruhigen Pfaden durch spektakuläre Landschaften. Sie beginnen gleich außerhalb der Stadt und führen östlich hinauf in die ökologische Pufferzone um den Parque Nacional Podocarpus, wo es fast keine Bebauung gibt und Wildtiersichtungen üblich sind. Längere Ritte erreichen die Sub-*páramo*-Ebenen an der Grenze zu Primärwaldgebieten und beinhalten Übernachtungen in Zelten in einfachen Schutzorten am Parkrand.

In der Stadt gibt's eine Reihe sehr erfahrener Guides und Touranbieter, die im Allgemeinen kräftige und gesunde Pferde haben. **Caballos Gavilán** wird von einem Neuseeländer geführt, der schon jahrelang hier lebt und Ausritte für alle Erfahrungslevel anbietet. Ein weiteres erfahrenes Unternehmen ist **La Tasca Tours**, das auch Fahrradtouren und Besuche von Kaffeeplantagen unternimmt.

ESSEN IN VILCABAMBA

La Baguette
Tolles Frühstück und göttliche französische Leckereien gibt's täglich frisch in der großartigen Bäckerei. **$**

Restaurante Katherine
In dem familiengeführten, schlichten Restaurant bekommt man tolle Gerichte zu ortsüblichen Preisen. **$**

Dumplings & Noodles
Gesunde und leckere vegetarische taiwanesische Gerichte, die mit erfrischendem Eistee serviert werden. **$$**

Vilcabamba

Die Geheimnisse des perfekten Kaffees

Von der Bohne bis in die Tasse

Die Gegend um Loja gilt weithin als Ecuadors bestes Kaffeeanbaugebiet und die hügelige Landschaft um Vilcabamba ist sein Epizentrum mit vielen kleinen Plantagen, die duftende Arabica-Bohnen für den nationalen und internationalen Markt anbauen.

Im Familienbetrieb **Vilcaróma Coffee** kann man den Prozess von der Bohne bis in die Tasse auf einer geführten zweistündigen Tour verfolgen, die in der Plantage beginnt. Nachdem man eigene Bohnen gepflückt hat, sieht man, wie sie getrocknet, gedroschen und geröstet werden, bevor man so viele Tassen des frisch gebrauten Koffeinwunders trinken darf, wie man möchte. Zum Schluss kann man Bohnen für zu Hause kaufen. Es gibt Führungen auf Spanisch und Englisch; bei der Voranmeldung nach der Sprache fragen.

Doña Julita ist weniger besucherorientiert, verarbeitet Bohnen aus der ganzen Region und verkauft viele Sorten. Das freundliche Management führt Reisende gerne herum.

DIE BESTEN UNTERKÜNFTE AUF DEM LAND

Einige von Vilcabambas schönsten Unterkünften befinden sich auf ländlichen Anwesen in den Bergen außerhalb der Stadt mit tollen Aussichten und viel Ruhe.

Hostería y Restaurante Izhcayluma
Diese elegante Unterkunft auf einem Hügel liegt mitten in der Natur und hat alles, was man zum Entspannen braucht, darunter Massagen und einen Pool. **$$**

Rumi-Wilco Ecolodge
Umweltbewusste Unterkunft mit abgelegenen Zimmern und Hütten mit gut ausgestatteten Küchen, die in einem 40 ha großen privaten Naturschutzgebiet liegen. **$**

STEVE ALLEN/SHUTTERSTOCK ©

Oben: Seelöwen, Isla Española (S. 302); gegenüber: Schnorcheln (S. 292)

Galapagos-inseln

LEBENDE, ATMENDE GEBURTSSTÄTTE DES DARWINISMUS

Auf den Spuren Charles Darwins in diesem Wildtierwunderland mit Riesenschildkröten, verspielten Seelöwen, Salzwasser niesenden Meerechsen und kleinen Finken, wo alles begann.

Eine Welt vom ecuadorianischen Festland entfernt, mehr als 1000 km vor der Küste, sind die Galapagosinseln seit Charles Darwins Zeiten ein Naturwunder. Ecuador wies 97% der Inseln als Nationalpark aus, ein Zeugnis seines Engagements für die Bewahrung des kostbaren Erbes, das das Verständnis der Menschheit von der Evolution grundlegend veränderte. Eine der wundersamen Realitäten bei einem Besuch der Galapagosinseln ist die relative Harmonie, in der die Menschen hier inmitten dieser reichen Artenvielfalt leben. Seelöwen ziehen jeden Abend zu den geschäftigen Häfen und Stränden und Meerechsen stapeln sich entlang der Promenaden und belebten Gehsteige – all das so ungerührt, dass man aufpassen muss, die vorgeschriebene Zwei-Meter-Distanz zu den Wildtieren einzuhalten.

Weiter außerhalb ebbt die tägliche Wonne bei Wildtierbegegnungen nie ab, wenn ein Blaufußtölpel neugierig den Blick erwidert, eine Riesenschildkröte den Pfad kreuzt oder ein Orca direkt neben dem Boot auftaucht. Wenn Darwins kecke kleine Finken umherhüpfen, ist zu erkennen, dass ihre Schnäbel und Verhaltensweisen von Insel zu Insel verschieden sind, wie Darwin beobachtete. Die lebendige Artenvielfalt hautnah zu erleben, die seine Theorie der natürlichen Auslese hervorbrachte, ist der Grund für die Reise in die magische Welt dieses Archipels.

DIE WICHTIGSTEN ZIELE

PUERTO AYORA (ISLA SANTA CRUZ)
Tor zu den Galapagosinseln.
S. 290

PUERTO BAQUERIZO MORENO (ISLA SAN CRISTÓBAL)
Provinzhauptstadt mit attraktivem *malecón*.
S. 297

PUERTO VILLAMIL (ISLA ISABELA)
Kleinstadtcharme einer großen Insel.
S. 303

PUERTO VELASCO IBARRA (ISLA FLOREANA)
Winziger Hafen der verschlafenen Floreana.
S. 310

Erste Orientierung

Von den vier bewohnten Galapagosinseln sind Santa Cruz, San Cristóbal und Isabela die Hauptanlaufstellen für Traveller vom Festland. Auf diesen Inseln gibt's Unterkünfte, Touranbieter, Flughäfen und Häfen für Tagesausflüge zu entlegenen Inseln.

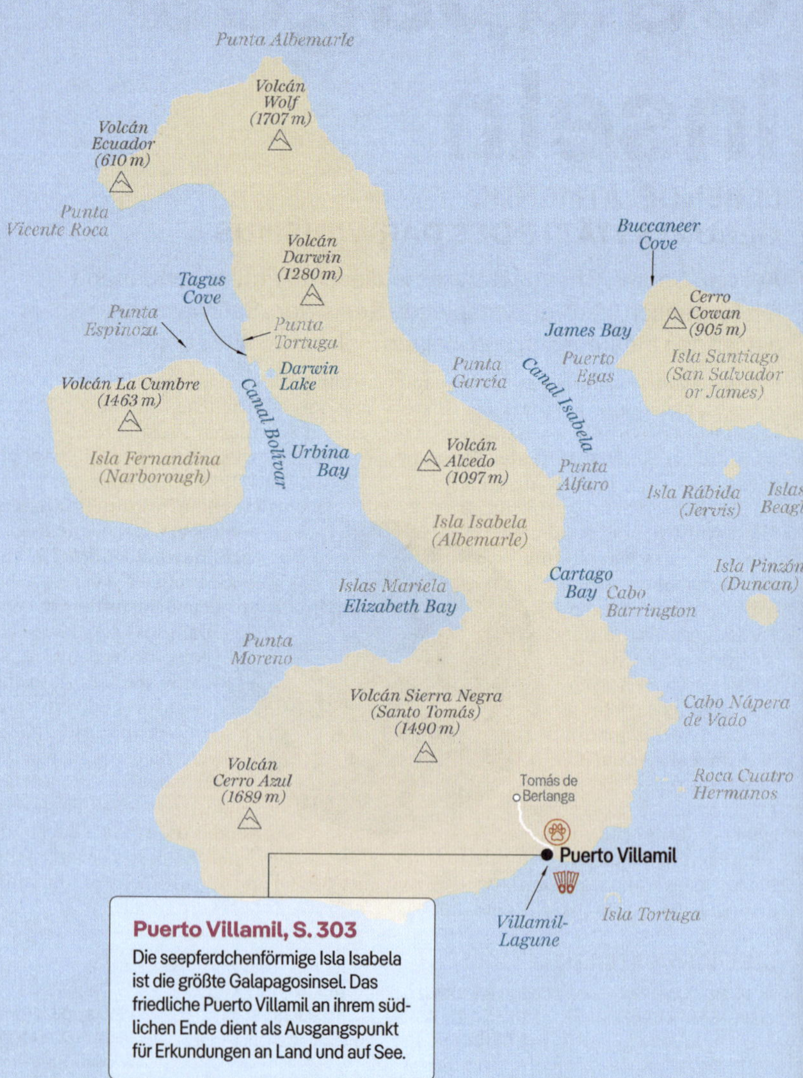

Puerto Villamil, S. 303

Die seepferdchenförmige Isla Isabela ist die größte Galapagosinsel. Das friedliche Puerto Villamil an ihrem südlichen Ende dient als Ausgangspunkt für Erkundungen an Land und auf See.

SCHIFF/FÄHRE

Fähren verkehren täglich zwischen den Hauptinseln, kleinere Schnellboote nach Floreana nicht so regelmäßig. Fährtrips dauern in der Regel zwischen 1½ und zwei Stunden und sind die günstigste Möglichkeit, zwischen den Inseln zu pendeln.

TAXI

Auf Santa Cruz und San Cristóbal fahren zwar regelmäßig Busse, aber effizienter und bequemer ist es, ein Taxi zu mieten, um die Sehenswürdigkeiten nach eigenem Zeitplan zu erkunden. Die Preise auf den Inseln sind in der Regel einheitlich und günstig.

FLUGZEUG

Wer bereit ist, für Flüge zwischen den Inseln zu bezahlen, spart Zeit und wird möglicherweise nicht seekrank in einem der Kleinflugzeuge nach Santa Cruz, San Cristóbal und Isabela. Es gibt keine Flüge nach Floreana, das nur per Boot erreichbar ist.

PAZIFISCHER OZEAN

Puerto Ayora, S. 290

Puerto Ayora auf der Isla Santa Cruz ist die belebteste und besterschlossene Galapagosstadt und bietet in jeder Straße Unterkünfte, Restaurants und Touranbieter.

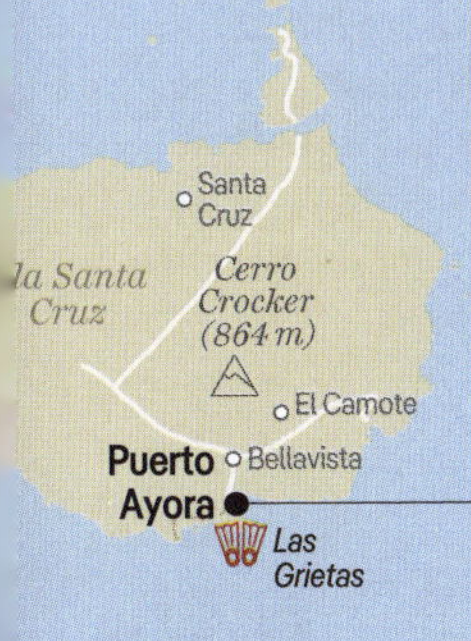

Isla Santa Fé

Puerto Baquerizo Moreno, S. 297

Die Hauptstadt der Provinz Galapagos liegt an einer Bucht im Südwesten der Isla San Cristóbal und verfügt über einen attraktiven *malecón*, den Hunderte Seelöwen bevölkern.

Isla de San Cristóbal (Chatham)
Cerro San Joaquín (896 m)
Puerto Baquerizo Moreno
El Progreso

Puerto Velasco Ibarra, S. 310

Floreana ist die ländlichste der bewohnten Inseln, ihr Hafendorf ist mit Abstand die ruhigste Basis für DIY-Abenteuer auf den Galapagos.

Perfekte Tage

Es ist eine weite Reise – selbst wenige Tage auf einer Insel vermitteln einen Eindruck von der Artenvielfalt und der isolierten Einzigartigkeit dieser geschichtsträchtigen Inseln.

KAREL STIPEK/SHUTTERSTOCK ©

Los Gemelos (S. 294)

DREI TAGE ZEIT

- Mit der Isla Baltra als An- und Abflugort sind die Tage auf der Isla Santa Cruz optimal zu nutzen. Du heuerst am Fähranleger auf Santa Cruz ein Taxi zum Startpunkt des Trails **Los Gemelos** (S. 294) an, um dir die Beine zu vertreten, bevor es weiter zum **Rancho Primicias** (S. 294) geht, um Galapagos-Riesenschildkröten zu beobachten.

- Zum Abschluss geht's ins Hochland zu einer Wanderung (teilweise im Kriechgang) durch die **Lavaröhre** (S. 295) und dann ab ins Hotel in **Puerto Ayora** (S. 290).

- In den nächsten beiden Tagen stehen ein Tagesausflug auf eine Außeninsel auf dem Programm sowie ein Besuch der **Forschungsstation Charles Darwin** (S. 290), eine geführte Wanderung und ein Schnorchelgang bei **Las Grietas** (S. 292).

Beste Reisezeit

Januar bis Juni ist die wärmere, nasse Saison. In der trockeneren, etwas kühleren Saison von Juli bis Dezember ist das Meer weniger ruhig, doch die Tierwelt umso üppiger.

JANUAR

Grüne Meeresschildkröten kommen zur Brutzeit an Land und legen ihre Eier an ihren Geburtsstränden ab.

FEBRUAR

Der Geburtstag des Vaters der Evolutionstheorie, der Darwin-Tag auf den Galapagosinseln, wird am 12. Februar gefeiert.

APRIL

Die Jungtiere der Grünen Meeresschildkröte schlüpfen aus ihren Nestern und wandern über Strände zum Meer.

CAM JONES/SHUTTERSTOCK ©, WATCH THE WORLD/SHUTTERSTOCK ©, JEAN PERRON/SHUTTERSTOCK ©

EINE WOCHE ZEIT

- Folge der Isla-Santa-Cruz-Reiseroute, ziehe dann weiter zur Isla Isabela und genieße die entspannten Vibes von **Puerto Villamil** (S. 303) bei einem Spaziergang zur **Concha de Perla** (S. 305). Bring deine Schnorchelausrüstung mit, um inmitten der bunten einheimischen Tierwelt zu schwimmen.

- Miete am nächsten Tag ein Fahrrad und besuche die **Muro de las Lágrimas** (S. 307) mit Zeit für Stopps, um an leeren Stränden zu faulenzen, die Pools und Mangrovenbuchten im Landesinneren zu sehen und unerwartete Begegnungen mit Isabelas Riesenschildkröten zu haben.

- Zum Abschluss umrundest du die **Isla San Cristóbal** (S. 300) und fliegst von dort aus zurück zum Festland.

ZEHN TAGE ODER MEHR

- Nutze dein Inselhopping für Schnorchelausflüge von jeder Insel aus, zum Beispiel zu Spots wie **Isla Bartolomé** (S. 295), **Isla Española** (S. 302) und **Isla Santa Fé** (S. 295).

- Erhole dich an Stränden der wilden **Tortuga Bay** (S. 293), der **Playa del Amor** (S. 307) und der **Playa Punta Carola** (S. 299) und geh zum **Flamingo-Teich** (S. 304) auf Isabela.

- Mit Zeit und Lust entfliehst du dem Mainstream ein paar Tage lang auf die **Isla Floreana** (S. 310) und bekommst ein Gefühl dafür, wovon die ursprünglichen Galapagos-Siedlungen in dieser abgelegenen Inselwildnis überlebten.

MAI

Blaufußtölpel beginnen zu tanzen, denn die Paarungszeit inspiriert ihre besten Moves.

JUNI

Die sogenannte *garúa*-Saison beginnt und bringt kühlen Nebel ins Hochland der Insel und feuchtes Wetter zum gesamten Archipel.

JULI

Die Walwanderung erreicht ihren Höhepunkt: Buckel-, Blau-, Grind- und Pottwale schwimmen vorbei.

DEZEMBER

Die Regenzeit setzt ein und bedeckt die Inseln mit üppigem Laub.

BLUEORANGE STUDIO/SHUTTERSTOCK ©, MARK ANTHONY RAY/SHUTTERSTOCK ©, XAGC/SHUTTERSTOCK ©, RPBAIAO/SHUTTERSTOCK ©

Puerto Ayora (Isla Santa Cruz)

UNTERWEGS VOR ORT

Flüge zur Isla Santa Cruz landen auf der Isla Baltra vor Santa Cruz' Nordspitze. Vom Flughafen Baltra fährt ein Bus (5 US$) zum Fähranleger für die Fünf-Minuten-Bootsfahrt über den Itabaca-Kanal (1 US$) und zu Taxis und Bussen, die über die Insel nach Puerto Ayora bringen. Die Stadt ist klein genug, um sie zu erlaufen, und bietet viele Restaurants, Geschäfte, Bars und kleine Touranbieter rund um den *malecón* (Uferpromenade) entlang der Avenue Charles Darwin.

TOP TIPPP

Reichlich US-Dollar auf die Galapagosinseln mitnehmen. Bei der Ankunft sind 100 US$ in bar für die Nationalparkgebühr zu bezahlen. In Santa Cruz gibt's zwei Geldautomaten nahe dem Hauptanleger im Proinsular-Gebäude. Scheine mit kleinen Rissen werden oft nicht akzeptiert.

Puerto Ayora mit der besten Infrastruktur auf den Galapagosinseln ist der Ort der Action. Wer noch keine Pläne gemacht hat, schmiedet diese am besten in Puerto Ayora bei einem Craft-Bier oder einem *bolón* (Kochbananenkloß) zum Frühstück. Die Touranbieter vor Ort helfen bei der Suche nach verfügbaren Angeboten für Inselabenteuer, ob man mit Hammerhaien tauchen, Blaufußtölpel beobachten oder zwischen friedlichen Meeresschildkröten schwimmen möchte – oder alles zusammen.

Von Puerto Ayora sind einige der vielen Schnorchelspots der Isla Santa Cruz zu Fuß erreichbar, ebenso eine Handvoll wilder Strände und die Forschungsstation Charles Darwin. Ein Taxi bringt zu den Jurassic-Park-artigen *ranchos* (Landgüter) im Hochland, wo sich Riesenschildkröten tummeln, sowie zu nebligen Zwillingskratern und riesigen Lavaröhren. Puerto Ayora ist ein hervorragender Ausgangspunkt für ein Galapagos-Abenteuer.

Darwins lebendes Vermächtnis

Evolutionstheorie und Wildniswanderung

Auf geht's zu einem realen Spaziergang durch die Evolutionstheorie. Auch wenn man nicht wortwörtlich in Darwins Fußstapfen tritt, passiert man doch eine **Büste** des ehrwürdigen Mannes an der Gabelung der gleichnamigen Avenue Charles Darwin; dort hält man sich rechts, wenn man von Puerto Ayoras Zentrum nach Osten läuft. Nach etwa zehn Minuten ist der Außenposten des Nationalparks erreicht, wo **geführte Wanderungen** (10 US$) beginnen. Sachkundige Ranger klären über Geologie, Tierwelt und die Geschichte der Menschen auf der Insel auf. Die Touren dauern etwa eine Stunde und halten an Schautafeln und für spontane Begegnungen mit Galapagos-Spottdrosseln, mutigen kleinen Finken und allgegenwärtigen Lavaeidechsen mit zinnoberrotem Hals. Sie enden bei der **Forschungsstation Charles Darwin,** wo in der Zuchtstation für Riesenschildkröten Babys und ältere Tiere

SEHENSWERTES
1 Büste von Charles Darwin
2 Laguna de las Ninfas
3 Aussichtsplattform
4 Playa de la Estación
5 Playa Ratonera

KURSE & TOUREN
6 Charles-Darwin-Forschungsstation
7 Geführte Wanderungen

SCHLAFEN
8 Casa del Lago
9 Hotel Fiesta
10 Posada del Mar

ESSEN
11 Agave Studio
12 Almar
13 La Calle de los Kioskos
14 Midori
15 Restaurante Descanso del Guia
16 Tropic Bird Cafe

AUSGEHEN & FEIERN
17 1835 Coffee Lab
18 Isla Grill

ganz nah zu sehen sind. In der Ausstellungshalle befinden sich das Skelett eines Brydewals und naturkundliche Exponate.

Von der Forschungsstation aus geht's zur **Playa Ratonera,** um den Sand mit sonnenbadenden Meerechsen zu teilen. Auf dem Rückweg in die Stadt führt ein Abzweig zur **Playa de la Estación**, wo man mit Hafenblick schnorcheln und schwimmen kann. Wer die Ranger-Tour bereits mitgemacht hat, schlendert über die Hauptstraße und besucht die Strände unabhängig davon.

Der Tag endet mit einem Abendessen auf der Avenue Charles Darwin und Spaziergang zurück zum Hafen, wo die abendlichen Lichter entlang des Docks Weißspitzen- und Schwarzspitzenhaie anlocken.

ESSEN IN PUERTO AYORA

La Calle de los Kioskos
In dieser Straße mit Familienbetrieben gibt's köstliche lokale Gerichte wie Ceviche, gegrilltes Fleisch und Hummer. **$**

Restaurante Descanso del Guía
Probiere *bolón* zum Frühstück, während du den morgendlichen Hafenverkehr beobachtest. **$**

Tropic Bird Cafe
Der Tag beginnt hier mit *encebollado* (ecuadorianischer Fischeintopf) als herzhaftes Frühstück. **$**

DIE BESTEN RESTAURANTS IN PUERTO AYORA

Almar
Hübsches, nachhaltiges Lokal für besondere Anlässe mit erstklassiger Weinkarte. Die Außenterrasse über dem Wasser bietet abends glitzernde Blicke auf Puerto Ayora. **$$$**

Midori
Sashimi und asiatische Fusion-Küche in romantischer Gartenkulisse am Ostende der Av. Charles Darwin. Um Insektenschutzmittel bitten, falls man keines hat. **$$$**

Agave Studio
Die Speisekarte mit mexikanischem Touch bietet einige ausgeklügelte Spezialitäten und vegane Optionen. Nahe der Abzweigung zur Laguna las Ninfas am Südende der Stadt. **$$**

1835 Coffee Lab
Buttrige, blättrige Croissants, gesunde Smoothies und hausgerösteter Kaffee locken morgens das Publikum, aber Avocado-Toast und Quiche sind auch mittags ein Genuss. **$$**

FERNANDO ESPINOSA/SHUTTERSTOCK ©

Las Grietas

Bucht & Kluft

Schnorcheln im süß-salzigen Wasser von Santa Cruz

Unweit von Puerto Ayoras Zentrum sind einige der nicht so geheimen Inselspezialitäten zu entdecken. Ein halber Tag zum Schnorcheln in der Übergangszone von Süß- und Salzwasser in der Gletscherspalte von Las Grietas deckt eine Menge einmaliges *galápagueño*-Terrain ab.

Dieses kleine Abenteuer beginnt mit einer Spritztour im Wassertaxi (1 US$) von der *muelle* (Dock) in Puerto Ayora. Der fünfminütige Trip durch den Hafen bringt zu einem Trail zur mangrovengesäumten **Playa Los Alemanes**, wo man vor oder nach dem Besuch von Las Grietas sonnenbaden und zwischen Meerechsen schwimmen kann. Vorbei an Gasthöfen und Häusern führt die Promenade durch die Lavafelsenlandschaft mit Palo-Santo-Bäumen, Feigenkakteen und flinken Lava-Eidechsen.

In etwa 15 Minuten ist eine Check-in-Hütte erreicht, von wo Nationalpark-Guides (10 US$) alle halbe Stunde Gruppen leiten; für die letzte Tour unbedingt vor 16 Uhr da sein. Auf der kurzen Wanderung nach Las Grietas passiert man einen

ÜBERNACHTEN IN PUERTO AYORA

Hotel Fiesta
Ruhige, bequeme Zimmer um einen Pool am Südwestende der Stadt; ausgezeichnetes Frühstück. **$$**

Casa del Lago
Ein kunstvoller, umweltbewusster Ort mit pflanzenumrankten Balkons am Weg zur Laguna de las Ninfas. **$$**

Posada del Mar
Die zentral gelegenen, gekachelten Zimmer sind geräumig, makellos und blicken auf den Hafen. **$$**

Salzteich und erfährt Näheres über die örtliche Ökologie. Dann führt eine Treppe hinunter zur brackigen Übergangszone im steilen Erdspalt von Las Grietas. Im kühlen, tiefen Wasser sind nicht so viele Meereslebewesen wie an anderen Tauchspots, aber die einzigartige Umgebung sorgt auch ohne Schnorchelausrüstung für ein erfrischendes Bad. Nach etwa 45 Minuten zum Umschauen geht's wieder zurück.

Ein Cocktail mit Blick auf den Hafen im **Isla Grill** rundet den Tag ab, bevor das Wassertaxi zurückfährt.

Der Pfad zur Tortuga Bay

Nationalparkwanderung zu wildem Strand

Gönne dir einen lockeren Strandtag mit einem Gang durch den Nationalpark zur wilden **Playa Tortuga Bay**. Von der Stadt aus wird der Gehsteig der Avenue Charles Binford zu einem Pfad, der bergauf in den Nationalpark führt; der Weg ist gut markiert, Schilder weisen zur **Laguna de las Ninfas**, eine friedliche, grün gesäumte Lagune.

Oben auf dem Hügel kann man auf die **Aussichtsplattform** klettern und einen tollen Blick auf Puerto Ayora genießen, bevor man dem Pfad durch die trockene Lavafelsenlandschaft folgt. Der 30-minütige Spaziergang zum weißen Sand der Tortuga Bay führt auf und ab und vorbei an riesigen Feigenkakteen, Kandelaberkakteen und Lederblättern.

Der Trail mündet in die schöne Hauptbucht, wo Fahnen die Bedingungen anzeigen. Ist die Flagge rot, aber man möchte schwimmen, hält man sich rechts und geht zum nächsten Strandabschnitt jenseits der Felskante – dort ist die Strömung nicht so stark und der Strand ist sicherer zum Schwimmen. Ein Bonus sind dort die Meerechsen und Küstenvögel, zu denen sich gelegentlich auch ein Flamingo gesellt.

Der Nationalpark schließt um 17 Uhr, also besser früh kommen und eine Stunde Fußmarsch einplanen (hin & zurück). Es ist auch möglich, ein Wassertaxi zurück zum Hafen von Puerto Ayora zu nehmen, aber die letzten Taxis fahren gegen 17 Uhr.

NACHHALTIGKEIT ZUR ZWEITEN NATUR MACHEN

Ivonne Torres, Koordinatorin des Besucherzentrums der Galápagos Conservancy. galapagos.org

Eines unserer Programme betrifft das lokale Bildungssystem. Unser 10-Jahres-Projekt läuft jetzt im siebten Jahr. In dieser Zeit haben wir 430 Lehrerinnen und Lehrer in der Provinz geschult, wie sie Nachhaltigkeitserziehung in ihren Lehrplan integrieren können. Es geht um Literatur, Mathematik, Naturwissenschaften, Kunst – alle Fächer. Die leidenschaftlichsten Lehrkräfte informieren und unterstützen andere Kollegen, damit sie Nachhaltigkeitsthemen auf ansprechende Art und Weise in ihren Unterricht einbauen und für Kontinuität sorgen können. Die Schülerschaft lernt, wie wichtig Recycling, eine bessere Wassernutzung und die Säuberung der Küsten sind – und sie bringen diese Erkenntnisse mit nach Hause in ihre Gemeinden und in das Gebiet des Nationalparks.

Rund um Puerto Ayora

Die Isla Santa Cruz offenbart geologische Schätze und frei laufende Schildkröten im nebligen Hochland, während die abgelegenen Inseln Galapagos-Mikrokosmen bieten.

UNTERWEGS VOR ORT

Wer Zeit und Lust hat, mietet in Puerto Ayora ein Fahrrad und fährt ins Hochland; das Dorf Santa Rosa liegt 16 km entfernt. Alternativ fahren öffentliche Busse (1 US$) etwa alle 20 Minuten nach Santa Rosa, von wo man zu Fuß oder mit dem Fahrrad nach 4 km zu den Schildkröten-*ranchos* gelangt. Ein Taxi ist ideal für alle Highlights im Hochland und günstig, wenn man die Kosten mit anderen teilen kann.

TOP TIPP

Die Galapagosinseln haben meist zwei oder drei Namen. Hier werden die lokalen spanischen Namen verwendet, z. B. Isla Santa Cruz statt Indefatigable.

Nach der Landung auf der Isla Santa Cruz wartet das Vergnügen, während der 40 km langen Fahrt über die Insel nach Puerto Ayora dramatisch wechselnde Landschaften und Mikroklimata zu bewundern. Von den Trockenebenen mit Palo-Santo-Bäumen zum üppigen Hochland mit endemischen Scalesia-Bäumen und zurück zum geschäftigen Hafen zeigt die Insel ihre Reichtümer.

Die Inselchen und unbewohnten Inseln vor Santa Cruz bieten mit ihren Nischenpopulationen nistender Nazca-Tölpel oder Galapagos-Pinguine weitere Kontraste. Tagestrips von Santa Cruz aus veranschaulichen die vulkanischen Ursprünge und die Anpassungen der robusten Flora und Fauna, die hier überlebt haben.

Naturschönheit im Hochland von Santa Cruz

Zwillingskrater, Schildkröten und Lavaröhren

Man startet nach der Ankunft am besten gleich durch und lässt das Taxi nach Puerto Ayora unterwegs ein paar Stopps einlegen. Nach der trockenen Ebene von Palo Santo (die im August ein weißes Blütenmeer ist) geht's bergauf ins Hochland, das auf nur 700 m über dem Meeresspiegel ein ganz anderes Ökosystem repräsentiert. Am ersten beginnt ein gewundener Trail um die Zwillingskrater **Los Gemelos** (Die Zwillinge), deren Trichter in tropisches Grün gehüllt sind. Der kurze zehnminütige Weg durch endemische Scalesia, Bromelien und Flechten ist flach und folgt dem Rand der beiden Krater. Ausschau halten nach Darwinfinken, Rubintyrannen und Galapagostauben.

Dann geht's zurück zum Ausgangspunkt und weiter zum Dorf Santa Rosa, wo vielleicht die eine oder andere riesige Galapagos-Schildkröte über die unbefestigte Straße schlendert. Das Reservat **Rancho Primicias** (7 US$) offenbart Wiesen voller Riesenschildkröten – und gleicht auf den ersten Blick einem echten Jurassic Park. Hier lernt man diese prächtigen Tiere kennen und beobachtet sie bei Nickerchen in Teichen, beim Grasen und Ausatmen wie Wale an Land.

MAURURU/SHUTTERSTOCK ©

Rancho Primicias

Der Besuch des *rancho* endet mit einer Fahrt durch die 400 m lange unterirdische **Lavaröhre**. Während der beleuchtete Tunnel meist höhlenartig ist, muss man an einer Stelle auf dem Bauch krabbeln. Eine hölzerne Treppe bringt zurück ans Tageslicht, wo schon das Taxi zurück ins wärmere Flachland und nach Puerto Ayora wartet.

Tagesausflug zu den vorgelagerten Inseln

Wildtiere in verschiedenen unbewohnten Landschaften

Ein Besuch mindestens einer der unbewohnten Galapagosinseln ist ein Muss, um eine größere Artenvielfalt in sehr unterschiedlichen Landschaften zu sehen.

Etwa 1½ Stunden nordwestlich von Santa Cruz liegt die **Isla Bartolomé**, ein Satellit der benachbarten Isla Santiago. Die karge, mondartige Landschaft ist mit skulpturenförmigen Schlackenkegeln inmitten von seilartiger Pahoehoe-Lava gespickt, robuste Tequilapflanzen tauchen die Hänge in Silber. Unterwegs zum **Aussichtspunkt** mit Blicken über

PLAYA EL GARRAPATERO

Die Playa El Garrapatero ist ein schöner Rückzugsort fern der beliebteren und überfüllten Strände von Puerto Ayora. Da er 21 km von der Stadt entfernt ist, kann man sich mit dem Taxi absetzen und zu einer vorher vereinbarten Zeit wieder abholen lassen. Alternativ bietet sich eine 20-minütige Fahrt mit dem Wassertaxi an, allerdings muss man aufpassen, wann die letzte Fahrt stattfindet. Von der Straße aus läuft man etwa 15 Minuten durch die typischen Opuntien und Palo Santo bis zum breiten Sandstrand. Hier sonnt man sich neben den Meerechsen oder nimmt die Schnorchelausrüstung mit und hält Ausschau nach Meeresschildkröten oder Seelöwen, die auf der Suche nach Spielkameraden sind. Vielleicht entdeckt man ja zufällig auch ein paar Pelikane, Blaufußtölpel oder sogar Flamingos.

GEHOBENE UNTERKÜNFTE AUF SANTA CRUZ

Galápagos Safari Camp
Luxuriöses Safarizelt mit Teakholzboden in umweltbewusster Hochland-Lodge mit erstklassiger nachhaltiger Küche. **$$$**

Finch Bay Galápagos Hotel
Privater Wassertaxishuttle für Gäste dieser eleganten Lodge an der Playa Los Alemanes nach Puerto Ayora und zurück. **$$$**

Pikaia Lodge
Klimaneutrale All-inclusive-Hochland-Öko-Lodge; alle Mahlzeiten und Ausflüge mit der Privatjacht von der Insel aus. **$$$**

JENSEITS VON JENSEITS

Obwohl sie oft einmalige Tierbeobachtungen bieten, gehören viele entlegene Inseln, die von Kreuzfahrten und Tauchsafaris besucht werden, nicht zu den Tagesausflugszielen vom Festland aus.

Von Santa Cruz aus geht's auf der zentral gelegenen, aber wenig besuchten **Isla Pinzón** mehr ums Tauchen mit Haien als um die Inselgeografie selbst.

Aus dem Trio der nördlichsten Inseln sticht die **Isla Pinta** als Heimat von Lonesome George hervor, dem letzten bekannten Schildkrötenexemplar seiner Art. Die **Isla Marchena** lockt zu Tauchgängen mit Hammerhaischwärmen und manchmal auch Galapagos-Delfinen. Die **Isla Genovesa** ist der beste Ort für nistende Kolonien von Rotfußtölpeln, Nazcatölpeln, Rotschnabel-Tropikvögeln und Sturmvögeln.

Die nördlichsten **Islas Darwin** und **Wolf** sind berühmte Tiefseetauchplätze, doch der fotogene Darwin's Arch stürzte 2021 durch Erosion ein.

Pinnacle Rock

die beeindruckende Halbinsel, den **Pinnacle Rock** und die roten Schlackenkegel Santiagos sind Lava-Eidechsen vermutlich die einzigen sichtbaren Landbewohner. Beim Schnorcheln sieht man vielleicht Galapagos-Pinguine durchs Wasser sausen, doch wahrscheinlicher sind Rochen, Haie, Meeresschildkröten und Rifffischschwärme.

Rund 1½ Stunden südöstlich von Puerto Ayora bietet die attraktive **Isla Santa Fé** die Möglichkeit, Blaufußtölpel, Fregattvögel, Rotschnabel-Tropikvögel und Nachtreiher im Opuntienwald zu beobachten. Blasse, goldfarbene Barrington-Landleguane (Santa-Fe-Landleguane) gibt's nur hier – die größten auf den Galapagos. Sie leben in einer symbiotischen Beziehung mit Darwinfinken, die sie von Parasiten befreien. Vor der Küste sieht man Riffhaie, Rochen und Seelöwen.

Auf der **Isla Seymour Norte**, die wie Santa Fé durch eine Bodenhebung entstand und daher flach ist, gibt's die größte Fregattvogelkolonie der Galapagos, Brutkolonien von Gabelschwanzmöwen und Blaufußtölpeln sowie Land- und Meerechsen. Trips nach Seymour Norte dauern von Santa Cruz etwa 45 Minuten und bieten Schnorchelstopps an schönen Stränden mit einer ähnlichen Riffwelt wie bei Santa Fé.

LONESOME GEORGE

Der Anblick der klimakontrollierten, präparierten Überreste der letzten Isla-Pinta-Schildkröte Lonesome George in der **Charles-Darwin-Forschungsstation** (S. 290) in Puerto Ayora ist bedrückend und hoffnungsvoll zugleich, da er zur Ikone des Naturschutzes in Galapagos wurde.

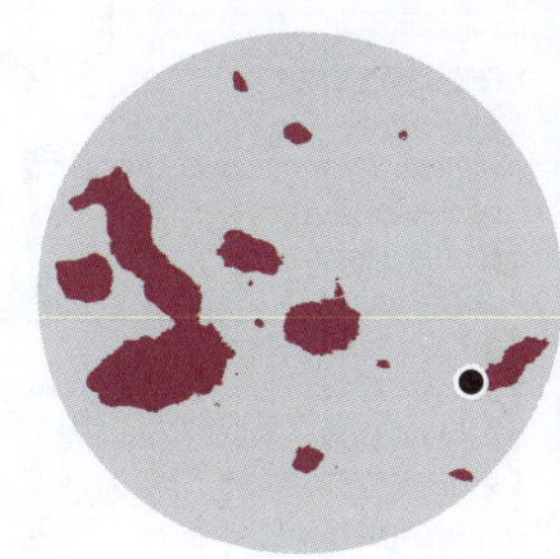

Puerto Baquerizo Moreno (Isla San Cristóbal)

Wer nur ein paar Tage auf den Galapagosinseln verbringt, sollte die Isla San Cristóbal als Basis wählen. Man fliegt nach Puerto Baquerizo Moreno, ist in fünf Minuten mit dem Taxi oder in 20 Minuten zu Fuß in der Stadt und geht von dort aus weiter. Die Hauptstadt der Provinz Galapagos hat eine schöne Strandpromenade, den Malecón Charles Darwin, der sich um die geschützte Bucht windet und an dessen Strand sich Hunderte Seelöwen tummeln. Puerto Baquerizo Moreno ist weniger dicht und kommerziell als Puerto Ayora, hat aber viele Touranbieter, nette Unterkünfte und gute gastronomische Angebote, die nach den Abenteuern in der Stadt wieder munter machen.

Dann nimmt man sich einen Tag Zeit für die Umrundung der Insel mit dem Boot, um nach Hammerhaien und Buckelwalen Ausschau zu halten, und für die Durchkreuzung der Insel von unberührten Schnorchelbuchten bis zu einem Kratersee im Hochland. Hinzu kommen Spaziergänge auf dem *malecón,* Passionsfruchtsorbet nach dem Schnorcheln und Cocktails in der Hängematte, begleitet von einem Ständchen der Seelöwen.

Die Küstenkracher von San Cristóbal

Puerto Baquerizo Morenos Schnorchel-Hotspots

Genieße einen klassischen Galapagos-Tag mit einem Marsch durch Nationalparkland, Schnorcheln in einer herrlichen, glitzernden Bucht und Abhängen mit Seelöwen an einem ruhigen Strand.

Auf der Avenue Alsacio Northia geht's den Schildern folgend nach Norden, vorbei an der Playa Mann. Sie ist einen Blick wert, kann aber warten – es gibt weniger überfüllte

UNTERWEGS VOR ORT

Puerto Baquerizo Moreno ist so klein, dass man in einer Stunde vom Flughafen zu Fuß in die Stadt laufen, ins Hotel einchecken und zum nächsten Strand spazieren kann. Die kleine, beschauliche Innenstadt mit attraktivem *malecón* hat viele Cafés und Bars, in denen man sich auf dem Weg vom Seelöwenstrand zum Fischerhafen erfrischen kann.

TOP TIPP

Die Fährfahrt zwischen San Cristóbal und Santa Cruz kann wild und rau sein. Wer zu Seekrankheit neigt, sollte sich vorbereiten – Medikamente gegen Übelkeit, Akupressurbänder, Gebete – und die früheste Fähre buchen, wenn die Bedingungen normalerweise ruhiger sind.

SEHENSWERTES
1 Centro de Interpretación Ambiental Gianni Arismendy
2 Las-Tijeretas-Aussichtspunkt
3 Playa de los Lobos
4 Playa de Oro
5 Playa Mann
6 Playa Punta Carola

ÜBERNACHTEN
7 Algarrobos Hotel
8 Casa Blanca
9 Casa Playa Mann

ESSEN
10 Calypso
11 La Sazón Galapagueña
12 Muyu Galápagos

AUSGEHEN & FEIERN
13 Kachi Tanta

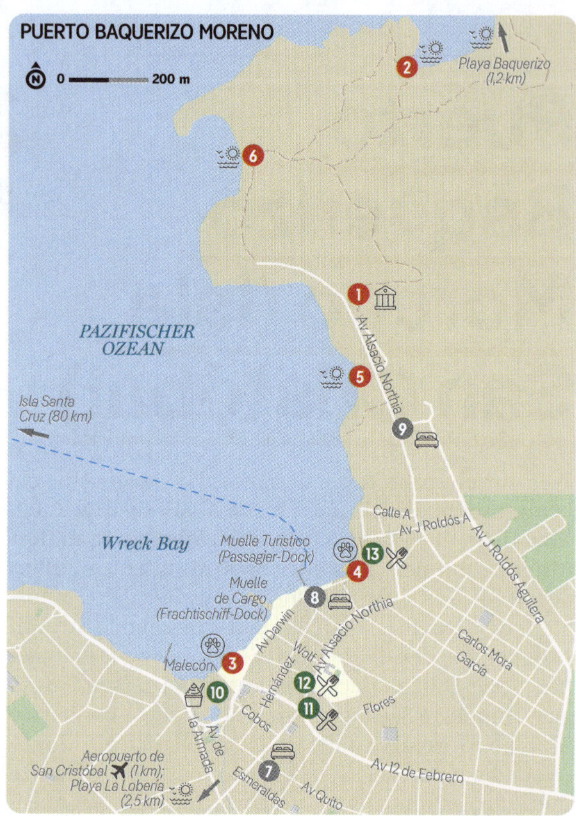

DIE BESTEN BARS AM MEER

Post Office
In erstklassiger Lage direkt am *malecón* neben dem Seelöwenstrand ist dies die perfekte luftige Bar, um bei einem Caipirinha den Sonnenuntergang zu genießen. Es gibt auch eine Speisekarte mit Optionen wie Falafel-Burger und manchmal Livemusik.

The Pier
In einer kleinen Ecke nahe dem Fischereidock am Nordende der Stadt sitzt man in einer Hängematte, schlürft eine Margarita und blickt auf die Boote vor der Küste. Ceviche und Meeresfrüchte sind hier die Spezialitäten; früh kommen, um den Sonnenuntergang in der ersten Reihe zu sehen.

Strände, versprochen. Die Straße führt hinauf zum **Centro de Interpretación Ambiental Gianni Arismendy**, einem Komplex mit exzellenten Ausstellungen zur Naturgeschichte der Galapagosinseln, Geschichte der menschlichen Besiedlung und den aktuellen Umweltproblemen der Inseln.

Weiter entlang des Weges führt ein Abzweig zur Playa Punta Carola; hier hält man, um die sonnenbadenden Seelöwen und Meerechsen am Strand zu beobachten, oder spaziert etwa fünf Minuten zum **Aussichtspunkt Las Tijeretas**. Von ganz oben ist die Aussicht auf die weitläufige Bucht und die Abstufungen im glitzernden Wasser spektakulär. Ein Unterwasserausflug vom unteren Deck aus zeigt mit großer Wahrscheinlichkeit verspielte Seelöwen zwischen bunten Rifffischen, Meeresschildkröten und Weißspitzenhaien.

Für einen Strandtag in wilderer Umgebung geht's zurück auf den Hügel und die Treppe zum *mirador* (Ausguck) hinauf. Nach gebührender Bewunderung der Aussicht folgt man etwa 30 Minuten lang vorsichtig dem gut ausgeschilderten Weg durch Lavabrocken und Palo Santo bis zur friedlichen **Playa Baquerizo** vor Schatten spendender Vegetation.

Strände & Lokalkolorit

Sonnen, Schwimmen und Beobachten von Wildtieren

Manche brauchen einen Erholungstag nach der rauen Überfahrt oder möchten einfach am Strand chillen. Man muss nicht mal die Stadt verlassen, um Unmengen von Seelöwen zu sehen, die sich an der **Playa de los Lobos** entlang des *malecón* oder der kleineren **Playa de Oro** am Nordende tummeln. Möglicherweise sieht man Jungtiere beim Säugen und Männchen beim Revierstreit – durch den Trennzaun sieht man sie aus nächster Nähe vom Gehsteig (Anfassen ist natürlich verboten). Abkühlung bietet ein Eis bei **Calypso**.

Zum Schwimmen und Sonnenbaden empfiehlt sich die attraktive **Playa Mann** nur zehn Gehminuten nördlich. Der Strand ist bei Familien beliebt, weil er nah an der Stadt liegt und Schatten, Toiletten und Duschen hat. Hier tummeln sich auch Seelöwen und Meerechsen und es gibt ein Strandcafé sowie nahe Cafés entlang der Avenue Alsacio Northia. Weitere zehn bis fünfzehn Minuten Fußweg führen zum Besucherzentrum (S. 297) und weiter zur weniger überlaufenen **Playa Punta Carola** mit ähnlicher Tierwelt am Strand.

Die **Playa La Lobería**, ein größerer Strand im Nationalpark, liegt einen langen Marsch hinter dem Flughafen oder eine 1,50 US$ teure Taxifahrt entfernt. Unterwegs sind wahrscheinlich Reiher, Fischreiher und Meerechsen zu sehen. Am Strand ruhen meist einige Seelöwen im Schatten der Rangerstation, andere sonnen sich inmitten von Menschen. Ein toller Strand, um eine Stunde lang in aller Ruhe die Tierwelt zu beobachten.

SURFEN AUF SAN CRISTÓBAL

Fabian „Bilabong" Shigua Andi, Gründer von Galápagos Surf Discovery, verrät seine Surftipps für San Cristóbal.

Ich habe schon bei fast allen Inseln gesurft, aber die beste – die ich liebe und bei der ich bleiben werde, ist die Isla San Cristóbal. Ich surfe hier seit etwa 20 Jahren und würde die Insel gegen nichts eintauschen wollen. Es heißt, dass die Wellen hier besser sind als auf dem ecuadorianischen Festland. Die anderen Inseln haben hauptsächlich Beach Breaks, hier sind es dagegen nur Point Breaks. Die besten Wellen in Stadtnähe gibt's in Punta Carola und El Cañon – El Cañon ist eine wunderschöne Linkswelle und Punta Carola ist mehr oder weniger eine 10-Fuß-Rechtswelle. Eine 3-Meter-Welle – unglaublich!

ESSEN IN PUERTO BAQUERIZO MORENO

La Sazón Galapagueña
Lokaler Favorit für *encebollado* mit Reis oder Brot und frischem Saft – das Frühstück für Seefahrer-Champions. $

Kachi Tanta
Bäckerei mit perfektem, frischem Gebäck, fertigen Sandwiches und leckeren veganen Optionen (to go). $

Muyu Galápagos
Gemeinschaftsorientiert und nachhaltig; Muyu („Samen" in Kichwa) ist ein kreatives und köstliches Erlebnis. $$

Rund um Puerto Baquerizo Moreno

Auf zu den Hügeln im Hochland von San Cristóbal, einem unberührten Strand an der Ostküste und einer eintägigen Umrundung der gesamten Insel.

UNTERWEGS VOR ORT

Für Reisen zwischen den Inseln von und nach San Cristóbal ist Fliegen eine Option, wenn das Budget es zulässt. Die Fährfahrt ist durchweg so rau, dass Seekrankheit die Norm ist. Die Fähren (2-mal tgl.) kosten etwa 35 US$ einfach und dauern etwa 2½ Stunden; die 30-minütigen Flüge liegen bei durchschnittlich 130 US$.

TOP TIPP

Die Saison für Hummer variiert, ist aber generell von September bis Dezember – zuschlagen, wenn er auf der Karte steht.

Wie auf anderen bewohnten Inseln liegt auch die raue Schönheit der Isla San Cristóbal nicht in ihren Hafenstädten. Im Hochland gibt's einen Kratersee – vom Kraterrand genießt man bei einer kühlen Brise den Blick an grünen Vulkanhängen hinab, wo die Insel auf den Ozean trifft. Weiter entlang der Straße streunen in San Cristóbals Schildkrötenzuchtstation kleine und große Schildkröten frei herum.

Vor der Küste am Kicker Rock und anderswo gibt's jede Menge Meeresabenteuer, Surfspots in Fußnähe und viele Tauchplätze entlang der Küste. Die Insel ist klein genug, dass sie an einem Tag umrundet werden kann, mit tollen Möglichkeiten zum Schnorcheln unterwegs.

360-Grad-Umrundung

Schnorcheln und Vögel beobachten rund um San Cristóbal

Mit einer **360°-Tour** (180 $) um die Isla San Cristóbal nutzt man den Tag voll aus. Die Strände, an denen gestoppt wird, können je nach Wetterlage variieren, aber man legt morgens am Kai in Puerto Baquerizo Moreno ab und kehrt abends nach der Inselumrundung zurück. Es ist eine ausgezeichnete Gelegenheit, San Cristóbals Küstengeologie zu erkunden, während man vorbeifährt – oder aussteigt und wandert oder schnorchelt.

Die Touren führen in beide Richtungen um die Insel – gleichmäßig aufgeteilt auf Boote, um die Besucheranzahl und das Timing auszubalancieren. Bei der Fahrt gegen den Uhrzeigersinn gibt's eine nasse Landung auf dem weißen Sand der **Bahía Rosa Blanca** für einen kurzen Marsch über die Lava, um Blaufußtölpel zu entdecken und in einer geschützten

Blaufußtölpel, Punta Pitt

Bucht oder Lagune mit Meeresschildkröten und Haien zu schnorcheln. Dann geht's weiter zur **Punta Pitt** und zu rastenden Blau- und Rotfußtölpeln, Fregattvögeln und Gabelschwanzmöwen. In der **Bahía Sardinia** kann man nochmals schwimmen und auf Rochen, Haie, Meeresschildkröten und Sardinenschwärme treffen.

Die letzten Stationen in dieser Richtung sind der **Cerro Brujo**, der durch einen Bogen einen fantastischen Blick auf den Kicker Rock gewährt, und der **Kicker Rock** selbst (auch León Dormido oder Schlafender Löwe). Beide Formationen sind erodierende Tuffkegel vulkanischen Ursprungs. Schwimmt man mit der Strömung um den Kicker Rock herum, kann man die steil abfallende Wand bewundern und nach Meeresschildkröten und Hammerhaien Ausschau halten, bevor es nach Puerto Baquerizo Moreno zurückgeht.

ORTE FÜR WILDTIERTOUREN

Für nähere Begegnungen mit der Vogelwelt, etwa des Tölpels, ist eine Tour nach Punta Pitt eine Erwägung wert. Anstatt nur wenige Minuten an der Klippe vorbeizufahren, wandert man bis zur Spitze und sieht mit großer Wahrscheinlichkeit Blaufußtölpel, Rotfußtölpel und Nazca-Tölpel; in der Brutsaison lassen sich sogar Paarungstänze beobachten. Hier hat man auch etwas Zeit zum Schnorcheln.

Wem der Sinn nach Hammerhaien steht, sollte sich für eine Tour zum Kicker Rock entscheiden, die mehr Zeit fürs Schwimmen oder Tauchen erlaubt, um diese einzigartigen Raubtiere, Adler- und Mantarochen sowie Weißspitzen- und Schwarzspitzen-Riffhaie zu sehen.

ÜBERNACHTEN IN PUERTO BAQUERIZO MORENO

Algarrobos Hotel
Sauberer, freundlicher und preiswerter Ort mit Open-Air-Hängematten-Lounge und Frühstück. **$**

Casa Blanca
Dieses entspannte, elegante Refugium am Wasser punktet mit hervorragender Lage und luftigem Charme. **$$**

Casa Playa Mann
Umweltbewusst und familiengeführt an der ruhigen Straße zur Playa Mann; nette Menschen und tolles Frühstück. **$$**

GALAPAGOS-ALBATROS AUF DER ISLA ESPAÑOLA

Einzigartig auf unserem Planeten ist die Brutkolonie der Galapagos-Albatrosse auf der Isla Española von April bis Dezember. Zur Spitzenzeit befinden sich hier 25000 bis 30000 dieser seltenen Vögel, um sich zu paaren, zu brüten oder ihre Küken aufzuziehen. Da Albatrosse Españolas Hauptattraktion sind, gewähren die Touren ausreichend Zeit, um mit diesen erstaunlichen Distanzfliegern vertraut zu werden.

Wahrscheinlich lassen sich auch Nazca- und Blaufußtölpel, Gabelschwanzmöwen, Rotschnabel-Tropikvögel, Española-Spottdrosseln und möglicherweise Galapagos-Bussarde und Turteltauben blicken. Die hübsche Pigmentierung der leuchtend rot-grünen Meerechsen ist auch ein Hingucker und das Schnorcheln ist spektakulär.

Die Ausflüge finden nicht unbedingt täglich statt, daher sollten ernsthaft Interessierte im Voraus buchen.

SUNSINGER/SHUTTERSTOCK ©

El Junco

San Cristóbal, von West nach Ost

Kratersee, Schildkröten, Strandoasen

Um die Insel von Westen nach Osten zu erkunden, mietet man ein Taxi in Puerto Baquerizo Moreno, das von Ort zu Ort bringt. Von der Stadt klettert die Straße durch Obstplantagen mit Orangen, Bananen, Kochbananen und Passionsfrüchten bis zum Fuße des erloschenen Vulkans **El Junco** (650 m). Holzstufen steigen hinauf zum Kraterrand und dem Pfad am Rand entlang. Hier ist es kühler und nebliger, der Weg kann schlammig sein, und man sieht Fregattvögel über dem Kratersee kreisen und abtauchen, einer der wenigen (und sicher ergiebigsten) ständigen Süßwasserquellen der Galapagosinseln. Der Panoramablick ist ein Genuss, ebenso die winzigen Wildblumen in dieser üppigen Hochlandzone; dann geht's zurück zum Auto.

Einige Minuten die Straße hinunter liegt San Cristóbals Schildkrötenschutzgebiet **Galapaguera de Cerro Colorado**, das kostenlos besucht werden kann und wo ausgewachsene Schildkröten frei herumtollen. Hat man sich an den Riesenschildkröten sattgesehen, folgt der Abstieg zur Südostküste bis zum Start des Trails zum **Puerto Chino**, dem letzten Punkt der Inselüberquerung. Der befestigte Weg führt fünf Minuten durch Opuntienkakteen, bevor sich die Bäume am Strand zu einer wunderschönen kleinen Bucht mit weißem Sand und türkisfarbenem Wasser öffnen. Hier gibt's sonnenbadende Seelöwen und Meerechsen und einen kurzen Weg um die steinige Spitze herum zu Wellen, die an die Lavafelsen schlagen. Nimm dir Zeit, am ruhigen Strand zu entspannen und ein köstliches Bad zu nehmen.

Puerto Villamil (Isla Isabela)

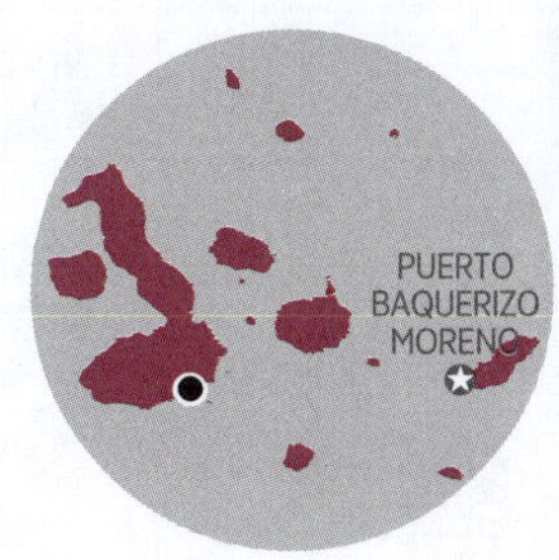

Die Isla Isabela ist eine ganz eigene wilde und wunderbare Schöpfung und hat die Form eines Seepferdchens, die man hier übrigens beim Schnorcheln sehen kann. Von den drei meist als Basislager dienenden Hauptinseln ist Isabela diejenige mit einer teilweise gepflasterten Innenstadt – Puerto Villamil – und touristischer Infrastruktur, die trotz Angeboten für Reisende sehr familiär ist. Diese größte der Galapagosinseln entstand aus einer verbundenen Kette von sechs Vulkanen.

Es gibt Flüge von Santa Cruz oder San Cristóbal nach Isabela, doch die Fahrt vom Flughafen ist vorab zu organisieren, denn das wenige für Ankunft und Abflug zuständige Personal verschwindet schnell. Wagt man sich zu Fuß, mit dem Fahrrad oder Truck aus dem winzigen Puerto Villamil heraus, taucht man sofort in eine beruhigende Wildnis ein – bis das Herz beim Anblick einer riesigen Schildkröte auf der Straße oder eines langbeinigen rosa Flamingos vor dem Grün der Lagune höherschlägt.

UNTERWEGS VOR ORT

Puerto Villamil ist ganz klein und bequem zu erlaufen. Der Flughafen liegt etwa 1,5 km vom Ort entfernt, aber ein Trucktaxi (5 US$; am besten im Voraus buchen) erspart den nicht sehr attraktiven Marsch. Von der Plaza in Puerto Villamil sind es nur 1,2 km bis zum Bootsanleger und dem Eingang zur Concha de Perla; Eilige zahlen 1 US$ pro Person für ein Taxi.

Isabelas bunte Meereswelt

Schlafende Haie und wache Seevögel

Viele Leute schauen sich Isabela auf einem langen Tagesausflug von Santa Cruz aus an, was durchaus machbar ist, wenn man wenig Zeit hat. Gezeitenabhängig lässt sich zwischen der morgendlichen Ankunft und der Abfahrt am Nachmittag ein halber Tag Schnorcheln bei **Las Tintoreras** einplanen. Im Voraus buchen, um sicherzugehen, dass dieser Besuch zum Wunschtermin möglich ist.

Pangas (kleine Passagierfähren) legen am Dock von Isabela ab, wo Seelöwen im Schatten liegen und andere im klaren, flachen Wasser schwimmen. Die Bootsfahrt dauert etwa 15 Minuten und beginnt mit einer Rundfahrt durch die geschützte Bucht, um Regenbrachvögel, Blaufußtölpel und gelegentlich Galapagos-Pinguine zu sehen. Es folgt eine entspannte Wan-

TOP TIPP

Wer kann, plant mehr Tage ein als ursprünglich gedacht. Mit wenigen Menschen in weniger kommerzieller Umgebung ist die Gemeinde zugänglicher und damit leichter zu erleben. Isabelas ruhige Ausstrahlung ist eine gute Therapie für jede wandernde Seele.

VORSICHT, KREUZENDE ECHSEN!

In der Abenddämmerung spaziert man am Strand entlang in Richtung Westen, bis zu der Stelle, an der Lavagestein über den Sand mäandert und eine Art natürlichen Steg ins Meer bildet. Um diese Zeit steigen die Meerechsen aus dem Wasser und krabbeln über den Sand, hüpfen auf den Felsen herum und schlängeln sich den Strand hinauf: Die Geisterstunde dieser kleinen Meeres-Godzillas. Ein guter Orientierungspunkt von der Straße aus ist das passend benannte Iguana Crossing Boutique Hotel.

derung um eine der **Lavainselchen**, die Las Tintoreras ausmachen. Interessant ist ein Vergleich der roten und weißen Mangrovenblätter und der Aa- mit den Pahoehoe-Lavaformationen. Meerechsen sind auf der schwarzen Lava besonders gut getarnt, man muss aufpassen, wo man hintritt. Die unterschiedliche Färbung der Roten Klippenkrabben verrät ihr Alter, grüne Meeresschildkröten tauchen in Pools auf und Seelöwen am kleinen Mangrovenstrand. Es gibt gute Chancen, Weißspitzen-Riffhaie (*tintoreras*) zu sichten, nach denen die Insel benannt ist, entweder schlafend in einer Felsspalte oder beim Schnorchelgang.

Zum Abschluss dieses entspannten, aber lohnenden halben Tages schnorchelt man in einem Bereich, den Lavainseln vor Wellengang schützen, folgt bunten Papageienfischen, Gelbschwanz-Doktorfischen, Seesternen und algenfressenden Meeresschildkröten, dann geht's zum Anleger zurück.

Langsamer Spaziergang durch die Wildnis

Schildkröten, Flamingos und Meerechsen

Im Westen von Puerto Villamil beginnt am kleinen Hotel Los Flamencos (Av. 16 de Marzo) der Weg zur Strandpromenade oberhalb der **Poza de los Flamencos** (Flamingoteich). Oft strandet hier ein einsamer Vogel mit gebrochenem Flügel und hat manchmal Gesellschaft beim Futtern im seichten Wasser. Vom Teich führt am Westende der Promenade die Hauptstraße Avenue Antonio Gil westlich zur ausgeschilderten Weggabelung. Rechts weist ein Schild auf den Wanderweg

PAWEL CZUCZWARA/SHUTTERSTOCK ©

Flamingos, Isla Isabela

zum Centro de Crianza hin, wo sich Meerechsen tummeln. Über den Holzsteg geht's in die Mangroven, wobei man aufpassen muss, nicht auf die vielen Meerechsen auf Steg und Geländer zu treten.

Nach einem 1,2 km langen Spaziergang durch Mangroven und mit Blick auf Lagunen ist das **Centro de Crianza Arnaldo Tupiza Chamaidan** erreicht, Isabelas Schildkrötenzuchtstation (10 US$). Informative Touren zeigen die Gehege mit verschiedenen Unterarten der Galapagos-Schildkröten im Brutalter und jünger, darunter Babys unterschiedlichen Alters und Größe.

Anschließend verlässt man die Straße und läuft eine weitere Minute nach Norden zu einem Aussichtspunkt über einem sauberen, grünen **Teich**, der von Schilf und Mangroven umgeben ist. Sehr wahrscheinlich erspäht man in dieser unberührten Umgebung einige Flamingos, die durchs Wasser stelzen, ihre rosafarbenen Flügel ausbreiten und Hälse biegen, um ihr Gefieder zu putzen.

Über die Uferpromenade (attraktiver als die Straße) geht's zurück in die Stadt zu einem Sundowner am Strand.

CONCHA DE PERLA

Die perfekte Krönung eines Besuchs in Las Tintoreras ist, mit seiner Schnorchelausrüstung über die Holzpromenade durch die Mangroven zur **Concha de Perla** zu laufen. Am besten kommt man frühmorgens, wenn man noch nicht mit anderen Menschen um die Wette schnorcheln muss – es könnte aber sein, dass Seelöwen den Weg blockieren und Meerechsen ein Nickerchen auf den Flip-Flops machen. Geschützt durch ein Lavabarriereriff können weniger Schwimmerfahrene vorsichtig von den Stufen des Decks in die ruhige Bucht steigen und an ihrem Rand Fische zwischen Mangrovenwurzeln, langsam auftauchende Meeresschildkröten und die ein oder andere schwimmende Meerechse beobachten. Selbst wenn hier viel los ist, ist es ein bequemer Ort für ein schnelles Bad inmitten der Tierwelt.

ESSEN IN PUERTO VILLAMIL

Cafetería Las Gaviotas
An der Plaza; Eier, Toast und Obst oder *llapingachos* (ecuadorianische Kartoffelpfannkuchen) zum Frühstück. $

Albita
Im kleinen Food Court an der Avenue 16 de Marzo bekommt man leckere ecuadorianische Gerichte. $

Casa del Asado
Gegrillte Köstlichkeiten, lächelnd serviert; bestellen, bevor organisierte Gruppen um 19 Uhr eintreffen. $$

Rund um Puerto Villamil

Ob auf der Insel oder vor der Küste, Isabela ermutigt dazu, einen Gang zurückzuschalten, und bietet ausgedehnte Wildnis.

UNTERWEGS VOR ORT

Eine Radtour zur Muro de las Lágrimas (Mauer der Tränen) bietet unterwegs genug Zeit für viele hübsche Abstecher entlang des Weges. Für Abenteuer darüber hinaus, zum Vulkan und nach Los Túneles, ist ein Guide erforderlich, da sie in den Nationalpark führen.

TOP TIPP

Vorsicht: Jeder Teil des Manzanillobaumes ist ein Reiz- oder Giftstoff. An hervorstehenden Manzanillos sind Warnschilder für Uneingeweihte angebracht.

Wer sich die Zeit nimmt und ein paar Nächte auf Isla Isabela verbringt, hat die Chance, die eigene Traumvorstellung des mythischen Galapagos zu erleben. Es ist so gemächlich wie die Fahrradtour über sandige Ebenen zu wilden Stränden oder die Schildkröte, die sich stetig über die Schotterstraße bewegt.

Einen längeren Tag verbringt man damit, in einem geschützten Lavalabyrinth zu schnorcheln, das sich wie eine Unterwasser-Flüsterkneipe für Meeresschildkröten, schlafende Haie und Seepferdchen anfühlt. Oder man wandert zum Rand eines aktiven Vulkans und bestaunt die raue Landschaft aus kollabierten Lavaröhren, Kegeln und Kratern, die noch langsamere geologische Kräfte formten.

Labyrinth der Seepferdchen & Haie

Tierwelt in einem Irrgarten unter Wasser

Die Galapagosinseln scheinen besonders an Orten wie **Los Túneles** vor Isla Isabela von Magie durchdrungen zu sein. Erkundet man dieses Insellabyrinth von oben und unten, erhält man einen wunderbaren Überblick über die vulkanischen Landformationen und die dortige Flora und Fauna.

Von der Anlegestelle in Isabela legen Boote für die 45-minütige Fahrt ab und halten unterwegs meist kurz, um schwarzweiße Nazca-Tölpel auf einem wellenumspülten Felsen im Meer zu zeigen.

Bei der Ankunft in Los Túneles schiebt sich das Boot vorsichtig in die Flachwasserlandschaft mit hoch aufragenden Kandelaberkakteen und Mangroven, die wie gigantische Bonsai auf winzigen Inselchen wachsen. Schwarze Lava bildet einen schönen Kontrast zum türkisen Wasser, ab und zu sieht man Blaufußtölpel von den Felsen zurückäugen oder mit etwas Glück ein paar Galapagos-Pinguine in der Sonne.

Wanderungen in Los Túneles erlauben Blicke aus der Vogelperspektive auf die Bogen, Tunnel und Höhlen unter Wasser und Streifzüge durch die Lavalandschaft an Land. Unter der Oberfläche gleiten Meeresschildkröten oder tauchen zum Atemholen auf und nehmen Schwimmerlebnisse vorweg.

Seepferdchen, Isla Isabela

Das Beste an Los Túneles liegt unter der Oberfläche. Der Guide führt durch das Labyrinth aus Lavahöhlen und Mangrovenwurzeln auf der Suche nach Wildtieren, darunter jede Menge Meeresschildkröten und Weißspitzenriffhaie, bunte Rifffische, Gold- oder Adlerrochen und hoffentlich das entzückende Galapagos-Seepferdchen.

Indie-Abenteuer ins Landesinnere

Fahrradtour, wilde Schildkröten, Isabelas Geschichte

Von Puerto Villamil begibt man sich mit dem Mietfahrrad, eingeschmiert mit Sonnenschutz, auf ein seltenes Galapagos-Abenteuer, das man kostenlos selbst gestalten kann. Das Ziel ist die 6 km entfernte Mauer der Tränen, aber man hält diese Tour so lang oder kurz, wie man will.

Westlich der Stadt folgt man der Avenue Antonio Gil bis zur ausgeschilderten Weggabelung und fährt nach links am Strand entlang. Das Rad muss vielleicht hier und da durch tiefen Sand geschoben werden, der aber bald in eine befestigte Piste übergeht. Rund ein Dutzend ausgeschilderte Trails führen

FERNANDA LA FANTÁSTICA

Die Isla Fernandina, eine der jüngsten Galapagosinseln, ist die vulkanisch aktivste und verzeichnet alle paar Jahre Eruptionen. Aufgrund der geologischen Aktivität konnte sich bisher kaum eine Flora oder Fauna ansiedeln, aber 2019 wurde eine einzelne Fernandina-Riesenschildkröte auf der Insel entdeckt, die bis dahin als ausgestorben galt. Eine DNA-Sequenzierung bewies, dass die kleine Schildkröte, Fernanda genannt, genetisch mit dem letzten bekannten Exemplar ihrer Art übereinstimmt, das 1906 auf der Insel gefunden wurde. Die Galápagos Conservancy suchte Fernandina nach weiteren überlebenden Exemplaren ab in der Hoffnung, die Art vor dem Aussterben zu bewahren, hat aber bisher keinen Partner für Fernanda gefunden.

ÜBERNACHTEN AUF DER ISLA ISABELA

The Wooden House
Süß und familiengeführt auf dem Weg zum Anleger; bietet einfache, günstige und gehobene Zimmer. **$$**

Cormorant Beach House
Direkt am Strand besticht dieses moderne Hotel mit klaren Linien und einer Dachterrasse fürs Frühstück. **$$**

Iguana Crossing Boutique Hotel
Kleine, luxuriöse Unterkunft mit Außenpool und Terrasse gegenüber dem Strand. **$$$**

WARUM ICH DIE ISLA ISABELA LIEBE

Wendy Yanagihara, Lonely-Planet-Autorin

Mein erster Blick auf Isabelas leere Lavaküste kam dem bewohnten Galapagos meiner Fantasie sehr nahe, ebenso wie der von einer Schotterstraße gesäumte Platz von Puerto Villamil und die charmante, eigenwillige Kirche. Als ich mit dem Fahrrad dieser Straße durch das buschige Tiefland folgte, traf ich eine Riesenschildkröte in freier Wildbahn, die methodisch im Zeitlupentempo grüne Manzanillofrüchte fraß. An einem anderen Tag bestieg ich am anderen Ende der Straße eine *panga* nach Los Túneles. Sobald ich mein Gesicht unter Wasser tauchte, sah ich zwei riesige grüne Meeresschildkröten, die sich an algenbewachsenen Felsen labten. Überall einfache Wildtier-Magie, genau wie ich es mir vorgestellt hatte.

JESS KRAFT/SHUTTERSTOCK ©

zu **Dolinenbecken** inmitten von Kandelaberkakteen und mit herumflitzenden Goldwaldsängern und prächtigen Libellen. Man kann an fast leeren Stränden wie der einladenden **Playa del Amo** abhängen, deren hübsche, glatte Muscheln und Seeigelstacheln noch nicht zu Sand zerfallen sind. Unterwegs schwenkt der Pfad in die Nähe des Ozeans, wo sich Meerechsen auf der Straße sonnen, und dann landeinwärts, wo Aussicht auf Sichtung einer wilden Isabela-Schildkröte besteht.

Die letzten zwei Kilometer zur **Muro de las Lágrimas** (Mauer der Tränen) geht's bergauf. Am Straßenende führen Stufen einen Pfad hinunter zur gestapelten Steinmauer. Ein Schild erinnert an die vielen Insassen des früheren Isabela-Gefängnisses, die beim Mauerbau als Strafe für oft geringfügige Vergehen ums Leben kamen. In der Hitze des Landesinneren vermittelt die Länge der funktionslosen Steinmauer stumm die Verzweiflung, die mit ihrem Bau einherging. Die Strafkolonie wurde 1959 geschlossen, aber das Denkmal der sinnlosen Arbeit bleibt bestehen.

ESSEN & AUSGEHEN AM STRAND VON ISABELA

The Beach
Mit einem frischen Saft oder Cocktail am Strand den Sonnenuntergang auf einfache Weise feiern. $

Royal Rock
Mittagessen oder ein Bier mit Blick von oben auf den Lavasteg vor dem *malecón* von Puerto Villamil. $$

Pink Iguana
Happy Hour mit Meerechsen, die unter dem Liegestuhl herumschlendern? Wir sind dabei. $

Volcán Sierra Negra

Vulkan-Trekking & Thermalschlote

Wandern am Volcán Sierra Negra

Bei einer Wanderung auf den **Volcán Sierra Negra** spürt man den heißen Atem der Erde und bestaunt die beeindruckende Ausdehnung eines der größten Vulkankrater der Welt.

Als größter von Isabelas sechs Schwestervulkanen liegt der Sierra Negra Puerto Villamil am nächsten und ist einer der aktivsten Vulkane der Galapagosinseln; der letzte Ausbruch war 2018. Die Tour führt durch einige der jüngsten Schichten der Erde und zeigt die verschiedenen Farben, Strukturen und Lavalandschaften in diesem Augenblick geologischer Zeit.

Die 14,5 km lange Wanderung dauert fünf bis sechs Stunden, ist aber nicht besonders anstrengend und bietet verschiedene Jahreszeiten und Ökosysteme. Geführte Wanderungen beginnen oft bei Nebel und etwas schlammigem Weg – die Feuchtigkeit sorgt für das willkommene Grün der Farne, Wildblumen und Büsche. Darwinfinken und Galapagos-Spottdrosseln lassen sich wahrscheinlich blicken und mit etwas Glück auch der schwer zu fassende Galapagos-Falke.

An der kilometerweiten Caldera ist es ein Erlebnis, den Blick über die schwarze Lava schweifen zu lassen und die Hitze nicht weit darunter zu erahnen. Nach einer Rast geht's durch die felsige Mondlandschaft aus bunten vulkanischen Gesteinsformationen zum **Volcán Chico**, der als Nebenkegel des Sierra Negra gilt. Hier sind Fumarolen ganz nah und die Hitze, die von der fortschreitenden Geologie ausstrahlt, ist tatsächlich spürbar.

Wetterfeste Jacke für Nebel und Regen mitbringen und feste, geschlossene Wanderschuhe tragen, damit das Wandern richtig Spaß macht.

ABSTECHER ZUM EL RADAR

Ein erbaulicher Kontrapunkt zum Muro de las Lágrimas ist der *mirador* am oberen Ende des Weges darüber. Geht man um die Mauer herum und klettert die Stufen nach oben, sieht man die Mauer in ganzer Länge und folgt dem Pfad weiter hoch. Beim teils steilen Aufstieg bieten mehrere Stellen spektakuläre Ausblicke aufs Inland und Isabelas wilde Küste. Neugierige Finken kreuzen den Weg, Lava-Eidechsen flitzen vor den Füßen herum.

Nach knapp 1,5 km erreicht der Trail **El Radar**, wo sich einst eine US-Radaranlage befand. Auf den schattigen Bänken am *mirador* dahinter kann man picknicken und den Blick über die herrliche Isabela schweifen lassen.

Puerto Velasco Ibarra (Isla Floreana)

Puerto Velasco Ibarra ist der Hafen der kleinsten, südlichsten und am dünnsten besiedelten der vier bewohnten Inseln und empfängt seine Besucher mit blasierten Seelöwen und großen rotschuppigen Meerechsen auf dem sonnigen Dock. Vom Hafen führt die unbefestigte Dorfstraße einige Häuserblocks weiter, vorbei an einem Nationalparkbüro, zwei Restaurants und dem Lebensmittelladen, bevor sie im ländlichen Floreana mündet. Entlang der Küste führen Trails in beide Richtungen zu Lavabuchten, wo Pelikane, farbenfrohe große Heuschrecken und manchmal Flamingos zu sehen sind, oder zu Strandbuchten, wo neugierige Seelöwen vor Schnorchlern prahlen und gelegentlich Galapagos-Pinguine unter Wasser jagen.

Man kann Floreana mit einem langen Tagesausflug von Santa Cruz aus besuchen, verpasst dann aber die wunderbare Erfahrung der Entschleunigung, im Schildkrötentempo zu wandern, zum Rhythmus der Wellen einzuschlafen und zum Gesang der Seelöwen, Vögel und Geckos aufzuwachen.

UNTERWEGS VOR ORT

Die Küste und Buchten von Puerto Velasco Ibarra lassen sich am besten zu Fuß und mit Flossen erkunden. Das Dorf selbst erstreckt sich über ein paar Häuserblocks, bevor Wege und Straßen dahinter in die Wildnis führen.

TOP TIPP

Auf Floreana alle Mahlzeiten mindestens einige Stunden im Voraus buchen; die wenigen kleinen Restaurants können mit Gruppenreservierungen ausgelastet oder geschlossen sein, wenn niemand vorher anfragt. Am besten organisiert man die erste Mahlzeit, sobald man eingecheckt hat.

Schwarze Sandstrände und Schnorchelglück

Schnorcheln mit Seelöwen

Mit gemieteter Schnorchelausrüstung – vom Laden neben Lelia's Restaurant für 8 US$ pro Tag – geht's um die Ecke zum Hotel Wittmer. Durch das offene Tor gelangt man zur **Playa Negra** (Schwarzer Strand) und kann an der hübschen Bucht mit schwarzem Sand und viel Platz sein Strandtuch ausbreiten. In der Nähe gibt's vielleicht Blau- oder Lavareiher und die üblichen Seelöwen am Strand oder zur Gesellschaft beim Schwimmen.

An der Playa Negra vorbei beginnt am Ende der Bucht ein Pfad und führt an der Lavakante der Küste entlang, gelegentlich kreuzt eine rot leuchtende Floreana-Meerechse den Weg. Nach etwa 1,5 km endet er bei der kleinen Halbinsel **La Lobería**, die eine geschützte Strandkette bildet, wo sich See-

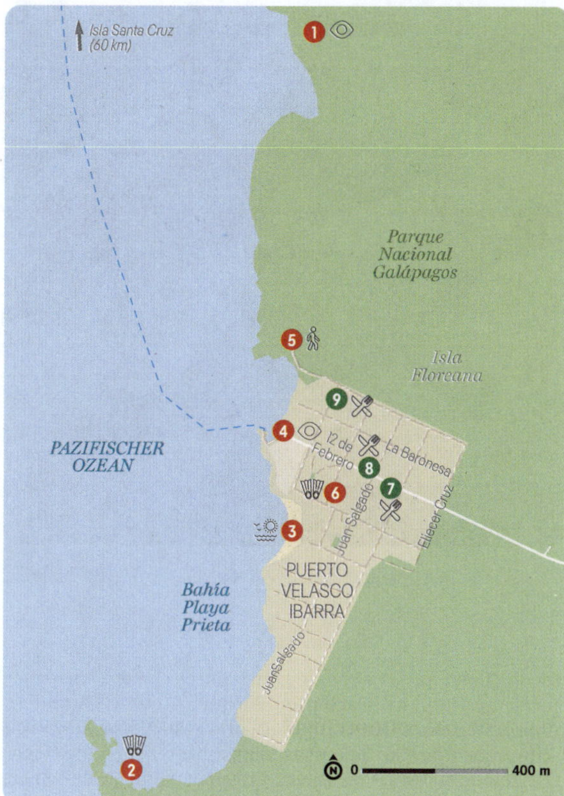

SEHENSWERTES
1 Küstenlagune
2 La Lobería
3 Playa Negra
4 Post Office Bay

AKTIVITÄTEN, KURSE & TOUREN
5 Sendero Los Pulpos
6 Schnorchel-ausrüstungsverleih

ESSEN
7 El Oasis de la Baronesa
8 Lecocarpus
9 Post Office Restaurant

löwen versammeln. Der gut markierte Trail bringt zu zwei kleinen Buchten, am besten gelangt man über den sandigen Zugang zwischen den Lavafelsen in Wasser. Wenn keine Seelöwen unterwegs sind, trifft man vielleicht auf grasende Meeresschildkröten, Eber-Lippfische, Papageienfische und andere bunte Rifffische.

Wenn man bis zum Rand der Bucht schnorchelt, kann es sein, dass sich ein paar Flossentiere dazugesellen.

Bei einem Drink an der Pop-up-Strandbar am Südende der Playa Negra genießt man zum Abschluss den Sonnenuntergang.

Meditative Wanderung an der Lavaküste

Vögel und Knochen

Die Schotterpiste von Floreanas Hafen Richtung Norden endet am **Sendero Los Pulpos** (Oktopusweg), einem etwa 1,5 km langen Pfad durch felsige Lava. Er beginnt zwar am Dorfrand, doch wahrscheinlich hat man den Trail entlang dieser leeren, zerklüfteten Lavaküste für sich allein.

Endemische große, bunte Heuschrecken flüchten aus rostfarbenen und schwarzen Basaltnischen und malen leuch-

DIE ERSTEN SIEDELNDEN AUF FLOREANA

Erika García Wittmer, Besitzerin des Hotels Wittmer, über ihre Großeltern, die zwei der ersten dauerhaften Siedelnden auf Floreana waren.

Meine Großeltern kamen 1932 aus Deutschland über Ecuador auf die Galapagosinseln. Sie lebten 20 Jahre lang im Hochland und zogen dann nach unten, weil es meinem Großvater nicht gut ging und hier die Boote lagen. Um hier zu leben, mussten sie das Trink- und Badewasser mit Eselskarren herunterbringen. Sie hatten starke Charakter, wie meine Mutter – den muss man haben, um hier zu leben. Meine Großmutter beschrieb alles in ihrem Buch (*Floreana* von Margret Wittmer), man kann über ihr Leben in ihren eigenen Worten lesen.

DAS POSTFASS

Walfänger, die monatelang auf See waren, kannten Floreana wegen des Ad-hoc-Briefkastens, wo sie Briefe in ein Fass werfen konnten. Die Matrosen von passierenden Schiffen suchten im Fass nach Post mit Adressen, die ihrem Reiseziel entsprachen, und übergaben die Briefe bei ihrer Ankunft den Empfängern.

Das Originalfass der **Post Office Bay** steht immer noch an Floreanas Nordwestküste, aber nahe dem häufiger besuchten Dock in Puerto Velasco Ibarra gibt's eine Replik. Man kann eine Postkarte einwerfen und prüfen, ob eine andere an die Nähe des eigenen Wohnortes adressiert ist. Heutzutage nehmen manche Reisende Postkarten aus dem Fass und schicken sie aus ihren Heimatorten ab, andere stellen sie nostalgisch-traditionell auch persönlich zu, wenn es die Zeit erlaubt.

RYAN M. BOLTON/SHUTTERSTOCK ©

Meerechsen

tende Tupfer auf den Pfad, der sich durch die verschiedenen Erosionsstufen in Beschaffenheit und Tönung verändert. Abschnitte mit Dolinen und Felsen weichen einem Mix aus schwarzen Kieseln, angeschwemmten Muscheln und Seeigelstacheln und der gelegentlichen riesigen Opuntie auf einem geeigneten Hügel. Unterwegs sieht man kleine Buchten und Strände zur Linken und leuchtende Rote Klippenkrabben, Floreana-Lava-Eidechsen und Galapagos-Braunpelikane.

Schließlich erreicht der Weg sein Ende nahe der kleine **Küstenlagune** zur Rechten, die Steine werden glatter und man gelangt zu einigen organischen Ansammlungen von Muschelarrangements und sonnengebleichten gefundenen Knochen, die am Wegesende einen informellen Schrein bilden. Je nach Jahreszeit und mit etwas Glück sind in der Lagune Flamingos auf Nahrungssuche und setzen helle rosa Farbtupfer. Sollten sie hier nicht sein, hält man in der Abenddämmerung Ausschau und sieht vielleicht ihre langen Silhouetten in der Nähe der Küste fliegen.

ESSEN AUF DER ISLA FLOREANA

Post Office Restaurant
Deftiges Frühstück mit Einheimischen und Gastbiologen; das Mittagessen ist auch lecker und sättigend. $

Lecocarpus
Freundliches, familiengeführtes Lokal mit Pension an der Hauptstraße – in der Regel gibt's dort noch Platz. $

El Oasis de la Baronesa
Ein bei Gruppen beliebtes Lokal an der Hauptstraße vom Hafen aus; unbedingt vorher reservieren. $

Rund um Puerto Velasco Ibarra

Punta Cormoran
Devil's Crown
Post Office Bay
Puerto Velasco Ibarra
Asilo de la Paz & stone labyrinth
Schildkröten-Schutzgebiet

Die Straße von Floreana ins Hochland ist kurz und angenehm, entlegenere Küsten und vorgelagerte Inselchen erreicht man am besten im Rahmen von Tauchsafaris.

Die Isla Floreana hat sich einen geheimnisvollen wilden Nimbus bewahrt. Einige der ersten ständigen Siedelnden schmiedeten Ränke, ließen sich hier mit Visionen utopischer Gesundheit nieder oder verschwanden spurlos zu Gerüchten über eine schiefgelaufene Romanze. Die Insel ist noch völlig unerschlossen, es gibt weder Flugverbindungen noch tägliche Fähren.

Das Hochland zeigt Spuren der menschlichen und Naturgeschichte Floreanas, von Menschenhand veränderte Felsformationen und die Süßwasserquelle sind der Schlüssel zur Bewohnbarkeit. Inzwischen werden hier nicht endemische, wieder eingeführte Schildkröten gezüchtet, um die Inselökologie auszugleichen. An der Nordküste ist eine Brackwasserlagune ein Zufluchtsort für Flamingos und ein vorgelagerter Krater enthält ein Tauchrevier voller Meerestiere.

Hochlandhafen der Piraten & Pioniere

Tropfende Quelle, Piratenhöhlen, Schildkröten

Bevor deutsche Siedelnde dauerhaft Wurzeln auf Floreana schlugen, lebte hier Patrick Watkins unfreiwillig zwei Jahre lang. Der irische Pirat wurde in den 1780ern auf der Insel ausgesetzt und überlebte in einer Höhle und vom Tausch seiner angebauten Feldfrüchte gegen Alkohol von passierenden Schiffen. In **Asilo de la Paz** (Hafen des Friedens) sieht man niedrige Höhlen, die er wahrscheinlich bewohnte, und nebelverhangene, labyrinthische Felsformationen mit samtigen Moosen und Flechten.

Der lokale Transporter – *la chiva* (5 US$ hin & zurück) – fährt täglich um 6 und 15 Uhr an der Hauptstraße in Puerto Velsaco Ibarra ab und kehrt zwei Stunden später zurück. Nach 15 Minuten Fahrt auf der Straße ins üppige Hochland wird man am Ausgangspunkt des Trails nach Asilo de la Paz abgesetzt. Der Weg windet sich durch kühlen Scalesia-Wald, wo ausgewilderte Schildkröten durch ihr **Schildkrötenschutzgebiet** mit niedrigen Wänden streifen. Mehrere Futterplätze

UNTERWEGS VOR ORT

Um ins Hochland zu gelangen, muss man eine der zweimal täglich (6 & 15 Uhr) verkehrenden *chiva* (offener Lastwagen) erwischen, die zwei Stunden später wieder nach unten fahren. Genug Zeit, um mit den Schildkröten in der Schutzhütte zu plaudern und durch das Labyrinth von Asilo de la Paz zu wandern. Man kann die 7 km zurück in die Stadt aber auch laufen. Zu weiter entfernten Orten wie Post Office Bay ist eine Bootstour oder ein eigenes Charterboot nötig.

TOP TIPP

Die täglichen Fähren nach und von Floreana wurden während der COVID-Pandemie eingestellt. Floreanas Unterkünfte helfen in der Regel bei der Buchung von Booten.

DAS UMKEHREN DES AUSSTERBENS

Die Floreana-Riesenschildkröte, an ihrem sattelförmigen Panzer und langen Hals zu erkennen, starb um 1850 aus, hauptsächlich weil Piraten und Walfänger sie jagten. Die Ironie des Schicksals ist, dass wahrscheinlich eben diese Seeleute ein paar Floreana-Schildkröten auf der Isla Isabela zurückließen. Ähnliche Sattelchildkröten entdeckte die Forschung 1994 auf Isabelas Volcán Wolf; DNA-Analysen einiger Exemplare ergaben eine teilweise Floreana-Abstammung. 2015 wurden 19 Schildkröten der Floreana-Linie per Flugzeug ins Schildkrötenzuchtzentrum auf der Isla Santa Cruz gebracht; man hoffte, dass mehrere Generationen selektiver Zucht Nachkommen mit einem hohen Anteil an Floreana-DNA hervorbringen, die in ihrem ursprünglichen Lebensraum ausgewildert werden können.

und Tümpel bieten den Tieren frisch geschnittene Blätter und Halme zum Fressen an und einige wieder eingeführte Kreuzungen (die Floreana-Schildkröten starben um 1850 aus) schlafen in ausgehobenen Nestern oder kreuzen durchs Gelände.

Vom ummauerten Schutzgebiet führt der Weg bergauf zur lebensspendenden Quelle, die Floreana bewohnbar machte und an einer farnbewachsenen Felswand heruntertropft, und weiter zu einem **Steinlabyrinth** mit geheimnisvollen Mauern, kleinen Höhlen und einem unbeweglichen, in Stein gehauenen Gesicht, das von zartem Grün umrankt ist. Die herrliche Aussicht auf den Cerro Pajas wird mit Gezwitscher der charmanten Darwinfinken und gelben Grasmücken untermalt.

Abgelegene Gegenden auf Floreana

Strömungstauchen, grüner Strand, rosa Flamingos

Wer Floreana mit einem Charterboot oder einer Tauchsafari besucht, fühlt sich im Inselnorden in einer Art herrlicher Robinson-Crusoe-Trostlosigkeit. Überbleibsel von Seeleuten wie das berühmte **Postfass** (S. 312) in Post Office Bay zeugen stumm von der Abgeschiedenheit der Insel. Die Tonne mag nicht mehr gut in Schuss sein, wird aber immer noch für weltweite Briefwechsel genutzt.

Wie überall auf den Galapagosinseln macht das blühende Leben die Magie aus. **Devil's Crown**, ein erloschener Vulkankessel, der zu zerklüfteten, aus dem Wasser ragenden Spitzen erodierte, beherbergt eine Fülle von Rifffischen und bunten Seesternen. Er liegt zwar nah an Floreanas Küste, aber weit genug entfernt, um von Ozeanströmungen umspült zu werden und Erfahrenen einen tollen Strömungstauchgang oder Schnorchelausflug zu bieten. Beim Treiben mit der Strömung hält man Ausschau nach Weißspitzen-Riffhaien, Hammerhaien, Mantarochen und prächtigen Gefleckten Adlerrochen.

Ein Besuch des nördlichen Festlandteils bei Devil's Crown rundet diese Bootstour ab. Die ungewöhnliche Farbe des grünlich-goldenen Sandes bei **Punta Cormoran** kommt vom vulkanischen Olivin, einem Magnesium-Eisen-Silikat. Bei einer Wanderung landeinwärts zur nahen **Lagune** trifft man häufig auf einen Flamingoschwarm, vermutlich die größte Anzahl auf den Galapagos; ihre rosa Beine und Federn heben sich vom Brackwasser ab.

ÜBERNACHTEN AUF FLOREANA

Hostal Los Cactus
Helle, gepflegte und saubere neuere Unterkunft im Dorf, mit Angeboten für längere Aufenthalte. **$**

Hotel Wittmer
Erstklassige Lage in einem Garten an der Playa Negra; beherbergt Gruppen, hat aber oft einfache Zimmer frei. **$$**

Lava Lodge
Ruhige, einfache, frei stehende Hütten mit Meerblick, fünf Minuten Fußweg vom Dorf entfernt. **$$**

MARK ANTHONY RAY/SHUTTERSTOCK ©

Postfass, Post Office Bay

PRAKTISCHES

Die wichtigsten Informationen für die perfekte Reise nach Ecuador im Überblick. Nützliche Tipps, Tricks und Hintergründe zur Orientierung und Vorbereitung.

Feigenkaktus, Galapagosinseln (S. 285)

Ankunft

Die meisten Reisenden kommen mit dem Flugzeug nach Ecuador und landen in Quito oder Guayaquil. Manche kommen über den Landweg von Kolumbien oder Peru, während die Abenteuerlustigen auf einem Boot am Amazonas ins Land schippern.

Flughäfen

Die wichtigsten internationalen Flughäfen sind in Quito und Guayaquil. Wer die Galapagosinseln besuchen will, ist mit Guayaquil gut bedient, da nur von hier Direktflüge zu den Inseln starten.

Einreise

Traveller aus den meisten Ländern können bis zu 90 Tage ohne Visum einreisen. Achtung: Es sind 90 Tage pro Kalenderjahr.

SIM-Karten

Wer auf keine heimischen Gastgeber mit lokaler cedula (Identitätskarte) zur Aktivierung einer SIM-Karte zurückgreifen kann, zahlt am besten am Flughafen ein bisschen mehr und kauft sich eine bereits aktivierte.

Geld abheben

In Ecuador bezahlt man mit US-Dollar. Wer nicht bereits mit Bargeld anreist, kann am Flughafen Geld wechseln, oder mit einer internationalen Bankkarte an den Geldautomaten Geld abheben.

Vom Flughafen in die Stadt

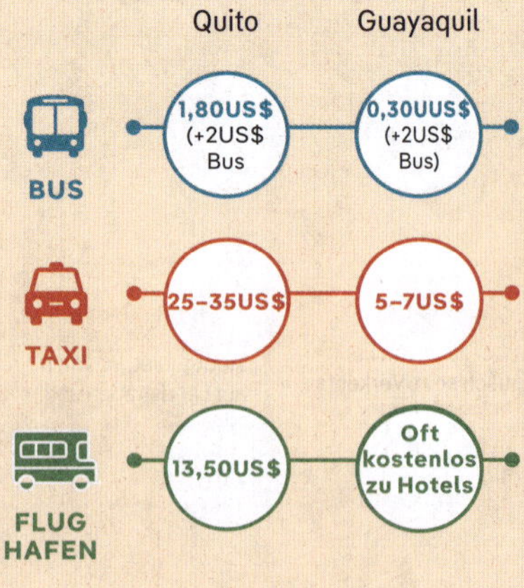

EINREISE ÜBER DEN LANDWEG

Die Einreise von Peru nach Ecuador ist unkompliziert. Zentrale Grenzübergänge sind Aguas Verdes (an der Westküste; gilt als schnellster, unkompliziertester Übergang), La Tina (in Macará, Ecuador; im Gebirge) und La Balsa (nahe Zumba, Ecuador; im Urwald). Und dann sind da noch ein paar kleinere Übergänge an Gebirgspässen. Von Kolumbien reisen viele über Rumichaca ein, da die Überquerung bei San Lorenzo als relativ aufwendig und eventuell gefährlich eingeschätzt wird. Von Kolumbien aus gibt's auch die Möglichkeit, über den Río San Miguel einzureisen, nicht weit vom Naturschutzgebiet Yasuní im Amazonas entfernt.

ACHTUNG

Erwachsene müssen seit 2024 ein Führungszeugnis mit Apostille und Übersetzung bei Einreise auf dem Landweg dabei haben.

Unterwegs vor Ort

REISEKOSTEN

Mietwagen
Kleines Auto 24–41 US$ pro Tag; Allrad 71–99 US$

Tanken
0,65 US$ pro Liter

Bustickets
Kurzstrecke 1–7 US$; Langstrecke 12–40 US$

Flug Guayaquil – Galapagos
200 US$ hin und zurück

Ecuador ist relativ kompakt und man kommt mühelos von A nach B. In jeder Region gibt's mehrere Optionen der Fortbewegung zur Wahl.

Stadtbusse

Große Städte verfügen über ein ausgebautes öffentliches Busnetz, das leicht zu entschlüsseln ist. Fahrten sind relativ günstig. Guayaquil und Quito haben Schnellbussysteme (Quitos Trolebus steuert die meisten Sehenswürdigkeiten an), während das historische Cuenca eine ultramoderne Straßenbahnlinie, die *tranvía*, betreibt.

Überland- & Minibusse

Jeder der Dutzenden Anbieter für Überlandbusfahrten setzt den Fokus auf eine andere Region. Das Angebot reicht von nullachtfünfzehn bis Nonplusultra. Eine weitere Option sind Minibusse. Sie sind etwas kostspieliger, aber rascher am Ziel. Online-Tickets gibt's nicht; man kauft die Fahrkarten am Bahnhof.

TIPP

Reisen sollte man tagsüber unternehmen. Die kurvenreichen Straßen und Stolpersteine sind schon bei Tageslicht gefährlich genug.

RUSHHOUR & KENNZEICHEN

In Quito ist das Verkehrsaufkommen zur Rushhour so hoch, dass Mo–Fr zwischen 6 und 9 Uhr und zwischen 16 und 20 Uhr jeweils nur Fahrzeuge mit bestimmten Kennzeichen auf die Straßen dürfen. Die Regel richtet sich nach der letzten Ziffer. Ist es eine 1 oder 2, darf der Wagen am Montag nicht auf die Straße, ist es eine 3 oder 4, muss er am Dienstag stehenbleiben, usw. Dies gilt auch für Mietautos. Wer sich nicht an die Vorschrift hält, muss mit saftigen Strafen rechnen.

UNBEDINGT BEACHTEN

30 Tage

Ein internationaler Führerschein hat in Ecuador 30 Tage Gültigkeit.

50 km/h gelten im Stadtgebiet, 90 km/h auf Landstraßen und 100 km/h bei geradem Streckenverlauf.

18

Das Mindestalter, um ein Fahrzeug zu lenken, ist 18 Jahre.

Inlandsflüge

Flüge verkehren zwischen den wichtigsten Städten in Ecuador. Dabei gilt es, die Auswirkungen eines Flugs gegenüber einem Transfer auf dem Landweg abzuwägen. In einigen Fällen, etwa bei Reisen auf die Galapagosinseln, sind die Möglichkeiten allerdings begrenzt.

Taxis

Die an der gelben Farbe erkennbaren Taxis sind im ganzen Land verfügbar, im internationalen Vergleich günstig und mit Taxametern ausgestattet. Es gibt Mindestpreise für kurze Strecken. Nicht immer wird der Taxameter eingeschaltet, aber man kann vorab einen Fixpreis ausmachen.

Autofahren

In Ecuador selbst am Steuer zu sitzen kann chaotisch sein. Verkehrsregeln und Schilder sind eher Empfehlungen, die Straßenbedingungen variieren enorm und überall ist man mit Hindernissen jeglicher Art konfrontiert. Wer mit Hektik im Straßenverkehr gut umgehen kann, wird keine Probleme haben.

Geld

WÄHRUNG: US-DOLLAR (US$)

Kreditkarten

Beim Bezahlen mit internationalen Kreditkarten fällt oft eine Gebühr von rund 8% an, besonders in kleineren Einrichtungen. Auch in größeren Läden muss man beim Zahlen mit Karte einen Ausweis vorweisen.

Nur Bares ist Wahres

In kleineren Städten, ländlichen Gegenden und auf den Galapagosinseln gibt Bargeld nach wie vor den Ton an. Etliche kleinere Betriebe und Reiseveranstalter nehmen nur Bargeld. Selbst Mautgebühren können nur bar entrichtet werden.

Klein und fein

Große Geldscheine wird man gar nicht so leicht los – sie sind schwierig zu wechseln und werden nicht gern genommen. Wo immer möglich, sollte man mit kleinen Scheinen und Münzen bezahlen. Wer beim Geldautomaten große Scheine bekommt, bezahlt damit am besten in großen Supermärkten, Hotels und gehobeneren Restaurants, um keinen Unmut zu wecken.

Ecuadorianische Münzen

Obwohl in Ecuador der US-Dollar als Zahlungsmittel gilt, prägt das Land immer noch ecuadorianische Münzen im Wert von einem, fünf, zehn, 25 und 50 Cent. Sie sind für den jeweiligen Wert in Dollar im Umlauf und sollten in Ecuador ausgegeben werden, da sie nur hier gewechselt und angenommen werden.

WARUM BENUTZT ECUADOR US-DOLLAR?

2000 stieg Ecuador vom ecuadorianischen Sucre auf den US-Dollar um. Damit wollte man die äußerst instabile Wirtschaft festigen, wo Inflationsraten von beinah 100% nichts Ungewöhnliches waren. Der Umstieg wurde zwiespältig aufgenommen, doch schlussendlich brachte er die dringend nötige ökonomische Stabilität. Obwohl der starke Dollar die Lebenskosten in Ecuador erhöht hat (und das Land seine wirtschaftliche Unabhängigkeit verlor, indem es nicht mehr seine eigene Währung drucken kann), sehen die meisten Einwohner:innen die Einführung des Dollars als positive fiskale Trendwende.

WIE VIEL KOSTET …

die durchschnittliche Straßenmaut **1 US$**

der Eintritt in einen Nationalpark **5–20 US$**

der Eintritt zu den Galapagosinseln **100 US$ pro Erw., 50 US$ pro Kind (6 und 3 US$ für Ecuadorianer:innen)**

der Eintritt ins Museum **1–4 US$, Kinder zahlen die Hälfte**

WIE… Trinkgeld

In Ecuador ist es nicht üblich, Trinkgeld zu geben, doch die Tourismusbranche ist auf den Trend aufgesprungen. Rechnungen in Restaurants enthalten meist einen Aufschlag von 10% und Tourguides erhalten in der Regel 10 bis 20 US$ pro Person und Tag. Wer sich unsicher ist, kann sich ins Gedächtnis rufen, dass eine Bargeldspende in einem Land mit einem durchschnittlichen Monatseinkommen von 525 US$ wohl immer gut ankommen wird.

LOCAL TIPP

Wer in Ecuador mit dem Leihauto umherkurvt, sollte immer Münzen in der Mittelkonsole dabeihaben, um die Straßenmaut zu bezahlen. Normalerweise beläuft sie sich auf nicht mehr als 1 US$, doch man kann nicht mit Karte bezahlen.

Übernachten

Natur & Ecolodges

Ecolodges findet man in ganz Ecuador, meist dort, wo der Tourismus auf vielfältige Ökosysteme baut. Die Unterkünfte sind bahnbrechende Projekte zum Erhalt von Umwelt und Gemeinden in den jeweiligen Regionen. Gute Beispiele sind die **Mashpi Lodge** in den Anden vor Quito und die **Napo Wildlife Center Ecolodge** im Yasuní-Nationalpark.

Koloniale Herrenhäuser

Viele große Stadthotels sind in restaurierten Kolonialbauten untergebracht, mit entzückenden Innenhöfen, barocken Decken und originaler Holzvertäfelung. Die Heritage Hotels begeistern vor allem Fans kolonialer Architektur, besonders in den UNESCO-Welterbestätten Quito und Cuenca. **La Casona del Ronda in Quito** und das **Hotel Boutique Santa Lucia in Cuenca** sind zwei schmucke Exemplare.

Naturschutzgebiete

Ecuador zählt zu jenen Ländern der Welt mit der größten Biodiversität und die Schutzgebiete leisten ihren Beitrag, dass dies so bleibt. Einige offerieren eine kleine Anzahl an Zimmern für Reisende, die mit ihrem Aufenthalt die Bemühungen auch finanziell unterstützen. **San Jorge Eco-Lodge and Botanical Reserve** und das **Hacienda Jimenita Wildlife Reserve**, beide außerhalb von Quito, sind private Naturschutzgebiete und ein Vogelparadies.

WIE VIEL KOSTET EINE NACHT ...

In Quito
45 US$

Im Amazonas
Ab 60 US$

an der Küste
25 US$

in Cuenca
35 US$

Hochland-Haziendas

Im Hochland kannst du in wunderschönen Haziendas oder Gutshöfen unter dem wachsamen Auge der Vulkane übernachten. Gemütlichkeit ist das Motto, oft gibt's Möglichkeiten zu wandern, zu reiten und kulinarische Leckerbissen zu genießen. Die **Hacienda Zuleta** ist besonders luxuriös, während die **Hacienda El Porvenir** Räumlichkeiten im indigenen Hochlandstil bietet.

GALAPAGOS-SENSIBILITÄT

Für die Galapagosinseln ist der Tourismus ein zweischneidiges Schwert. Der Zweig ist eine wichtige Einnahmequelle, doch mit eventuell negativen Auswirkungen auf Tierwelt und fragile Naturschauplätze. Wer auf den Inseln übernachtet, produziert Abfall, der in zunehmendem Maße entsorgt werden muss. Andere Reisende kommen auf Schiffen unter, die wiederum das Wasser verschmutzen können, falls die Maschinen nicht ordnungsgemäß in Stand gehalten werden. Bei der Wahl der Unterkunft ist also das Ethos des Anbieters entscheidender als die Tatsache, ob die Unterbringung zu Land oder zu Wasser ist.

Wenn Hostel nicht gleich Hostel ist

In Ecuador wird der Begriff „Hostel" für alles Mögliche verwendet, vom frugalen Gästehaus bis hin zum kleinen Hotel. Manchmal gibt's die typische Ausstattung, manchmal nur ein Zimmer und eine Dusche. Und wieder andere Hostels sind geradezu magisch, wie das **Secret Garden Hostel** in Cotopaxi mit einem Hobbithaus.

IM UHRZEIGERSINN VON OBEN LINKS: BILLION PHOTOS/SHUTTERSTOCK ©, HYBRID GFX/SHUTTERSTOCK © LENORKO/SHUTTERSTOCK ©, VLADIMIR WRANGEL/SHUTTERSTOCK ©

Reisen mit Kindern

Ganz nach lateinamerikanischer Tradition sind Kinder in Ecuador überall willkommen. Es ist ein Land voll von Naturwundern, spektakulärer Nationalparks und einer zauberhaften Tierwelt – beste Voraussetzungen, um Kids bei Laune zu halten. Angebote wie Amazonas-Wandertouren und Schnorcheln auf den Galapagosinseln sind perfekt für ältere Kinder, doch die ecuadorianische Gastfreundschaft gilt Kindern jeden Alters.

Die beste Wahl für Familien

Die Wahl des Ziels hängt vom Alter und den Interessen der Kinder ab. So gibt's an der Küste das ganze Jahr über warmes Wetter und herrliche Strände, während der Amazonas und die Galapagosinseln die richtige Adresse für alle sind, die Natur und Tiere spannend finden. Die Wanderrouten durch die Berge eignen sich am besten für ältere Kinder und Jugendliche. Erkundungstouren durch sichere, gastfreundliche und historische Städte wie Cuanca fesseln die ganze Familie.

Reisen mit Babys

Auch Babys sind in Ecuador herzlich willkommen, begrenzen jedoch die Auswahl der Urlaubsziele. Das Hochgebirge ist für noch nicht ausgereifte Lungen gefährlich, sodass schon mal einige Andenregionen gestrichen sind (den *teleférico* in Quito dürfen Babys generell nicht nutzen). Etliche Aktivitäten im Amazonas sind ebenfalls nicht empfehlenswert aufgrund des Risikos einer Bisswunde und von Mosquitos übertragener Krankheiten. Wer mit Baby unterwegs ist, sollte dies daher einkalkulieren.

Kinderwagentauglich? Eher nicht.

Ecuador ist zwar kinderfreundlich, doch die Straßen sind nicht für Kinderwagen gebaut. Gehwege sind ein Luxus. Wenn es welche gibt, sind sie oft zu schmal und holprig. Babytragen oder zusammenklappbare Buggys sind auf unwegsamem Gelände und für den Transport sicherlich hilfreich.

Stillen

In Ecuador sind drei Monate bezahlter Mutterschaftsurlaub Minimum und Räumlichkeiten zum Stillen Pflicht. Hier stillen die Frauen in der Öffentlichkeit ohne Einschränkungen, also keine Sorge, falls du deinem Säugling die Brust geben willst.

DIE BESTEN ATTRAKTIONEN FÜR FAMILIEN

Mit der Zipline durch den Nebelwald (S. 215)

Es warten Wasserfälle, wilde Tiere und jede Menge Spaß.

Otavalo-Markt (S. 108)

Dieser Markt von Weltklasse offenbart Ecuadors kreatives Erbe und präsentiert wundervolles Kunsthandwerk.

Yasuní-Nationalpark (S. 175)

Eine umweltfreundliche Lodge gewährt Ausblick auf eine überwältigende Vielfalt an Wildtieren.

Galapagosinseln (S. 285)

Ein unvergessliches Abenteuer, besonders für Kinder, die bereits schnorcheln können.

Einem Vulkan auf den Fersen (S. 196)

Der Cotopaxi-Nationalpark hält familienfreundliche Wanderrouten mit atemberaubenden Vulkanblicken bereit.

REISEN MIT LEICHTEM GEPÄCK

Wer mit Kindern unterwegs ist, hat einen ganzen Haufen Dinge dabei. Glücklicherweise müssen Familien nicht alles von zu Hause mitbringen. In den meisten Locations bekommt man Windeln, Kleidung, Spielzeug und gesunde Snacks. Naturbelassene Medikamente gibt's in Apotheken, und da Ecuador auf Naturheilkunde setzt, stehen Alternativen zu unbekannten Arzneimitteln zur Verfügung. Wer das Notwendigste während der Reise kauft, nährt damit auch die örtliche Wirtschaft und muss nicht alles im Gepäck mitschleppen.

Sicher reisen

MÜCKEN

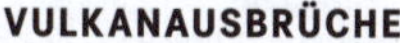

In Ecuador sind von Mosquitos übertragene Krankheiten wie Denguefieber und Malaria verbreitet, besonders im Amazonasgebiet stellen sie eine Gefahr dar. Du solltest auf lange Ärmel und lange Hosen achten, vorab den Impfstatus prüfen und bei einer Tour durch den Dschungel ein gutes Mückenschutzmittel nutzen.

VULKANAUSBRÜCHE

20 der 22 Vulkane Ecuadors sind aktiv. Wer sich also in einem Vulkangebiet aufhält, erkundigt sich am besten über die örtlichen Vorgehensweisen im Fall einer Eruption, vor allem nahe Cotopaxi.

Höhenlagen

Ecuador umfasst mehrere Höhenlagen. An einem Tag badest du im Meer rings um die Galapagosinseln und am nächsten Tag schlenderst du durch die Gassen von Quito, 2850 m hoch in den Anden. Diese krassen Wechsel können schnell zur Höhenkrankheit führen, darum sollte man sich die Zeit nehmen, sich an jede höher gelegene Destination zu gewöhnen.

Leitungswasser

Das Leitungswasser in Ecuador ist in der Regel kein Trinkwasser. Obwohl es in Quito als genießbar deklariert wird, ist es ratsam, stattdessen auf in Flaschen abgefülltes Wasser auszuweichen. In Cuenca kann man das Leitungswasser jedoch trinken und es schmeckt den meisten, die diese geschichtsträchtige Bergstadt besuchen.

WARNSYSTEM FÜR VULKANAUSBRÜCHE

Weiß
Keine Eruptionsgefahr, aber noch aktiv

Gelb
Achtung, zunehmende seismische Aktivität

Orange
Evakuierung nötig

Rot
Vulkanausbruch

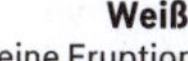

Safer Sex

Ecuador ist ein konservatives katholisches Land, dennoch ist Sexarbeit legal. Bordelle gibt's in den meisten mittelgroßen Städten. Kondome sind problemlos in Apotheken und Drogeriemärkten erhältlich, allerdings nicht die Pille danach. Es ist ratsam, eigene Verhütungsmittel mitzuführen.

SICHERHEIT IN DEN STÄDTEN

Vor Kurzem wurden in Ecuador Turbulenzen in der öffentlichen Sicherheit bekannt. Während der Großteil des Landes nach wie vor als *tranquilo* (ruhig) eingestuft wird, verzeichnen die größten Ballungsräume sowie einige kleinere Städte gehäufte Fälle von Kriminalität und Unruhen, was nicht zuletzt auf die zunehmende Drogenbandenaktivität zurückgeht (zuvor gab es so gut wie keinerlei solcher Aktivitäten). Im urbanen Bereich ist besondere Vorsicht geboten.

Essen, Trinken & Feiern

Wann?

Frühstück (*desayuno*; 7 bis 9 Uhr) Vom Käse- oder Marmeladenbrot bis zu einer vollen Mahlzeit mit Fleisch, Eiern, grünen Bohnen, Mais, Favabohnen und/oder Kochbananen (oder auch Fisch, wenn man nahe der Küste ist).

Mittagessen (*almuerzo*; 12 bis 14 Uhr) Besteht meist aus einem tierischen Hauptprotein in Kombination mit Reis, Bohnen, Kochbananen und einem Salat.

Abendessen (*cena*; 18 bis 20 Uhr) Wie das Mittagessen in anderer Ausführung.

Wo?

Märkte Auf den Hauptmärkten finden sich zahlreiche Lebensmittelstände. Zur Mittagszeit wird es recht voll. Längere Schlangen deuten oft auf besseres Essen hin.

Huecas Meist günstiges ecuadorianisches Gericht aus regionalen Zutaten. Am besten fragt man nach dem Tagesgericht.

Kiosque Jede dieser winzigen, meist am Straßenrand gelegenen Hütten serviert eine spezielle lokale Speise wie *encebollada* (Fischeintopf), Empanadas oder Ähnliches.

Restaurants Im ganzen Land gibt's nationale und internationale Restaurants mit zeitgenössischer Küche. Der Service ist tipptopp und die Preise sind gehoben.

KULINARISCHES

Entrada Vorspeise

Plato principal Hauptgericht

Postre Dessert

Caseiro Hausgemacht

Guarnición Beilage

Asado Gegrillt

Frito Gebraten

Pollo Huhn

Gallina Huhn

Verde Grüne Kochbanane

Cuy Meerschweinchen

Pescado Fisch

Bolón Teigbällchen aus grüner Kochbanane mit Käsefüllung

Huevos Eier

Cebolla Zwiebel

Camarón Shrimp

Jugo natural Frisch gepresster Saft

Menu del día Tagesmenü

Seco Geschmortes Fleischgericht

Carne Fleisch

Chivo Ziege

Maduros Gebratene reife Kochbananen (süß)

Patacones Zerdrückte gebratene grüne Kochbananen (herzhaft)

Locro de papa Kartoffelsuppe

Papas fritas Pommes frites

Caldo Suppe

Aji Scharfe Soße (oft mild)

Humita Ecuadorianische Tamale

Aguardiente Hausgemachter Zuckerrohrlikör

WIE...

Kaffee trinken

Obwohl Ecuador selbst Kaffee produziert, hat es keine eigene Kaffeekultur. Pulverkaffee dominiert immer noch den Markt und in kleinen Restaurants sowie außerhalb der Großstädte bekommen Gäste oft *café pasado* vorgesetzt. Das ist kein klassischer Filterkaffee, sondern eine Art mit Kaffee gefüllter „Teebeutel", den man in heißes Wasser tunkt. Daneben gibt's noch eine traditionellere Form des Instantkaffees, der in den örtlichen Bars serviert wird: *esencia de café*. Diese beinah teerartige, pechschwarze Kaffeeessenz steht in Fläschchen abgefüllt auf dem Tisch und man kann sie nach Belieben in Milch oder Wasser gießen. Wer sich einen Espresso, Cappuccino oder Ähnliches bestellen will, muss ein internationales Restaurant oder einen speziellen Coffeeshop suchen.

WIE VIEL KOSTET …

ein Bier
2-4 US$

eine Limo
75c-1 US$

eine Mahlzeit in einem günstigen Restaurant
3,50 US$

eine Mahlzeit für zwei einschließlich Vorspeise und Getränke in einem internationalen Restaurant
35-50 US$

ein Cocktail in einem Club im Stadtzentrum
10 US$

eine Flasche Rotwein im Restaurant
14 US$

eine Empanada vom Verkaufsstand an der Straße
50c

WIE… Locals trinken

Die Einheimischen wissen, wie man eine *fiesta* macht. Egal ob in den Bergen oder an der Küste, die Feierlaune nimmt mit steigendem Alkoholgehalt nur noch zu. Was gehört ins Glas, wenn man trinken möchte wie die Locals?

Ecuadors Nationalgetränk, der *aguardiente* („Feuerwasser" auf Spanisch), ist eine außergewöhnlich starke (oft hausgebrannte) Spirituose aus fermentiertem Zuckerrohr. Er erfreut sich in weiten Teilen Südamerikas großer Beliebtheit und hat einen Alkoholgehalt von bis zu 50%, also Vorsicht! In den Anden gibt's *canelazo*, aus Zuckerrohr gewonnener Alkohol im Mix mit gekochtem Wasser, Limette, Zucker, Orangensaft und Zimt, oder *guarapo*, ein weiterer Branntwein aus fermentiertem Zuckerrohr.

Anisados sind was für Fans von Likören. Sie haben einen feinen Anisgeschmack. *Seco*, ein billiger, geschmackloser Fusel, wird für Mixgetränke verwendet (scheußlicher Kater inklusive).

In einigen Gemeinden wird *chicha* ausgeschenkt, ein hausgebrautes Bier aus fermentiertem Mais. Pilsener, Ecuadors Nationalbier, bekommst du überall.

Wer auf Cocktails steht, sollte eine *mistela* probieren. Sie basiert auf *aguardiente* verfeinert mit Kaffee, Orangenschale, Zimt und Gewürznelke. Die lateinamerikanische Version des Weihnachtsklassikers Eierlikör heißt *rompope* (auch *ponche de leche* genannt) und ist oft schon fertig abgefüllt.

Ecuador hat zwar keine Weinkultur, doch auf einem kleinen Weingut in der Nähe der Südküste, **Dos Hemisférios** (S. 237), werden hochwertige Produkte hergestellt.

Zhumir

Zhumir ist Ecuadors beliebtester *aguardiente*, den manche fälschlicherweise als Rum betiteln. Sowohl *aguardiente* als auch Rum werden zwar aus Zuckerrohr gewonnen, doch beim *aguardiente* nutzt man den Saft des Rohrs zur Fermentierung, nicht das Rohr an sich wie beim Rum.

BANANENKULTUR

Ecuador exportiert mehr Bananen als jedes andere Land, doch das bedeutet nicht, dass nicht auch für den Eigenbedarf ausreichend zur Verfügung stehen. Hierzulande kommt die Banane mit eindrucksvoller Kreativität in unzähligen traditionellen Gerichten zur Geltung und man findet Bananen (oder die Untersorte Kochbananen) in so gut wie allem Essbaren. Es gibt eine ganze Reihe an populärem Streetfood mit Banane, inklusive *emborrajados* (reife Kochbananen im Teigmantel gebraten und mit Käse gefüllt), *plátanos asados* (gegrillte reife Kochbananen, meist mit Käse gefüllt), *bollos de pescado* (ähnlich einer Tamale mit grünen Kochbananen anstelle von Mais und mit Fisch) und *corviches* (gebratene Masse aus grüner Kochbanane und Erdnussbutter, gefüllt mit Käse, Fisch oder Fleisch).

Und dann warten da noch *chifles* (Bananenchips), *empanadas de verde* (Empanadas aus grünen Kochbananen), *maduros con queso* (gebratene reife Kochbananen mit Käse), *caldo de bolas de verde* (Suppe mit Bällchen aus grüner Kochbanane), *repe lojano* (grüne Kochbananen- oder Kochbananensuppe), *majado de verde* (zerdrückte grüne Kochbananen), *patacones* (zerdrückte und frittierte grüne Kochbananen) und *bolón de verde*, ein besonders traditionelles Gericht, bei dem ein Teig aus grünen Kochbananen zu einem riesigen Ball verarbeitet und mit Fleisch und Käse gefüllt wird. Die Liste könnte noch fortgesetzt werden.

Während du dir diese Leckereien auf der Zunge zergehen lässt, solltest du der afro-ecuadorianischen Community für die meisten dieser Gerichte dankbar sein.

Nachhaltig reisen

Reisen & Klimawandel

Die Auswirkungen des Reisens lassen sich nicht bestreiten, genauso wenig wie die Notwendigkeit, etwas zu verändern, wo das möglich ist. Lonely Planet bittet alle Traveller, ihre CO_2-Bilanz beim Reisen zu bedenken. Auf vielen Websites wie resurgence.org/resources/carbon-calculator.html kann man mit CO_2-Rechnern ermitteln, wie das persönliche Emissionskonto nach einer Reise aussieht. Viele Fluglinien und Buchungsseiten bieten die Möglichkeit, mit einer Spende für Umweltprojekte eine Art Wiedergutmachung zu leisten. Auch Lonely Planet spendet Gelder, wenn Mitarbeiter:innen auf Reisen gehen, und es ist uns bewusst, dass das allein noch keine Lösung ist.

Die Galapagosinseln

Das Galápagos National Park Directorate (GNPD) hält alle Betriebe an, Energie und Wasser zu sparen, zu recyceln, Produkte lokal zu beziehen, hiesige Arbeitssuchende anzustellen und faire Löhne zu zahlen. Am besten reist man mit lizenzierten Veranstaltern, die zu Naturschutz- oder Gemeinschaftsprojekten beitragen.

Der Amazonas

Ecuador zählt zu den Ländern mit der größten Biodiversität. Viele Tourismusbetriebe setzen sich dafür ein, vom Aussterben bedrohte Arten zu schützen. In empfindlichen Gegenden wie dem Amazonas sollte man auf eine umweltfreundliche Unterbringung achten, die die bemerkenswerte Vielfalt des Gebiets wahrt.

Biodiversität

Ecuador nimmt vielleicht nur 0,2% der Erdoberfläche ein, doch es verzeichnet eine der höchsten Raten an vom Aussterben bedrohter Spezies weltweit und beheimatet 6,1% aller Tierarten.

Interaktion mit wilden Tieren

Die Interaktion mit wilden Tieren gehört zu etlichen Erlebnisangeboten in Ecuador. Hier ist Achtsamkeit geboten. Wilde Tiere dürfen nicht gefüttert oder gereizt werden.

Aya Huma

Im Juni und Juli finden traditionelle Festivals der Urbevölkerung in Otavalo, Cayambe und Cotacachi statt. Dabei dreht sich alles um Aya Huma oder Diablo Umo, den Teufelskopf, der zum Symbol des indigenen Widerstands wurde.

SCHOKOLADENANBAU

Schokolade zählt zu den wichtigsten Exportprodukten Ecuadors, aber der traditionelle Kakaoanbau schädigt natürliche Lebensräume. Es gibt lokale Marken, die einen nachhaltigen Anbau fördern, etwa Pacari, Indemini Báez oder auch To'ak (wenn dich der Preis nicht vom Hocker haut).

Unterwegs vor Ort

Flugreisen sind vielleicht die einfachste Art der Fortbewegung in Ecuador, doch da gibt's auch noch einige Optionen zu Land, die die CO_2-Bilanz geringer halten. Wo immer möglich setzt man am besten auf öffentliche Transportmittel.

Nachhaltiger Flugverkehr?

Um die Auswirkungen des Flugverkehrs auf schutzbedürftige Gebiete zu minimieren, errichtete Ecuador auf den Galapagosinseln den weltweit ersten nachhaltigen Flughafen. Er hat eine bioklimatische Architektur, besteht aus recycelten Materialien und greift gänzlich auf Wind- und Solarenergien zurück.

Rechte der Natur

2008 erkannte Ecuador als erstes Land die „Rechte der Natur" in seiner Verfassung an und räumte damit Ökosystemen das Recht ein, zu florieren. Menschen dürfen im Namen der Natur Klage erheben, sollten diese Rechte verletzt werden.

Erhalt der Kultur

Es gibt 14 verschiedene indigene Gruppen in Ecuador und die Kichwa ist die größte. Ob beim Besuch einer schamanischen Zeremonie oder einem alljährlichen Festival wie Inti Raymi, den einzigartigen Traditionen sollte man mit Respekt begegnen.

Geschützte Räume

Es gibt in Ecuador elf Nationalparks, neun Ökoreservate, vier biologische Reservate und zehn Naturschutzgebiete.

Vogelvielfalt

Das Land hat weltweit die vierthöchste Anzahl an Vogelspezies.

Lokales Kunsthandwerk

Ecuadors Kunsthandwerk geht auf Zeiten vor den Inka zurück. Wer dieses kreative Vermächtnis unterstützen möchte, kauft Mitbringsel auf Märkten wie dem **Centro Municipal Artesanal (CEMUART)** in Cuenca oder dem berühmten **Otavalo-Markt** und greift zu handgefertigten Waren anstelle von Fabrikerzeugnissen.

Heilige Stätten

Einige Stätten gelten bei den Ureinwohner:innen als heilig. Wer sie besichtigt, sollte sich rücksichtsvoll verhalten. Die Cascada de Peguche (S. 111) z. B. ist eine heilige Stätte für die Kichwa-Otavalo-Kultur, die hier uralte Rituale abhält.

WEITERE INFOS

areasprotegidas.ambiente.gob.ec
Die Nationalparkbehörde gibt einen Überblick über die geschützten Räume des Landes.

galapagosconservation.org.uk
Die Stiftung mit Sitz im Vereinten Königreich arbeitet an diversen Schutzprojekten auf den Galapagosinseln.

tma.earth
Die Nonprofit-Organisation zum Erhalt der Wälder liefert leicht verständliche Blogartikel zu regenerativer Landwirtschaft.

LGBTIQ+

Was die Rechte der LGBTIQ+-Community anbelangt, hat Ecuador die Nase vorn. Die Gleichstellung der Ehe, die Rechte auf sexuelle Selbstbestimmtheit und auf Geschlechtsidentität sind gesetzlich verankert. Das heißt aber nicht, dass das Land damit die Homophobie ausgeräumt hätte. Angesichts der katholischen Vormachtstellung sind Ecuadorianer:innen typischerweise sozialkonservativ. So ist die wachsende LGBTIQ+-Community hier sicher, doch in der Öffentlichkeit oftmals diskret.

Quitos Zona Rosa

Ecuadors urbane Gegenden und die jüngeren Generationen zeigen sich im Allgemeinen tolerant und offen. Städte wie Cuenca, Guayaquil und ganz besonders Quito stellen zahllose homosexuellen-freundliche Hotels, Bars und Restaurants zur Auswahl. Die Plaza Foch in Quito gilt als Zona Rosa der Stadt. Der Name gründet zwar auf der Tatsache, dass sich das Nachtleben hier abspielt (nicht notwendigerweise als Schwulen- und Lesbenzone), doch hier geht's besonders schwulenfreundlich zu mit Bars wie Radar und Clubs wie Touch UIO und Tercer Milenio Discoteca, die in der Szene eine zentrale Rolle spielen.

JÄHRLICHE EVENTS

Quito trägt jedes Jahr zwei große LGBTIQ+-Event aus. Orgullo, das Pride Festival der Stadt, findet seit 1998 immer am letzten Samstag im Juni statt. Die Parade zieht durch die Straßen von Mariscal und endet am Park La Carolina mit Livekonzerten und Veranstaltungen. Im November ist die Stadt Austragungsort des zweiwöchigen Queer-Filmfestivals El Lugar Sin Límites (Der Ort ohne Grenzen).

SAUNAS

Schwulensaunas sind in Quito beliebt, obwohl ständig welche dichtmachen, während andere wieder öffnen. Die Sauna Jinetes ist die älteste Homosexuellen-Sauna der Stadt und öffnete 1999 ihre Pforten. Nicht vergessen: Man muss beim Betreten einen Pass vorweisen.

RECHTSLAGE

Ecuador war eins der ersten Länder Südamerikas, das Diskriminierung aufgrund von sexueller Orientierung untersagte (1998) und die gleichgeschlechtliche Ehe legalisierte (Juni 2019). 2016 wurde das Geschlechtsidentitätsgesetz verabschiedet, das Transsexuellen das Recht einräumt, ihr gesetzliches Geschlecht anzupassen.

ZÄRTLICHKEITEN IN DER ÖFFENTLICHKEIT

Während Ecuador einen Schritt voraus ist, was die gesetzliche Verankerung betrifft, so ist das Land doch nach wie vor überaus katholisch und konservativ. Jüngere Generationen und die Stadtbevölkerung sind generell offen, während ältere Menschen und Einwohner:innen der ländlichen Gegenden noch immer viele Probleme mit Homophobie haben. Das Schlimmste, was passiert, sind vermutlich unangenehme Blicke, doch die LGBTIQ+-Community verzichtet normalerweise auf Zärtlichkeitsbekundungen in der Öffentlichkeit.

LGBTIQ+-Reisebüros

Einige Reisebüros zielen auf die LGBTIQ+-Community ab (wobei die meisten insbesondere homosexuelle Männer als Zielpublikum haben). Am besten wirfst du einen Blick auf Ecuador Pride Travel (ecuadorgaytravel.com) mit Sitz außerhalb von Fort Lauderdale und von Quito, auf Galápagos Gay (galapagosgay.com/en) oder auf das Programm des Luxusanbieters Out Nomad (outnomad.com).

Barrierefrei reisen

Ecuador hat sich in Sachen Barrierefreiheit weiterentwickelt, allerdings sind die Möglichkeiten im Alltag praktisch nicht vorhanden. In beinah allen Belangen ist Hilfe nötig, ganz besonders außerhalb von Quito.

Flughäfen

Die Flughäfen in Quito und Guayaquil haben Rolltreppen und Aufzüge sowie angepasste Toiletten, Waschbecken und Trinkbrunnen. Quito ist ein klein wenig besser aufgestellt als Guayaquil, mit weniger Schrägen und Treppen und einer umfassenderer Braille-Beschilderung.

Übernachten

Barrierefreie Unterkünfte sind in Ecuador kein Standard. Selbst Hotels, die sich barrierefrei nennen, mangelt es womöglich an einigen Einrichtungen. Am besten erkundigt man sich umfassend und stellt viele Fragen vor einer Buchung.

WEITERE INFOS

Mit Mobilitäts-, Seh- oder Höreinschränkungen schließt man sich am besten einer speziell darauf ausgelegten Tour an. Latin America for All (latinamericaforall.com/destinations/ecuador-galapagos) zählt auf diesem Gebiet zu den Top-Reiseveranstaltern im Land. Red de Turismo Accesible Ecuador (REDTAEC; turismoaccesibleec.org/en/home-e) ist ein nationaler Reiseanbieter mit Fokus auf Barrierefreiheit. Das Unternehmen beschreibt sich selbst als sozialer Betrieb zur Förderung der Barrierefreiheit im Tourismussektor.

PARKEN

Parkplätze für Rollstühle sind vielerorts vorhanden. Um die Plätze zu nutzen, braucht man einen Sticker von CONADIS, obwohl dies selten kontrolliert wird, vor allem wenn jemand eine offenkundige Behinderung hat. Barrierefreie Autos stehen im Land nicht zum Verleih.

Transport

Ecuadors öffentliche Transportmittel sind nicht behindertengerecht. In Taxis wird jede:r mitgenommen, aber es gibt keine speziellen Fahrzeuge. Für alle mit Mobilitätseinschränkung sind private Transfers zu empfehlen.

Reisen mit dem Rollstuhl

Reisende mit Rollstuhl sind so gut wie immer auf Hilfe angewiesen. Geschäfte und Lokale haben selten angemessene Zugänge und Gehwege sind oft unpassierbar. Für das ländliche Terrain bieten Reiseveranstalter wie REDTAEC geländegängige Rollstühle, sodass Traveller mit Mobilitätseinschränkung einmalige Wanderungen unternehmen können.

CONADIS

Ecuadors Consejo Nacional para la Igualdad de Discapacidades (CONADIS; Nationaler Rat für die Gleichstellung von Menschen mit Behinderungen) ist damit beauftragt, die Barrierefreiheit im Land zu verbessern und Ecuadorianer:innen mit Einschränkungen unter die Arme zu greifen, sodass diese aktiv an der Gesellschaft teilhaben können.

Barrierefreie Toiletten

Barrierefreie Toiletten lassen sich nur schwer finden. Vom Gesetz her müssen alle Tankstellen mit rollstuhlgerechten Toiletten ausgestattet sein, d.h. sie sind normalerweise die verlässlichste (und leider meist die einzige) Option.

SCHIFFSREISE

Ein Kreuzfahrtschiff zählt zu den zugänglichsten Optionen, um Ecuadors Hauptattraktion, die Galapagosinseln, als Reisende mit Beeinträchtigung zu ergründen. Es gewährt spektakuläre Ausblicke auf die Inseln und du kannst auch sorgenfrei wilde Tiere genauer unter die Lupe nehmen.

Frauen unterwegs

Ecuador gilt als größtenteils sicher für allein reisende Frauen. Dank der hilfsbereiten Bevölkerung und der überschaubaren Größe ist es einfach, sich zu orientieren.

Sich bedeckt halten

Ecuador verfügt über eine konservative katholische Basis. Daher neigen die hiesigen Frauen dazu, sich relativ zurückhaltend zu kleiden. In den kühleren Bergregionen fällt dies nicht großartig auf, doch an der Küste wirst du wenige Einheimische im Bikini sehen (auch deshalb, weil sie nicht zu sehr gebräunt werden wollen). Obwohl die Locals kein Problem damit haben, dass sich Besucher:innen nach eigenen Vorstellungen kleiden, so zieht doch ein weniger freizügiger Kleidungsstil auch weniger Aufmerksamkeit auf sich ziehen.

Nachtleben

Als Frau allein unterwegs solltest du nachts immer extra Vorsicht walten lassen. Ausgehen kann in Ecuador viel Spaß machen, doch man sollte sich an einige Grundregeln halten, um auf der sicheren Seite zu sein. Niemals allein feiern gehen. In einem Hostel findest du schnell Anschluss, und dann kann man aufeinander aufpassen. Zu später Stunde am besten mit dem Taxi oder Uber fahren. Alleinreisende sollten es mit dem Feiern auch nicht übertreiben. Die Drogenkriminalität hat in Ecuador zugenommen. Wer auf Drogen verzichtet, vermeidet schon mal mögliche Ärgernisse. Und ansonsten solltest du deinen Instinkten vertrauen. Wenn dir der Machismo zum Hals raushängt, dann wartet in Quitos Zona Rosa ein großartiges LGBTIQ+-Nachtleben.

Machismo

Der Machismo ist ein in Lateinamerika weitverbreitetes soziales Phänomen, bei dem die Männlichkeit ins Extreme ausufert. Dabei geht's nicht nur darum, besonders männlich oder selbstbestimmt zu sein, sondern auch, Frauen in eine übertrieben weibliche, oft unterwürfige oder objektivierte Rolle zu drängen. In Ecuador leben viele Menschen ländlicher Gegenden die traditionellen Geschlechterrollen. Anders als in manch anderen Ländern resultieren daraus kaum sexuelle Belästigungen, aber eine zugrundeliegende (manchmal unbewusste) Diskriminierung ist spürbar. Wenn möglich, nimmt man es nicht allzu ernst, um unnötige Konflikte zu vermeiden.

PST PST PST

In Ecuador machen sich die Leute üblicherweise durch Zischen bemerkbar (ein bisschen so, als ob man eine Katze anlocken wollte). Es ist völlig in Ordnung, eine:n Kellner:in oder Freund:innen auf diese Weise zuzurufen, die man zufällig auf der Straße sieht. Allerdings greifen Männer auch auf dieses Zischen zurück, um die Aufmerksamkeit einer Frau auf sich zu ziehen – eine Taktik, die vielen Frauen, aus dem Aus- wie dem Inland, sauer aufstößt. Am besten ignorierst du den Schuldigen, denn es ist unwahrscheinlich, dass er dich anspricht, wenn du kein Interesse zeigst.

ILDI PAPP/SHUTTERSTOCK ©

SEXUELLE SICHERHEIT

In einem konservativen katholischen Land wie Ecuador fällt Safer Sex in die Verantwortung der Frauen. Abtreibung ist illegal und Ecuador verzeichnet die zweithöchste Schwangerschaftsrate unter Jugendlichen in Lateinamerika. Kondome sind zwar in Apotheken verfügbar, doch die Pille danach ist ohne Verschreibung nur im öffentlichen Krankenhaus erhältlich (mit Rezept auch in der Apotheke). Außerdem bekommst du in Apotheken Medikamente gegen Pilz- oder Harnwegsinfektionen.

Kurz & Knapp

ÖFFNUNGSZEITEN

Öffnungszeiten können variieren und sind in ländlichen Gebieten weniger maßgebend. Generell gilt Folgendes:

Banken Mo–Fr 8.30–16/17 Uhr

Restaurants Frühstück 7–11 Uhr, Mittagessen 12–16 Uhr, Abendessen 18–23 Uhr (für gewöhnlich ein Ruhetag pro Woche)

Cafés & Süßigkeitenläden 7/8–18 Uhr (für gewöhnlich an einem Tag pro Woche geschlossen)

Nachtleben Bars 16–0 Uhr, Clubs und Diskotheken Do–Sa 20–3 Uhr (außer in Touristengegenden, wo sie die meisten Tage geöffnet haben)

Zentralmärkte Mo–Fr 7/8–16/17 Uhr; einige haben samstagmorgens geöffnet. Fischmärkte haben teilweise ab 3 Uhr geöffnet

Kirchen 8–12 und 14–18/19 Uhr (meist gibt's eine Mittagspause)

Geschäfte Kleidungsgeschäfte 9–17 Uhr, Souvenirläden 10–19/20 Uhr

GUT ZU WISSEN

Zeitzonen
Festland (MEZ -6/MESZ -7), Galapagosinseln (MEZ -7/MESZ -8)

Ländervorwahl
+593

Notruf
Quito und Ibarral 911; Guayaquil, Cuenca und Lojal 112; ansonsten 101

FEIERTAGE & FERIEN

Año Nuevo (Neujahr) 1. Januar

Día de la Provincia de Galápagos (Galapagostag) 12. Februar

Carnaval (Karneval) Februar/März

Viernes Santo (Karfreitag) März/April

Día del Trabajo (Tag der Arbeit) 1. Mai

Batalla de Pichincha (Schlacht am Pichincha) 24. Mai

Primer Grito de Independencia (Tag der Unabhängigkeitserklärung in Quito) 10. August

Independencia de Guayaquil (Guayaquils Unabhängigkeitstag) 9. Oktober

Día de los Difuntos or Día de Muertos (Tag der Toten) 2. November

Independencia de Cuenca (Cuencas Unabhängigkeitstag) 3. November

Día de Navidad (Weihnachten) 25. Dezember

Mobiltelefone

Das Mobilfunknetz ist in Ecuador gut, mit Ausnahme in den Anden und auf den Galapagosinseln, wo es häufig zu Unterbrechungen kommt.

Öffentliche Toiletten

Öffentliche Toiletten sind entweder zu bezahlen oder es fehlen Seifen und Toilettenpapier. Am besten hat man immer eine Packung Taschentücher und Handdesinfektionsmittel dabei. Achtung: Das Toilettenpapier wird nicht runtergespült! Es kommt in den Mülleimer neben der Toilette.

Internetzugang

Internetzugang gibt's fast überall. In der Regel passt die Geschwindigkeiten fürs Teleworking.

Rauchen

In Innenräumen von öffentlichen Einrichtungen oder öffentlichen Verkehrsmitteln (etwa an Busbahnhöfen) gilt Rauchverbot.

Strom

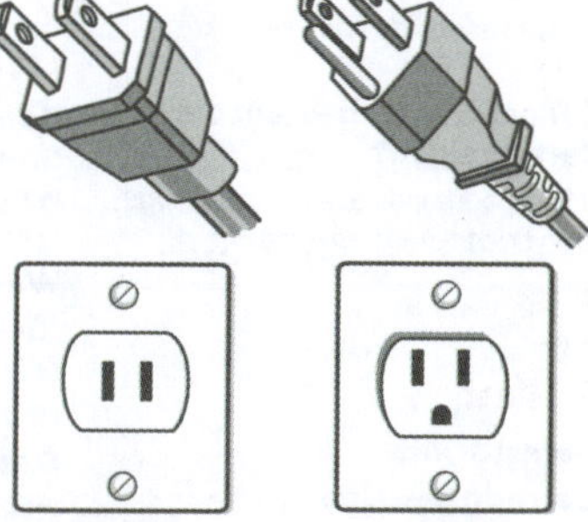

Sprache

Ecuadors Landessprache ist Spanisch. Es ist nicht nur höflich, wenn man ein paar grundlegende Phrasen beherrscht, sondern auch sehr nützlich, ganz besonders, wenn man in ländlichen Gebieten unterwegs ist.

Nützliches

Hallo. Hola. *o·la*
Tschüss. Adiós. *a·djos*
Ja. Sí. *si*
Nein. No. *No*
Bitte. Por favor. *por fa·wor*
Danke. Gracias. *gra·sjas*
Entschuldigung. Con permiso. *kon per·mi·so*
Tut mir leid. Perdón. *per·don*
Wie heißen Sie? ¿Cómo se llama usted? *ko·mo se lja·ma u·ste*
Ich heiße ... Me llamo ... *me lja·mo ...*
Sprechen Sie Deutsch? ¿Habla alemán? *a·bla a·le man*
Ich verstehe nicht. No entiendo. *no en·tjen·do*

Unterwegs

Wo ist ...?
¿Dónde está ...? *don·de es·ta ...*
Wie lautet die Adresse?
¿Cuál es la dirección? *kual es la di·rek·sjon*
Könnten Sie das aufschreiben?
¿Puede escribirlo? *pue·de es·kri·bir·lo*
Können Sie mir das (auf der Karte) zeigen?
¿Me lo podría indicar (en el mapa)? *me lo po·dri·a in·di·kar (en el ma·pa)*

Schilder

Abierto Offen
Cerrado Geschlossen
Entrada Eingang
Salida Ausgang
Servicios/Baños Toiletten

Uhrzeit und Datum

Wie spät ist es? ¿Qué hora es? *ke o·ra es*
Es ist (10) Uhr. Son las (diez). *son las (djes)*
Es ist halb (zwei). Es (la una) y media. *es (la u·na) i me·dja*
Vormittag. Mañana. *ma·nja·na*
Nachmittag. Tarde. *tar·de*
Abend. Noche. *no·tsche*
Gestern. Ayer. *a·jer*
Heute. Hoy. *oi*
Morgen. Mañana. *ma·nja·na*

Notfall

Hilfe! ¡Socorro! *so·ko·ro*
Gehen Sie weg! ¡Váyase! *va·ja·se*
Ich bin krank. Estoy enfermo/a. *es·toi en·fer·mo/a (m/f)*
Ich habe mich verirrt. Estoy perdido/a. *es·toi per·di·do/a* (m/f)
Rufen Sie ...! ¡Llame a ...! *lja·me a ...*
einen Arzt un médico *un me·di·ko*
die Polizei la policía *la po·li·si·a*

Essen & Ausgehen

Könnte ich bitte die Speisekarte haben? ¿Puedo ver el menú, por favor? *pue·do ver el me·nu, por fa·wor*
Was können Sie empfehlen?
¿Qué me recomienda? *ke me re·ko·mjen·da*
Prost! ¡Salud! *sa·lud*
Das war köstlich!
¡Estaba delicioso! *es·ta·ba de·li·sio·so*
Die Rechnung, bitte. La cuenta, por favor. *la kuen·ta por fa·wor*

ZAHLEN

1 **uno** *u·no*
2 **dos** *dos*
3 **tres** *tres*
4 **cuatro** *kua·tro*
5 **cinco** *sin·ko*
6 **seis** *seys*
7 **siete** *sie·te*
8 **ocho** *o·tscho*
9 **nueve** *nue·we*
10 **diez** *djes*

AUSSPRACHE

Das stark gerollte r und der kehlige ch-Laut, als j oder g geschrieben, wie in Nacht.

ACHTUNG

Es gibt ein paar falsche Freunde – Wörter, die einem englischen Begriff sehr stark ähneln, aber eine andere Bedeutung haben.

Wo zum @!*# sind sie?

Spanischsprachige Tastaturen unterscheiden sich von deutschsprachigen, da die beiden Alphabete nicht ganz identisch sind. Dies ist keine große Sache, mit Ausnahme einer lästigen – im E-Mail-Zeitalter allzu nützlichen – Taste. Das @-Symbol, im Spanischen *la arroba* (*la a·ro·ba*), ist nicht auf allen Tastaturen oder über die gewohnte Tastenkombination zu erreichen. Vielleicht versuchst du es mal mit F2 oder mit der ALT-Taste, oder du bittest um Hilfe:

Wo ist das @-Zeichen? ¿Dónde está la arroba? *don·de es·ta la a·ro·ba*

Slang

¡De ley! – Absolut!

Verás – Wird in unterschiedlichen Situationen verwendet und bedeutet „Du wirst sehen", „Achtung" oder „Das habe ich dir gesagt".

¿Mande? – Wie bitte? Historischer Kontext: Zu Zeiten der spanischen Eroberer war dies die korrekte Formel, mit der jemand seine:n Machthaber:in ansprach.

Chévere – Cool.

Policía acostado – Temposchwelle. Wörtlich übersetzt: „niedergelegter Polizist".

Chupado – Betrunken

La farra – Party

Wichtige Grammatik

Im Spanischen gibt's wie im Deutschen eine förmliche und eine informelle Anrede (*usted* bzw. *tú*). Die Verben haben für jede Person eine andere Endung.

Wortbetonung

Daumenregel: Wörter, die auf „n" oder auf einen Vokal enden, haben die Betonung auf der vorletzten Silbe. Ansonsten wird die letzte Silbe betont. Ein Akzentzeichen hebt diese Regel auf und die Betonung liegt auf der markierten Stelle.

WO WIRD SPANISCH GESPROCHEN?

STORYBOOK

Mit sieben Reportagen tief in den ecuadorianischen Alltag eintauchen.

Riesenschildkröte, Galapagosinseln (S. 285)

DIE GESCHICHTE ECUADORS IN 15 ORTEN

Vom Reich der Inka, der spanischen Eroberung, den Kolonien versklavter Menschen bis hin zu den innovativsten Naturschutzprojekten der Welt: Ecuador hat eine reiche und erlebbare Geschichte. Bei einem Besuch der historischen Stätten des Landes lernt man, auf welchen Pfeilern diese facettenreiche Nation erbaut wurde. Von Marisa Megan Paska

IN VIELEN LÄNDERN bedeutet Geschichte nichts als Vergangenheit, doch in Ecuador bedeutet sie auch Gegenwart.

Fast 2,5 Mio. Menschen (rund 15 % der Bevölkerung) in der Heimat des Inkareiches sprechen Kichwa, einen Dialekt der ursprünglichen Inka-Sprache. Diese Gruppe feiert Inka-Festivals wie Inti Raymi. Auch einige indigene Prä-Inka-Gruppen praktizieren traditionelle Lebensstile.

Von der Küste zu den Bergen leben reichhaltige Kunsttraditionen weiter, deren Ursprünge sowohl vor der Inkazeit als auch vor den Spaniern liegen. An der Küste finden sich Replikas von Tongefäßen, die von der ältesten Zivilisation auf dem Kontinent hergestellt wurden.

Die Geschichte Ecuadors teilt sich in vier Abschnitte: die Präinkazeit, der Aufstieg des Inkareiches, die spanische Kolonialzeit und die Unabhängigkeit von Spanien. Das Erbe jedes dieser Abschnitte hat seinen Platz in der modernen Gesellschaft des Landes, und zwar nicht als Relikte, sondern als wahrhaftige, lebendige Teile des Lebens, aus denen diese unglaublich vielseitige Gesellschaft zusammengesetzt ist.

Spuren der Geschichte sind an jeder Ecke zu finden, und viele, die ihre Traditionen einst versteckten, feiern diese heutzutage mit Stolz und erlauben es damit anderen, an ihrem Beitrag zu diesem zauberhaften Land teilzuhaben.

1. Valdivia

ORIGINALE PRÄKOLUMBISCHE TONWAREN

Die Valdivia gehörten zu den ersten Menschen, die ihren Fuß auf den südamerikanischen Kontinent setzten. Einige Fundstücke lassen sich auf 3500 v. Chr. schätzen. Damit sind sie die älteste bekannte indigene Gruppe in Ecuador.

Sie lebten entlang der Küste und sind vor allem für ihre Keramikkunst bekannt. Den höchsten Wiederekennungswert hat die Venus de Valdivia, eine aufrecht stehende Frau, oft mit verschränkten Armen, die es in vielen Ausführungen gibt. Ebenso stellten die Valdivia Schalen, Urnen und Tiere her, weswegen sie als erste Keramiker auf dem amerikanischen Kontinent gelten.

In dem heutigen Dorf Valdivia wird natürlich mit der Kunst gehandelt, es gibt aber auch zwei kleine Museen, die die Geschichte der Kultur erzählen.

Mehr dazu auf S. 244.

2. Markt von Otavalo

SÜDAMERIKAS GRÖSSTER KUNSTMARKT

Die kleine Stadt in den Bergen außerhalb Quitos beherbergt den wohl größten und ältesten Kunstmarkt Südamerikas. Schon vor dem Aufstieg des Inkareiches waren die Menschen von Otavalo, Indigene mit einem unglaublichen kreativen Erbe, als Künstler und Weber tätig. Sie verkauften ihre Waren auf einem wöchentlichen Markt, der inzwischen zweimal pro Woche stattfindet. Geöffnet ist er von 7 bis 18 Uhr. Es kann hier sehr voll werden, doch ein Besuch lohnt sich. Auch beachtenswert ist die einzigartige Inti-Raymi-Festivität, bei der die regenbogenfarbene Aya Huma-Figur (oder auch Diablo-Umo-Figur) zum Einsatz kommt. Auf dem Markt kannst du eine Aya-Huma-Maske kaufen, die zu einem Symbol für indigene Rechte in Ecuador geworden ist.

Mehr dazu auf S. 108.

3. Ingapirca

RUINEN EINER INCA-CAÑARI-GEMEINSCHAFT

Ecuadors größte und wohl auch wichtigste Inkaruine wurde tatsächlich von der Cañari-Zivilisation erbaut und hieß ursprünglich Hatun Cañar. Ingapirca nannten ihn schließlich die Inka, als sie ihn im 15. Jh. übernahmen. Der Ort ist ein einzigartiges Beispiel von integrierter Architektur von zwei Volksgruppen.

Der Legende nach hatten die Inka so große Schwierigkeiten, die Cañari zu bezwingen, dass man sich darauf einigte, einfach zusammen in Frieden zu leben: So entstand eine Mischkultur (die, wie Aufzeichnungen zeigen, doch recht getrennt war). Die beiden unterschiedlichen Architekturstile sind klar erkennbar bei einem Besuch der Ruinen, von denen leider fast nur noch die Grundmauern übrig sind.

Ein besonderer Ort auf dem Gelände ist der überraschend elliptische Sonnentempel, der einzige seiner Art im gesamten Inkareich.

Mehr dazu auf S. 268.

4. Pambamarca-Festung

DIE NORDGRENZE DES INKAREICHES

Pambamarca, eine auf einem erodierten Vulkan errichtete Festung aus dem 15. Jh., war einst eine Hochburg des Inkareiches. Die 14 Festungen (oder *pucaras*) auf den Hügeln werden als Nordgrenze des Inkareiches angesehen. Sie waren der Schauplatz von vielen blutigen Schlachten mit den Pais Caranqui, einer Allianz aus vier benachbarten Stämmen (den Caranqui, Cayambe, Otavalo und den Cochasquí). Im frühen 16. Jh. besiegten die Inka ihre Feinde und nahmen den ganzen Norden Ecuadors ein. Heute kann man zu den *pucaras* wandern, die entlang eines 8 km langen Bogens in den nördlichen Anden liegen.

Mehr dazu auf S. 130.

Markt von Otavalo (S. 108)

5. Iglesia y Convento de San Francisco

WO KATHOLISCHE UND INKA-IKONEN AUFEINANDERTREFFEN

Das Inkareich überlebte nicht ewig. Im Jahr 1533 wurde das Gebiet von den Spaniern eingenommen, die dort koloniale Strukturen errichteten. Bemüht, die Inka zum Katholizismus zu bekehren, integrierten sie deren Ikonografie in ihre eigene Religion. Die Iglesia y Convento de San Francisco beispielsweise, erbaut 1537 in Quito, ist dank ihrer katholischen und Inka-Heiligenbilder, die man darin findet, eine der unüblichsten katholischen Kirchen der Welt. El San Francisco, wie man die Kirche oft nennt, wuchs zu einem großen Kloster heran, das nach 150 Jahren Bauzeit fertiggestellt und erst 1705 offiziell eröffnet wurde.

Mehr dazu auf S. 64.

6. Isla Portete

DIE ERSTE AFRO-ECUADORIANISCHE KOLONIE

Während die Spanier das Land der Inka einnahmen, ging vor der Küste ein Schiff auf Grund. 24 verklavte Menschen auf Afrika, angeführt von Alonso de Illescas, überlebten das Unglück. Es gelang ihnen, an einer kleinen Insel vor der Provinz Esmeraldas im Norden an Land zu gehen.

Dort, auf der Isla Portete, gründeten sie die erste afro-ecuadorianische Siedlung, die mit der Zeit zu einem sicheren Hafen für aus der Sklaverei geflüchtete Menschen heranwuchs. Die Kolonie breitete sich auf das Festland aus, und bis heute hat Esmeraldas die größte afro-ecuadorianische Gemeinschaft des Landes, die auch in der Provinz eine Mehrheit bilden. Die Insel selbst ist ein ruhiger, paradiesischer Ort für jeden, der Strände und unberührte Natur liebt.

Mehr dazu auf S. 150.

7. Historisches Zentrum von Cuenca

EINE KOLONIALE PERLE

Cuencas historisches Zentrum gilt als eins der charmantesten Beispiele für koloniale Architektur – obwohl Cuenca nicht die erste Stadt an der Stelle war. Die erste Siedlung hier errichtete das Cañari-Volk um das Jahr 500 n. Chr., die später von den Inka erobert und zu Tomebamba oder Pumapungo umbenannt wurde. Dieser Stadt sagte man nach, dass ihre Schönheit selbst der Inka-Hauptstadt Cusco Konkurrenz machte. Als die Spanier den Ort im Jahr 1557 erreichten, war dieser bereits verlassen. Auf seinen Ruinen wurde daraufhin Cuenca errichtet. Der historische Stadtkern ist außergewöhnlich gut erhalten. Besuche die Catedral de la Inmaculada Concepción mit ihren blauen Kuppeln, die Iglesia del Sagrario und den Parque Abdon Calderón.

Mehr dazu auf S. 258.

8. Volcán Cotopaxi

ECUADORS TÖDLICHSTES REISEZIEL

Eins von Ecuadors beliebtesten Reisezielen ist zugleich verantwortlich für unermessliche Zerstörung in der Geschichte des Landes. Mit 87 belegten Ausbrüchen seit 1535 ist der Volcán Cotopaxi zweifelsohne der aktivste Vulkan des Landes. Viele seiner brutalsten Ausbrüche ereigneten sich in der Mitte des 16. Jhs.: Die Ausbrüche 1744 und 1768 machten die Kolonialsiedlung Latacunga dem Erdboden gleich. Obwohl der Vulkan weiterhin eine hohe seismische Aktivität aufweist, ist der Aufstieg zum Gipfel eine beliebte Attraktion, die den schmalen Grat zwischen Sicherheit und Risiko versinnbildlicht, auf dem die Menschen Ecuadors tagtäglich wandern.

Mehr dazu auf S. 196.

9. Volcán Pichincha

WO ECUADOR SEINE UNABHÄNGIGKEIT ERLANGTE

Wie auch die Inka konnten die Spanier Ecuador nicht ewig unter ihrer Kontrolle behalten. Bereits 1820 hatte die Stadt Guayaquil in einem friedlichen Aufstand ihre Unabhängigkeit von europäischen Mächten erklärt. Die Anden-Stadt Quito sollte kurz darauf folgen. Leider mussten die Menschen im Norden für ihre Freiheit kämpfen, was am 24. Mai 1822 in der Schlacht von Pichincha an den Hängen des Volcán Pichincha unweit von Quito und 3500 m über dem Meeresspiegel gipfelte: Der unwahrscheinliche Schlachtort war einer Fehlkalkulation des ecuadorianischen Generals Antonio José de Sucre geschuldet. Dennoch endete die Schlacht mit einem Sieg über das königliche Heer. Heute gilt dieser als der Zeitpunkt, an dem Ecuador offiziell seine Unabhängigkeit errungen hatte.

Mehr dazu auf S. 70.

10. Die Galapagosinseln

SCHMELZTIEGEL DER UNTERWASSERWELT

Die 19 Inseln, aus denen der Galapagos-Archipel besteht, wurde erstmals 1535 von Menschen betreten. Seine Geschichte begann als Heimat von Piraten und Walfängern, die die Inseln nach Nahrung durchkämmten. Dies hinterließ über die Jahre einen Abdruck in dem zerbrechlichen Ökosystem und führte zum Aussterben einiger Arten. Erst nach dem Besuch Darwins 1835 und seinem danach erschienenen Buch *Über die Entstehung der Arten* (1859) kam der Biodiversität auf den Inseln erstmals Beachtung zu. Es sollten jedoch noch 100 Jahre vergehen, bis die Inseln 1959 zum Nationalpark erklärt wurden, der geschützte Meeresraum folgte 1998. Heute gehören die Galapagosinseln zum UNESCO-Welterbe und sind ein strahlendes Beispiel für Naturschutz und nachhaltiges Reisen.

Mehr dazu auf S. 285.

11. La Nariz del Diablo

INGENIEURSKUNST GEGEN SCHWERKRAFT

Als Ecuador wuchs, wurde schnell klar, dass ein schnellerer Weg von Quito nach Guayaquil notwendig war. Eine Eisenbahnstrecke wäre einfach zu bauen gewesen, lägen nur nicht die Anden im Weg! 1899 nahmen sich Ingenieure der Aufgabe an und entwarfen eine der kompliziertesten Zugstrecken der Welt. La Nariz del Diablo – die Nase des Teufels – ist eine atemberaubende, serpentinenförmige Bahnlinie entlang einer fast 800 m hohen, fast senkrechten Gebirgswand. Bis zu ihrer Stilllegung im Mai 2020 war die Route beliebt bei Reisenden, man kann jedoch immer noch an den Gleisen entlangwandern und dieses der Physik trotzende Bravourstück bewundern. Die Regierung plant, die Route in Zukunft wieder für den Bahnverkehr zu öffnen.

Mehr dazu auf S. 222.

Vilcabamba (S. 280)

12. Montecristi

HEIMAT DER BEKANNTESTEN KOPFBEDECKUNG ECUADORS

Im Jahr 1906 besuchte US-Präsident Theodore Roosevelt den Panamakanal und trug dabei einen Hut, der kurz darauf einer der berühmtesten der Welt werden sollte: der Panamahut. Allerdings gab es eine Verwechslung, denn der handgewobene *toquilla*-Strohhut auf Roosevelts Kopf stammte eigentlich aus Montecristi, Ecuador!

Die Hüte sind Teil einer uralten Tradition in den Dörfern rund um Montecristi, wo die Einheimischen seit Jahrhunderten Strohhüte anfertigen. In dem Dorf Pile nahe Manta werden immer noch echte *superfinos* hergestellt – die Crème de la Crème der Panamahüte –, von denen jedes Jahr nur rund ein Dutzend gemacht wird.

Mehr dazu auf S. 261.

13. Vilcabamba

STADT DER EWIGEN JUGEND

Die angeblich hohe Anzahl der Hundertjährigen machte Vilcabamba in den 1970er-Jahren berühmt. Daher nennt sich die Stadt nahe Loja in den südlichen Anden auch „Stadt der ewigen Jugend“. Die Einheimischen erschienen bereits auf dem Cover der *National Geographic*, woraufhin eine große Zahl alternder Reisender aus verschiedenen Ländern auftauchte, um durch die mythischen Straßen zu spazieren. Heute hat Vilcabamba eine lebendige Expat-Community und ist bekannt für den Mythos der wundersamen Langlebigkeit, auch wenn dieser inzwischen widerlegt ist.

Mehr dazu auf S. 280.

14. Saraguro-Tal

TRADITIONELLE INDIGENE LEBENSWEISEN

Das Saraguro-Tal, kuschelig in den Anden nahe Cuenca gelegen, beheimatet eine der traditionellsten indigenen Communitys in Ecuador. Diese fand ihre Ursprünge an den Ufern des Titicacasees und überdauerte als einzige bekannte Gruppe sowohl die Eroberungen der Inka als auch die der Spanier. Heute leben die Saraguro nach einer streng traditionellen Weise, die sich durch ihre Sprache, Kräuterheilkunst, Rituale, Sonnenwendfeste, Speisen und Getränke, Musik und Tanz sowie durch Mythen und Legenden auszeichnet, die von Generation zu Generation weitergetragen werden. An einem Sonntagmorgen kannst du ihren traditionellen Markt besuchen.

Mehr dazu auf S. 272.

15. Yasuní-Nationalpark

HISTORISCHE ABSTIMMUNG BEENDET ÖLBOHRUNG IM AMAZONASGEBIET

Ecuador wird gerne als „Bananenrepublik“ bezeichnet, da es lange stark abhängig vom Export der gebogenen Früchte war. Ein weiteres wichtiges Exportgut ist Erdöl, nach dem im empfindlichen Amazonas-Territorium gebohrt wird. Der Yasuní-Nationalpark, der 2013 für Ölbohrungen geöffnet wurde, machte 2023 Schlagzeilen, als die Bevölkerung Ecuadors mit großer Mehrheit dafür stimmte, die dortigen Bohrungen zu beenden und damit das fragile Ökosystem zu beschützen. Das Votum markierte das erste Mal in der Geschichte der Welt, dass die Gewinnung fossiler Energieträger durch direkte Demokratie eingeschränkt wurde.

Mehr dazu auf S. 173.

TRIFF DIE LOCALS

Ecuadorianer:innen stecken voller Güte und Herzlichkeit. Es sollte dich also nicht überraschen, wenn sie dich wenige Minuten nach dem ersten Treffen zu einem großen Essen zu sich nach Hause einladen. Dario Vicente Chimarro stellt seine Mitmenschen vor.

ECUADOR TEILT SICH in vier Regionen: Anden, Regenwald, Küste und die Galápagos. Jede hat ihre eigene reiche Kultur aus Traditionen und typischem Essen. Die Menschen an der Küste werden als *costeños* bezeichnet, die in den Anden als *serranos*. Sie unterscheiden sich sehr: Nicht nur in Bezug auf Klima und Landschaften, sondern auch in puncto Dialekte, Küche und Gewohnheiten.

Auf den Galapagosinseln vermischen sich Menschen aus allen Regionen. Reisende sind oft von den multikulturellen Ortschaften überrascht. Hier findet man typische Gerichte aus den Anden wie *mote con chicharron* (Maisbrei mit frittiertem Schweinefleisch), *chicha* (vergorener Maissaft) aus dem Dschungel und *bollo* (zerstampfte grüne Kochbanane mit Fisch in Bananenblättern) sowie Delikatessen wie Hummer.

Die Locals lieben ihr Essen und teilen es gern mit ihren Gästen. Probiere einen *bolón de verde* (Kochbananenkloß) oder einen *encebollado* (Thunfischsuppe) zum Frühstück. Die großen Märkte sind immer einen Besuch wert. Mach dich auf zum Restaurant- und Saftstandbereich und freue dich auf *hornado* (ganzes geröstetes Schwein aus dem Ofen), leckeres Ceviche und die besten Obstsäfte. Alles wird von netten Damen serviert, die dich mit *amigo, amiga* oder *mi amor* (meine Liebe/mein Lieber) ansprechen.

Fußball und Volleyball sind beliebte Sportarten und die Rivalität zwischen Fußballteams aus Guayaquil und Quito ist offenkundig. Nationalsport und Sport des *pueblo* (Volkes) ist Ecuavoley, eine Variante des traditionellen Volleyballs. Zahlreiche Städte und Ortschaften im ganzen Landen haben Ecuavoley-Felder sowie fanatische Spieler:innen und Zuschauer:innen. Oft wird inoffiziell um viel Geld gewettet.

In Ecuador kannst du jemanden zu Hause besuchen, ohne dich vorher anzumelden. Egal wie arm oder reich die Menschen sind: Gäste bekommen immer einen Teller voller Leckereien serviert, die man dann auch aufessen muss. Die ecuadorianische Kultur ist offen und freundlich und die Einheimischen sind in der Not füreinander da. Sie sehen sich selbst als arbeitsam, bescheiden und gut und sind stolz auf ihr Land, ihre Kultur und ihre Landesfahne. Zugezogene sind davon nicht ausgeschlossen und werden liebevoll als *un ecuatoriano más* (eine:r von uns) bezeichnet.

Ecuadorianer:innen fühlen sich eng mit der *pachamama* (Mutter Natur), dem Mond und den Sternen verbunden. Sie glauben, dass Opferbereitschaft zum Erfolg führt. Ein beliebtes Motto lautet *hay que ser arrecho* (in etwa „sei stark und hab keine Angst"). Neben der einzigartigen Artenvielfalt und Tierwelt sowie Kaffee, Kakao, Schokolade und Bananaen aus bilogischem Anbau sind es vor allem die Menschen und ihre reiche Kultur, die das Land zu einem ganz besonderen Ort machen.

Ecuador in Zahlen

Ecuadors Bevölkerung von 18 Mio. Menschen ist ein Mix verschiedener Gruppen: Den Großteil bilden mestizos (Menschen aus gemischter indigener und weiß-europäischer Herkunft). Zu den Minderheiten gehören Afro-Ecuadorianer:innen (Nachfahren versklavter Menschen), die indigene Bevölkerung und die Nachfahren spanischer Kolonist:innen.

ICH BIN ECUADORIANER

Meine Großmutter wurde 1942 auf der Isla Isabela, der größten Galapagosinsel, geboren. Der Großteil meiner Familie mütterlicherseits, ich eingeschlossen, ist hier nach wie vor zu Hause. Meine Urgroßeltern kamen her, um an den sehr fruchtbaren Vulkanhängen Landwirtschaft zu betreiben.

Die Familie meines Vaters stammt aus Quito, der Hauptstadt Ecuadors in den Anden. Einen Teil meines Lebens habe ich dort und den anderen auf den Galapagosinseln verbracht. Ich liebe das Leben hier mit der atemberaubenden Natur- und Tierwelt.

Seit meinem Abschluss im Ökotourismus an der Universidad Central del Ecuador in Quito 2007 lebe und arbeite ich dauerhaft auf den Galapagosinseln. Wie 90% der Bevölkerung bin ich im Tourismus tätig. Seit über 15 Jahren bin ich als Naturführer tätig und helfe ehrenamtlich Menschen in Armut. An einem Ort, an dem große Firmen die Oberhand haben, setze ich mich für mehr Rechte und Möglichkeiten kleiner, lokaler Familienunternehmen ein.

Präkolumbische Vase
CHATEAUDEDE/GETTY IMAGES ©

ECUADORS INDIGENE BEVÖLKERUNG

Von Mayra Peralta

ECUADOR STROTZT VOR Vielfalt und hat eine reiche Geschichte. Mehr als ein Dutzend indigene Völker lebt von der Küste bis zum Amazonasgebiet verstreut und ist so unterschiedlich wie die verschiedenen geografischen Regionen. Die ecuadorianische Gesellschaft ist multikulturell und die indigenen Völker, die heute eine Minderheit sind, haben wesentlich zur nationalen Identität und Bewahrung der Kultur des Landes beigetragen. In ihren Traditionen, Lebensweisen und Sprachen sind kulturelle Eigenheiten erhalten geblieben, von denen viele bis in die Zeit vor der spanischen Kolonialherrschaft zurückreichen.

Präkolumbisches Erbe

Nach Angaben des Rates für die Entwicklung der Nationalitäten und Völker Ecuadors (CODENPE) leben heute 14 indigene Nationalitäten und 18 indigene Volksgruppen auf ecuadorianischem Territorium. Viele dieser Gemeinschaften haben ihre Ursprünge in präkolumbischen Gesellschaften und hüten somit eine jahrtausendealte Kultur und Geschichte.

Lange bevor die Gebiete, die heute als Ecuador bekannt sind, unter die Herrschaft der spanischen Krone gerieten, wurden sie von indigenen Gruppen bevölkert. Es gibt Hinweise darauf, dass bereits 10.800 v. Chr. mit der Las-Vegas-Kultur erste Siedlungen an der Küste errichtet wurden, in denen frühe Ackerbaumethoden zum Einsatz kamen. Tausende Jahre später besiedelten entwickelte Gesellschaften das Land, bevor eine kurze Inka-Herrschaft und der spanische Kolonialismus folgten.

Die Geschichte ist gut dokumentiert in zahlreichen Museen und archäologischen Stätten, darunter das Nationalmuseum, das Museo Casa del Alabado, das Museo Antropológico de Arte Contemporáneo (MAAC) und der Parque Arqueológico Rumipamba. Hier werden verschiedene Kulturen und Epochen präsentiert und Alltagsgegenstände, Keramik, Artefakte und Kunstwerke gezeigt, die von den Lebensweisen und Gesellschaftsformen der alten Kulturen zeugen.

Zu den bedeutendsten Objekten, die im Nationalmuseum und im Museo Casa del Alabado ausgestellt sind, gehören Tonerzeugnisse aus der Valdivia-Kultur, der ersten keramischen Gesellschaft der westlichen Hemisphäre, die als „Wiege der amerikanischen Kultur" gilt. In archäologischen Museen wie Tulipe, La Florida und Rumipamba sind die Relikte alter Zivilisationen aus der Region um Quito ausgestellt. Das Zentrum dieser Stätten bilden die architektonischen Überreste, Gräber und Wohnkomplexe von Kulturen wie den Quitus und Yumbos.

Widerstand & indigener Aktivismus

Mit der Ankunft der Spanier und während der Kolonialherrschaft wurden die indigenen Bevölkerungsgruppen (vor allem in der Andenregion) ausgebeutet und gezwungen, sich der Kultur der Eindringlinge anzupassen. Durch *mita*, *obraje* und *encomienda* – spanische Maßnahmen zur Einziehung indigener Arbeitskräfte – wurden sie bis zum Ende der Kolonialzeit zu Zwangsarbeit rekrutiert.

Die Ausbeutung und der Missbrauch setzten sich jedoch bis weit in die Zeit der Republik Ecuador hinein fort, etwa mit Formen der Teilpacht wie *yanaconaje* und *huasipungo*. Dabei arbeiteten Indigene im Austausch für Ernteerträge und Wohnraum auf den Ländereien von Großgrundbesitzern, den Haziendas.

Ende des 19. und Anfang des 20. Jhs. spielten indigene Aufstände, Gewerkschaften und frühe Formen politischer Organisationen eine entscheidende Rolle im Kampf um indigene Rechte. Aktivisten wie Jesús Gualavisi und Aktivistinnen wie Dolores Cacuango und Tránsito Amaguaña – die beiden Letzteren waren Pionierinnen des Feminismus und der bilingualen Schulbildung – führten soziale Bewegungen an und forderten bessere Gehälter, Bildung und Landbesitzreformen.

Das Museo Viviente Otavalango in Otavalo, einst eine Textilfabrik, in der Indigene ausgebeutet und missbraucht wurden, ist ein Wahrzeichen des indigenen Widerstands. Heute befindet sich das Museum im Besitz mehrerer indigener Familien aus dem Volk der Otavalos. Es zeigt traditionelle *otavaleño*-Objekte wie Kostüme, landwirtschaftliche Werkzeuge und Artefakte der Textilverarbeitung. Zudem ist es eine Art Gemeindezentrum, in dem Kunst, Tänze, Musik und Geschichten vom Kampf um die Anerkennung indigener Rechte präsentiert werden.

In Cayambe, wo die Hazienda-Kultur besonders ausgeprägt war, bietet das Museo de la Ciudad einen Überblick über die Aufstände des 20. Jahrhunderts. Neben Überresten früherer Siedlungen und Hommagen an berühmte Persönlichkeiten der Stadt werden auch indigene Aktivist:innen geehrt. Ausführlicher ist die Ausstellung zur Indigenenbewegung im Centro Intercultural Tránsito Amaguaña, einem Museum und Mausoleum, wo die sterblichen Überreste der indigenen Aktivistin Tránsito Amaguaña begraben sind.

Gemeindebasierte Tourismusinitiativen

Obwohl ihre Lebensgrundlage durch moderne Rohstoffgewinnung wie Ölförderung, Abholzung und Bergbau bedroht ist, halten die Indigenen in Ecuador an den Traditionen ihrer Vorfahren und der Verbindung zu ihrem Land fest. Im Laufe der Jahre wurden durch gemeindebasierten Tourismus und Projekte in Landwirtschaft und Handwerk nachhaltige wirtschaftliche Alternativen geschaffen. Vom südlichen Hochland bis zum Amazonasgebiet heißen etliche Gemeinschaften nationale und internationale Gäste willkommen.

In den Provinzen des Amazonasgebiets widmen sich lokal geführte Hotels, Kulturzentren und Reservate der Geschichte der Siona, Secoya, Kichwa und Shuar sowie vieler anderer indigener Völker. In Misahuallí, Tena, verwalten Frauen aus dem Volk der Kichwa das Sinchi Warmi, ein kommunales Tourismuszentrum und eine Lodge, in der man durch gemeinsames Kochen, Tanz und Regenwaldtouren in die indigenen Traditionen eintauchen kann.

Auch die Provinz Chimborazo hat für Reisende viel zu bieten, von der Übernachtung im Centro Cultural Pucará Tambo über eine Wanderung mit Mitgliedern der Puruhá-Gemeinschaft bis zu einem Besuch des Centro Comunitario La Moya, wo man die traditionelle Küche genießt und etwas über die Bräuche, Legenden und Weltanschauungen der indigenen Bevölkerung erfährt.

Wer Ecuador in Begleitung indigener Gemeinschaften erkundet, entdeckt ihre Kultur, unterstützt aktiv ihre Wirtschaft, stärkt ihre Mitglieder und versteht das besondere soziale Gefüge des Landes. Dabei erwirbt man nicht nur eine tiefere Wertschätzung für das kulturelle Erbe und die Bedeutung der Indigenen für die Herausbildung der ecuadorianischen Identität, sondern man lernt auch, ihren andauernden Kampf um Anerkennung und Rechte und ihre Bemühungen zum Schutz ihres Landes und ihrer Traditionen zu würdigen.

WANDERN IN ECUADOR

Ecuador weckt Wanderlust – sei es beim Durchstreifen des Dschungels bis hin zum Gipfel eines schwelenden Vulkans oder beim Spazieren in den artenreichen Wäldern des Pazifiks. Von Mark Eveleigh

Mit 600 Kilometern Andenbergen und dem *páramo* (Hochgbebirgsgrasland) als Spielwiese ist das Wanderpotenzial im ecuadorianischen Hochland nahezu unbegrenzt. Hinzu kommen die Faszination und Atmosphäre des Amazonasbeckens und die üppigen tropischen Landschaften an der Küste und im Tiefland – nur wenige Länder auf der Welt üben eine solche Anziehungskraft auf Wanderbegeisterte aus.

Wandern im Hochland

Eine der bekanntesten Wanderrouten ist vermutlich der Qhapac Ñan (Camino del Inca), Ecuadors wesentlich weniger überlaufene Antwort auf den Inkapfad in Peru. Die 40 km lange Strecke zu den mystischen Ruinen von Ingapirca legt man in der Regel in drei Tagen zurück und staunt dabei über Bergpanoramen, Kulturelles und Geschichtliches. Der Quilotoa Loop umfasst einige ausgezeichnete Routen um den Kratersee Quilotoa. Manche dieser Strecken, etwa die zweitägige Wanderung von Quilotoa über Chugchilán nach Isinliví, sind gut ausgezeichnet und auch ohne Guide machbar. Möchte man Kontakt zu den Dorfgemeinschaften erhalten, sollte man sich jedoch von Einheimischen führen lassen.

Wanderungen durch die Wildnis sind beliebt, wobei viele der schönsten Touren zunehmend auch die lokale Kultur einbeziehen und viele Reiseveranstalter den Wert von Guides erkannt haben. Runa Tupari beispielsweise beschäftigt indigene Führer aus Otavalo, während Quichua Native Travel mit Bergführerinnen aus der indigenen Gemeinschaft zusammenarbeitet.

Die Region bietet sowohl anspruchsvolle Langstreckenwanderungen als auch weniger herausfordernde Wanderwege für jene, die die Extreme der Anden vermeiden wollen. Es gibt mehrere einfache und relativ flache Wege zu Wasserfällen im Podocarpus-Nationalpark. In der nördlichen Region ist die 12 km lange Strecke zur Laguna de Cuicocha beliebt und leicht an einem Tag zu bewältigen. Die Seen und Gipfel rund um die Lagunas de Mojanda sind Beschäftigung für mehrere Tage. In den Hochländern des *páramo* und Hügeln des Parque Nacional Cajas gibt's großartige Routen, während im Nationalpark Podocarpus eine mehrtägige Wanderung Hochland, Nebelwälder, Seen und eine einzigartige Artenvielfalt verbindet.

Vulkanbesteigung

Der Volcán Cotopaxi, Ecuadors zweithöchster Vulkan, ist seit 2022 wegen anhaltender Eruptionen gesperrt. Viele Wanderlustige und Bergbegeisterte erkunden aus diesem Grund stattdessen einige der unbekannteren 48 Berggipfel entlang der vier Vulkanketten des Landes.

Eine unwiderstehliche Faszination verströmt der Volcán Cayambe, wegen seines schneebedeckten Gipfels auch bekannt als Cayambe Nevada. Der höchste Punkt im Cayambe-Coca-Nationalpark ist nicht nur berühmt für seine Schönheit, sondern auch für die Tatsache, dass es der höchstgelegene Punkt der Erde direkt auf der Äquatorlinie ist. Zum El Altar führt ein technisch anspruchsvoller Aufstieg. Alternativ gelangt man über die Collanes-Ebene in zwei Tagen zur Laguna Amarilla im Krater des Vulkans. Hoch über dem Amazonasbecken, 100 km östlich von Quito, erhebt sich der weniger bekannte Volcán Sumaco. Die Wanderung zu seinem Gipfel dauert drei Tage und führt durch drei Klimazonen.

Es gibt auch leichtere Aufstiege. Die Wanderroute auf die schroffe Flanke des Volcán Fuya Fuya ist zwar steil, kann aber vom Parkplatz aus in zwei Stunden bewältigt werden. Zum Cerro Tourichupa gelangt man noch einfacher und erhält ebenfalls tolle Aussichten auf die Seen, das *páramo* und den nahen Fuya Fuya sowie die Vulkane Cotacachi, Imbabura und Cayambe.

Der Volcán Chimborazo, mit 6263 m Ecuadors höchster Gipfel, ist natürlich der König aller Berge. Seine Besteigung ist anspruchsvoll, selbst für erfahrene und gut akklimatisierte Bergsteiger:innen. Doch wenn man den riesigen Gletscher am Gipfel erreicht, überkommt einen das Gefühl, weiter vom Zentrum der Erde entfernt und zugleich den Sternen näher zu sein als alle anderen Menschen auf der Welt.

Dschungelwanderungen

Idealer Ausgangspunkt für Dschungelwanderungen ist die Stadt Baeza in Oriente. Am unteren Río Napo gibt's ausgezeichnete Dschungel-Lodges, in denen man Wanderungen mit Tier- und Vogelbeobachtung verbinden kann. Das Maquipucuna-Naturschutzgebiet bietet neben Übernachtungsmöglichkeiten im Nebelwald auch einige Wanderrouten, die mit einer artenreichen Vogelwelt und einer großen Population von Brillenbären (August bis November) beeindrucken.

Im Intag-Tal gibt's zwar keinen Dschungel, dafür aber bewaldete Flussläufe und unberührte Nebelwälder voller Vögel und

Intag-Tal (S. 100)

SUNSINGER/SHUTTERSTOCK ©

Volcán Sierra Negra, Galapagosinseln (S. 309)

anderer Tiere. Ecuadors einziger Nationalpark an der Küste, der 400 qm² große Parque Nacional Machalilla, verfügt über ein weitläufiges Wegenetz durch tropischen Trockenwald – ein bedrohter Lebensraum, den man auch in der Nähe von Mompiche und im Reserva Bosque Seco Labor erkunden kann.

Der Reventador, der aktivste Vulkan in Ecuador, ist natürlich tabu, aber wer einen brodelnden Vulkan in Aktion sehen will, steuert die unteren Hänge an. Diese etwa dreistündige Wanderung sollte nicht ohne erfahrene einheimische Guides unternommen werden. Das abgelegene Reserva Alto Coca rühmt sich ausgezeichneter Pfade durch den Nebelwald mit dramatischen Aussichten auf die explosiven und nahezu ständigen Ausbrüche des Reventador.

Auf den Galapagosinseln wandern

Inselhopping auf den Galapagosinseln beschert unerwartete Abenteuer inmitten ikonischer Landschaften und einer einzigartigen Tierwelt.

Wer den Volcán Alcedo (Isla Isabela) besteigen will, erlebt eine großartige Wanderung durch ein Schildkrötengebiet, muss dafür aber im Voraus eine Genehmigung beantragen. Der 8 km lange Wanderweg von Santa Cruz zum Cerro Crocker führt durch die typische Tier- und Pflanzenwelt und die Isla Bartolomé beeindruckt durch ihre geologischen Merkmale, insbesondere des mondähnlichen Geländes.

Auf dem Volcán Sierra Negra, mit 149 m der höchste Punkt der Inselgruppe, wandert man inmitten einer unwirklichen Kulisse, umgeben von heimischen Vogelarten und schwelenden Fumarolen. Für die 11 km lange, ganztägige Wanderung sollte man einen Guide engagieren.

Sicherheit beim Wandern

Die größte Herausforderung beim Wandern im ecuadorianischen Hochland ist die Höhe. Schon bei der Ankunft in der zweithöchsten Stadt der Welt bemerkt man die sauerstoffarme Luft und sollte sich unbedingt Zeit zur Akklimatisierung nehmen.

Bei allen Wanderungen ist Sonnenschutzmittel mit hohem Lichtschutzfaktor unverzichtbar.

Außerdem ist es ratsam, eine Wasserflasche mit Filter mitzunehmen – abgesehen vom gesundheitlichen Vorteil wird dadurch die Anzahl der zurückgelassenen Plastikflaschen erheblich reduziert.

SHOPPEN IN QUITO

In Otavalo findet zwar Ecuadors bekanntester Kunsthandwerksmarkt statt, doch du brauchst auch Platz im Koffer für Quitos außergewöhnliche Mischung zeitgenössischer und indigener Designs. Von Trent Holden

SO SEHR WIR Ponchos und Panflöten und sogar die seltsamen Schneekugeln lieben, ein Shoppingerlebnis in Quito geht weit über die klischeebehafteten Alpaka-Strickwaren und Bambusflöten hinaus. Maßgeschneiderte lokale Produkte, handgefertigter Schmuck von jungen, unabhängigen Designer:innen; Werke von Straßenkünstler:innen und eine der besten Schokoladensorten überhaupt sind nur einige der außergewöhnlichen Alternativen zum üblichen Magneten für den Kühlschrank und den Lama-Souvenirs.

In Quitos prächtiger Altstadt kann man zwar auch ein paar unverwechselbare Stücke ergattern, doch das Shoppingerlebnis schlechthin wartet im neuen Teil. Und wir sprechen nicht von schimmernden Malls und Kaufhausketten, sondern von hippen lokalen Boutiquen, die von einer neuen Generation passionierter *quiteños* geführt werden. Man findet sie in den Vierteln der Boheme wie Mariscal Sucre und La Floresta, wo neben Quitos erstklassigem Markt für Kunsthandwerk Shops von etablierten und lokalen Kunstschaffenden Platz gefunden haben.

Traditionelles Handwerk & Kleidung

Im **Mercado Artesanal La Marisca** präsentieren ganze Reihen von Verkaufsständen Erzeugnisse aus Ecuador, einschließlich Lederwaren, Holzarbeiten, Schmuck, Schokolade und traditionelle Andenmusik.

ABGEBILDET IM UHRZEIGERSINN VON OBEN LINKS: MONTECRISTI-HÜTE (S. 261), STEINNUSS-SCHMUCKSTÜCK (S. 108); SCHOKOLADE (S. 222); TEXTILIEN, MERCADO ARTESANAL LA MARISCAL (S. 70)

Wer die Heimreise in Quito antritt, kann Last-Minute-Käufe tätigen, besonders wenn man nicht während der kompletten Reise voluminöse Wollartikel oder Holzschnitzereien mitschleppen möchte. Magst du es einen Tick hochwertiger, sieh dich in den benachbarten Märkten zu beiden Seiten um. Die Produkte hier sind mit Preisschildern versehen, doch das soll nicht davon abhalten, zu handeln. Nicht weit entfernt ist der Parque El Ejido, wo an Wochenenden ein Markt für Kunstschaffende stattfindet. Darf es ein bisschen gehobener sein? Dann wäre da die **Galeria Arte Beltrán**.

Sucht man nach exquisiten Artikeln (mit entsprechenden Preisen), wird man im **Olga Fisch Folklore** fündig. Dort erstrahlt das Vermächtnis der namensgebenden Bauhauskünstlerin in einer farbenfrohen Palette an indigen angehauchten Kreationen. Neben handgestrickten Ponchos und Kleidungsstücken gibt's Schmuck, Schals, Decken, Tapisserien, Wandbehänge und Hüte, denen allesamt ein subtiler traditioneller Touch ohne Kitsch innewohnt.

Apropos Hüte: Eines der großartigsten Produkte Ecuadors verkauft **Homero Ortega**, der landesweit älteste Hersteller des ikonischen Montecristi-Strohhuts (Panamahut). Der Flagshipstore liegt in Cuenca, wo der Betrieb gegründet wurde, aber die Filiale in Quito hat dasselbe Angebot.

ARIU überzeugt mit zeitgenössischem indigenem Schmuck. Kostbare Handwerkskunst und alte Designs erzählen hier von Quitos prähispanischer Kultur. Die Stücke sind aus Silber und handgefertigt von Byron Ushian, dem Designer in dritter Generation.

Lokal shoppen

Das künstlerische Viertel La Floresta blickt mit Stolz auf seine kreativen, unabhängigen Kunstschaffenden und **De la Floresta Colectivo Cultural** weiß, wie man die Werbetrommel für sie rührt. Im **Perro De Loza** warten reizende Keramikteile und **La Imaginativa** offeriert ausgewählten ecuadorianischen Schmuck und Kleidung, inklusive Brillen aus recyceltem Plastik von den Galapagosinseln. Angesiedelt in einer Gegend, die für ihre Straßenkunst bekannt ist, stellt **Nudo Street Art Project** sowohl Drucke als auch T-Shirts mit Arbeiten der coolsten Straßenkünstler:innen von Quito zum Verkauf. **Lava Records** hat traditionelle Volksmusik aus den Anden, aber auch Indie-Bands aus Ecuador sowie Lateinamerika auf Vinyl und CD im Angebot.

In Mariscal Sucre gibt's ein paar elegante Shops mit bezaubernden südamerikanischen Sachen. Unbedingt vorbeischauen sollte man in der **Galería Latina**, die eine makellose Kollektion von geschmackvollen Kurator:innen zeigt: in **La Bodega** Antiquitäten aus Lateinamerika und im **Ag** Vintage-Schmuck.

Im betuchten Stadtteil Cumbaya lohnt **Casa Kiki** dank der großen Auswahl an Schmuckstücken, Kleidung und Kunstwerken einen Besuch. Und dann ist da noch eine kleine Sammlung in einem der feinsten Restaurants in Quito, **Somos**, im modernen Viertel La Carolina, mit Kreationen verschiedener lokaler unabhängiger Produzent:innen.

Vorgeschmack auf die gute Ware

Ecuador erlebt eine Renaissance der lokal angebauten und regional variierenden Kakaosorten. Somit sollte die sortenreine Schokolade ganz oben auf der Einkaufsliste stehen. Bis vor Kurzem wurde sie zum Großteil exportiert. Heute bietet das Land einigen der Top-Schokoladenhersteller:innen der Welt ein Zuhause. In Quito gibt's ein paar Handwerksbetriebe von hoher Qualität, besonders in der Altstadt, aber **Pacari** in La Floresta gehört zu unseren Favoriten – dank seines ausgewählten Repertoires heimischer Ingredienzen aus den Anden und seines Ethos, das über Fair Trade hinausgeht und den Farmer:innen mehr bezahlt sowie auf eine nachhaltige Produktion setzt. Auch die Kaffeebranche konnte kürzlich Erfolg vor Ort verbuchen. Die sortenreinen Bohnen finden inzwischen Einzug in die Karten hiesiger Cafés.

Ein authentisches ecuadorianisches Geschmackserlebnis ist *miske*, ein Agavenbrand, der sich in Geschmack und Profil von Tequila oder Mezcal abhebt, und der seit Jahrtausenden von Ecuadorianerinnen gewonnen wird. **Agave Spirit** bietet gleich vor der Stadt, nahe am Äquator, ein Rundumerlebnis mit einer Museums- und Brennereitour. In der Garagenfirma **Chawar** in La Floresta kannst du ein oder zwei Cocktails verkosten und eine Flasche mitnehmen.

Riesenschildkröte (S. 290)

JAVARMAN/SHUTTERSTOCK ©

DIE SCHILDKRÖTE ALS SINNBILD & HOFFNUNGSTRÄGER

Von Wendy Yanagihara

NACH EINIGEN TAGEN auf den Galapagosinseln mag der Reiz der sich im Sand räkelnden Leguane abgenommen haben, ebenso wie jener der Seelöwen, deren neugierige Blick dir im Vorbeischwimmen folgen. Der faszinierende Anblick der Riesenschildkröten jedoch, die anmutig durch die Wildnis streifen, bleibt ein seltenes Vergnügen. Den dunklen Panzer einer Galapagos-Schildkröte zu erspähen, wie sie langsam durch das Hochlandgras wandert, fühlt sich fast an, wie einen Dinosaurier zu beobachten. Ganz falsch ist das nicht, denn die wundersamen Kreaturen gehören zu den primitivsten lebenden Reptilien und sind unter diesen die älteste Art, die bis heute überlebt hat.

Verräterische Schildkrötenpanzer

Die Riesenschildkröte ist die charismatische Ikone und Namensgeberin der Inseln (die ersten Ankömmlinge dachten, die Panzer der Schildkröten ähnelten Satteln, die auf Spanisch *galápagos* heißen) und ein perfektes Beispiel für Darwins Evolutionstheorie. Der Naturforscher beobachtete (so wie du es vielleicht auch in den Schildkröten-Zuchtstationen auf der Hauptinsel tust), dass sich die Form des Panzers von Insel zu Insel unterschied. Auf manchen war dieser rund und kuppelförmig, auf anderen eher wie ein Sattel geformt, der nach hinten flach wird und vorne mehr Bewegungsfreiheit für den langen Hals der Schildkröte erlaubt.

Nach reichlicher Überlegung kam Darwin zum Schluss, dass die Schildkröten mit dem Sattelpanzer wohl auf trockeneren Inseln lebten, auf der sie den Hals für frische Blätter weiter nach oben recken mussten. Somit mussten die Tiere längere Hälse sowie Panzer entwickelt haben, die ihnen nach oben mehr Spielraum ließen. Die Schildkröten, die in üppigeren Gegenden lebten, konnten problemlos mit ihrem kurzen Hals und dem engeren Panzer auf dem Boden nach Nahrung suchen.

So kam es, dass die Riesenschildkröten, isoliert auf ihren Inseln, mindestens 14 verschiedene Unterarten bildeten. Auch auf einigen der größeren Inseln waren die Populationen aufgrund von Hügeln und Schluchten voneinander getrennt, wodurch sich verschiedene Arten auf ein und derselben Insel entwickelten. Diese unglaubliche Einzigartigkeit der einheimischen Tierwelt zu beobachten lockt selbstredend Reisende aus aller Welt auf den mythischen Archipel.

Ein schöne Nachricht ist, dass die Vielfalt an Land und im Meer vor den Inseln sogar menschengemachten Veränderungen trotzt, auch wenn der Mensch den Archipel sicherlich nicht zum Besseren verändert hat.

Jagd durch den Menschen

Obwohl vermutet wird, dass schon die Inka in der präkolumbischen Ära die Galapagosinseln entdeckt haben, war der erste

bekannte Besucher der panamaische Bischof Fray Tomás de Berlanga, der auf dem Weg nach Peru vom Weg abkam und daraufhin hier landete. Die Spanier beanspruchten die Inseln für sich, auch wenn diese ihnen über die nächsten Jahrhunderte nicht viel nutzte. Für umherstreifende Freibeuter und Piraten im 17. und 18. Jh. erwiesen sie sich jedoch als perfektes Versteck, in dem sie Trinkwasser auftanken und darüber hinaus Schildkröten als Proviant mitnehmen konnten. Walfänger traten im 19. Jh. in ihre Fußstapfen und plünderten die Gewässer rund um die Galapagosinseln, die reich an Walen und Seebären waren.

Bemerkenswerterweise kommen Riesenschildkröten bis zu ein ganzes Jahr ohne Nahrung oder Wasser aus. Während dies den Tieren beim Überleben hilft, machte es sie leider auch zu einer idealen, langsam kriechenden Proteinquelle für Seeleute, die oft Monate auf dem Wasser verbrachten. Von Piraten, Walfängern und Kundschaftern wurden sie aus diesem Grund fast völlig ausgerottet. Wissenschaftler:innen gehen davon aus, dass innerhalb weniger Jahrhunderte 100 000 bis 200 000 Schildkröten dem Menschen zum Opfer fielen.

Darwinfink (S. 296)

KRISTYNA KORDIKOVA/SHUTTERSTOCK ©

Unbeabsichtigte Konsequenzen

Der Mensch wurde nicht nur zum einzigen Jäger der Schildkröte, sondern führte auch neue Arten in das Ökosystem ein, beabsichtigt wie versehentlich. Über die Zeit brachten es die Kolonisierung und der Personenverkehr auf den Inseln mit sich, dass einige domestizierte Tiere wild wurden, darunter Ziegen, Schweine, Hunde und Katzen, die Jagd auf Schildkröteneier und -babys machten, deren Schale noch nicht hart genug war, um sich Angreifern zu widersetzen. Diese neuen Jäger dezimierten die Population der Schildkröte weiter, deren langsame Reproduktionszyklen in Jahrzehnten gemessen werden.

Erst 1997 wurde die versehentlich eingeführte Vampirfliege (*Philornis downsi*) auf den Inseln entdeckt. Sie trägt Schuld an der rapiden Dezimierung der Population von Darwinfinken und anderen Vögeln. Vampirfliegen legen ihre Eier in Vogelnestern ab, wo ihre Larven schlüpfen und sich von den Schnäbeln und dem Blut der Vogelbabys ernähren. Viele Nestlinge verenden an dem Schaden, den die Larven hervorrufen. Jene, die überleben, entwickeln oft Deformationen am Schnabel, die ihre Fähigkeit, zu singen, beeinflusst und somit auch ihre Fortpflanzungsfähigkeit beeinträchtigt.

Trotz dieser schrecklichen Entwicklungen lässt die Evolution keine Art im Stich. Die Finken beispielsweise haben bereits Verhaltensarten entwickelt, um sich an die Vampirfliege anzupassen. Erwachsene weibliche Finken bleiben länger als früher im Nest, putzen ihre Babys und töten Fliegen, die um diese herumschwirren. Männchen, die auf Nahrungssuche sind, unterstützen sie dabei. Auch wenn menschliches Einschreiten durch Insektizid notwendig ist, um die Finken zu schützen, illustriert diese Express-Evolution die Wiederstandsfähigkeit der Finken.

Positive Eingriffe & Renaturierung

Auch wenn das Verhalten der Vögel sich verändert, um die Nachkommen zu schützen, könnte die eigene Anpassung des Vogels unzureichend sein. Vorsichtiges Eingreifen des Menschen ist daher eine hifreiche Methode, wenn dadurch keine andere Art zu Schaden kommt. Forschende der Nonprofit-Organisation Galápagos

Conservancy haben Strategien entwickelt, um die Vampirfliege zurückzudrängen, etwa mit Fliegenfallen und mit Insektizid behandelten Nestern, die Finken und andere Vögel nutzen können. Diese Eingriffe scheinen auf einigen Inseln für mehr Nachwuchs zu sorgen, zudem wurden im Haus aufgezogene Nestlinge bereits in die Wildnis entlassen.

Ebenso zielen jahrzehntelange Bemühungen, Galapagos-Schildkröten auszuwildern, darauf ab, eine ökologische Balance herzustellen und Arten auf ihre ursprünglichen Heimatinseln zurückzubringen. Wer die Brutstätten auf der Isla Santa Cruz und der Isla Isabela besucht, lernt dort etwas über die Geschichte dieser Schildkröte und die Renaturierungsprogramme und kann zudem zahlreiche Exemplare unterschiedlichen Alters von Babys bis zu gigantischen Erwachsenen bewundern.

Da die Schildkröten erst mit 20 bis 25 Jahren geschlechtsreif werden und in Gefangenschaft bis zu 150 Jahre alt werden, sind die Programme langfristig angelegt.

George, Diego und Fernanda

Die Hoffnung auf das Überleben der Pinta-Riesenschildkröte (*Chelonoidis abingdonii*) starb 2012 gemeinsam mit Lonesome George (Einsamer George), dem Letzten seiner Art. Trost über seinen Verlust spendet Diego, eine Española-Riesenschildkröte (*Chelonoidis niger hoodensis*). 1976 war er nur noch einer von 15 seiner Art, inzwischen gibt es jedoch 2000 Exemplare, von denen knapp 800 von Diego abstammen (weshalb er sich den Spitznamen „Super Diego" redlich verdient hat). Heute genießt er mit über 100 Jahren seinen wohlverdienten Ruhestand in der Wildnis der Isla Española.

In den letzten Jahren wurden auch eine hybride Art entdeckt, die die DNA ausgestorbener Schildkröten der Isla Floreana enthielt. Daraufhin wurde ein langfristiges Programm der selektiven Fortpflanzung gestartet, um die Art zurückzubringen. Eine weitere unglaubliche Entdeckung gab es 2019: Fernanda, deren DNA exakt zu einer Isla-Fernandina-Art passt, von der man geglaubt hatte, sie sei 1906 ausgestorben. Das Tier bietet einen Funken Hoffnung, dass immerhin eine Art künftig nicht mehr als ausgestorben gilt.

Schildkröten sind nicht nur das Aushängeschild des Archipels, sondern auch ein Symbol für alle vom Aussterben bedrohten endemischen Arten, die im Galapagos-Ökosystem zusammenhängen. Schutzprojekte sind bemüht, bedrohte Populationen seltener endemischer Arten zu schützen, darunter der rosafarbene Leguan (Rosada-Drusenkopf) am Volcán Wolf auf der Isla Isabela, der Galapagos-Pinguin, die Meerechse und der Galapagos-Rubintyrann, um nur ein paar zu nennen.

Koexistenz & Konservierung

Praktisch gesehen hebt das „Wiederauferstehen" einer einzelnen Art nicht den Druck auf, den menschliche Aktivität und der Klimawandel auf die zarte Balance der Inseln ausgewirkt hat.

Die Anzahl der Kreuzfahrten wird seit 1998 streng kontrolliert, aber insgesamt ist der Tourismus seither fast unkontrolliert angestiegen. Mit über 250 000 Gästen im Jahr 2022 ist die Auswirkung auf Lebensräume an Land und im Wasser beachtenswert. Verschmutzung durch Kerosin, Mikroplastik und Plastik generell kann überall nachgewiesen werden, in Wasserproben oder in den Mägen von Walhaien etc. Ebenso sorgt die Ankunft so vieler Menschen auf einer Insel, auf der Süßwasser knapp ist, ganz von selbst für jede Menge Plastikmüll. Und das ist nur eine Facette des menschlichen Einflusses, der das Ökosystem belastet.

Hier, in der Wiege der Evolutionstheorie, ist die Vision von einer unberührten, ausgeglichenen Biodiversität das, was uns dazu bringt, diese selbst erleben zu wollen. Wer könnte diesem verführerischen Kaleidoskop aus schwimmenden Leguanen, friedlichen Albatrossen und winzigen Seepferdchen schon widerstehen? Diese tausend Kilometer langen Reisen, nur um den Paarungstanz eines Blaufußtölpels zu beobachten oder zu sehen, wie sich Hammerhaie unter der Wasseroberfläche tummeln, hält schließlich auch die lokale Wirtschaft am Laufen. Nachhaltiger Tourismus kommt den Menschen der Galapagosinseln zugute und reduziert die Ausbeutung der Tierwelt. Die Anzahl von Reisenden langfristig zu reduzieren, wird jedoch wohl unabdingbar sein, um dieses zerbrechliche Paradies zu behüten.

Iglesia y Convento de San Francisco, Quito (S. 64)

ECUADORS KUNSTSZENE

Von Mayra Peralta

DIE ECUADORIANISCHE KUNSTSZENE spiegelt die gesellschaftliche Vielfalt und das kulturelle Erbe des Landes wider. Im Laufe der Jahre haben sich spanische Einflüsse, indigene Traditionen und afro-ecuadorianische Bräuche zu eklektischen und lebendigen künstlerischen Ausdrucksformen vermischt. Von der Malerei bis zur Musik zeugt die Kunstlandschaft von der Geschichte des Landes, der Kreativität seiner Menschen, deren Kämpfen und ihrer Fähigkeit, sich neu zu erfinden.

Die Kunstschule Quito

Ecuador kann auf eine lange Kunstgeschichte zurückblicken, von Keramikfiguren der Valdivia-Kultur bis hin zu Metallarbeiten aus der Zeit vor der Inkaherrschaft. Mit der spanischen Kolonisation wurde die Kunstproduktion jedoch zu einem Instrument der Evangelisierung. Religiöse Orden gründeten Einrichtungen wie die Kunstschule Quito (La Escuela de Arte Quiteña), um die indigene Bevölkerung in der Erschaffung religiöser Gebäude zu unterweisen.

Die anfänglich zur Nachahmung der europäischen Architektur und Kunst angeleiteten Künstler der Escuela de Arte Quiteña entwickelten bald eine eigene Handschrift, indem sie Elemente der Romantik, des Manierismus, Neoklassizismus und Barock mit indigener Ikonografie vermischten. Große Meister wie Bernardo de Legarda, Manuel Chili (Caspicara) und Miguel de Santiago stehen stellvertretend für Generationen indigener, meist anonym gebliebener Kunstschaffender, die für die kolonialen Bau- und Kunstwerke in Ecuador verantwortlich waren.

Die Meisterwerke der La Escuela de Arte Quiteña

Im historischen Zentrum Quitos sind viele Meisterwerke der Escuela de Arte Quiteña zu finden. Bekannte Kathedralen und Kirchen wie die Iglesia de la Compañía de Jesús und San Francisco mögen die beliebtesten Touristenattraktionen sein, aber auch die Iglesia de San Agustín und das Convento del Carmen Alto warten mit berühmten Kunstwerken auf.

In der Iglesia de San Agustín hängt das größte koloniale Gemälde Quitos, *Die Augustinerregel* von Miguel de Santiago. Im angrenzenden Museum befinden sich weitere Werke des Künstlers sowie Skulpturen aus dem 17., 18. und 19. Jh., darunter Werke, die José Olmos (Pampite), einem der bedeutendsten Vertreter der Quiteño-Kunst, zugeschrieben werden.

Ein weiteres Juwel der Kolonialzeit ist das Museo del Carmen Alto im ehemaligen Wohnhaus der ecuadorianischen Heiligen Mariana de Jesus. Die Führungen durch das Museum konzentrieren sich eher auf das Klosterleben der Unbeschuhten Karmeliten, dennoch kann man einzigartige, sehr gut erhaltene Werke aus der Zeit der spanischen Herrschaft betrachten. Ein besonderes Schmuckstück ist *La Dormición de la Virgen*, eine Sammlung von 17 lebensgroßen geschnitzten Holzfiguren der Escuela de Arte Quiteña.

Moderne Kunst

In der ersten Hälfte des 20. Jhs. trat eine neue Generation von Kunstschaffenden hervor, die sich auf Sozialkritik und die Darstellung Ecuadors und dessen Bevölkerung konzentrierten, darunter Wegbereiter wie Oswaldo Guayasamín and Eduardo Kingman. Heute prägen unabhängige Künstler:innen eine aufregende lokale Kunstszene, die mit unterschiedlichsten Medien und Stilen experimentiert.

Der Expressionismus des 20. Jhs.

Oswaldo Guayasamin and Eduardo Kingman forderten die künstlerischen Konventionen heraus, indem sie den Schmerz und das Leid durch Armut, Marginalisierung und Krieg darstellten. Heute kann man ihre Werke bei einem Besuch in Quito betrachten.

Die Casa Museo Eduardo Kingman, auch bekannt als Posada de la Soledad (The Loneliness Inn), beherbergt eine Auswahl an Kingmans Gemälden sowie sein Atelier. Eine umfangreichere Ausstellung seines Werks findet sich in der Galeria Kingman im Norden Quitos. La Capilla del Hombre, ein architektonisches Meisterwerk im Stadtteil Bellavista, zeigt die Arbeiten der expressionistischen indigenen Ikone Guayasamin. Gemälde, Skulpturen und Metallarbeiten, die stark von der indigenen Kultur inspiriert sind, zeugen von dem Schmerz, der Unterdrückung und Ungleichheit, die ihm auf seinen Reisen durch die Welt begegnet sind.

Zentrum für zeitgenössische Kunst

In den vergangenen Jahren hat sich in Guayaquil ein boomender Kunstmarkt entwickelt. Vom renommierten Museo Antropológico y de Arte Contemporáneo (MAAC) bis zu unabhängigen Galerien gibt's viele Orte, an denen die Kreativität der aufstrebenden Kunstszene bewundert werden kann.

Vor der Kulisse des Río Guayas, direkt neben dem historischen Viertel Las Peñas, präsentiert das MAAC permanente und wechselnde Ausstellungen zu bildender Kunst, Fotografie, Film und Malerei. Andere Einrichtungen wie die Casa del Barrio oder das MZ14 – ein von der Universidad de las Artes gegründetes Produktions- und Innovationszentrum – zeigen das Schaffen einer bunten Truppe von Kreativen aus Malerei, Bildhauerei, Musik und Theater.

Musik & Tanz

Das multikulturelle Erbe Ecuadors spiegelt sich in verschiedenen Formen von Musik und Tanz wider. So halten etwa indigene Gemeinschaften die Andenmusik und Folklore lebendig, während andere das Land mit modernen Musikgenres ins Rampenlicht rücken.

Die Folklore lebendig halten

Indigene Musik und Tänze weisen in jeder Gemeinschaft einen eigenen Charakter auf. Im nördlichen Otavalo und Umgebung pflegen Indigene die Tradition der Andenmusik durch Aufführungen, offene Ateliers und Musikläden. In der Taita Gundo Casa de Música Andina und Taller Ñanda Mañachi, beide geführt von Indigenen, werden Musikinstrumente hergestellt und Volksmusik vorgespielt.

Außerdem führen mehrere Gemeinschaften ihre traditionellen Tänze öffentlich bei Festen und religiösen Zeremonien auf. Eines der bekanntesten Feste ist La Diablada de Píllaro, welches jedes Jahr im Januar in Píllaro, einer Stadt in der Provinz Tungurahua, stattfindet, und mit Musik, Tanz und traditionellen Masken aufwartet. Indigene tanzen in den Straßen als Teufel verkleidet zum Rhythmus von Instrumentalgruppen (*banda de pueblo*) – eine Tradition aus der Kolonialzeit, um sich gegen die Unterdrückung und den Missbrauch durch die spanischen und religiösen Institutionen zu wehren.

Eine neue Musikgeneration

Auf der anderen Seite entstehen in Ecuador auch Räume für neue musikalische Ansätze. Locations wie der Club La Catedral, Soundgarden und Noise Fx in Quito haben das gesamte musikalische Spektrum im Programm, von DJs und Elektro-Musik bis hin zu Bands, die Ska, Reggae und Rap vereinen.

Dies ist jedoch nur die Spitze des Eisbergs. Die Kunstszene Ecuadors ist so vielfältig wie die verschiedenen Kulturen und Völker, die hier leben.

REGISTER

Karten **000**

HINTER DEN KULISSEN

Verantwortliche Rdakteurin
Alicia Johnson

Produktmanagerin
Amy Lysen

Layout
Norma Brewer

Kartografie
Rachel Imeson

Redaktionsassistenz
Andrew Bain, Vicky Smith, Maja Vatrić, Clifton Wilkinson

Umschlagrecherche
Lauren Egan

Dank an
Ronan Abayawickrema, Alison Killilea, Kate Mathews

Beobachte, wie grüne Meeresschildkröten aus ihren Nestern schlüpfen, wie Blaufußtölpel ihre tanzenden Füße zeigen und wie es sich hunderte Seelöwen auf den Galapagosinseln bequem machen (S.285).

Spaziere über die eleganten gepflasterten Plätze von Quitos (S. 52) bezaubernder Altstadt aus dem 17. Jh. und entdecke einige der extravagantesten Kathedralen, die du je sehen wirst.

ÜBER DIESES BUCH

Lonely Planet Global Limited

Digital Depot, Roe Lane (off Thomas Street)

Digital Hub

Dublin 8

D08 TCV4

Ireland

Verlag der deutschen Ausgabe:

MAIRDUMONT
Marco-Polo-Str. 1
73760 Ostfildern

www.lonelyplanet.de, www.mairdumont.com, lonelyplanet-online@mairdumont.com

Ecuador & Galapagosinseln

5. deutsche Auflage November 2024, übersetzt von *Ecuador & the Galápagos Islands 13th edition*, Juni 2024, Lonely Planet Global Limited

Deutsche Ausgabe © Lonely Planet Global Limited, November 2024

Fotos © wie angegeben 2024

Printed in China

Redaktion und Satz: Verlagsbüro Wais & Partner, Stuttgart – Meike Diekmann, Maximilian Göbel, Anna Grieser, Stefanie Ritter, Birgit Ender, Juliane Hansen, Bea König, Margit Riedmeier, Mitarbeit: Max Maucher

Übersetzung: Ulla Gerber, Sonja Hofmann, Gabriela Huber Martins, Britt Maaß, Max Maucher, Julie Rinkel-Bacher, Petra Sparrer, Svenja Tengs, Carina Wurzinger, Teresa Zuhl

LINKS: ROBERT PICKETT/GETTY IMAGES ©, RECHTS: ANTOINE BARTHELEMY/SHUTTERSTOCK ©

MIX
Paper from responsible sources
FSC www.fsc.org
FSC® C124385

Dieses Buch wurde auf FSC® zertifiziertem Papier gedruckt. FSC® ist ein internationales Zertifizierungssystem für nachhaltigere Waldwirtschaft. Das Holz für diese Papier kommt aus Wäldern, die verantwortungsvoller bewirtschaftet werden.